AUBRAC

Gérard Chauvy

AUBRAC

Lyon 1943

Préface de René Fallas

Albin Michel

22, rue Huyghens, 75014 Paris

ISBN : 2-226-08885-7

Préface

par René Fallas*

Le 3 octobre 1995, le docteur Dugoujon, en réponse à une lettre du 25 septembre où je lui posais plusieurs questions sur Caluire, ajoutait en post scriptum : « Je ne saurais trop vous recommander — mais vous l'avez sans doute déjà lue — de consulter l'*Histoire secrète de l'Occupation* de Gérard Chauvy. »

Recommandation empreinte de gentillesse et de bons sentiments, mais superflue parce que j'avais lu et apprécié ce livre ainsi que d'autres ouvrages du même auteur, m'intéressant depuis plusieurs années aux circonstances qui ont précédé et suivi l'arrestation à Caluire de Jean Moulin, que j'avais eu la chance et l'honneur de rencontrer à Paris le 5 ou le 6 mai 1943, à mon retour d'une mission en Suisse.

Il aura fallu l'annonce de la parution puis de la suspension *sine die* d'un nouveau livre de Gérard Chauvy pour que je rencontre ce dernier à Lyon le 16 février, alors qu'il était menacé, dans un mensuel lyonnais, d'une « main encore leste », et de « ne pas l'emporter au paradis ». J'étais curieux de savoir ce qui pouvait motiver ce soudain cour-

* Agrégé de l'université, René Fallas a dirigé le journal clandestin *Lorraine*. Membre du comité directeur du Mouvement de libération nationale, il sera le plus jeune membre de l'Assemblée consultative. Il est vice-président de l'Association nationale des médaillés de la Résistance. *(N.d.E.)*

roux et cette étonnante malédiction frisant l'excommunication majeure.

J'ai donc lu le manuscrit et pris connaissance d'un ensemble de documents, dont certains — que j'ignorais — m'ont rempli de stupéfaction. Ajoutés à ceux que je connaissais, ils constituaient, avec l'analyse qui en était faite, une banque de données des plus précieuses.

C'est dans ces conditions que j'ai accepté le 5 mars, à la demande des Éditions Albin Michel, au lendemain de divers entretiens avec plusieurs camarades, de préfacer ce livre de Gérard Chauvy.

Il faut que les choses soient claires.

Peut-on écrire librement — plus de cinquante ans après — sur ces années 1939-45 qui vont de « la drôle de guerre » et de l'effondrement de la France en juin 40 à la Libération et à la capitulation de l'Allemagne hitlérienne, ou doit-on rayer, en tout ou en partie, cinq années de l'histoire de France ?

Il ne saurait évidemment être question d'occulter l'occupation de la plus grande partie de l'Europe par l'armée allemande, le départ pour Londres des gouvernements décidés à continuer le combat, la présence en territoire britannique du général de Gaulle et des Français Libres, l'extermination de plus de cinq millions de juifs d'Europe commencée dès l'été 1941 en Pologne et en Ukraine, les arrestations, internements, déportations, exécutions de ceux qui se dressaient contre l'envahisseur.

Il ne peut non plus s'agir de taire ce que furent l'État français, créé à Vichy le 10 juillet 1940, la collaboration d'État, les lois d'exception, les camps d'internement, la condamnation à mort par contumace du « colonel (E.R.) Charles de Gaulle, breveté d'État-Major » par un tribunal militaire composé d'une brochette de généraux, les arrestations par les services de Vichy de toutes les catégories de suspects de « menées antinationales », immédiatement internés par décision administrative, déférés devant des juridictions ordinaires ou bien souvent d'exception, ou déportés pour ce qu'ils étaient.

Mais qu'en est-il de l'histoire de la Résistance ?

Appartiendrait-elle aux seuls résistants, dont les témoignages seraient par nature et par définition exempts d'affabulations, d'impostures et de contre-vérités ? Serait-elle la chasse gardée de quelques chroniqueurs ou historiens n'osant mettre en doute de grands témoignages et ne cherchant pas systématiquement à tout vérifier, à tout contrôler ?

Je ne le pense pas. Il n'est pas de devoir de mémoire sans devoir de vérité. La Résistance n'est pas un mythe, mais les mythomanes de la Résistance et leurs thuriféraires sont légion. Quant aux censeurs d'aujourd'hui, ils ne pourront, pas plus que ceux d'hier, étouffer les voix dérangeantes d'hommes libres.

Gérard Chauvy, dans son *Histoire secrète*, a brossé un bon tableau des services allemands, de leurs agents, contre-agents et de leurs auxiliaires français, évoqué tensions et différends nés à la fin de 1942, lors de la création de l'Armée secrète (AS) et qui ont pris un tour plus vif après le retour de Londres le 20 mars de Jean Moulin et du général Delestraint. On pourra utilement s'y reporter pour connaître également les activités et comportements d'Aubry et de Hardy, et compléter cette étude à l'aide des travaux de Daniel Cordier et François-Yves Guillin.

Il s'agit ici d'un éclairage complémentaire et inédit sur des événements qui ont frappé des responsables des MUR et de l'AS, ainsi que Jean Moulin, délégué du général de Gaulle et président du CNR.

Tout a commencé dans la nuit du 13 au 14 mars 1943 par l'arrestation à Bourg-en-Bresse, lors d'un contrôle d'identité par la police française, d'un agent de liaison porteur de noms et adresses de lieux de réunion et de boîtes aux lettres.

C'était le début d'un terrible engrenage, avec plusieurs arrestations au 7 de la rue de l'Hôtel-de-Ville le 15 mars, la saisie le même jour d'archives de l'AS, leur exploitation immédiate par la police de sûreté et les RG avant leur transmission à la police allemande en vertu des accords Oberg-

Bousquet, les perquisitions, les interrogatoires, toujours individuels avant d'éventuelles mais fréquentes confrontations, l'envoi au petit dépôt puis à Saint-Paul, avec fouille à corps et prise d'empreintes, les heures passées au SD à l'hôtel Terminus avec Barbie, l'infirmerie de la prison, enfin le transfert à l'hôpital de l'Antiquaille, le tout sur environ deux mois.

Point n'est besoin d'être un spécialiste pour comprendre, sur documents, que les inculpés l'ont été pour « actes de nature à nuire à la défense nationale » et pour « menées antinationales » (ce qui, à l'époque, était particulièrement honorable et générateur de peines souvent fort lourdes), mais en aucun cas pour marché noir. Cela, leurs avocats le savaient, et singulièrement maître Fauconnet, membre de Franc-Tireur, quand il déposait, pour son client, une demande de mise en liberté provisoire en date du 4 mai, transmise le samedi 8 mai par le juge Cohendy dans une ordonnance de soit-communiqué adressée au procureur Ducasse et paraphée, avec avis favorable, par ce dernier le lundi 10 mai, la levée d'écrou étant signée du gardien-chef de Saint-Paul ce même jour.

Quant au procureur Ducasse, du tribunal d'instance de Lyon, il fut arrêté le 4 septembre 1944 sur ordre d'Yves Farge, commissaire de la République, et non pas fusillé, comme des millions d'auditeurs ont pu l'entendre lors d'une récente émission de « La Marche du Siècle », mais seulement frappé de sanctions disciplinaires...

L'évasion de l'Antiquaille, telle qu'elle est relatée publiquement de 1943 à 1950 et en particulier en septembre 1945 par une plume faisant autorité, concerne « quatre patriotes ». Il n'est bientôt plus question de quatre, mais seulement de trois évadés, alors qu'apparaissent les différentes et curieuses variantes d'une visite au procureur Ducasse, destinées, dans leur diversité, à justifier la mise en liberté provisoire du quatrième.

Ce qui s'est passé à Lyon, du samedi 12 juin un peu avant midi, lorsque Jean Moulin apprit l'arrestation, le 9 juin à

Paris, du général Delestraint, au lundi 21 juin vers minuit à Montluc, est d'une très grande importance.

Il est certain que le samedi 19 juin, vers 18 heures, la décision de tenir une réunion au sommet le lundi 21 juin était prise, et qu'un lieu et une heure de rendez-vous — place de la Croix-Paquet, 13 h 45 — étaient connus des présents. Quant au lieu de la réunion, voici ce qu'en a dit Fassin, exfiltré le 16 juin et arrivé le 18 juin au matin à Tangmere, dans son interrogatoire du 28 juin : « Nous en avons discuté avec Lassagne qui avait dit pouvoir nous fournir un local à Caluire. »

Et à ma question du 25 septembre 1995 : « La réunion prévue pour le 21 à 14 h 30 était-elle bien la *première* qui ait eu lieu chez vous ? », le docteur Dugoujon m'a répondu, dans sa lettre du 3 octobre 1995 : « *Oui*, une réunion avait été envisagée en avril avec Vidal, mais avait été annulée in extremis. »

L'étude des temps de parcours des différents protagonistes de la réunion de Caluire, à pied, en tram, en funiculaire, compte tenu des précisions données par Tony de Graaff dans son interrogatoire d'octobre 1943 à Londres, permet en effet de penser que la dernière réunion de Moulin devait commencer à 14 h 30. Les derniers participants sont arrivés peu avant 15 heures, Barbie, guidé par Edmée Deletraz jusqu'à la place Castellane, et ses hommes peu après 15 heures.

Sont alors arrêtés six hommes sous leur véritable identité, trois autres présentant des fausses cartes, deux sur les neuf ayant déjà été interrogés par Barbie. Max, « qui est parmi eux », ne peut donc être que Martel ou Parisot.

Les documents publiés en annexe permettent de prouver de manière irréfutable ce que savaient Barbie, Moog et Werth le soir du 21 juin, et de penser qu'il ne leur a fallu que peu de temps pour reconnaître, non dans le jeune Parisot mais dans Jean Martel, Max, ce préfet Moulin dont « la propriété qu'il avait habitée sous son vrai nom à Saint Andiol » avait déjà reçu la visite de « la police (police française ou Gestapo) », ainsi qu'en fait foi la déclaration de Fassin au BCRA le 28 juin 1943.

Il n'est donc pas étonnant que le 23 juin le préfet Angeli puisse communiquer à Vichy une liste de détenus où manquent deux noms, Larat y figurant seul sous sa fausse identité, tous les autres étant cités sous leurs patronymes.

Le SD sait donc « qui est qui », et les interrogatoires dépendent à l'évidence des renseignements connus dès mars 1943 et dont fait état Kaltenbrunner dans son rapport du 27 mai. Quant au contenu de son rapport du 29 juin, il doit désormais, comme le rapport Flora du 19 juillet, être étudié à la lumière des documents présentés.

Et pourtant, aujourd'hui encore, ce que savaient les services allemands et ce que savent beaucoup n'a jamais été reconnu publiquement et continue à être nié dans une étonnante fuite en avant.

Quant aux visites et allées et venues au siège du SD, avenue Berthelot, et à Montluc, ce qu'elles ont pu être n'a rien à voir avec ce qui en est dit depuis les années 60 et a fortiori depuis 1978.

En ce qui concerne le mois d'octobre, j'ai, à ce jour, trois certitudes :

— Le jeudi 21 octobre, le SS Rottenführer Gerd Redinius a été tué à Lyon ; inhumé au vieux cimetière de la Guillotière, il a été réinhumé à Dagneux. Il aurait été tué à 19 h 15. Un autre SS aurait été blessé ce même jour, à la même heure et serait décédé le lendemain.

— Un télégramme du secrétariat zone sud de la Délégation en date du *28* octobre donne une attaque de camion cellulaire de la Gestapo *le vendredi 22.*

— Le couvre-feu a été étendu à 20 h 30 à une partie de la rive gauche du Rhône dans le secteur Berthelot, boulevard des Tchécoslovaques, Félix-Faure en date du *23* octobre.

Cela pose de multiples problèmes, alors que pour la fusillade du 24 octobre à Villeurbanne entre des membres du groupe Carmagnole de la MOI et des allemands de la GFP et du SD, les sources françaises et allemandes coïncident quant au lieu, au jour, à l'heure et également quant au nombre de tués.

Il est incontestable que ce travail de Gérard Chauvy fera date dans l'étude d'événements dont la complexité est bien connue.

Il m'est alors difficile d'imaginer que des pressions aient pu être exercées sur un éditeur français pour empêcher la publication de cet ouvrage. Et pourtant, elles ont été bien réelles, mais se sont soldées par un échec retentissant.

Que ceux qui ont manqué de lucidité et d'esprit critique soient un peu amers, je le comprends. Cela passera. Mais que vont penser ces jeunes Français, que je plains, à qui l'on sert aujourd'hui, par manque de rigueur, une « vérité » quasi officielle.

Le temps de l'Histoire est arrivé.

Il faut en finir avec toutes les falsifications d'où qu'elles viennent, avec les histoires qui n'ont rien à voir avec l'Histoire.

La simple vérité suffit. Elle aura toujours le dernier mot.

René Fallas
9 mars 1997

INTRODUCTION

Le 19 décembre 1964, André Malraux prononce un discours destiné à la postérité tandis que les cendres de Jean Moulin entrent au Panthéon : « Après vingt ans, la Résistance est devenue un monde de limbes où la légende se mêle à l'organisation. » La légende, selon Malraux, brosse cette scène d'un village de Corrèze sous l'occupation, où les habitants, malgré la menace allemande, accompagnent jusqu'à leur dernière demeure des combattants du maquis. La légende et la Résistance constituent un ensemble indissociable. « Dans cette masse de témoignages, de récits, d'œuvres apologétiques ou polémiques, écrit un historien, l'histoire est en quelque sorte étouffée sous "l'abondance presque excessive de la littérature historique", car le légendaire "s'est formé en même temps que l'histoire balbutiait", brouillant les dates, grossissant les chiffres et les actions, glorifiant des personnages ou des groupes, faisant une large part aux croyances et aux rumeurs, laissant des béances considérables en privilégiant les derniers mois d'occupation, les actes les plus spectaculaires plutôt que les structures, Paris plutôt que la province[1]. »

Cette constatation perdure même si la situation évolue à l'épreuve de certains événements, comme la diffusion,

1. Jean-Marie Guillon, *Mémoire et Histoire : la Résistance*, Toulouse, Privat, 1995.

longtemps contrariée, du film de Marcel Ophuls *Le Chagrin et la Pitié.* De nouvelles images, celle « d'une France lâchement passive ou complice, comme sa bourgeoisie, où la Résistance n'est plus qu'un phénomène marginal et exceptionnel, mythifiée après guerre pour mieux masquer la "collaboration" [1] », surgissent. On salue bientôt une volonté de mise au clair, pour ne plus balancer seulement entre « la légende et l'oubli ». L'ouvrage de Daniel Cordier, consacré à la vie et l'action résistante de Jean Moulin [2], fut accueilli comme un travail novateur, bouleversant certaines données historiques : « Depuis la parution de l'ouvrage de Daniel Cordier, les témoignages publiés dans le passé et ceux qui continuent de l'être ont perdu de leur prééminence. S'ils restent importants ou émouvants, s'ils gardent leur vérité intrinsèque que l'historien doit prendre en compte comme telle, beaucoup d'entre eux sont désormais à manier avec prudence dès lors qu'on s'attache à la connaissance positive des faits [3]... »

Cela n'empêche pas Eric Conan et Henry Rousso de souligner que « la Résistance n'est pas un épisode parmi d'autres de l'histoire de France. Elle est — elle reste encore — un récit sacré, donc souvent simplifié et enjolivé. C'est grâce à ce récit fondateur que l'identité nationale, fissurée au lendemain de la tourmente, a pu se reconstruire. Il était donc logique, peut-être même nécessaire, que la rupture vienne d'un acteur du drame ».

Un « acteur » devenu historien, artisan d'un travail dont

---

1. *Ibid.*
2. Daniel Cordier, *Jean Moulin, l'inconnu du Panthéon,* t. I : *Une ambition pour la République, juin 1889-juin 1936,* Paris, J.-C. Lattès, 1989.
3. Eric Conan et Henry Rousso, *Vichy, un passé qui ne passe pas,* Paris, Fayard, 1994. Les auteurs ajoutent que cette remarque vaut « notamment pour la somme du résistant, historien et avocat Henri Noguères, fondée essentiellement sur des témoignages, et qui fut longtemps une référence sur la question ». Henri Noguères (en coll. avec Jean-Louis Vigier pour les deux premiers tomes et de Marcel Degliame-Fouché), *Histoire de la Résistance en France,* 5 vol., Paris, Robert Laffont, 1967-1981.

la nécessité ou l'urgence n'avaient pas jusqu'alors été reconnues. Un « acteur-historien » embarrassé ? S'il est juste de considérer, comme le rappelle Daniel Cordier, que son étude ne saurait se polariser uniquement sur la fin de son personnage, c'est bien pourtant sur ce dénouement dramatique, et lourd de conséquences pour la Résistance française, que tout le monde l'attend. Les circonstances dramatiques et mystérieuses de l'arrestation de Jean Moulin, son ancien secrétaire les a abordées dès la préface de son premier volume, mais sans apporter de faits déterminants. « Laissez-moi écrire mon sixième tome [1] », répondit-il à ceux qui le pressaient de se prononcer. Un sixième tome d'ores et déjà intitulé : *Monsieur X, l'homme à abattre, 1943.* Titre suggestif qui laisse poindre l'émergence de révélations, à l'image de ce que le travail considérable de Cordier représente déjà. Pourtant, fin 1996, trois volumes seulement de cette œuvre monumentale avaient été publiés, s'arrêtant à l'année 1941...

Une telle attente prolonge les interrogations, nourries de versions « héroïques » ou polémiques, soulevées depuis plus de cinquante ans par ce qu'il est convenu d'appeler l'« affaire de Caluire ». Il faut reconnaître que les historiens ne se sont guère montrés efficaces dans la recherche d'une vérité qui, si elle tourne autour de ce que Daniel Cordier appelle « un fait divers atroce [2] », n'en constitue pas moins un centre d'intérêt historique. Selon une mise au point effectuée par deux historiens, il semble qu'un « enjeu politique [3] » entourait, motivait le rendez-vous fatal du 21 juin 1943 qui vit tomber Jean Moulin entre les mains de la Gestapo.

Cette remarque essentielle est malheureusement trop succinctement développée. D'autant que ce « point sur

1. Daniel Cordier, cité *in* article du *Point*, n° 893, 30 octobre 1989.
2. « Un décrypteur candide de la Résistance », propos de Daniel Cordier recueillis par B. Fromentin, *in Lyon Libération*, 31 octobre 1989.
3. Dominique Veillon et Jean-Pierre Azéma, « Le Point sur Caluire », *Les Cahiers de l'IHTP*, n° 27, juin 1994.

Caluire » ne prend pas en compte l'action d'autres protagonistes, dont certains ne se sont pourtant pas privés de fournir d'abondantes versions des événements. Une large place est donc laissée au « vide historique », vide comblé, là encore, par la « légende ». Une légende qui, depuis le mois de février 1983 surtout, s'est encore épanouie. Klaus Barbie venait d'être extradé de Bolivie. Son arrivée en France a suscité d'abondants commentaires. Ceux de Lucie Aubrac notamment : « Nos histoires d'anciens combattants n'intéressaient plus personne. Les jeunes avaient l'impression que l'on radotait. Le procès de Klaus Barbie — et, je l'espère, en direct à la télévision — doit permettre à nos petits-enfants de vivre au jour le jour une leçon d'histoire. Et ce serait infiniment pédagogique [...]. Je n'attends pas de la bouche de Barbie la vérité sur notre histoire, ni sur le piège tendu à Moulin et à ses camarades. Mais ce serait à l'honneur de la Résistance qu'à l'occasion de ce procès, celui ou ceux qui l'ont trahi, peut-être par simple rivalité, viennent s'en expliquer [1]. »

Lucie et Raymond Aubrac apparaissent dès lors, parmi les résistants, comme des exégètes intarissables de ces années sombres, en particulier des tragiques événements de l'année 1943. Une « légende » s'est construite, développée sous une forme épique, sans soulever nulle contestation en dépit des évidentes invraisemblances du récit.

Il est temps que l'Histoire, et tous ceux qui la respectent, obtiennent une véritable « mise au point ».

1. Propos recueillis par Ania Francos, *in Le Nouvel Observateur*, 11 février 1983.

*L'état-major de l'Armée secrète**
(responsables nommés de l'automne 1942 au printemps 1943)

Chef
de l'Armée secrète
Général Delestraint
(Vidal)

Adjoint
Général Desmazes
(Richard)

Chef d'état-major
et 1er bureau
Henri Frenay
puis Morin

Chef de Cabinet
Henri Aubry
(Avricourt, Thomas)

Chef du 2e bureau
Chef d'état-major
Commandant
Gastaldo (Galibier)
Adjoint : André Lassagne

Chef du 3e bureau
Capitaine Fould
René Hardy

Chef du 4e bureau
Raymond Aubrac
Bruno Larat
puis Colonel Lacaze

Inspecteurs régionaux
Kriegel-Valrimont (Gayet)
Aubry (Avricourt, Thomas)

Chargés de missions
Colonel Granier (Lt-Colonel Schwartzfeld)

* D'après *Jean Moulin, unificateur de la Résistance*, catalogue du Centre d'histoire de la Résistance et de la Déportation de Lyon.

La Résistance française, en zone sud vers l'unification

Outre la partie militaire, dévolue à l'Armée secrète, se crée à l'automne de 1942 un Comité de coordination des trois mouvements* de zone libre composé de ses responsables : Henri Frenay pour Combat, Emmanuel d'Astier de la Vigerie pour Libération et Jean-Pierre Lévy pour Franc-Tireur. En janvier 1943, une nouvelle mutation s'opère avec les Mouvements unis de Résistance dont le Comité directeur se substitue au Comité de coordination :

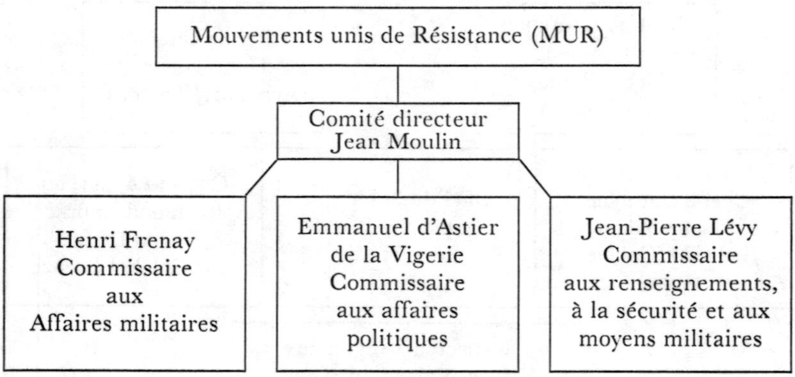

* Il convient ici de faire la distinction entre « mouvements » et « réseaux » de Résistance. Les définitions données par Claude Bourdet, de Combat, sont les suivantes : « Un réseau, c'est une organisation créée en vue d'un travail militaire précis, essentiellement le renseignement, accessoirement le sabotage, fréquemment aussi l'évasion de prisonniers de guerre et surtout de pilotes tombés chez l'ennemi [...]. Par définition, un réseau est en contact étroit avec un organe de l'état-major des forces pour lequel il travaille [...]. Un mouvement, au contraire, a pour premier objectif de sensibiliser et d'organiser la population de la manière la plus large possible. » (*L'Aventure incertaine*, Stock, 1974.)

CHAPITRE 1

Un scandale éclate

La rumeur se confirme : l'ancien officier SS, responsable de la section IV du Sipo-SD de Lyon, est atteint d'une leucémie. Au début du mois de septembre 1991, Klaus Barbie, qui, en juillet 1987, a été condamné par la Cour d'assises de Lyon à la réclusion criminelle à perpétuité pour « crimes contre l'humanité », est hospitalisé. La mort de celui que l'on surnomme « le bourreau de Lyon » survient le 25 septembre. Deux jours plus tard, les journaux annoncent que l'homme qui avait mené implacablement, à Lyon, sous l'occupation, la répression contre la Résistance et participé activement à la déportation de juifs, a laissé derrière lui un « document ». Il s'agirait, déclare son avocat Me Jacques Vergès, d'un « testament » équivalant à un rapport d'activité portant essentiellement sur l'année 1943. Les ultimes confidences de Barbie lèveraient le « mystère » qui entoure l'arrestation de Jean Moulin et de ses compagnons le 21 juin 1943.

Cette nouvelle, qui se veut explosive, joue aussi sur le fait, comme le souligne le quotidien *Lyon Libération*[1], que « la mort de Barbie enterre le procès sur l'"affaire Jean Moulin" » et qu'il « n'y aura donc pas de second procès Barbie. Le décès de l'ancien chef de la Gestapo de Lyon éteint l'action publique ouverte à la suite des plaintes des

1. Article de Mireille Debard, 27 septembre 1991.

familles de deux résistants arrêtés en même temps que Jean Moulin à Caluire[1] ».

Au début du mois d'octobre 1991 sont publiés dans la presse française les premiers commentaires sur ce document. Ils sont unanimes pour qualifier de « calomnie et de révision de l'Histoire[2] », de « douteuse accusation posthume[3] » ou encore de « fausses révélations » les allégations de Barbie qui touchent directement Raymond Aubrac. Celui-ci a, il est vrai, rapidement réagi. Dans une lettre adressée notamment aux journalistes, l'ancien responsable de l'Armée secrète écrit, en son nom et en celui de son épouse :

« Lucie et Raymond Aubrac

Paris, le 12 octobre 1991.

« *Affaire du "testament" de Klaus Barbie*

« Madame, Monsieur,

« Vous avez pris la peine d'examiner les allégations de Me Vergès qui ont suivi le décès de Klaus Barbie.

« On va peut-être, dans les jours qui viennent, nous présenter, avec de grands effets médiatiques, un prétendu "testament" du sinistre chef de la Gestapo de Lyon.

« Nous avons l'honneur de vous communiquer ci-joint des photocopies de documents qui vous permettront de "jauger" les déclarations diffamatoires dont nous sommes la cible depuis quelques années[4].

« *La thèse nouvelle de Barbie* (le nom de Aubrac n'est apparu dans sa bouche qu'après la condamnation de son avocat pour diffamation, alors qu'il avait été interrogé par la police et les médias depuis 1948) est la suivante :

1. Il s'agit de Bruno Larat et d'André Lassagne.
2. *Le Monde*, 15 octobre 1991.
3. *Le Figaro*, 3 octobre 1991.
4. Voir Lucie Aubrac, *Ils partiront dans l'ivresse*, Seuil, 1984.

« *Thèse nouvelle de Barbie*
« Raymond Aubrac, arrêté par la police de Vichy le 15/3/1943 à Lyon serait devenu un “agent double” pour échapper au châtiment,
« — la Gestapo l’aurait fait mettre en liberté par la police de Vichy le 10/5/1943.
« — depuis lors, il serait devenu son “agent”, assisté par son épouse Lucie Aubrac,
« — c’est lui qui aurait, avec un autre (René Hardy), livré à Barbie Jean Moulin et ses compagnons, arrêtés le 21/6/1943 à Caluire,
« — son évasion, après 4 mois de détention à la prison de Montluc, organisée par sa femme, sa complice, aurait été en réalité une nouvelle “libération” machinée par la Gestapo.

« Ce beau scénario n’apparaît dans des déclarations de Barbie au Juge d’Instruction M. Hamy que le 13/12/1989.

« *Mais c’est le même scénario,* exposé en 1984 par Me Vergès, son avocat, dans un film de Claude Bal *Que la vérité est amère,* qui valut à l’avocat une condamnation définitive pour diffamation. »

Cette lettre est accompagnée d’une série de documents qui concernent l’arrestation puis la remise en liberté de Raymond Aubrac au printemps 1943, mais aussi du texte d’une conférence de presse tenue par Raymond Aubrac le 8 octobre 1991. Sa conclusion est la suivante :

« Je constate pourtant que cette accusation posthume du nazi Barbie est accueillie, heureusement, avec le plus grand scepticisme. On voit bien qu’il a jusqu’au bout poursuivi son combat contre la Résistance comme il était, jusqu’au bout, resté impassible, lors de son procès, devant l’exposé des horreurs dont il avait été complice.

« Mes camarades survivants de la Résistance intérieure, comme ceux de la Résistance extérieure, ne sont pas dupes de cet acharnement nazi.

« Les magistrats qui ont jugé l’avocat Vergès, et l’ont

condamné définitivement pour diffamation, connaissent, eux aussi, la vérité.

« Mais j'ai observé, en rencontrant quelques jeunes journalistes, que ces affaires déjà anciennes et assez complexes étaient mal connues. Me Vergès, qui avait sans doute acquis une forte influence sur son client, n'apporte guère d'explications. Il se contente d'insinuations et de promesse de révélations.

« Devant cette situation, je souhaite voir se constituer une commission d'historiens qualifiés, spécialistes de la Seconde Guerre mondiale, pour "mettre à plat" les conditions de l'arrestation de Jean Moulin et de ses compagnons à Caluire. C'est, me semble-t-il, la seule manière de mettre fin aux déviations et aux calomnies.

« Avec mon avocat, Me Yves Jouffa, nous nous efforcerons de répondre à vos questions.

« Le proverbe populaire dit qu'il n'y a pas de fumée sans feu. A vous de trouver le feu. »

Si « ces affaires déjà anciennes et assez complexes », comme le souligne Raymond Aubrac, pouvaient être « mal connues » de « quelques jeunes journalistes », la propre histoire de l'ancien membre du mouvement de Résistance Libération avait été maintes fois racontée. L'une des versions offertes pourrait après tout fort bien s'identifier à ce que Raymond Aubrac déclara lui-même, en juin 1944, aux services de la Sécurité militaire à Alger :

« Mon activité dans la Résistance commence en janvier 1941 dans le mouvement Libération. Je suis entré dans ce mouvement par l'intermédiaire de M. Emmanuel d'Astier, commissaire à l'Intérieur à Alger, que je connaissais par l'intermédiaire d'amis communs.

« A ce moment-là, pendant les premiers mois, je me suis occupé tout d'abord de la diffusion de journaux clandestins et de tracts — et ce n'est qu'au moment où l'organisation prit corps que je suis devenu chef de région de Lyon et ensuite membre du comité directeur du mouvement Libération.

« En juillet 1942, le comité directeur a décidé de créer une organisation paramilitaire dont j'ai été chargé. J'ai consacré la deuxième partie de l'année 1942 à organiser et à diriger le mouvement paramilitaire de Libération.

« Lorsque le général Vidal[1] a été désigné par le général de Gaulle pour prendre la tête de l'Armée secrète j'ai été chargé par ce mouvement de Résistance de réaliser avec les autres mouvements voisins et en particulier avec Combat la fusion de l'Armée secrète pour la mettre sous les ordres du général Vidal.

« A ce titre, j'ai été en particulier chargé par le général Vidal de poursuivre des pourparlers avec certains éléments de l'état-major de l'armée d'armistice pour obtenir que les armes qui avaient été mises en dépôt dans l'armée française soient livrées à des organisations, et non pas remises aux Allemands ou au gouvernement de Vichy.

« J'ai été arrêté le 15 mars 1943 à Lyon, 7, rue de l'Hôtel-de-Ville avec une quinzaine d'autres camarades. J'ai pu être mis en liberté provisoire par suite de démarches faites par ma femme.

« Le 25 mai 1943 j'ai participé à l'évasion, de l'hôpital de l'Antiquaille à Lyon, de camarades arrêtés en même temps que moi le 15 mars 1943.

« Au début de juin, j'ai refusé de quitter la France pour aller à Londres rejoindre M. Emmanuel d'Astier.

« A la suite de l'arrestation du général Vidal, Rex[2], d'accord avec le comité directeur des Mouvements unis, m'a demandé d'assurer l'intérim du chef de l'Armée secrète pour la zone nord, en attendant qu'un remplaçant fût désigné par le général de Gaulle ou par le général Vidal.

« Avant de rejoindre Paris, et d'accord avec Rex, nous avons décidé d'avoir une réunion d'état-major de la zone

1. Le général Delestraint, chef de l'Armée secrète. Voir *supra*, l'organigramme de l'AS.
2. Jean Moulin.

sud de façon à organiser les liaisons entre les états-majors de l'Armée secrète des deux zones. Cette réunion fut fixée au 21 juin 1943 à Lyon.

« Le 21 juin à 14 heures, sans connaître le lieu de réunion j'avais rendez-vous avec Rex, que j'ai rencontré place Carnot, avec Serol *alias* Sophie, et Rex m'a amené au lieu du rendez-vous où nous sommes arrivés vers 15 heures, avec le colonel Schwartzenfeldt (chef de l'organisation France d'abord), chez le docteur Dugoujon où devait se tenir la réunion.

« Le colonel, Rex et moi sommes entrés dans la salle d'attente du docteur où se trouvaient 4 ou 5 clientes et un client et nous avons compris que deux des camarades qui étaient déjà arrivés pour participer à la réunion, étaient à ce moment-là réunis dans une salle du 1er étage.

« Après un certain temps d'attente, la porte et les portes-fenêtres de la salle où nous nous trouvions s'ouvrirent et, à chaque ouverture, apparut un homme de la Gestapo, mitraillette à la main. Nous nous sommes immédiatement rendus compte que l'opération était menée par une dizaine d'hommes, tous armés de mitraillette, et toute tentative de fuite nous apparut d'autant plus impossible que l'on nous mit les menottes quelques minutes après l'arrivée de la police allemande.

« Pour en terminer avec mon histoire personnelle, j'ai été amené dans les locaux de la police allemande, maison de santé, avenue Berthelot à Lyon. Très rapidement interrogé, j'ai été mis dans une cellule de la prison Montluc d'où j'ai été retiré au bout d'une semaine pour être mené chaque jour et pendant une semaine rue Berthelot, pour interrogatoire. J'ai été frappé et j'ai eu l'occasion de m'évanouir une vingtaine de fois.

« Après une autre semaine d'isolement en cellule, j'ai été de nouveau appelé aux interrogatoires et on a rédigé une déposition de quelques pages consacrées essentiellement à mon identité. Après quoi j'ai été remis en prison d'où j'ai été tiré le 21 octobre 1943, par une évasion préparée et dirigée par ma femme, et réalisée par des camarades des Groupes francs.

« Je me suis alors réfugié dans le maquis, des départements du Rhône, de la Saône-et-Loire, du Jura — et j'ai quitté la France le 2 février 1944, avec ma femme et mon petit bébé de 2 ans 1/2 pour rejoindre Londres [1]. »

Quant aux récits publiés dans la presse française durant des années, en ce qui concerne les époux Aubrac, ils étaient légion...

Après avoir pris connaissance des éléments qui leur sont communiqués, plusieurs journalistes reprennent les points les plus cruciaux du texte de Klaus Barbie mettant en cause les époux Aubrac, du mois de mars 1943, date à laquelle Barbie prétend avoir « utilisé » comme agent Raymond Aubrac, jusqu'aux suites de l'affaire de Caluire. Les graves accusations de l'officier nazi sont unanimement qualifiées de fantaisistes, en tout cas non fondées et destinées à calomnier ou salir la Résistance. De fait, ce document tardif, qui a été rédigé par Me Vergès, doit sans doute plus à l'avocat de Barbie qu'à l'officier nazi lui-même. Il ne peut donc être placé sur le même plan que les archives d'époque ni avoir la même valeur historique. Néanmoins, dans la mesure où ce texte a été remis en juillet 1990 au juge d'instruction Hamy et qu'il figure au dossier détenu par le tribunal de Lyon, il n'est pas possible, lorsqu'on étudie cet épisode capital de l'histoire de la Résistance, de faire comme s'il n'existait pas.

D'autant qu'aucune réflexion n'est menée à partir de témoignages contradictoires ou de documents cités dans ce mémoire et qui méritent qu'on s'y attarde. L'exemple le plus évident est fourni par les rapports allemands rendant compte de l'attaque du 21 octobre 1943 réalisée par une équipe des Groupes francs de la Résistance qui a entraîné la libération de Raymond Aubrac prisonnier de la Gestapo

1. Déposition de M. Aubrac Raymond, Alger, 3 juin 1944 ; voir annexe XV-2 (pp. 324-329).

depuis son arrestation à Caluire, le 21 juin précédent. Etrangement, un lourd silence pèse sur ces pièces. Lors d'une interview donnée au *Progrès de Lyon* à l'époque, je m'en étais déjà étonné en expliquant : « Le passage final [du "testament"] sur l'évasion de Aubrac, avec l'attaque du boulevard des Hirondelles, est, à la différence du reste, étayé par un rapport allemand signé Knochen, un des chefs de la police allemande [...] que je possède et dont on peut dire, effectivement, qu'il apporte un éclairage bien différent de ce que l'on savait. Selon cette version, l'attaque des résistants était en fait dirigée pour délivrer un responsable du réseau Nilo, le capitaine Biche. Je puis affirmer que d'autres éléments en ma possession confirment ces données [...]. On le voit, ce document est un élément qui appelle incontestablement des explications [1]. »

L'intérêt était apparemment ailleurs. Dans une interview à Radio-France Bordeaux Gironde, Jacques Chaban-Delmas, qui occupa, notamment pendant la guerre, le poste de délégué militaire du gouvernement provisoire à Alger, affirme être « à la recherche d'un document qui est un rapport de Barbie à son chef, et qui donnerait la clef de l'énigme ». Chaban-Delmas ajoute : « Pour ma part, je suis à la recherche de ce document qui permettrait d'affirmer qu'il n'y a pas eu de traître du tout, qu'il y a eu simplement la malchance, un papier tombant entre les mains de la Gestapo et sur lequel étaient inscrits le jour, l'heure et le lieu du fameux rendez-vous [2]. » L'histoire de la Résistance s'enrichirait ainsi d'une version apaisante.

A notre connaissance, la recherche de ce document n'a pas abouti. En revanche, le tollé provoqué par la présentation du mémoire de Me Vergès a au moins débouché sur une conclusion que toute la presse divulgua le 23 octobre 1991 : « Le testament de Barbie non publié. Le "testament" de Klaus Barbie ne sera pas publié comme prévu le

1. *Le Progrès de Lyon*, 14 octobre 1991 : « Premières réactions à chaud de Gérard Chauvy, auteur notamment de l'*Histoire secrète de l'Occupation.* »
2. Interview du 13 octobre 1991.

4 novembre par les éditions Albin Michel qui ont décidé de surseoir à la publication, en accord avec Me Jacques Vergès, afin de vérifier les sources, et parce qu'il y avait trop de bruit autour de ce testament. »

Le temps s'est écoulé, les passions se sont calmées ; il est plus que jamais nécessaire de vérifier toutes les sources...

CHAPITRE 2

Aux sources du scandale

Le 11 mai 1987 s'ouvre au palais de justice de Lyon le procès de Klaus Barbie. « Il y sera jugé pendant deux mois pour une série de "crimes contre l'humanité", commis par l'Obersturmführer SS de 1942 à 1944, dans la région lyonnaise. Il va répondre notamment de l'arrestation et de la déportation, le 6 avril 1944, de quarante-quatre enfants et sept adultes de la maison d'Izieu dans l'Ain (50 morts), de la rafle, rue Sainte-Catherine, au siège lyonnais de l'Union générale des israélites de France (UGIF), le 9 février 1943 (83 morts), et de la déportation de résistants et de juifs, le 11 août 1944, par le dernier convoi qui quittait Lyon vers les camps de la mort (au moins 106 victimes) [1]. »

Mardi 12 mai 1987, deuxième journée du procès. Au cours de l'audience, on apprend par Mes Castelli et Grenier, avocats des parties civiles soutenus par Mes Paul Lombard et François La Phuong, qu'une plainte a été déposée ce jour même pour « crime contre l'humanité » entre les mains du doyen des juges d'instruction de Lyon, M. Hamy. Cette démarche a été effectuée au nom de la sœur du résistant Bruno Larat, arrêté à Caluire en juin 1943 et mort en déportation.

« Par ce biais, note un chroniqueur judiciaire avisé, une information allait-elle être ouverte sur l'affaire de Caluire ?

1. « Procès Barbie. L'Agence France-Presse raconte », AFP, 1987.

Et allait-on, de la sorte, répondre au désir de Me Vergès qui, de longue date, prédisait qu'il tenait là le moyen de discréditer la Résistance ? En souhaitant que cette plainte soit acceptée, l'avocat de Klaus Barbie n'affichait pourtant aucun triomphalisme. Ayant une grande expérience des pièges juridiques pour en avoir lui-même tendu tout au long de sa carrière, il avait compris que les avocats de la partie civile manifestaient l'intention de le paralyser, du moins sur le point précis où il se déclarait, à l'avance, imbattable.

« En effet, dans le cas où la plainte serait déclarée recevable par M. Hamy, celui-ci se verrait dans l'obligation d'ouvrir une information. *Ipso facto,* l'arrestation de Jean Moulin et de ses compagnons, couverte par le secret de l'instruction, ne pourrait plus être évoquée par quiconque au cours des débats ! Double chausse-trappe pour Jacques Vergès puisque, la procédure étant ouverte à l'instigation de ses adversaires, il ne peut plus arguer que l'« affaire de Caluire » est occultée dans l'histoire par un complot politique [1] ! »

Quelques jours plus tard, alors que l'ancien responsable du Sipo-SD de Lyon a choisi de refuser de comparaître face à ses victimes, Me Henri Noguères, au nom de la famille d'André Lassagne, annonce en cours d'audience qu'il a, à son tour, déposé une plainte similaire. On n'évoquera donc pas, au cours des débats, l'« affaire de Caluire », mais, après le jugement rendu par la Cour d'assises de Lyon en juillet 1987, une seconde instruction devra s'ouvrir.

Elle débute effectivement en octobre 1987 et, d'emblée, les premiers commentaires font état de l'attitude persistante de Barbie, déjà affichée lors de son procès : « Je suis physiquement présent et juridiquement absent [2]. » Aucune explication ne semble devoir sortir des lèvres de l'accusé, dont on attend à la fois sa version sur le sort des résistants

1. Pierre Mérindol, *Barbie, le procès,* Paris, La Manufacture, 1987.
2. *Le Progrès de Lyon,* 13 octobre 1987.

Bruno Larat et André Lassagne et, puisque le destin de ces deux hommes est étroitement lié à l'événement, des explications sur les circonstances qui ont entraîné l'arrestation de Jean Moulin et de ceux qui l'entouraient.

Cependant, ce n'est pas le comportement de Barbie qui va susciter les premiers faits marquants de cette seconde instruction. Un rebondissement, inattendu par son origine, survient en décembre 1987. « Un non-lieu en faveur du "boucher de Lyon", dans l'affaire de la déportation d'André Lassagne, arrêté en compagnie de Jean Moulin le 21 juin 1943, est "à plus ou moins bref délai prévisible", a affirmé, hier, Me Henri Noguères, avocat de la famille Lassagne, en évoquant la découverte d'une "pièce nouvelle". Selon ce document, "il semble d'ores et déjà acquis qu'en tout état de cause, la déportation d'André Lassagne a été décidée à Paris et non à Lyon", a expliqué Me Noguères. Dans ce cas, la plainte pour "crime contre l'humanité" déposée contre Klaus Barbie ne pourrait être retenue [1]. »

Venant d'un représentant d'une partie civile, cette déclaration paraît incongrue. Elle est toutefois appuyée par un autre avocat, jouant un rôle identique dans la procédure engagée contre Klaus Barbie, Serge Klarsfeld. En janvier 1988, il fait à son tour une déclaration qui semble dégager l'ancien officier SS de toute responsabilité dans le sort tragique réservé à Bruno Larat.

« L'annonce faite jeudi à Lyon, par Me Serge Klarsfeld, qu'un second procès n'aurait vraisemblablement pas lieu, à la suite de la découverte, faite par lui, de divers documents montrant que le sort d'André Lassagne et de Bruno Larat avait été placé par la Gestapo de Lyon entre les mains de la Gestapo de Paris, a suscité l'indignation de Mme Charlotte Larat. "Elle fait confiance à la justice...", indique de son côté Me François La Phuong, en faisant part de l'étonnement de sa cliente : "Comment, interroge-t-elle, peut-on être juge et partie ? " "Anormal...", ajoute son avocat qui fait remarquer : "C'est quand même extraordinaire que ce

1. *Ibid.*, 9 décembre 1987.

soit un avocat des parties civiles qui vienne, après avoir été un adversaire déterminé de Klaus Barbie, nous dire que le non-lieu va intervenir dans la deuxième instruction..." [1]. »

L'avocat lyonnais, bien que fort surpris par ces démarches, n'en persiste pas moins à dire : « Laissons travailler le juge Hamy qui a engagé une enquête méticuleuse [2]. » Le juge d'instruction lyonnais poursuit effectivement sa mission. C'est ainsi que le 13 décembre 1989, il entend Klaus Barbie : la première partie de l'interrogatoire est consacrée à l'« organisation du Sipo-SD en France et à Lyon ». La seconde aborde les « arrestations de Caluire et leurs suites » :

Le juge : « De vos déclarations en date des 16 juillet 1948 et 12 octobre 1987 ainsi [que] des pièces des deux procédures instruites contre René Hardy, il ressort que vous aviez procédé en personne, le 21 juin 1943, à l'arrestation de Aubrac Raymond, Aubry Henry, Hardy René, Lacaze Albert, Larat Bruno, Lassagne André, Moulin Jean, du Colonel Schwarzfeld et du Dr Dugoujon Frédéric lesquels s'étaient réunis dans la villa de ce médecin sise place Castellane à Caluire.

« Aubry Henry, Lacaze Albert, Larat Bruno, Lassagne André, le Colonel Schwarzfeld, le Dr Dugoujon Frédéric et Mme Raisin Madeleine arrêtée par votre service le 22 juin 1943, étaient transférés, par chemin de fer, le 25 juin 1943 à la maison d'arrêt de Fresnes, pour être interrogés par les services de la section IV du BDS de Paris. Moulin Jean, *alias* Rex, *alias* Max, était transféré par route, et par vos soins, le 3 juillet 1943 à Neuilly dans la villa occupée par Boemelburg, chef de la section IV du BDS Paris.

L'inculpé : « Je suis tout à fait d'accord avec la version des faits que vous venez de dicter.

---

1. *Lyon Matin,* 16 janvier 1988.
2. *Le Progrès de Lyon,* 16 janvier 1988.

Le juge : « Pourquoi Jean Moulin a-t-il été transféré après les autres personnes arrêtées avec lui à Caluire ?

L'inculpé : « Jean Moulin, qui portait au moment de l'arrestation des papiers d'identité au nom de Martel, a été maintenu sur Lyon par mes soins. En effet, je savais déjà la réelle identité du dénommé Martel, c'est Hardy qui m'a révélé l'identité de Jean Moulin ainsi que ses fonctions exactes au sein de la Résistance. J'affirme que Jean Moulin n'a pas parlé, il s'est refusé à signer tout document, il a refusé de répondre à toutes mes questions ayant trait à la Résistance. Je me souviens que sa carte nationale d'identité faisait état de sa profession de peintre, je lui ai demandé de faire mon portrait et j'ai bien constaté qu'il n'était pas peintre, il a accepté de signer ce portrait de moi ; j'avais d'ailleurs emmené ce document en Allemagne et il a été détruit lors d'un bombardement. J'affirme que sous mon portrait il avait signé "Jean Moulin".

« Jean Moulin a été maintenu dans les locaux de l'école de santé, avenue Berthelot. Il a essayé de se suicider en se tapant la tête contre les murs de la cellule qui lui avait été affectée. Jean Moulin étant blessé, je l'ai fait immédiatement transférer à la maison d'arrêt Montluc où il y avait un médecin. J'ai rendu compte des arrestations qui venaient d'être effectuées et j'ai rendu compte de cet incident survenu à Jean Moulin. J'ai reçu l'ordre de Knochen de transférer personnellement Jean Moulin, seul, sur Paris afin de le remettre à Boemelburg. Il a été transféré par voiture alors que les autres personnes arrêtées à Caluire avaient déjà été transférées à Fresnes par chemin de fer.

Le juge : « Pourquoi Raymond Aubrac qui a été délivré par la Résistance le 21 octobre 1943 lors d'un transfert de la maison d'arrêt Montluc au siège du Sipo-SD de Lyon n'a-t-il pas été transféré à Paris en même temps que les autres personnes arrêtées à Caluire ?

L'inculpé : « Je tiens à préciser que Raymond Aubrac avait été arrêté par la police française au cours du mois de mars 1943 et que les policiers français avaient trouvé de nombreux documents touchant à la Résistance. En raison des accords Bousquet-Oberg, la police française m'a alerté et c'est ainsi que j'ai été amené à entendre Raymond Aubrac dit Vallet. Compte tenu des documents qui avaient été saisis, dont un plan de sabotage “Fer”, Raymond Aubrac, ayant été démasqué, a accepté de collaborer avec mon service sachant qu'il risquait la peine de mort qui était en général prononcée par le tribunal militaire. J'ai chargé mon adjoint Floreck de s'occuper du cas Aubrac et je sais qu'il est intervenu auprès de la justice française afin qu'il soit libéré. C'est d'ailleurs ce qui a été fait. Je ne puis vous dire quels sont les renseignements qu'a pu fournir Aubrac Raymond car Floreck était chargé de suivre cet agent double.

« C'est pour cela que je n'ai pas transféré Aubrac à Paris en même temps que les autres personnes arrêtées à Caluire. Compte tenu que Aubrac nous avait déjà renseignés, que Hardy nous avait donné la réunion de Caluire, je ne les ai pas fait transférer à Paris. »

Au lendemain de cet interrogatoire, l'avocat de Barbie, Me Vergès, informe la presse que des « révélations importantes sur l'affaire de Caluire » viennent d'être faites. Au soir du 14 décembre, Lucie Aubrac, sur la deuxième chaîne de télévision française, réplique avec vigueur aux accusations de Barbie qui aurait présenté son mari, lors de cet interrogatoire du juge Hamy, comme un de ses « informateurs ». Deux jours plus tard, le 16 décembre 1989, le parquet de Lyon intervient « pour faire cesser la polémique ». Le chroniqueur judiciaire du *Progrès de Lyon* précise : « A 14 h 30, vendredi, M. Gallut [procureur de la République à Lyon] rendait publique la déclaration suivante : “Contrairement à ce qui a pu être affirmé par certains médias, Klaus Barbie, dans son interrogatoire devant le juge d'instruction de Lyon du 13 décembre 1989, n'a à aucun moment déclaré que la “réunion de Caluire” du 21 juin 1943 lui aurait été “donnée” par Raymond Aubrac.

Ce faisant, le magistrat s'est livré à un véritable exercice de sémantique en utilisant cette expression "donnée", somme toute argotique et par là même incongrue dans la bouche d'un procureur. Car, renseignement pris, Klaus Barbie, au cours des quelque quatre heures d'audition dirigées, mercredi, par le juge Hamy, a effectivement accusé Raymond Aubrac d'avoir été un "agent double" [1]. »

Les remous engendrés par ces déclarations donnent naissance à une âpre polémique opposant Barbie et son défenseur aux époux Aubrac.

Le 4 juillet 1990, l'ancien chef de la section IV du Sipo-SD de Lyon est de nouveau entendu par le juge Hamy :

« J'ai demandé à mon conseil d'intervenir auprès de vous afin que je sois entendu. En plein accord avec mon conseil, j'ai rédigé un document dans lequel j'explique les conditions dans lesquelles j'ai été amené à procéder aux arrestations de Caluire. J'ai décidé de rédiger ce document d'une manière exhaustive car pour comprendre ce qui s'est passé dans la villa du Dr Dugoujon, il fallait que je vous donne tout renseignement permettant de comprendre pourquoi j'ai pu arrêter les chefs de l'Armée secrète. [...] Je vous remets un document comportant 63 pages dans lequel j'ai exposé l'action que j'ai menée à Lyon de mars 1943 à juin 1943 dans le cadre du démantèlement du réseau de Résistance en exercice dans la région lyonnaise. »

C'est donc en juillet 1990 que ce « document comportant 63 pages », devenu pour les médias le « testament de Klaus Barbie » et qui sera divulgué à sa mort en septembre 1991, a été remis entre les mains du juge d'instruction lyonnais Hamy. Ce dernier devait définitivement refermer le second dossier Barbie presque un an après la disparition de l'ancien responsable SS. « L'action publique éteinte contre Klaus Barbie, écrit alors un journaliste, le juge lyonnais Jacques Hamy rend un non-lieu dans l'affaire de Caluire.

1. René Raffin, *in Le Progrès de Lyon,* 17 décembre 1989.

Demeurent une énigme et un dossier pénal contenant, entre autres pièces, le testament de l'ex-gestapiste et les réponses de Raymond Aubrac [1]. »

---

1. Gérard Schmitt, *in Lyon-Figaro*, 11 septembre 1992.

CHAPITRE 3

Mars 1943

Les 63 pages dactylographiées du document remis au juge d'instruction Hamy par Klaus Barbie en juillet 1990, transformées après sa mort en pièce testamentaire, n'ont pas été réalisées uniquement par l'officier SS. Les références à des documents d'archives le démontrent. Figurent à plusieurs reprises dans ce texte des précisions du genre : « Un rapport [...] retrouvé par Mᵉ Vergès... », ou « ce témoignage retrouvé par Mᵉ Vergès... » (par exemple pp. 383 et 404) [1].

Un travail de recherche a visiblement été effectué. Une documentation a été réunie pour soutenir ce qui constitue un récit de l'action de Klaus Barbie dirigée contre la Résistance et l'Armée secrète au cours de l'année 1943. Est-il besoin de le préciser ? une lecture critique s'impose donc. Ces 63 pages ne peuvent évidemment constituer à elles seules un développement à caractère historique dont on se satisferait. Il est indispensable de confronter le document à une autre documentation qu'il ignore ou veut ignorer. Il convient de mener une véritable étude sur ce qui, autrement, demeurerait le plaidoyer *pro domo* d'un officier SS.

L'apport de nombreux et nouveaux documents, ou témoignages, et leur examen permettent d'entreprendre cette démarche. Une partie de l'histoire de cette période,

1. Le lecteur trouvera en annexe le texte intégral du mémoire signé Klaus Barbie remis par Mᵉ Vergès au juge Hamy, annexe XIX (pp. 371-422).

durant laquelle la Résistance française poursuit une lutte dramatique contre l'occupant nazi, bénéficie ainsi d'un éclairage neuf. Une histoire qui ne peut, assurément, se contenter de versions trop hâtivement acceptées jusqu'à présent. La vérité, si nous n'avons pas la prétention de la dévoiler dans sa totale nudité, ne doit pas continuer d'être impunément bafouée.

« Le 13 mars 1943 et les jours suivants, la police française, en liaison avec la police allemande, arrêtait dans la région lyonnaise des résistants dont trois dirigeants importants de l'Armée secrète. » Les premières lignes du mémoire de Me Vergès évoquent l'Armée secrète. La constitution de cette formation clandestine correspond parfaitement à l'effort de structuration de la Résistance que Jean Moulin, représentant en France du général de Gaulle, mène. Cette action s'est développée en plusieurs étapes, tendant à l'unification de « l'armée des ombres » dont la dispersion et les disparités limitaient l'efficacité. A l'issue d'âpres discussions au plus haut niveau, en janvier 1943, les MUR (Mouvements unis de Résistance) installent à leur tête un comité directeur où l'on retrouve les chefs des grands mouvements de la zone sud : le capitaine Henri Frenay pour Combat, Emmanuel d'Astier de la Vigerie pour Libération et Jean-Pierre Lévy pour Franc-Tireur. Sur le papier, une délicate répartition des tâche est effectuée :

« Chaque mouvement avait un représentant, sans tenir compte des effectifs de chacun, difficiles à évaluer. Il fut entendu que d'Astier s'occuperait de tout le secteur des Affaires politiques, tandis que Frenay prendrait la direction des Affaires militaires avec les quatre branches (Armée secrète, Groupes francs, Maquis et Parachutages) ; Jean-Pierre Lévy serait responsable de la section propagande et des relations avec les mouvements annexes — Forces unies de la jeunesse et Mouvement national des prisonniers de guerre et déportés. Un secrétariat général, dont le premier responsable fut Jacques Baumel (Combat), était chargé de tous les contacts intérieurs à la Résistance. Des services nationaux furent créés. Ce sont dans l'ordre de leur constitution : Armée secrète et Groupes francs, NAP (Noyautage des administrations publiques), maquis, service social, liaisons avec les régions, trésorerie, service de renseignement[1]. »

Cette Armée secrète (AS), dont le commandement échoit finalement au général Charles Delestraint (*alias* Vidal), est définie, selon ce dernier, comme « une nouvelle armée française de l'intérieur adaptée aux circonstances présentes, armée de volontaires dont la mission essentielle est de se battre pour libérer notre sol du joug allemand[2] ». Cette armée dispose d'« un état-major et de services » :

« 1° des troupes techniques (chemins de fer, PTT) et des Groupes francs ayant un encadrement particulier et relevant directement du commandement en chef, ou des chefs qu'il a désignés dans les deux zones ;

« 2° les troupes du territoire, éléments fixes, résidant à proximité de leurs objectifs et corps francs mobiles. Les troupes du territoire sont sous les ordres des chefs de l'AS de régions, départements, cantons. Elles sont organisées en sizaines ou mains... »

L'objectif de l'AS « est de mener une guerre de guérilla qui prendra un maximum d'intensité lors du débarquement des troupes alliées sur notre territoire[3]... ».

Une telle mission était conforme à l'« Instruction personnelle et secrète pour l'action en France » qu'avait confiée, le 29 octobre 1942, le général de Gaulle à Jean Moulin[4]. Assez rapidement cependant, les Allemands, qui avaient pénétré en zone dite libre le 11 novembre 1942 et occupé ainsi toute la France, se montrent efficaces et infligent des coups sévères à la Résistance. A Lyon, plaque tournante de l'infrastructure clandestine, tombent, le 1er février 1943, deux membres importants

1. Henri Michel, *Histoire de la Résistance en France*, Paris, PUF, 1980.
2. Instruction du général Delestraint, citée *in* François-Yves Guillin, *Le Général Delestraint, premier chef de l'Armée secrète*, Paris, Plon, 1995.
3. *Ibid.*
4. Daniel Cordier, *Jean Moulin, l'inconnu du Panthéon*, *op. cit.*, t. I, pp. 91-92.

de l'Armée secrète : Claudius Billon, responsable pour la région R1 [1], et son adjoint Pierre Lavergne. Le mois suivant, la police lyonnaise organise une vaste opération dont l'ampleur a longtemps été négligée. « Une affaire dont la seule conséquence directe [...] a été l'arrestation à Lyon de plusieurs dirigeants de Libération et de l'Armée secrète [2] », écrira Henri Noguères. A la vérité, ce « coup de filet » lyonnais de mars 1943 a entraîné la saisie d'informations et d'archives qui vont permettre aux Allemands de connaître avec une assez grande précision l'organisation de l'Armée secrète. Au demeurant, c'est au plus haut niveau, à Berlin, qu'est transmis un rapport, rédigé en mai 1943, à partir de cette fructueuse moisson.

Dès le début de son récit, Klaus Barbie fait référence à cette situation :

« Tous ces documents furent transmis pour exploitation à la police allemande, en application de l'ordonnance du 1er mars 1943 confiant au BDS les responsabilités précédemment dévolues à la commission d'armistice étendue à l'ex-zone non occupée. De la même manière, les personnes appréhendées furent "prêtées" pour être interrogées à la section IV du Kommando de la police allemande à Lyon, chargée de la lutte contre la Résistance et que je dirigeais [3]. »

Barbie ajoute : « Les informations réunies par moi seront jugées à ce point capitales par mes supérieurs que le docteur Kaltenbrunner, chef de la Gestapo, estimera nécessaire d'en faire la synthèse à l'intention de Joachim von Ribbentrop, notre ministre des Affaires étrangères, le

---

1. Cette région, avec pour centre Lyon, regroupait le Rhône, l'Ain, la Saône-et-Loire, l'Isère, la Loire, la Haute-Loire, la Savoie, la Haute-Savoie, l'Ardèche et la Drôme.

2. *Histoire de la Résistance en France, op. cit.*, t. 3, p. 256.

3. Mémoire de Me Vergès, pp. 371-372. Le BDS est le « commandement du Sipo-SD ou police SS en France ». Lors d'une comparution de Klaus Barbie devant le juge d'instruction Hamy, le 13 décembre 1989, lecture fut donnée des déclarations d'Helmut Knochen (qui occupait en 1943 le poste de Befehlshaber du Sipo-SD en France, autrement dit le poste de chef de la Sûreté et du renseignement), sur « l'organisation du Sipo-SD en France ». Cf. l'extrait en annexe II (pp. 273-275).

27 mai 1943, et que celui-ci à son tour jugera nécessaire de les transmettre à Hitler lui-même le 4 juin suivant... »

Plusieurs pages sont ensuite consacrées à une succession de citations de ce rapport auquel est finalement attribué le nom de son auteur, Kaltenbrunner[1]. Ce dernier, dans sa conclusion, rend compte des « dispositions adoptées » tout en appelant ses subordonnés, en France, « à prêter la plus grande attention à la lutte contre l'Armée secrète ». Le message est apparemment bien compris par Klaus Barbie à Lyon qui ajoute dans le mémoire élaboré par Me Vergès :

« La chasse commence avec d'autant plus de chances de succès que "notre informateur, écrit Kaltenbrunner, est un dirigeant de l'Armée secrète". Interrogé le 13 décembre 1989 par vous, précise Barbie à l'intention du juge d'instruction Hamy, j'ai dit que cet homme de confiance de la police allemande à la tête de l'AS était Raymond Aubrac. Certes, on ne peut croire un inculpé sur parole. Mais il ne suffit pas non plus d'éluder l'accusation au prétexte que celui qui la porte est un ennemi. Encore faut-il réfuter les présomptions sur lesquelles il s'appuie[2]. »

Dès les premières lignes du mémoire, Me Vergès fait dire à Klaus Barbie que les « trois dirigeants importants de l'Armée secrète » arrêtés étaient : « Raymond Samuel *alias* François Vallet, pseudo Aubrac ; François Morin *alias* François Marchal, pseudo Mechin ; Maurice Kriegel *alias* Maurice Fouquet, pseudo Gayet. »

Examinons d'abord les documents rédigés à ce propos par un magistrat lyonnais.

1. Mémoire de Me Vergès, pp. 372-379. Le document, signé le 27 mai 1943 par Kaltenbrunner, figure en annexe III (pp. 277-290).

2. Mémoire de Me Vergès, pp. 379-380. Le premier paragraphe du rapport Kaltenbrunner indique : « ... Au début de 1943, un de nos agents spéciaux confirmait qu'un tel rassemblement avait été largement réalisé. C'est ainsi qu'est née l'Armée secrète dans laquelle *notre agent avait obtenu en qualité d'ancien officier français un poste important* » (cf. annexe III).

Le 30 mars 1943, le procureur de la République à Lyon, Ducasse, adresse un rapport de huit pages au procureur général : « J'ai l'honneur de vous rendre compte qu'à la date du 23 mars, j'ai requis l'ouverture d'une information pour actes de nature à nuire à la défense nationale, infraction à la loi portant institution du service du travail obligatoire et fabrication de fausse carte d'identité. » L'ouverture de cette information vise vingt inculpés. L'évocation du rôle de huit d'entre eux, cités dès le début de ce rapport, permet de connaître « les faits reprochés » et les circonstances des arrestations selon la relation du procureur :

« — 1°) *CURTIL.* Il remplissait les fonctions d'agent de liaison chargé d'aller lever les boîtes aux lettres. Il reconnaît qu'il appartenait au mouvement de Résistance. Il exécuta en outre une mission à Chambéry sur le but de laquelle il n'a fourni aucune précision. Il y fut reçu par un architecte du nom de Stephens qui le logea chez son commis Vidal pendant la nuit qu'il passa dans cette ville. De Chambéry il reçut l'ordre de revenir à Lyon se mettre en rapport avec un nommé Morandat mais étant descendu par erreur à Bourg il fut arrêté dans cette ville.

« — 2°) *STEELE.* Il fut arrêté au moment où il faisait la levée d'une boîte au nom de "Balzac", 59 rue de l'Hôtel-de-Ville à Lyon. A son domicile il fut trouvé une valise contenant des documents de la plus grande importance concernant l'organisation des Mouvements unis et une somme de 268 000 frs. Cette valise lui avait été remise par la nommée Denoyer. Il prétend qu'il en ignorait le contenu.

« Au moment de son arrestation la nommée Denoyer et le nommé Marchal étaient précisément à son domicile.

« Son rôle consistait à faire 2 fois par jour la levée de la boîte Balzac et à en remettre le contenu à Christine (Denoyer).

« — 3°) *DENOYER Christine.* Elle fut arrêtée au domicile de Steele. Elle remplissait les fonctions de dactylographe auprès de Mechin, non identifié, chef administratif à l'état-major de l'Armée secrète. Elle était également en relations avec le capitaine Billon. Ce dernier, arrêté par les autorités allemandes, s'est suicidé dans leurs locaux. Steele lui remettait le courrier trouvé dans la boîte aux lettres "Balzac" et après l'avoir dactylographié, Steele le rapportait dans cette boîte.

« Les documents trouvés dans la valise saisie chez Steele lui avaient été remis par Mechin avant son départ pour un voyage devant entraîner son absence pendant quelque temps. Elle prétend ignorer la nature de ces documents. Elle recevait de Mechin un salaire mensuel de 3 500 frs.

« — 4°) *MARCHAL*

« Il fut arrêté chez Steele où il se trouvait en compagnie de la nommée Denoyer, sa maîtresse avec laquelle il habitait. Il a refusé d'indiquer quel était son véritable domicile à Lyon.

« Il accompagnait Christine Denoyer à tous les rendez-vous qu'elle avait avec les agents de liaison des Mouvements unis.

« Il n'a pas été possible de connaître ses moyens d'existence. Il se dit professeur de mathématiques venant de Casablanca où il aurait été démobilisé en 1940.

« — 5°) *HEGO*

« Arrêté le 15 mars au moment où il effectuait une levée à la boîte aux lettres "Balzac", il est trouvé en possession de 2 enveloppes au nom de Forestier dont l'une renfermait la note ainsi libellée : "Centre à toutes les régions et tous services. Ne plus remettre les pieds au N° 7 H. de V. très grave." C'est un nommé Lenoir qui lui donnait les ordres à exécuter et lui remettait les lettres à déposer à la boîte "Balzac".

« — 6°) *FOUQUET*

« Il est arrêté dans la chambre de Vallet, centre de réunion de plusieurs membres des Mouvements unis. Sur lui il a été saisi une note contenant des renseignements pour se rendre en Savoie afin d'échapper à la réquisition en vue de la relève.

« Il a refusé de donner des renseignements sur son activité ; mais le jour de son arrestation Fouquet devait recevoir chez Vallet une fausse carte d'identité établie par le mouvement de Résistance.

« — 7°) *VALLET*

« Il avait loué chez Biard, 7 rue de l'Hôtel-de-Ville, une chambre où se réunissaient plusieurs membres des Mouvements unis.

« Le 15 mars Fouquet et Asher s'y trouvaient et furent arrêtés en même temps que lui.

« Pendant la perquisition faite dans sa chambre il parvint à s'échapper et à enfermer les agents mais il fut appréhendé peu de temps après.

« — 8°) *ASHER*

« Arrêté dans la chambre de Vallet, il tente de s'évader en frappant les agents avec une matraque métallique télescopique, l'un d'eux fut mordu au doigt et à l'épaule.

« Ancien élève de l'Ecole polytechnique, il suivait des cours d'électricité à Lyon. Il était en possession de fausses pièces au nom de Legrand et de Rouveure et de nombreux documents concernant l'Armée secrète. Il avait déjà accompli en novembre 1942 une mission à Marseille pour le mouvement Combat. Il fut condamné par défaut pour détention de tracts à un an d'emprisonnement par jugement du tribunal correctionnel de Lyon en date du 12 mars 1943 et il faisait l'objet d'un mandat d'arrêt car il avait pu s'enfuir des locaux de la Sûreté de Marseille où il avait été arrêté.

« Revenu à Lyon il fait plusieurs voyages de liaison à Chambéry et à Annecy. A Chambéry il se met en rapport avec un nommé Voirier pour organiser la fuite des ouvriers ne voulant pas partir en Allemagne. Il adresse à ce sujet 2 rapports à un individu connu seulement sous le pseudonyme de Denejack.

« Le 13 février il entreprend un voyage à Annecy pour le même objet ; le 15 mars il apportait son rapport chez Vallet pour qu'il soit remis à Denejack lorsqu'il fut arrêté. »

L'examen de la situation de ces inculpés au moment de leur arrestation entraîne plusieurs constatations de la part du magistrat. Quel est d'abord leur rôle ?

« Ces inculpés sont uniquement des agents de liaison chargés d'aller relever le courrier dans des boîtes aux lettres disséminées dans des immeubles de la ville et à le porter à un autre agent avec lequel ils avaient rendez-vous à certaines heures de la journée soit dans la rue, soit dans un café et à prendre le courrier qui leur était remis au cours de ce rendez-vous pour le déposer dans une boîte aux lettres.

« Etant donné le rôle secondaire qu'ils ont joué dans l'organisation j'ai retenu uniquement contre eux l'infraction prévue et réprimée par l'article 83 du Code pénal modifié par le décret du 3 novembre 1939 me réservant de les inculper d'atteinte à la sécurité intérieure et extérieure de l'Etat, si un ou plusieurs chefs de l'organisation étaient arrêtés avant la clôture de l'information et si des faits plus graves que ceux résultant de l'enquête préliminaire étaient révélés contre eux par la suite.

« Lors du règlement de la procédure la question se posera de fixer soit la compétence de la section spéciale de la Cour d'appel en vertu de la loi du 18 novembre 1942, soit celle du tribunal d'Etat. Je ne manquerai pas de vous en référer avant ce règlement. »

Il est établi cependant que ces « agents de liaison » appartiennent à une organisation clandestine qui a atteint un stade élaboré. « De l'ensemble des documents saisis sur ces inculpés, il a été possible de reconstituer l'organisation du groupement des Mouvements unis dénommé aussi Forces françaises combattantes, composé des groupes Libération, Combat, Patrie, Franc-Tireur et un cinquième groupe sans désignation officielle », souligne le procureur qui décrit, en outre, les objectifs de l'Armée secrète :

« Cette armée rassemble les anciennes formations paramilitaires des groupements constituant les "Mouvements unis". Elle est perçue comme "un instrument militaire et un instrument révolutionnaire", disposant d'un état-major :

« 1° Un chef d'état-major, chef du 3e bureau, Tavernier ayant pour adjoints Aubrac et Lebailly.

« 2° Un chef administratif, Mechin, qui assure le service du courrier, la liaison entre les membres de l'Armée secrète, la tenue à jour de sa situation, effectifs, armements, les demandes de matériel à parachuter.

« 3° Un chef de renseignements (2e bureau), Gallebier (Garin), centralisant tous les renseignements et les envoyant à Londres. »

Le procureur lyonnais précise tout de même que « les chefs de ce mouvement n'ont pas été arrêtés, leur identification est difficile car les noms sous lesquels ils figurent dans les documents en notre possession sont des pseudonymes. Cette identification est d'autant plus difficile que les inculpés ne les connaissent pas sous leur véritable nom et ignorent leur adresse ».

Force est de constater, malgré tout, que la plupart des inculpés que vient d'évoquer le procureur lyonnais sont bien situés dans le cadre d'une organisation clandestine structurée.

En conséquence, dans quelle mesure leur activité réelle a-t-elle pu être préservée ?

Ces inculpés apparaissent eux-mêmes, à la lecture du rapport du procureur Ducasse, soit sous une fausse identité, soit sous leur nom véritable. C'est ainsi que nous trouvons parmi eux « Marchal François Marie, né le 14 novembre 1906 à Blidah, professeur de mathématiques, demeurant à Lyon, sans adresse connue [*sic*] ». Sous ce nom figure en fait François Morin. Ce polytechnicien, qui dirigeait à la déclaration de la guerre une entreprise de travaux publics, est entré dans la Résistance en zone nord. Il a été ensuite recruté par Henri Frenay pour organiser en zone sud les groupes paramilitaires qui vont déboucher sur la formation de l'Armée secrète. Morin a d'ailleurs été nommé comme adjoint du général Delestraint à la tête de l'AS en décembre 1942.

Quant aux trois hommes qui ont été interpellés dans un appartement d'une grande artère lyonnaise, au 7 de la rue de l'Hôtel-de-Ville, qui sont-ils ?

« Fouquet Maurice, né le 14 mai 1915 à Péronne (Somme), étudiant à Lyon, 39 rue des Sablonnières. » Derrière ce nom se dissimule en fait Maurice Kriegel. Entré en Résistance à Paris, il a gagné Lyon pour s'intégrer au mouvement Libération au cours de l'été 1942. Adjoint de Raymond Aubrac, il est chargé de l'organisation des premiers maquis et développe l'Action ouvrière [1]. Maurice Kriegel, dit Valrimont, est aussi un militant syndicaliste et politique : il est devenu, « dès avant la guerre, le secrétaire général du syndicat CGT des assurances. Militant communiste actif au sein de la Jeunesse communiste, il est déjà connu et apprécié d'un certain nombre de cadres du Parti ; il a notamment été remarqué par Jean Chaintron, alors instructeur du Comité central auprès de la jeunesse [2]... ».

Autre résistant arrêté rue de l'Hôtel-de-Ville : « Vallet François, né le 4 septembre 1912 à Vendôme, ingénieur demeurant à Lyon, 14 rue Sainte-Clotilde. » Vallet est en fait Raymond Aubrac, de son véritable nom Samuel :

« Nous étions Raymond et Lucie Samuel, tout à fait transparents, écrira Lucie Aubrac. Officiellement, nous habitions depuis l'automne 1941, à Lyon, avenue Esquirol, une petite villa avec une bonne — Maria — et notre petit gar-

1. Bruno Permezel, *Résistants à Lyon, 1 144 noms,* Ed. BGA Permezel, 1992.

2. *Ibid.* Philippe Robrieux, *Histoire intérieure du parti communiste,* Fayard, 1984, t. 4. Chaintron, d'origine lyonnaise, est également chargé d'une mission sur Lyon en 1940-1941 : participer à la réorganisation du PC clandestin en zone sud. Il sera arrêté en mars 1941 dans cette ville. Laurent Douzou précise que Maurice Kriegel est, avec Malleret et Hervé, l'un des « trois cadres communistes confirmés » entrés à Libération (*La Désobéissance, histoire du mouvement Libération-Sud,* Ed. Odile Jacob, 1995, p. 118).

çon [...]. En dehors de cet aspect de vie ordinaire et respectable, nous étions des personnages bien différents dans une vie parallèle. En 1943, Raymond pour les contacts résistants était "Balmont", puis "Aubrac", responsable de l'Armée secrète de Libération [1]. »

Raymond Aubrac, participant à la création du mouvement Libération dirigé par Emmanuel d'Astier de la Vigerie, est devenu le responsable de l'action paramilitaire. Lorsque l'Armée secrète est placée sous l'autorité du général Delestraint, il en est nommé « inspecteur ».

Autre victime de l'arrestation par la police lyonnaise rue de l'Hôtel-de-Ville : « Asher Serge, né le 12 mai 1920 à Paris, 16e, étudiant, demeurant à Lyon, 16 chemin Saint-Gervais. » Celui qui deviendra, pour les annales de la Résistance et pour l'état civil ensuite, Ravanel, est ici mentionné sous son vrai nom. C'est en septembre 1942 que se situe l'entrée de Serge Asher à Libération. Elève à l'Ecole polytechnique, il a été recruté par Jacques Brunschwig, lui-même polytechnicien, mais surtout l'un des adjoints d'Emmanuel d'Astier de la Vigerie.

Il apparaît que tous ces hommes — et ces femmes [2] — sont considérés, par la police et la justice lyonnaises, comme des résistants dignes d'une certaine considération. D'ailleurs, l'une des informations importantes contenue dans le rapport du procureur Ducasse confirme l'intérêt porté par les Allemands à cette affaire. Les documents saisis, qui révèlent certains noms et décrivent l'organisation clandestine de la Résistance française, attirent naturellement leur attention sur les personnes arrêtées :

---

1. Lucie Aubrac, *Ils partiront dans l'ivresse, op. cit.* Lucie Aubrac a adhéré, avant la guerre, aux Jeunesses communistes. Durant l'occupation, ses rencontres avec Jean Cavaillès et Emmanuel d'Astier de la Vigerie la conduisent à la Résistance : de « Dernière Colonne », elle devient militante du mouvement Libération.

2. Outre Christine Denoyer, figure aussi Paulette Perrin, épouse Morandat, membre du mouvement Libération.

« Tous ces documents, sur instructions de l'intendant de police, ont été communiqués aux autorités allemandes qui avaient d'abord manifesté l'intention de se saisir de cette affaire car de nombreuses pièces saisies concernaient des mouvements des troupes d'opérations dans la zone libre. Finalement elles y ont renoncé, mais elles ont demandé à interroger individuellement chacun des inculpés. J'ai cru devoir le leur accorder sous condition que cet interrogatoire serait fait en présence d'un inspecteur de police français et qu'il aurait lieu dans les locaux de la police judiciaire française. Un membre important de la Gestapo est venu de Vichy pour procéder à cet interrogatoire. »

Sur la situation de ces résistants arrêtés par la police lyonnaise, les récits ne manquent pas. L'un d'eux est présenté par Henri Noguères dans l'un de ses ouvrages sur l'histoire de la Résistance :

« Au cours de leur séjour en prison, les inculpés de l'affaire de la rue de l'Hôtel-de-Ville avaient été, comme il était de règle, présentés à la police allemande à l'hôtel Terminus. Mais que l'on ne s'y trompe pas : il s'agissait de trop menu fretin pour que le chef de la IVe section en personne — c'est-à-dire Klaus Barbie — qui, d'ailleurs, était installé à l'école de la santé militaire [1], s'intéresse à eux. Voici d'ailleurs en quels termes Ravanel, dans le témoignage qu'il nous a donné pour l'*Histoire de la Résistance*, a évoqué cette formalité : "Les fameux Valrimont et Aubrac prétendaient s'être rencontrés pour se vendre quelques kilos de sucre : ils étaient donc inculpés de marché noir, ce qui constituait un motif pour que la police française réclame de les garder." »

Le témoignage cité par Noguères à propos de Ravanel est plus complet :

« Je dois dire que nous étions passés, entre-temps, à l'hôtel Terminus de Lyon, à la Gestapo. Mais ce n'avait pas été

1. Le mémoire de Me Vergès indique : « L'historien Noguères se trompe de date. A l'époque où Aubrac est interrogé pour la première fois, le siège de la police allemande est encore à l'hôtel Terminus. »

grave. On avait réussi, au demeurant, à faire pression sur la police française pour n'être pas livrés aux Allemands. La Résistance commençait à pouvoir faire pression et la police s'est battue pour nous. J'ajoute que la plupart de mes camarades avaient été arrêtés pour des motifs plus ou moins futiles. J'étais l'un des seuls à avoir été arrêté avec une carte Michelin portant des indications d'aérodromes en vue de parachutages. J'étais par conséquent l'un des plus marqués [1]. »

Ravanel, dans un ouvrage publié quelques années plus tard, apportera d'autres précisions sur l'interrogatoire que lui fait subir un membre de la police allemande :

« Mon dossier est là. A l'évidence complet. Preuve bien réelle de la collaboration entre les polices française et allemande [...]. L'heure de vérité est venue. Arriverai-je à me faire passer pour un simple comparse indifférent à la Résistance au point de raconter sans réticence ce qu'il a vu ? [...] Je répète ce que j'ai dit à la police française. J'en rajoute. Il écoute en suivant du doigt les comptes rendus de mes interrogatoires [...]. Il reprend certaines de mes déclarations en les modifiant pour vérifier mes réactions. Cet homme est dangereux. Il n'est pas brutal. C'est un professionnel. »

Selon son propre témoignage, Ravanel subira « deux heures d'interrogatoire, peut-être trois », mais l'atmosphère se détend : « L'interrogatoire se transforme en discussion. Mais le temps avance. Le policier regarde sa montre : "Je vais vous faire ramener à la prison." Je fais un effort pour demeurer impassible. Comme si la décision allait de soi [2]. »

Ni le dossier de la police française ni l'interrogatoire ne convainquent apparemment les Allemands. Le 23 juillet 1943, le procureur de la République lyonnais, reprenant

1. Henri Noguères, *La Vérité aura le dernier mot*, Seuil, 1985.
2. Serge Ravanel, *L'Esprit de Résistance*, Seuil, 1995.

l'affaire qu'il avait déjà commentée le 30 mars[1], ajoute ces éléments à propos de Serge Asher :

« Asher : **De race juive**, ancien élève de l'Ecole polytechnique [...]. Sur lui, il fut trouvé en possession de fausses cartes d'identité [...], de documents concernant l'Armée secrète et des carnets contenant des notes. » Ses relations suivies avec les nommés Morandat et Curtil sont confirmées. Or, dans ce même rapport[2], il est indiqué que « la femme Morandat, devant la police, a déclaré qu'elle et son mari faisaient partie du mouvement Libération. Asher était "Pressencé" [...] et il connaissait "Simone" qui avait été présentée à la femme Morandat par son beau-frère "Léon" lorsqu'il était venu de Londres à Lyon ».

Le cas de l'inculpé Asher n'est pas de ceux qui peuvent laisser indifférents des « professionnels » et ce qui est mentionné sur lui quant à ses activités dans la Résistance dépasse le simple cadre de présomptions. Il est évident aussi que la mention « de race juive », sous le régime de Vichy et, qui plus est, face aux policiers nazis, aggrave singulièrement les choses.

Quant aux « deux autres dirigeants importants de l'Armée secrète », selon Barbie, quel sort ont-ils connu ?

Maurice Kriegel-Valrimont, *alias* Maurice Fouquet, devait en 1987 résumer ce qu'il était advenu de sa personne en ce mois de mars 1943 :

« Au printemps 1943, plusieurs dirigeants des formations militaires de la Résistance ont été arrêtés à Lyon et emprisonnés à la prison Saint-Paul. Morin-Forestier, Ravanel, Raymond Aubrac, deux autres résistants et moi-même nous trouvions dans la même cellule. Extraits de la prison Saint-Paul, nous avons été livrés, pour interrogatoire, aux SS qui

1. Document du parquet de Lyon (cf. nos citations précédentes concernant notamment Asher-Ravanel).

2. Rapport du 23 juillet 1943 du procureur de la République au procureur général, archives du parquet de Lyon (ADR). Voir en annexe XVI un extrait de ce rapport (pp. 349-359).

siégeaient à l'hôtel Terminus. Ravanel a été interrogé de son côté. Raymond Aubrac et moi avons été soumis à un interrogatoire commun. Nous avions mis au point une histoire de marché noir de sucre pour justifier nos activités clandestines. Les officiers SS qui nous interrogeaient se consultaient, en allemand, sur les questions à poser et sur la portée des réponses que nous faisions. Ayant une très bonne connaissance de leur langue, il me fut facile de répondre d'une façon à la fois cohérente et dans le sens de notre interprétation. Raymond Aubrac, dont une réponse ne convenait pas à la logique du SS qui l'interrogeait, fut l'objet de violences. C'est à cette occasion que j'ai pu apprécier son courage et une attitude d'une telle dignité que j'en ai gardé et en garderai le souvenir. Les SS étant arrivés à la conviction qu'ils ne se trouvaient pas en présence de résistants ayant un rôle important, nous avons été remis aux autorités françaises et renvoyés à la prison Saint-Paul [1]. »

C'est sous le nom de Maurice Fouquet que Kriegel, *alias* Valrimont, a été arrêté. Une pièce du dossier laisse cependant supposer que sa véritable identité aurait pu être percée. « Fouillé à corps, indique un rapport de police du 15 mars 1943, Fouquet Maurice a été trouvé porteur d'un carnet sur lequel sont inscrites des notes relatives aux moyens de se rendre en Savoie et une carte de tabac au nom de **Kriegel Maurice**, demeurant 4 rue Professeur-Roux à Vénissieux, que nous saisissons et plaçons sous scellés n° 33 et 33 bis [2]. »

A la lecture de tous ces documents, il est difficile de relativiser ou de banaliser les conséquences de ces arrestations. Et encore plus d'évoquer une affaire de marché noir qui

---

1. Attestation de M. Kriegel-Valrimont du 28 mars 1987 dont copie fut jointe au dossier présenté en octobre 1991 par Raymond Aubrac lors de la divulgation du mémoire signé Barbie.

2. Procès-verbal du 15 mars 1943 du commissaire André Lavabre. Cf. photocopie en annexe IV (pp. 291-292).

ne figure pas au nombre des chefs d'inculpation [1]. Les éléments ne manquaient pas aux policiers lyonnais, et par conséquent aux services allemands qui en disposaient également, pour confondre ceux qui étaient tombés entre leurs mains.

Certains de ces résistants s'étonnèrent après guerre que l'on cherche à minimiser l'ampleur de la catastrophique moisson d'informations alors réalisée par les Allemands. Christine Denoyer rappellera que l'on oublie vite certaines réalités. Celle qui apparaît comme la « secrétaire dactylographe de Mechin », lui-même reconnu comme « chef administratif à l'état-major de l'organisation des Mouvements unis [2] » déclarera en 1950, lors du second procès de René Hardy :

« J'ai été arrêtée le 15 mars 1943 lors des premières arrestations qui ont fait pas mal de bruit à Lyon. Il y avait là

1. Le procureur Ducasse, dans ses rapports des 30 mars et 23 juillet 1943, reprend comme inculpations : « actes de nature à nuire à la défense nationale », « infraction à la loi portant institution du service du travail obligatoire » et « fabrication de fausse carte d'identité ».

2. Ces indications figurent dans le rapport du procureur Ducasse du 23 juillet 1943. Derrière Mechin se cache Morin-Forestier, le chef d'état-major de l'AS. F.-Y. Guillin, dans son livre consacré au général Delestraint, s'étonne que le rapprochement n'ait pas été fait : « Morin est arrêté. Il porte sur lui une fausse carte au nom de Marchal, identité que la police et le parquet, curieusement, accepteront comme authentique, alors que Christine finit par avouer être la secrétaire d'un nommé Mechin, chef d'état-major de l'Armée secrète, et que la photo de Morin est retrouvée sur de fausses pièces d'identité. Aucun inspecteur, aucun juge d'instruction ne fait le rapprochement entre le personnage arrêté et le fameux "Mechin" que l'on sait être un "gros bonnet". » (F.-Y. Guillin, *op. cit.*) D'autant que le procureur Ducasse dans son rapport du 23 juillet indique : « Marchal : il fut arrêté le 15 mars au moment où il se présentait chez Steele en compagnie de Christine Denoyer qui était sa maîtresse. Il prétend tout ignorer de l'activité de celle-ci, bien qu'il vécût avec elle depuis fin octobre 1942. Il reconnaît cependant qu'il l'accompagnait aux rendez-vous qu'elle avait avec les membres de l'organisation. Il a refusé d'indiquer son véritable domicile à Lyon, et il s'est dit professeur de mathématiques, venant de Casablanca où habitait sa famille et où il aurait été démobilisé en 1940. Il n'a pas été possible de le vérifier. Il n'a pu justifier d'aucun travail depuis son arrivée en France en 1940 et cependant il payait un loyer de 1 200 frs. par mois. » Cf. annexe XVI (pp. 349-359).

Aubrac, Morin-Forestier et beaucoup d'autres personnes. J'ai été convoquée à la Gestapo le 23 mars 1943 parce que j'avais toutes les archives avec moi lorsque j'ai été arrêtée. J'ai été interrogée très longtemps. »

Le président du tribunal militaire l'invite à préciser :

« Vous avez été convoquée ?

— Nous avons été arrêtés par la police française, répond Christine Denoyer. Le soir de notre arrestation, la police allemande est venue pour nous prendre. Les Français ont obtenu que nous restions mais, en échange, nous avons été amenés individuellement à la Gestapo pour interrogatoire. J'ai été amenée le 23 mars 1943.

— Quels documents les Allemands ont-ils saisis ?

— Toutes les archives que j'avais avec moi, qui concernaient dans l'ensemble plus particulièrement l'Armée secrète, mais d'autres pièces comme des rapports du général Delestraint qui s'appelait M. Vidal, et notamment ce double d'une note que Hardy[1] m'avait écrite. Ces pièces ont été trouvées sur moi et la Gestapo m'a longuement interrogée, et ils avaient les archives devant eux quand ils m'interrogeaient[2]. »

De son côté, Raymond Aubrac, le troisième des personnages capturés qualifié de « dirigeant important » par le mémoire de Me Vergès, écrira :

« En mars 1943, la police française avait mis la main sur les archives, mal protégées, de l'Armée secrète, et sur des rapports présentant un tableau exagérément optimiste de ses effectifs et de ses armements. En application des

1. René Hardy, issu du mouvement Combat, était alors l'un des animateurs de Résistance-Fer.

2. Déposition de Colette Aubernier (Christine Denoyer en 1943), audience du 6 mai 1950. Citée dans le mémoire de Me Vergès (voir sténographie du procès Hardy, AN 334 AP 50).

accords Oberg-Bousquet (de juillet 1942), ces documents furent transmis aux Allemands[1]. Jugé fort important, leur contenu fut porté à la connaissance des chefs du IIIe Reich jusqu'à Hitler. Les Allemands mobilisèrent alors toutes leurs polices contre l'AS[2]. »

Il convient d'ajouter que la situation de Raymond Aubrac, à l'instar de celle de ses compagnons d'infortune, dépend de ces découvertes compromettantes. Ses explications demeurent toutefois à l'image de celles données par Fouquet-Kriegel et Asher-Ravanel : « Je justifiai ma présence rue de l'Hôtel-de-Ville par un petit trafic au marché noir de sucre dont je déclarai détenir un "stock" de quelques kilos rangé dans mon domicile de la Croix-Rousse[3]. »

Klaus Barbie conteste cette version : « C'est dès son arrestation par la police française qu'Aubrac acceptait de collaborer, écrit-il. Le commissaire Barthelet, abattu par la suite par la Résistance, m'en informait aussitôt. » Barbie insiste à ce propos sur les divergences qui existent dans les déclarations de celui qui est détenu sous le nom de François Vallet, principalement sur la date de l'arrestation. « L'arrestation d'Aubrac, Kriegel et Morin le 13 mars 1943 est un fait établi : c'est la date qu'Aubrac lui-même donne sous la foi du serment au deuxième procès Hardy, et que confirme le général Desmazes dans une note adressée au ministre de la Guerre le 3 juillet 1945, retrouvée par Me Vergès[4]. » Dès lors, pour Barbie il faut admettre que Raymond Aubrac, arrêté dès le 13 mars, n'a pu se présenter au rendez-vous du 15 mars, rue de l'Hôtel-de-Ville à Lyon, sans être sous le contrôle de la police française.

L'un des autres points controversés porte effectivement

---

1. Le mémoire de Me Vergès rappelle effectivement l'importance de ces accords dans la coopération des polices française et allemande en mars 1943 et en donne un long développement (pp. 383-385).

2. Raymond Aubrac, « L'Armée des ombres », *Le Nouvel Observateur* : « La Résistance », no 16, 1993.

3. Raymond Aubrac, *Où la mémoire s'attarde*, Ed. Odile Jacob, 1996.

4. Mémoire de Me Vergès, p. 385.

sur la date précise à laquelle ces arrestations ont eu lieu : le 13 mars ou le 15 mars 1943 ?

Il est vrai que, lors du second procès de René Hardy (le suspect puis le responsable désigné des arrestations de juin 1943 à Caluire), Raymond Aubrac déclara : « J'avais été arrêté le 13 mars 1943 par la police française avec toute une série d'autres camarades [1]. »

Questionné par le président du tribunal lors de la même audience, Raymond Aubrac dit ensuite : « Lucien Valay [*sic*] est l'identité que j'avais au moment où j'avais été arrêté par la police française le 13 mars. »

Il évoque ensuite la découverte de documents « que les Allemands avaient trouvés, ou que la police française avait trouvés, lors de l'arrestation du 13 mars, chez un de nos camarades, Forestier, qui était chef de l'Armée secrète de Combat [2] ». Une date qu'un autre responsable de l'Armée secrète, Henri Aubry, confirmera à ce même procès, en ce qui concerne Forestier : « Le 13 mars 1943, Maurin [*sic*]-Forestier était arrêté à Lyon. Il était chef d'état-major de l'Armée secrète. Je suis, le lendemain même, désigné pour le remplacer [3]. »

Dans d'autres circonstances, Raymond Aubrac a, au contraire, avancé la date du 15 mars comme étant celle de son arrestation. Il le fit non pas lors de l'audience publique d'un procès mais dans le cadre d'une déposition devant la direction de la Sécurité militaire, recueillie à Alger en juin 1944. L'« affaire Hardy » débute en effet avant la fin de la guerre. Les services spéciaux de la France libre, face aux soupçons ou aux accusations à peine voilées accablant l'ancien responsable de Combat, ouvrent une enquête. A cette occasion, Raymond Aubrac effectue une relation complète de son action de résistant et déclare notamment :

1. Procès Hardy, audience du 2 mai 1950, sténographie René Bluet, AN, 334 AP 50.
2. *Ibid.*
3. Procès Hardy, audience du 4 mai 1950, sténographie R. Bluet, cit.

« J'ai été arrêté le 15 mars 1943 à Lyon, 7 rue de l'Hôtel-de-Ville, avec une quinzaine d'autres camarades [1]. »

D'autres témoins, indirects puisqu'ils n'ont pas été arrêtés à Lyon, évoquent une date antérieure au 15 mars. Henri Frenay, dirigeant de Combat et rival de Jean Moulin, est arrivé en juin 1943 à Londres. Le 30, soit neuf jours après la réunion fatale au domicile du Dr Dugoujon, Frenay est entendu par les services spéciaux de la France combattante. Le capitaine Vaudreuil, assisté du lieutenant Ponsard, veut en savoir plus sur les drames qui ont secoué, depuis le début de l'année, la Résistance intérieure. « La première affaire à prendre, questionne apparemment sans préambule le capitaine Vaudreuil, est l'affaire Aubrac. »

Frenay, *alias* Charvet, répond : « Je crois que Bernard [d'Astier de la Vigerie] en saurait plus long que moi là-dessus. » Il précise tout de même : « La date exacte doit être le 13 ou 14 mars. »

Londres était donc apparemment attentif au suivi d'une « affaire Aubrac ». Le procès-verbal d'audition de Frenay nous fournit surtout une relation assez détaillée de ce qui s'est passé au 7 de la rue de l'Hôtel-de-Ville. Ce lieu semble bien avoir été le centre d'une souricière dans laquelle se sont fait prendre d'autres responsables de la Résistance.

« Je ne sais pas, dit Frenay, si la police est arrivée au 7 rue de l'Hôtel-de-Ville avant, après ou pendant l'une des réunions. Je crois que c'est pendant. On a arrêté Aubrac, Pressentier (un des agents de liaison) [2]. La propriétaire, qui était dans l'appartement [3], a pu s'enfermer dans les WC dont la fenêtre donnait sur la montée de l'escalier, et chaque fois qu'elle entendait quelqu'un, elle agitait une balayette en signe de détresse. A certains moments, les camarades sont arrivés et sont repartis. »

---

1. Voir en annexe XV-2 (pp. 324-329) la déposition complète de Raymond Aubrac, 3 juin 1944.

2. Il s'agit du pseudonyme d'Asher. Le procureur lyonnais Ducasse écrit, lui, « Pressencé ».

3. Il s'agit de Mme Biard.

On apprend par le récit de Frenay que, parmi ces personnes qui ont pu déjouer le piège, il y avait Claudius. Derrière ce pseudonyme se trouve Eugène Petit, plus connu ensuite sous le nom de Claudius-Petit, l'un des responsables de Franc-Tireur et futur délégué, en mai, du Conseil national de la Résistance réuni par Jean Moulin. Si Frenay confirme que Asher-Pressentier a tenté vainement de s'enfuir, il ajoute : « L'après-midi, Battesti [de son vrai nom Marcel Peck], chef de Combat, est arrivé et personne ne l'a prévenu : ni ceux qui avaient fait le guet en bas et qui étaient partis, ni la propriétaire qui avait cessé d'agiter sa balayette dans l'escalier. Il s'est fait prendre à son tour. »

Londres a la possibilité de recueillir d'autres témoignages sur ces événements de mars 1943. Le 28 juin 1943, le capitaine Barsac, *alias* Sif, qui s'appelle en réalité Raymond Fassin, est interrogé par les services spéciaux du BCRA. L'homme est le responsable du SOAM (Service des opérations aériennes et maritimes) et il est l'un des « officiers d'opérations » sur lequel Jean Moulin doit pouvoir constamment s'appuyer [1]. Fassin déclare :

« Les policiers ont tendu une souricière et il y a eu pendant **ces deux jours** dans toute la ville de Lyon 15 souricières de tendues et dans la journée où Forestier, sa secrétaire et Aubrac ont été arrêtés, 16 personnes en tout ont été prises. Les policiers ont donc tendu une souricière au n° 7 de la rue de l'Hôtel-de-Ville et ont pris Aubrac, le nommé Pressentier qui appartenait également à Libération [...]. Pressentier et Aubrac n'ont pas été arrêtés sous ces pseudonymes. Une autre personne a également été prise, c'était l'actuel chef régional général de la 1re région pour le mouvement Combat qui portait le surnom de Batesti [*sic*], et

1. « Avant tout, il [Moulin] devait conserver un contact quotidien avec les trois officiers d'opérations envoyés par Londres : **Fassin** (à Combat), Monjaret (à Franc-Tireur), Schmidt (à Libération) », *in* Daniel Cordier, *op. cit.*, t. I, p. 77. Cf. également l'extrait de l'interrogatoire du capitaine Barsac, annexe XX (pp. 423-429).

dont le vrai nom est Peck. Il y avait, ajoute Fassin, peut-être une quatrième personne. Les dégâts auraient été plus grands si la propriétaire, Mme Biard, n'avait pas réussi à se glisser dans les waters pendant que les deux inspecteurs surveillaient les personnes qu'ils venaient d'arrêter et faisait signe avec le balai de ne pas entrer. C'est ainsi que se présenta Alain (Bip W), à ce moment-là secrétaire de Boss [il s'agit du secrétaire de Jean Moulin, Daniel Cordier], avec une forte somme et qu'il put s'esquiver. »

Cette adresse lyonnaise était un centre extrêmement fréquenté — trop sans doute — par les responsables de la Résistance. Une description des lieux a été fournie par Eric Piquet-Wicks :

« Au numéro 7 de la rue de l'Hôtel-de-Ville, se trouvait l'entrée principale d'une société d'assurances : “L'Urbaine et la Seine”. A l'exception du premier étage, l'immeuble était occupé par des particuliers et la concierge était submergée par un va-et-vient continuel. [...] Un ménage d'un certain âge, n'ayant aucun contact avec les voisins, habitait depuis fort longtemps au cinquième étage du vieil immeuble, au fond d'un petit couloir en haut d'une longue volée d'escaliers de pierre ; il n'y avait pas d'ascenseur et la montée était pénible. Ils acceptaient parfois des sous-locataires, pour arriver à joindre les deux bouts, et c'est ainsi qu'Yvon Morandat, un des meilleurs agents politiques du général de Gaulle, s'y était installé [1]. Il donnait des leçons particulières dans la pièce voisine, et il arrivait que certains de ses amis passent une nuit, de temps en temps, sur le canapé de la salle à manger. Si M. et Mme Biard étaient un peu surpris, ils ne

1. Léon Morandat, dit Yvon Morandat, parachuté en France en juin 1941. Il a adhéré au mouvement Libération quelque temps après. Plus qu'Yvon Morandat, parti pour Londres fin 1942, c'est son frère, Roger, qui est victime de ces rendez-vous de mars puisqu'il est arrêté. Dans ses rapports des 30 mars et 23 juillet 1943, le procureur Ducasse établit parfaitement la liaison au sein du mouvement Libération, entre les deux frères dont il sait que l'un, Léon (pseudo Yvon), est à Londres.

soulevaient néanmoins aucune objection [...]. D'importantes réunions eurent lieu chez eux. Dans un bâtiment mi-commercial, mi-résidentiel, les nombreuses allées et venues n'avaient rien d'anormal. Claudius-Petit et Georges Bidault[1] étaient au nombre des visiteurs ; mais, malgré sa surveillance, la Gestapo l'ignorait[2]. »

Une ignorance qui ne dure que jusqu'à ces jours fatals de mars 1943. Il faut reconnaître, écrit Piquet-Wicks, que « c'était une folle imprudence que de fixer une réunion *un samedi après-midi* et d'en décider une autre pour le lendemain ».

S'il évoque le lieu des arrestations, Piquet-Wicks parle aussi d'un « samedi »... Or, le 13 mars 1943 est un « samedi ».

Il faut encore considérer sur ce point l'évocation de l'arrestation d'un autre responsable de la Résistance, Marcel Peck, *alias* Battesti. Marcel Peck appartient au premier cercle qui entoure Henri Frenay et il est devenu l'un des cadres du mouvement Combat. Revenu de Tunisie, il est d'abord chargé de réorganiser la région de Toulouse. « Au bout de quelques mois, il est arrêté, transféré à la prison de Clermont-Ferrand. Mis en liberté provisoire, il est jugé et condamné par défaut, au cours du premier grand procès Combat, en octobre 1942. » Il purge sa peine et reprend son action après sa remise en liberté. « En 1942, Henri Frenay le charge d'organiser et de diriger la région de Lyon (R1) [...]. A la suite de la mise en place des Mouvements

---

1. Georges Bidault, membre du comité directeur de Combat, s'est vu confier, en avril 1942, par Jean Moulin, la direction du Bureau d'information et de propagande (BIP). Il sera, en septembre 1943, le successeur de Jean Moulin à la présidence du Conseil national de la Résistance.

2. Eric Piquet-Wicks, *Quatre dans l'ombre*, Paris, Gallimard, 1957. Le capitaine Piquet-Wicks était notamment responsable à Londres de la section RF (Résistance française), créée par le SOE anglais pour assurer la liaison avec le 2e bureau de la France libre. Sur ses relations avec Jean Moulin, cf. Daniel Cordier, *op. cit.*, t. III.

unis de la Résistance, Marcel Peck postule pour en prendre la direction régionale[1]. »

Les événements de mars 1943 risquent de contrarier l'évolution clandestine de Marcel Peck, *alias* Battesti, qui finit toutefois par se tirer de ce mauvais pas : « Le **13 mars**, c'est Marcel Peck, écrira Frenay dans ses Mémoires, qui, une fois de plus, est appréhendé à Lyon. Moins de cinq jours plus tard, il se présente, libre, chez les demoiselles Buisson ; un inspecteur a favorisé son évasion. Le cas n'est pas isolé. Nous constatons que certains policiers répugnent à se faire les auxiliaires de la Gestapo[2]. »

Lorsqu'il a été interrogé à Londres, le 30 juin 1943, Frenay a raconté ce qu'il savait de cette évasion :

« Ils ont tous été emmenés au 27 quai Perrache, où se trouve un bureau de police [...]. Du 27 quai Perrache, Battesti s'évade soit le soir même, soit le lendemain dans les conditions suivantes : le soir, panne d'électricité au commissariat. J'ai l'impression que les policiers l'ont pratiquement laissé partir. Les deux inspecteurs qui étaient auprès de lui s'éloignent pour chercher des plombs, lui prend son chapeau et ses clefs (on avait vidé ses poches) et, de porte en fenêtre et de fenêtre en porte, arrive à sortir sur le quai Perrache. »

Cette évasion est située par l'historien Marcel Ruby le 15 mars, Peck ayant été arrêté le 13[3]. L'une des secrétaires de Marcel Peck dans la clandestinité, Mlle Soucelier, ne précise pas la date exacte de l'arrestation mais indique : « Trois jours après, il s'évade[4]. » Mlle Emma Cuisinier, qui assiste également Marcel Peck au secrétariat de Combat, n'a souvenir que d'une arrestation qui se situerait le 13 ou

1. Sources : B. Permezel, *Résistants à Lyon, 1 144 noms, op. cit.* Article de la secrétaire de Marcel Peck, Anne-Marie Soucelier, *in Bulletin des AMUR* (Anciens des Mouvements unis), n° 12, 1948.
2. Henri Frenay, *La Nuit finira*, Paris, Robert Laffont, 1973
3. Marcel Ruby, *Libération*, Ed. L'Hermès, 1981.
4. Anne-Marie Soucelier, art. cit.

15 janvier 1943, mais à coup sûr un samedi. Or, le 13 janvier est un mercredi... et le 13 mars un samedi [1].

En résumé, plusieurs témoignages, dont celui de Raymond Aubrac lors du procès Hardy en 1950, font bien mention du 13 mars comme point de départ des opérations dirigées par la police lyonnaise qui a mis en place un dispositif de grande envergure dont nous sommes loin de connaître tous les détails.

Certains documents émanant de celle-ci méritent cependant d'être examinés.

L'un des premiers procès-verbaux retrouvés est daté du 14 mars 1943. Il est rédigé par le commissaire Maurice Philip et traite d'une « activité suspecte ». Celle d'un individu qui « est amené par les soins de la gendarmerie de Bourg (Ain), le nommé Curtil Jean-Marie ». S'il est possible que cette arrestation ne constitue pas l'unique source de renseignements de la police, il s'avère en tout cas que le dénommé Curtil porte sur lui des documents bien compromettants. « Son cas présentant un aspect politique [*sic*], nous le prenons en charge ainsi que les documents trouvés

1. Lettre à l'auteur de Mlle Emma Cuisinier le 12 octobre 1996 : « Mlle Soucelier est venue chez moi le dimanche matin pour me dire que Peck avait été arrêté la veille, samedi, sans autres précisions et qu'elle allait se rendre à son appartement secret pour y prendre ses papiers d'identité et son revolver et les mettre en sûreté. Le lundi matin, après avoir levé la boîte aux lettres de la région, je m'attendais à voir arriver au bureau Pascal Pia, l'adjoint de Peck, mais à 9 heures, c'est Peck lui-même qui est arrivé ; il n'a rien dit de son arrestation... » Marcel Peck et Morin-Forestier, selon ce dernier, auraient été, au sein de Combat, en étroite relation. Dans un témoignage donné à Henri Noguères, Morin-Forestier précisera qu'il avait été près du « commandant Billon », chef régional de l'Armée secrète, arrêté début 1943 à Lyon, et de Marcel Peck-Battesti qu'il connaissait « d'avant-guerre et qui était un de mes amis personnels... » (Henri Noguères, *Histoire de la Résistance, op. cit.*, t. 2, p. 521). Marcel Peck, à la suite de graves différends avec d'autres responsables des MUR, rejoindra Paris où il sera arrêté en janvier 1944. Il disparaîtra sans laisser de trace.

sur lui. » Parmi ces documents, « quatre enveloppes portant sur leur revers les adresses suivantes : Billon, 7 rue des Feuillants ; Grollier, 64 rue Sallat [il faut lire Sala] ; **Biard, 7 rue de l'Hôtel-de-Ville** ; Balzac, 59 rue de l'Hôtel-de-Ville ».

A partir de là, les descentes de police vont se succéder. Au numéro 5 de la petite rue des Feuillants, l'inspecteur Agostini, dans son rapport daté du 15 mars, indique qu'il se présente au domicile du dénommé Billon. Lequel est absent mais l'inspecteur de la section politique de la PJ ignore apparemment que ce responsable de l'Armée secrète a été arrêté le mois précédent par les Allemands. Le capitaine Billon, *alias* Buisson, est une des toutes premières victimes de la répression engagée contre l'Armée secrète [1]. Si Billon n'est plus sur les lieux, il semble que son domicile ait été occupé peu de temps avant l'irruption de la police qui y découvre de nombreux documents datés des 12, 13 et 14 mars 1943 [2]...

En ce qui concerne les opérations de police au numéro 7 de la rue de l'Hôtel-de-Ville, elles font l'objet d'un procès-verbal, daté du 15 mars 1943, rédigé par l'inspecteur Gabriel Michel, assisté de ses deux collègues, Jacob et Vuidepot. Ils ont pour mission d'« arrêter toutes les personnes qui se présenteraient dans cet appartement », situé au 5e étage :

« A 10 heures 30, un premier individu, le nommé Fouquet Maurice, Henri, sonnait à la porte de l'appartement.

1. Claudius Billon, dont on ne retrouvera pas le corps, s'est vraisemblablement suicidé. Son arrestation est anonymement mentionnée dans le rapport Kaltenbrunner du 27 mai 1943. Voir à ce sujet G. Chauvy, *Histoire secrète de l'Occupation, op. cit.*

2. En particulier un document dont le contenu n'est pas mentionné : « 14.3.43 : Pressentier à Vincent ». Pressentier est le pseudonyme de Serge Asher et Vincent, l'un de ceux, avec Esquirol, utilisés par Raymond Aubrac. Cf. en annexe XX (pp. 423-429) la déposition de Raymond Fassin du 28 juin 1943 : « Aubrac est un de ses pseudos. Il s'est appelé aussi "Vincent" et "Esquirol"... » Le vrai nom d'Aubrac étant Samuel.

Il était immédiatement appréhendé et fouillé, sans aucune résistance de sa part.

« A 11 heures 30, un deuxième individu, le nommé Vallet François, était également appréhendé et fouillé dans les mêmes conditions que son camarade Fouquet.

« Vers 12 heures, mon collègue Vuidepot a quitté l'appartement pour aller téléphoner à la brigade régionale de police de Sûreté. Il avait pour mission de signaler l'arrestation des 2 individus ci-dessus désignés, et demander leur transfèrement dans les locaux de la brigade.

« 10 minutes environ après son départ, un troisième individu sonnait à la porte que mon collègue Jacob allait ouvrir. Il s'est immédiatement dirigé vers la salle à manger, où me prenant sans doute pour un membre de son organisation, il me tendit la main en me disant : “Bonjour, mon vieux.” Je lui déclinai aussitôt ma qualité.

« Aussitôt, cet individu, mettant les mains dans les poches de son manteau, sortit de sa poche droite une matraque en fer et m'en assenait un violent coup. Par un réflexe instinctif j'avais baissé la tête et le coup me touchait dans la région dorsale droite.

« Mon collègue Jacob qui surveillait ses gestes lui avait saisi la main gauche, mais d'une violente poussée, celui-ci se dégageait et le frappait à plusieurs reprises sur la tête.

« Une violente bagarre eut lieu dans le vestibule de l'appartement. Armé de mon revolver, je tentais de dégager mon camarade en frappant son agresseur de plusieurs coups de crosse sur la tête.

« Tout en prêtant main forte à mon collègue Jacob, mon attention était attirée sur les 2 individus arrêtés qui suivaient la lutte avec intérêt. L'un d'eux avait déjà ramassé la matraque qui se trouvait à terre. Sous la menace de mon revolver, je les contraignis à regagner le fond de l'appartement. Pendant ce temps-là, l'inspecteur Jacob continuait la lutte sur le palier de l'appartement, puis dans les escaliers de l'immeuble.

« Avec l'aide du commissaire Bernard et d'un inspecteur de la police de Sûreté qui venaient chercher les 2 premiers individus arrêtés, cette lutte se continuait au 3e étage, et finalement l'individu était maîtrisé, non sans que le commissaire Bernard ne soit sérieusement blessé à la main droite.

« Au cours de cette arrestation, outre le coup de matraque reçu dans le dos, j'ai été également atteint de plusieurs coups au niveau des dernières côtes gauches.

« Ci-joint un certificat médical établi par Monsieur le Docteur Seitier, médecin assermenté de l'Administration.

L'Inspecteur de Police de Sûreté[1]. »

Les trois hommes, Vallet, Asher et Fouquet, font l'objet, toujours à la date du 15 mars, d'un procès-verbal d'arrestation[2]. Pour Vallet, c'est-à-dire Raymond Samuel, *alias* Aubrac, il est écrit par le commissaire Lavabre : « Vu la présence de cette personne dans des lieux où se réunissent les dirigeants d'une organisation clandestine *[sic]* et le manque d'explications satisfaisantes fournies par l'intéressé, nous lui déclarons que nous le mettons en état d'arrestation. »

Officiellement, d'après ce procès-verbal, c'est le 15 mars que le dénommé François Vallet est mis en état d'arrestation dans des conditions qui ne laissent guère de doute sur une participation à une entreprise clandestine.

Le lendemain 16 mars, le commissaire Lavabre, dûment mandaté, dresse un procès-verbal de perquisition au domicile de François Vallet, situé 16 rue Sainte-Clotilde à Lyon : « Agissant en exécution des instructions de Monsieur le commissaire de police de Sûreté, chargé de la section des Affaires politiques, nous transportons à Lyon, 16 rue Sainte-Clotilde, au domicile de Vallet François, où nous sommes reçus par l'intéressé, à qui nous faisons connaître notre qualité et exhibons le mandat dont nous sommes porteurs. » Ce document indique bien que le commissaire

---

1. Procès-verbal du 15 mars 1943 de l'inspecteur Michel.
2. C'est dans le procès-verbal d'arrestation dressé individuellement que Maurice Fouquet est trouvé porteur d'une carte de tabac à son véritable nom, Maurice Kriegel (cf. annexe IV, pp. 291-292). Voir aussi, en annexe V (pp. 293-294), le procès-verbal de perquisition chez François Vallet.

et deux de ses collègues sont « reçus par l'intéressé, à qui nous faisons connaître notre qualité ». Pris à la lettre, ce procès-verbal daté du 16 mars indique que François Vallet-Aubrac n'est, à ce moment-là, pas ou plus détenu et accueille donc librement, au domicile correspondant à sa fausse identité, les policiers venus le perquisitionner.

Le plus troublant est que nous retrouvons dans le livre d'Eric Piquet-Wicks une affirmation qui concorde avec l'interprétation du procès-verbal de perquisition du 16 mars. L'auteur, après avoir longuement raconté le déroulement des arrestations de la rue de l'Hôtel-de-Ville, écrit :

« Les résistants arrêtés furent emmenés au commissariat pour être interrogés [...]. Les identités furent vérifiées. Les explications des hommes s'accordaient. C'était vrai qu'ils devaient se réunir pour discuter de la guerre et des occupants, mais ils n'appartenaient à aucune organisation particulière. Mme Biard connaissait Aubrac, mais elle ignorait ses activités ; c'était d'ailleurs la stricte vérité. **Le lendemain, Aubrac fut libéré par le procureur de la République avec un avertissement sévère** [1]. »

Eric Piquet-Wicks ignore probablement — ou veut ignorer, comme d'autres le feront — le contenu des documents récupérés par la justice lyonnaise pour évacuer si rapidement le niveau d'identification des inculpés dans la Résistance, mais il

1. Eric Piquet-Wicks, *Quatre dans l'ombre, op. cit.*, pp. 110-111. Les sources des informations de Piquet-Wicks ne sont pas citées dans l'ouvrage. Il est certain qu'il a pu avoir accès, dans la mesure où il a occupé à Londres des fonctions qui le lui permettaient, à des informations de première main. Il indique dans les premières pages de son livre : « Si je peux maintenant présenter au public un récit absolument véridique, chronologiquement et historiquement exact, c'est grâce à l'aide et aux conseils des autorités françaises que, pour des raisons fort compréhensibles, je suis obligé de laisser dans l'anonymat ; je ne puis donc que leur exprimer ici ma profonde reconnaissance ainsi qu'aux parents, camarades de guerre et collaborateurs de Jean Moulin, Fred Scamaroni, Henri Labit et Pierre Brossolette, qui m'ont tant aidé dans ma tâche. »

apporte, à propos d'Aubrac, une information que peut induire le procès-verbal de perquisition établi par le commissaire Lavabre. Cette situation apparaît momentanée, à la lecture chronologique d'autres rapports de police.

Le lendemain, 17 mars, « à dix-huit heures », François Vallet va en effet subir une seconde perquisition. On ne s'explique guère la nécessité de cette opération, pratiquée vingt-quatre heures après la première, rue Sainte-Clotilde [1]. L'infatigable commissaire Lavabre est assisté de ses collègues Combey et Chapelain et il indique, cette fois, « que pour la légalité de l'opération nous avions emmené avec nous l'intéressé [*sic*] ». François Vallet n'est plus l'occupant d'un appartement qui, comme la veille, reçoit la police, mais un inculpé amené sur les lieux et encadré par trois commissaires. En réalité, ce second procès-verbal de perquisition ne traite pas de perquisition mais d'une tentative d'évasion. Le commissaire Lavabre écrit à propos de Vallet que « celui-ci a tenté de s'enfuir » dans les circonstances suivantes :

« La voiture automobile qui nous avait conduits était garée à quelques mètres de la porte d'entrée de l'immeuble sis au 14 de la rue Sainte-Clotilde à Lyon. Le chauffeur resta à côté d'elle. Vallet, mes deux collègues et moi-même nous rendîmes à l'appartement de Vallet qui se trouve au quatrième étage. Vallet ouvrit la porte qui était fermée à clefs. La perquisition commença. Mes deux collègues étaient occupés à fouiller dans les tiroirs ainsi que moi-même lorsque Vallet, me bousculant, ouvrit la porte d'entrée de son appartement, la referma vivement, et à clefs, car il avait pris la précaution de laisser celles-ci dans la serrure. Par la fenêtre, nous avons alerté le chauffeur de notre voiture, ainsi qu'un gardien de la paix qui se trouvait à

1. Relevons, sans que nous puissions l'expliquer, que l'adresse indiquée est cette fois-ci « 14, rue Sainte-Clotilde », alors que le domicile de Vallet sur les autres documents de justice est situé au 16, rue Sainte-Clotilde.

proximité. Ces deux personnes se mirent à la poursuite de Vallet et le rejoignirent dans la rue du Bon-Pasteur[1]. »

Si cette perquisition, comme celle pratiquée la veille, ne donne apparemment aucun résultat[2], elle est cette fois-ci plus mouvementée. Expliquant sa tentative d'évasion, François Vallet déclarera : « Si j'ai tenté de prendre la fuite, c'est que j'étais un peu affolé par cette perquisition et que c'était la première fois que j'avais à faire à la police, bien que n'ayant rien à me reprocher[3]. »

L'examen de ces événements du mois de mars 1943 démontre que les autorités françaises de Vichy et, côté allemand, le Sipo-SD de Lyon, ont évalué l'importance des arrestations auxquelles il a été procédé. Les documents de la police et de la justice lyonnaises que nous avons étudiés, même s'ils ne révèlent pas l'identité véritable des inculpés, cernent l'organisation clandestine de la Résistance française au moment même où celle-ci vient de réaliser un gros effort de regroupement et d'organisation. Certes, il nous manque, parmi les pièces qui pourraient amener des éléments déterminants, les interrogatoires des inculpés dont la synthèse a été effectuée par le procureur lyonnais Ducasse. Il est par ailleurs certain que les Allemands ont établi, de leur côté, des rapports circonstanciés, comme l'exigeait la règle des services de police nazis[4]. Il ne semble

---

1. Procès-verbal du 17 mars 1943, signé par les trois commissaires de police de Sûreté. Cf. les deux procès-verbaux de perquisition, annexes V et VI (pp. 293-296).

2. Le 16 mars, Lavabre note : « Nous ne trouvons aucun écrit, objet ou matériel susceptible de se rapporter à des menées antinationales. » Le lendemain, seule la relation de la tentative de fuite occupe le rapport. Notons que les deux perquisitions n'offrent pas de résultat non plus, d'après les procès-verbaux, au sujet d'un stock de sucre prétendument amassé à son domicile dans le cadre d'un trafic de marché noir, selon l'explication donnée, aux dires de Raymond Aubrac, aux Français comme aux Allemands, sur sa présence au 7 de la rue de l'Hôtel-de-Ville...

3. Interrogatoire du 2 avril 1943 par le juge d'instruction Cohendy.

4. Il faut rappeler cette règle confirmée par Helmut Knochen, responsable du Sipo-SD en France, lors de son interrogatoire le

pas que les recherches entreprises à ce sujet, en particulier lors de l'instruction menée à partir de 1987 par le juge Jacques Hamy sur le dossier Barbie, aient donné de résultats tangibles[1].

L'unique document allemand porté à notre connaissance, soulignant la conséquence des arrestations de mars 1943, est le rapport Kaltenbrunner du 27 mai 1943 qui précise :

« Au début de février 1943, l'exploitation de certains renseignements permit l'arrestation de 18 autres membres de l'Armée secrète qui appartenaient aux organisations secrètes Combat, Libération, Franc-Tireur-Partisans et 93 [...]. Les déclarations des inculpés, les papiers saisis et surtout les 15 dossiers qui avaient été saisis par la police française le **13 mars 1943** lors de perquisitions chez des membres de l'Armée secrète à Lyon, documents qui avaient été laissés provisoirement à la disposition du détachement SD de Lyon, permettent de dresser le tableau suivant... »

Un tableau qui constitue un descriptif précis de l'Armée secrète[2], mais ce long exposé ne suffit pas à identifier l'agent passé au service des Allemands, infiltré au sein de l'Armée secrète. Il est désigné par Kaltenbrunner comme un « an-

---

1er avril 1948 par le commandant Gonnot du tribunal militaire de Paris : « Toute arrestation de résistants faisait l'objet d'un compte rendu ou rapport à la section IV à Berlin, peu importait l'intérêt qui était porté à cette ou à ces arrestations. » La section IV (police de Sûreté) était celle que dirigeait à Lyon Klaus Barbie.

1. Les investigations entreprises dans les Archives allemandes par la section de recherches de la gendarmerie de Paris ne semblent pas avoir rencontré d'éléments susceptibles d'éclairer d'un jour nouveau le dossier Barbie et tout ce qui avait trait à la répression de la Résistance. Cf. le procès-verbal de synthèse rédigé par l'adjudant Philippe Mathy, le 4 juin 1991, à propos des archives allemandes de Berlin-Potsdam, Fribourg et Coblence.

2. Cf. en annexe III (pp. 277-290) le texte de ce rapport allemand.

cien officier français » qui y occupe « un poste important [1] ». Cela ne renforce pas de manière probante l'accusation proférée par Klaus Barbie qu'aucun document ne vient étayer. « Interrogé le 13 décembre 1989 par vous, écrit-il en s'adressant au juge d'instruction Hamy [pp. 379-380 du mémoire de Me Vergès], j'ai dit que cet homme de confiance de la police allemande à la tête de l'AS était Raymond Aubrac [2]... »

Le juge d'instruction Hamy a également fait procéder à la recherche des pièces de procédure de la justice française, en particulier celles de l'information ouverte par le juge lyonnais Cohendy après les arrestations de mars 1943. Plusieurs des pièces que nous avons déjà citées en font partie. Il a également fait procéder à l'audition « des personnes arrêtées dans le cadre de ces procédures » et encore en état de le faire en 1990. Le bilan de ces démarches est presque négatif, en particulier lorsqu'il s'agit des documents consultés : « La saisie des procédures d'information ne permet en aucun cas d'apporter des précisions sur le dossier, la seule certitude qui demeure est le fait que les personnes arrêtées en mars 1943 ont été entendues soit par la police française, soit par la police française et la Gestapo, sous leurs pseudonymes, notamment Aubrac Raymond sous le nom de Vallet [3]. »

Il faut souligner que ces investigations s'inscrivaient dans le cadre de l'inculpation de « crimes contre l'humanité » formulée contre l'officier SS Klaus Barbie et qu'il

---

1. La qualité d'« ancien officier français » est un critère évasif qui peut d'ailleurs s'appliquer à bon nombre de résistants membres de l'Armée secrète : d'Henri Aubry, lieutenant de l'infanterie coloniale, à Raymond Aubrac, sous-lieutenant à l'école du génie à Versailles, en passant par le chef de l'AS, le général Delestraint, etc.

2. Barbie ajoute : « Certes on ne peut croire un inculpé sur parole. Mais il ne suffit pas non plus d'éluder l'accusation au prétexte que celui qui la porte est un ennemi. Encore faut-il réfuter les présomptions sur lesquelles il s'appuie. C'est une question de méthode, à laquelle M. Aubrac ne peut objecter puisque ce fut celle qu'il utilisa contre René Hardy... », mémoire de Me Vergès, p. 380.

3. Rapport de synthèse de la section de recherches de la gendarmerie de Lyon du 10 septembre 1991.

ne s'agissait pas d'une étude critique ou comparative des déclarations des différents acteurs de la Résistance par rapport aux documents existants. Cette étude révèle, à ce stade du dossier, de sérieuses contradictions, des invraisemblances, des arguments indéfendables dans un certain nombre de témoignages qui ont été donnés et qui sont encore fournis.

Pour Raymond Aubrac, à l'instar de Asher-Ravanel ou Kriegel-Valrimont, les choses semblent claires et simples :

« Au cours de notre détention, la police française nous présenta aux responsables de la Gestapo installés depuis peu à Lyon [...]. A l'entrée, un SS me gifla. Mon regard le calma. Des officiers en uniforme nous interrogèrent. Il m'est impossible de me souvenir si Klaus Barbie, que je devais retrouver plus tard dans d'autres circonstances, était présent. Cela se peut puisque très vite, après l'arrestation de Caluire le 21 juin suivant, il découvrit que le Claude Ermelin qu'il interrogeait et le François Vallet arrêté en mars par la police française ne faisaient qu'un. En tout cas, ni en mars ni en juin on ne perça à jour ma véritable identité grâce à la fiabilité de mes faux papiers d'identité [1]. Les gens de la Gestapo disposaient de nos dossiers instruits par la police et la justice françaises. Maurice Valrimont, qui était à mes côtés et qui parlait allemand cou-

1. Si les archives du parquet de Lyon attestent qu'un François Vallet existe bien (cf. l'extrait de casier judiciaire « néant » adressé par le tribunal civil de Vendôme en date du 30 mars 1943) et que Raymond Samuel est constamment dénommé dans ces mêmes documents sous le nom de Vallet, il faut aussi rappeler que, pour qu'une identité demeure perméable, il ne suffit pas de posséder des papiers en règle. Une enquête de police est amenée à vérifier les références d'une activité professionnelle. Ainsi, à propos de Marchal (Morin-Forestier), qui se présente comme « professeur de mathématiques », il est remarqué qu'« il n'a pu justifier d'aucun travail depuis son arrivée en France en 1940 et cependant il payait un loyer de 1 200 francs par mois ». Quant à François Vallet-Aubrac, il ne peut certes pas faire mention de son activité réelle d'ingénieur au sein de l'entreprise de travaux publics Chemin qui l'employait alors puisqu'il y était connu sous son vrai nom, Raymond Samuel. (Cf. Raymond Aubrac, *Où la mémoire s'attarde*, *op. cit.*, p. 65.)

ramment, m'indiqua que le paravent du marché noir avait satisfait la curiosité des SS. Notre interrogatoire à l'hôtel Terminus fut bref. Nous étions de retour dans notre cellule de Saint-Paul moins de deux heures après notre départ, soulagés du résultat, mais perplexes devant la procédure [...]. Rassurés d'avoir réintégré notre cellule, nous avions plus que jamais le souci d'en sortir[1]. »

Ce mois de mars 1943 constitue bien un tournant important de l'histoire de la Résistance et, plus particulièrement, de l'Armée secrète. Cette dernière est désormais connue des Allemands dans son organisation, voire dans son fonctionnement avec la révélation des pseudonymes de ses principaux responsables.

Il est indéniable que les services allemands, comme le démontre le rapport Kaltenbrunner de mai 1943, ont exploité les sources de renseignements ainsi obtenues. Même s'il n'est pas possible, faute de documents à ce sujet, de l'expliquer, on ne voit pas comment ils auraient pu ignorer les hommes impliqués dans cette affaire...

---

1. Raymond Aubrac, *Où la mémoire s'attarde, op. cit.*

CHAPITRE 4

Autour d'une mise en liberté

Sur les jours qui suivent les interpellations puis les interrogatoires du mois de mars 1943, les récits ne manquent pas. Alban Vistel, responsable du mouvement Libération à Vienne, arrêté en novembre 1942 et incarcéré à la prison Saint-Paul à Lyon, a été rejoint en captivité par plusieurs de ses camarades. Il raconte :

« Un jour d'avril 1943, je vois arriver à la prison une brochette de dirigeants nationaux de notre mouvement : Ravanel, Aubrac, Morin-Forestier, Valrimont. Le hasard nous a fait nous rencontrer dans le lieu dénommé Geôle, j'échange quelques mots avec Aubrac. Naturellement, il est question d'évasion. Un mois plus tard, nos hommes, grâce à la complicité de l'infirmier de la prison, parviennent à se faire transférer à l'hôpital de l'Antiquaille. Nos Groupes francs vont opérer [1]. »

Le récit de Serge Asher-Ravanel [2], tel qu'il est repris par l'historien Henri Noguères dans son troisième tome sur la Résistance française, est celui d'un acteur direct :

---

1. Alban Vistel, *La Nuit sans ombre,* Paris, Fayard, 1970.
2. Le pseudonyme de Ravanel sera adopté plus tard, en juin 1943 ; cf. Serge Ravanel, *L'Esprit de Résistance, op. cit.,* pp. 122-123.

« La prison Saint-Paul avait, à l'époque, une annexe à l'hôpital de l'Antiquaille où l'on traitait les prisonniers atteints de maladies qui ne pouvaient être soignées sur place. Il fut décidé, avec la complicité des médecins et des infirmiers de la prison Saint-Paul, que l'on nous ferait passer pour malades afin de nous y faire transférer. C'est ainsi que, successivement, nous tombâmes malades et fûmes envoyés à l'hôpital. Aubrac-Vallet, Kriegel-Valrimont, Morin-Forestier, partirent les premiers. Il en fut de même de la secrétaire de Morin-Forestier [...]. Entre-temps, deux événements allaient modifier nos projets. Ce fut d'abord la libération régulière de Raymond Aubrac. Sa femme, agissant avec une extrême audace, était allée voir le procureur de la République et l'avait menacé des pires représailles de la part de la Résistance s'il ne libérait pas son mari. A l'appui de ses affirmations, elle lui annonça qu'un message, dont elle lui donna le texte, passerait à la radio de Londres. Effectivement, le message passa et le procureur, convaincu de ce que Lucie Aubrac était mandatée par la Résistance, mit Raymond Aubrac en liberté provisoire, dans les premiers jours du mois de mai 1943[1]. »

Selon le responsable de la section IV du Sipo-SD de Lyon, la situation est totalement différente, et les dates jouent, là encore, un rôle important : « Les faits sont simples : en réalité, Aubrac n'a pas été libéré le 14 mai comme l'affirment Lucie Aubrac en 1984 (*Ils partiront dans l'ivresse*, p. 17) et Raymond Aubrac en 1950, lors du deuxième procès Hardy, mais le 10 comme en fait foi l'avis de mise en liberté signé du gardien-chef de la prison Saint-Paul[2]. »

Dans son livre publié en 1984, Lucie Aubrac affirme en effet qu'elle a décidé, pour faire libérer son mari, d'exercer une pression sur le procureur lyonnais Ducasse. Au risque évident de transformer le trafiquant de marché noir que Raymond Aubrac prétend être dans cette affaire, elle révèle

1. Henri Noguères, *Histoire de la Résistance en France*, *op. cit.*, t. 3.
2. Mémoire de Me Vergès, p. 382.

au magistrat que son mari est un homme important de la Résistance : « Je représente ici, lui dit-elle, l'autorité du général de Gaulle qui est le chef de Vallet. » Elle menace le magistrat de mort « si le 14 au matin Vallet n'est pas libre ». Pour confirmer sa démarche et sa « qualité », Lucie Aubrac demande au procureur d'écouter la BBC où passera le message qui lui sera destiné : « Continuez de gravir les pentes. »

Le risque pris apparaît bien grand car rien ne permet de supposer que le magistrat de Vichy est impressionnable. Pourtant, il aurait cédé sous la menace et remis en liberté, le 14 mai 1943, Raymond Aubrac.

Cette version occulte certains faits précis, ce dont, un an environ après la publication du livre de Lucie Aubrac, semble s'apercevoir Henri Noguères. « Il faut savoir cependant, écrit-il, que c'est finalement le juge d'instruction Cohendy qui, saisi le 4 mai 1943 par Me Fauconnet, avocat de "Vallet", d'une demande de mise en liberté de son client pour raisons médicales, a transmis le 8 mai cette demande au procureur de la République qui, mis en condition par Lucie Aubrac, a donné son avis favorable. Deux jours plus tard, Vallet était remis en liberté [1]. »

Me Noguères ne semble pas remarquer que les dates, alors, ne concordent plus. Raymond Aubrac, comme l'attestent les documents de justice [2], a été libéré le 10 mai 1943 et non pas le 14. Il y avait là une explication à fournir qui sera donnée puis confirmée en ces termes par Aubrac lui-même :

« Mon épouse a été amenée à rédiger un ouvrage intitulé *Ils partiront dans l'ivresse.* A la demande de son éditeur M. Jean-Claude Guillebaud (Editions du Seuil), mon épouse a accepté de "me mettre en liberté" non pas le 11 mais le 14 mai. Lucie a fait correspondre ma mise en liberté avec une date anniversaire qui nous est très chère,

1. Henri Noguères, *La Vérité aura le dernier mot, op. cit.*
2. Ces documents figurent en annexes VII à XII (pp. 297-308).

il s'agit du 14 mai 1939, journée au cours de laquelle nous nous sommes connus pour ne plus nous quitter [1]. »

Dans ses Mémoires, publiés en 1996, Raymond Aubrac donne à nouveau cette explication [2], en ajoutant : « L'avocat de Barbie, après avoir lu le livre et consulté le dossier, laissa entendre, dans son autobiographie intitulée *Le Salaud lumineux*, que, libéré le 10 et rentré chez moi le 14, j'avais peut-être bien passé les trois jours avec son cher client Barbie ! »

Barbie qui, effectivement, affirme : « Libéré sur notre demande le 10, Aubrac a été retenu par nous jusqu'au 14 pour des réunions de travail. Aubrac comme Hardy a eu peur de la mort et a accepté de travailler pour nous. C'est la raison pour laquelle nous avons insisté pour qu'il soit remis en liberté, étant donné les rapports de collaboration qui existaient entre nous et la police française [3]. »

Les documents dont nous disposons sont ceux rédigés en vue d'obtenir une mise en liberté puis, la décision ratifiée, de la mettre en œuvre. Le 4 mai 1943, Me Fauconnet, au nom de François Vallet, invoque auprès du juge d'instruction Cohendy l'état de santé de son client en prenant pour référence l'avis des médecins de la prison Saint-Paul. Il en conclut que cet état exige une mise en liberté, « l'instruction en ce qui le concerne, précise-t-il, ne semble pas rendre nécessaire une plus longue détention ». Le 4 mai toujours, le juge d'instruction demande au médecin de la prison d'examiner le cas de l'inculpé. Le 5 mai, le Dr Plauchu, de la maison d'arrêt, diagnostique un état de santé « qui risque de s'aggraver en prison ». « Ira probablement

1. Procès-verbal de déposition de témoin, recueillie par le juge d'instruction Hamy, à la demande de Raymond Aubrac, le 20 mai 1992 (annexe XV-6, pp. 339-347). Aubrac ajoute à l'appui de son explication l'article de son éditeur paru dans *Le Nouvel Observateur*.

2. Raymond Aubrac, *Où la mémoire s'attarde*, *op. cit.*, p. 93.

3. Mémoire de Me Vergès, p. 382.

à l'hôpital[1] », note-t-il. Le 8 mai, le juge Cohendy complète et signe une « ordonnance de soit communiqué » : « Soit communiqué à Monsieur le Procureur de la République la procédure instruite contre le nommé Vallet François, inculpé de menées antinationales [*sic*], pour requérir ce qu'il appartiendra sur la demande de mise en liberté provisoire formulée par le conseil de l'inculpé[2]. »

Le 10 mai 1943, le procureur Ducasse signe un « avis favorable ». Le même jour un « avis de mise en liberté » du « gardien-chef de la prison Saint-Paul » avise le juge Cohendy que le nommé « Vallet François a été mis en liberté le même jour », c'est-à-dire le 10 mai 1943.

On comprend mal, dans ce contexte, que Lucie Aubrac ait pu prendre le risque énorme de faire pression sur le procureur Ducasse.

Raymond Aubrac, pour sa part, se montre perplexe au sujet de deux de ces documents. « Je ne peux expliquer,

---

1. Il est possible de se référer à deux témoignages sur les dates de transfert de la prison Saint-Paul à l'hôpital de l'Antiquaille de Raymond Aubrac et de ses compagnons. Ceux de Marie Monod, du réseau Alliance, membre de la commission de surveillance des prisons de Lyon, et de Marthe Gonnetan, infirmière à la prison Saint-Paul. Ces témoignages établissent les dates suivantes :

	Infirmerie/Prison St-Paul	*Hôpital/Antiquaille*
Vallet François (Aubrac)	17 avril 1943	6 mai 1943
Fouquet Maurice (Kriegel-Valrimont)	20 avril 1943	21 avril 1943
Marchal François (Morin-Forestier)	21 avril 1943	28 avril 1943
Asher Serge (Ravanel)	8 mai 1943	14 mai 1943

Dossiers « Commission d'Histoire de la Guerre » du Rhône, ADR, cotes B 135 et B 136.

2. « Je tiens à préciser, dira Raymond Aubrac au juge Hamy, que le juge Cohendy était connu, à l'époque même, pour sa sympathie pour la Résistance » (procès-verbal du 20 mai 1992). Ce n'est certes pas l'avis de tous les résistants lyonnais. Pour preuve, la très violente campagne menée par l'hebdomadaire de la Résistance *Le Maquis* qui titre, le 6 avril 1946 : « Ce magistrat est-il un traître ? » Le journal accuse notamment Cohendy d'être responsable de l'arrestation, de la déportation et de la mort de plusieurs patriotes, en particulier du « colonel Didier Chambonnet ».

dira-t-il au juge d'instruction Hamy en 1992, les différences de date figurant sur l'ordonnance de mise en liberté provisoire et l'avis de mise en liberté ; ces deux documents faisant état d'une mise en liberté en date du 10 mai et une notification en date du 12 mai et d'une déclaration d'adresse mêmement datée du 12 mai 1943, documents que vous venez de me représenter[1]. »

Il existe d'autres raisons de se montrer perplexe. La date du 14 mai 1943, avancée comme jour de remise en liberté de Raymond par Lucie Aubrac, n'a pas été seulement mentionnée à l'occasion de la publication du livre *Ils partiront dans l'ivresse*, diffusé en 1984. En 1978, Ania Francos, dans un ouvrage consacré aux femmes dans la Résistance reproduisant le témoignage de Lucie Aubrac, écrit : « Elle a promis à Raymond qu'il serait libre pour le 14 mai, date anniversaire de leur rencontre[2]. » Si l'on peut admettre qu'il s'agit, là encore, de faire coïncider des dates pour rendre le récit plus romantique, cette explication ne tient guère lorsque, le 21 avril 1948 devant le juge Gonnot qui instruit le second procès Hardy, Raymond Aubrac est entendu et déclare, en situant quelques-uns de ses contacts avec d'autres chefs résistants en ce printemps de 1943 : « J'ai vu Frenay peu de temps après ma mise en liberté provisoire que je situe vers le 14 ou le 15 mai 1943[3]. »

En 1950, le moment venu de déposer à la barre lors de ce procès Hardy, Raymond Aubrac ne fera que confirmer cette date : « J'étais resté à la prison Saint-Paul, interné pendant environ deux mois, et j'avais été mis en liberté provisoire le 14 mai de cette année-là[4]. »

On ne peut guère douter de l'embarras des Aubrac lorsqu'il s'agit de situer non seulement la date de cette mise en liberté provisoire mais son existence même. Elle a été,

1. Procès-verbal de déposition de témoin, recueillie par le juge d'instruction Hamy, à la demande de Raymond Aubrac, le 20 mai 1992. Cf. les documents de « mise en liberté » en annexes VII à XII (pp. 297-308).
2. Ania Francos, *Il était des femmes dans la Résistance*, Stock, 1978.
3. Cf. en annexe XV-3 (pp. 330-333) le procès-verbal de cette audition.
4. Audience du 2 mai 1950, sténographie R. Bluet, cit.

au lendemain de la guerre, carrément dissimulée. Dans une version publiée en 1945, sous la plume de Lucie Aubrac, dans un quotidien lyonnais, *La Marseillaise,* c'est une histoire totalement différente qui nous est proposée. La voici, dans son intégralité :

« *Quatre patriotes lyonnais*
délivrés par un groupe-franc

« Nous étions quatre assis à la terrasse d'un café du cours Gambetta, quatre qui prenions innocemment un apéritif sacchariné, à sept heures d'un soir de mai 1943.

« Il y avait Jo, qui essayait d'être impeccable avec son costume de 1935, ses cheveux collés à l'eau, ses lunettes d'écaille ; Lyonnet, petit et brun, au regard mobile, qui se méfiait de tout et de tous ; Daniel, à qui l'on devait toujours demander de se raser, de se coiffer et de mettre une cravate, d'ailleurs le plus généreux de tous, le cœur sur la main, toujours prêt à recueillir les gosses en panne, alors qu'il en avait déjà sa part. Je faisais la quatrième. Après une journée de classes au lycée, les provisions remontées jusqu'à la lointaine avenue Esquirol, l'enfant baigné et couché, la maison confiée à la garde d'une bonne fidèle, je redescendais trouver les camarades de mon corps franc.

Quatre résistants arrêtés

« Nous avions établi un plan qui devait être l'acte final d'une pièce dont les acteurs, quatre des meilleurs militants de Libération à Lyon, avaient joué le premier en se faisant prendre par la police au cours d'une réunion, rue de l'Hôtel-de-Ville.

« Ils avaient bien essayé de clore la pièce sans nous, mais chacun avait fait une fausse sortie : Ravanel, ouvrant la porte du logis clandestin, se trouvait nez à nez avec un inspecteur, l'arme au poing, lui décochait un coup de tête en pleine poitrine et redescendait l'escalier dare-dare, mais la présence en bas de deux nouveaux inspecteurs le ramenèrent piteux devant sa première victime.

« Aubrac, accompagnant le lendemain les policiers qui perquisitionnaient à son logis de la Croix-Rousse, réussissait à les boucler dans l'appartement en désordre et commençait à dévaler les escaliers pour redescendre vers la Saône. Poursuivi par les cris de “voleur et d'assassin”, il se jetait après un tournant dans un petit couloir pour laisser passer ses poursuivants policiers, mais il avait compté sans une bonne vieille, affolée de ce tintamarre qui le désigna à l'attention de ses poursuivants.

« Quant à Forestier, il avait bien essayé en arrivant au fatal rendez-vous, devant le revolver menaçant qui l'accueillait, de soulever son chapeau d'un air désinvolte, en disant : “Excusez-moi, je me suis trompé d'étage”, mais son calme et son demi-tour n'impressionnèrent nullement le revolver et il rejoignit lui aussi la cellule D 54 à Saint-Paul, où tous les quatre rassemblés pouvaient se raconter leurs exploits manqués.

Complicités

« Mais il y avait pendant toute cette occupation de la France une telle complicité de l'ensemble de la population, qu'à nous, corps franc, restait simplement le travail définitif, sûrs que nous étions de réussir les prémices, en s'adressant presque au premier venu. Les avocats, d'abord, les infirmiers ensuite, les gardiens quelquefois, acceptèrent de transmettre à nos camarades les pilules et les piqûres vénéneuses qui devaient les conduire de leur cellule à l'infirmerie de la prison, puis, devant la persistance de la maladie, à l'hôpital de l'Antiquaille.

« C'est à cet hôpital que nous voulions jouer le dernier acte de notre pièce, en réussissant la sortie de nos camarades. Évidemment, les applaudissements seraient clandestins et nous espérions bien qu'aucun deuxième lever de rideau ne viendrait nous rappeler sur scène.

Agent de la Gestapo

« A cette terrasse du cours Gambetta, nous attendions deux autres compères. C'était un Luxembourgeois, militant communiste camouflé à Lyon, qui devait jouer le rôle d'agent de la Gestapo, et un autre, "Hilles", parlant parfaitement allemand pour faire le chef de la police allemande. Il s'agissait, en effet, d'arriver, brutaux et péremptoires, devant les gardes françaises de l'Antiquaille et de réclamer pour un interrogatoire nos quatre militants malades.

« Psychologiquement, nous étions sûrs de la réussite. Tout le monde connaissait suffisamment la brutalité et le mépris des lois de la police allemande pour que notre plan n'éveille pas la moindre suspicion devant la police française. Nous répétions devant notre apéritif, quand descendit du tram n° 1 un grand garçon blond, avec une cravate à nœud papillon, qui, nonchalamment, alluma une cigarette, et plus respectueux que nous des règles de sécurité clandestines, tourna le coin de la rue, espérant bien que l'un de nous le suivrait sans que tous les passants puissent remarquer qu'il était connu de notre table.

« Cinq minutes après, nous nous retrouvions dans un jardinet de la place de l'Abondance, et notre "futur membre de la Gestapo" était mis au courant du plan. C'est qu'en effet, il fallait partager les tâches. Jo prit la responsabilité du camouflage des voitures avec leurs numéros en allemand. Daniel se chargea des armes tandis que Lyonnet s'engagea à récupérer des menottes. Pour ma part, je devais procurer des papiers en langue allemande, ordres dûment tamponnés de remettre aux autorités de police allemandes les détenus qui nous concernaient.

Plan d'attaque

« Tout avait été minuté. Les membres du corps franc dans une série de réunions, au hasard d'une terrasse de café, d'un square ou d'un angle de rue, avaient mis au point dans ses moindres détails, l'aventure qui devait aboutir à la libération de quatre de nos militants de la Résistance. Duvernois, chef de l'opération, avait, à huit heures du matin, inspecté les voitures, vérifié la bonne marche des armes, désigné pour accompagner le faux inspecteur de la Gestapo, en possession d'ordres allemands, deux faux inspecteurs de la police française, soi-disant interprètes, réparti aux abords de l'hôpital de l'Antiquaille, une garde de sécurité.

« Paulette, la femme de Valrimont, une heure avant le déclenchement de l'opération devait essayer de voir au moins son mari et le prévenir de l'imminence de sa libération. Elle arrive à l'Antiquaille, jouant à merveille le rôle de la petite amie fidèle qui ne comprend rien aux affaires politiques, se croyant irrésistible sous d'invraisemblables chapeaux, alors qu'elle rayonnait de ses vingt ans, de ses magnifiques cheveux blonds et de ses yeux courageux.

« Elle revient émue, annonçant à la bande sous pression que la police, inquiète, avait éparpillé nos amis dans trois salles différentes. Nous décidons tout de même de tenter la chance.

« A 13 h 10, deux puissantes voitures arrivent devant l'hôpital en ayant soin de se placer dans le sens de la pente. Si un accident de moteur, au dernier moment, empêchait un rapide départ, la pente naturelle nous donnerait la vitesse initiale.

« L'affaire est commencée. Mitraillette au poing, menottes au bout des mains, les faux inspecteurs allemand et français se présentent devant le directeur de l'hôpital et le brigadier responsable de la garde, exhibant leurs ordres.

« Soigneusement, l'interprète français Lassagne, retour d'Allemagne après une douloureuse déportation, traduit, mais nous avons compté sans le patriotisme du directeur et du brigadier. L'un et l'autre, outrés de tels procédés, essayent de sauver nos amis en représentant que leur état de santé ne supporterait pas un déplacement. La discussion s'éternise à la porte, la garde de sécurité qui ne sait pas ce qui se passe, commence à craindre pour le succès de l'affaire.

« L'inspecteur allemand sauve la mise. Après deux ou trois "schnell, schnell" (vite), grognons et impatients, il ordonne aux policiers français d'arrêter le directeur et le brigadier.

« Devant cette menace, ces deux derniers s'exécutent. Et la caravane monte au troisième étage, dans l'espace réservé aux détenus malades. On fait habiller nos amis en un tournemain et les voilà l'un devant l'autre, encadrés de mitraillettes et de camarades impassibles qui prennent le chemin de la Liberté.

La délivrance

« Pour rendre plus vraisemblable cette sortie romanesque, l'inspecteur allemand allonge deux ou trois gifles retentissantes et autant de coups de pied à Ravanel qui n'a jamais encaissé de si bon cœur. Tout le monde s'entasse dans les voitures et gagne de prudentes et secrètes retraites, tandis que la police française qui reçoit quelques heures après le rapport du brigadier, se garde bien d'intervenir auprès de l'autorité allemande qui ne connaîtra que le lendemain le tour magnifique que nous avons joué.

« Elle se vengera d'ailleurs et ce ne sont pas les lâches policiers qui avaient arrêté nos amis qui pâtiront, mais bien le brigadier que l'on tint pour le responsable de ce départ où il n'était pour rien.

« Episode du travail d'un corps franc, tout petit épisode au milieu des luttes secrètes et dangereuses que nous menions chaque jour. Episode discret qui mettait à dure épreuve la modestie de ses exécutants car la moindre indiscrétion au sujet de ce fait d'armes pouvait être fatale à tous.

« Il valait bien, une fois la Libération arrivée, une partie de ces combattants morts au combat, qu'on le rappelle un an après, pour que vive en nous le souvenir de Jo, mort en Allemagne ; de Léon, le Luxembourgeois abattu à Lyon, devant un garage clandestin que les miliciens avaient découvert.

Lucie AUBRAC[1]. »

Selon cet article de Lucie, Raymond Aubrac doit la liberté à une opération montée par la Résistance, à l'hôpital de l'Antiquaille à Lyon. Il n'est nulle part question de « mise en liberté provisoire » et encore moins de la démarche d'intimidation auprès du procureur de la République qui, pourtant, dans la période d'exaltation des lendemains

1. *In La Marseillaise,* 20 septembre 1945. Cf. annexe I (pp. 271-272).

de l'occupation, aurait parfaitement convenu au récit[1]. Cette version a été vraisemblablement admise comme telle à l'époque. En 1948, le résistant C.L. Flavian, dans son ouvrage *Ils furent des hommes*[2], la reproduit. Enfin, le 2 mai 1950, déposant lors du procès Hardy, Lucie Aubrac, n'hésitant pas à contredire les déclarations de son mari effectuées le même jour, résume en ces termes son action : « Dans cette affaire de Caluire, j'étais doublement intéressée, en tant que résistante d'abord, puis parce que mon mari avait été arrêté dans l'affaire. C'était pour moi doublement grave, car nous venions de le rescaper [*sic*] d'une prison française avec un certain nombre d'autres camarades de Résistance. C'était exactement le 24 mai 1943 que nous les avions sortis[3]. »

Raymond Aubrac déclare, lors de cette audience : « J'avais été mis en liberté provisoire le 14 mai de cette année-là[4]. »

Il faut encore relever que dans une déposition donnée à Londres en octobre 1943 par Antoine de Graaff, membre du secrétariat de Jean Moulin, celui-ci évoque, en parlant de « Madame Aubrac », « une première évasion de son mari dans des conditions sensationnelles de la prison St-Jean *[sic]* (prison française)[5]... ».

De telles distorsions dans les récits comme la version publiée dans *La Marseillaise*, qui déforme totalement la vérité, jettent un doute sur les circonstances qui ont accom-

1. Le procureur Louis Ducasse passera sans trop de dommages le cap de l'épuration : suspendu, arrêté, une note du 24 août 1945 précise qu'il fait partie des rares magistrats « frappés... de sanctions disciplinaires » (ADR, 3 U 2035).

2. C.L. Flavian, *Ils furent des hommes*, Nouvelles Editions Latines, 1948, pp. 89-90.

3. Procès Hardy, 2 mai 1950, sténographie R. Bluet, cit.

4. Entendu dans l'affaire Hardy, à Alger, le 3 juin 1944, Aubrac ne fournit pas d'explications sur les circonstances précises de cette mise en liberté : « J'ai pu être mis en liberté provisoire par suite de démarches faites par ma femme », déclare-t-il seulement ; cf. annexe XV-2.

5. Document BCRA (p. 31), interrogatoire de Graaff du 18 octobre 1943 (annexe XXI, pp. 431-442).

pagné cette « mise en liberté provisoire ». Ce doute, à lui seul, ne permet toutefois pas d'accréditer les allégations de Klaus Barbie qui soutient, dans son interrogatoire du 13 décembre 1989, que Raymond Aubrac avait accepté « de collaborer avec mon service [*sic*] ». « J'ai chargé mon adjoint Floreck de s'occuper du cas Aubrac et je sais qu'il est intervenu auprès de la justice française afin qu'il soit libéré. C'est d'ailleurs ce qui a été fait, explique l'officier SS. Je ne puis vous dire quels sont les renseignements qu'a pu fournir Aubrac Raymond car Floreck était chargé de suivre cet agent double [1]. »

Qui est Ernst Floreck, ici désigné comme « officier traitant » d'Aubrac ? L'un des responsables de la section IV du SD de Lyon ayant plus particulièrement la charge des sous-sections IV-A1 (Anticommuniste) et IV-A2 (Contre-sabotage) [2]. L'Obersturmführer (lieutenant) Floreck, « policier de métier », jugé à Lyon en novembre 1954, ne s'est guère répandu en confidences lors de son procès. La plupart des faits qui lui étaient reprochés, sous le qualificatif de « crimes de guerre », couvraient la période « où il était un des chefs de la section IV, de novembre 1943 au 4 août 1944 ». Alors que Floreck a sévi antérieurement à ce poste. Nous en retrouverons d'ailleurs la trace [3].

---

1. Procès-verbal d'interrogatoire, 13 décembre 1989 (voir *supra*, pp. 25-27).

2. D'après la « Synthèse des services spéciaux allemands dans la région de Lyon durant l'occupation, Sipo et SD, Abwehr », du 12 février 1945.

3. Lors de son procès, « Floreck Ernest [*sic*] essaye de minimiser son rôle qui n'aurait consisté qu'à faire des rapports. Il rejette toute responsabilité sur Knab et Barbie » (Knab est le chef du Sipo-SD de Lyon). Floreck semble avoir réalisé quelques grosses opérations à la tête de sa « section anticommuniste ». Il participe ainsi, au printemps de 1944, au coup de filet qui décapite l'état-major FTP de zone sud. A l'origine, la « trahison » du mystérieux Iltis, infiltré au plus haut niveau de l'appareil communiste. Arrêté à cette occasion, « M. Perrin Charles déclare qu'il a été arrêté ainsi que sa femme par Floreck, qu'à l'école de santé où il fut incarcéré, il a été torturé sur les ordres de Floreck » (extrait du jugement du tribunal permanent des forces armées de Lyon, rendu le 25 novembre 1954). Condamné à mort, la peine de Floreck a été commuée en « travaux forcés à perpétuité » en 1958. Deux ans plus

Dans une ultime mise au point, après la mort de Barbie, faite devant le juge d'instruction Hamy à la demande de Raymond Aubrac, ce dernier déclare, en revenant sur les arrestations de mars :

« Je confirme que j'ai été arrêté non pas le 13 mars 1943 mais le 15 mars 1943. Klaus Barbie affirme, dans le document de juillet 1991, que j'ai été arrêté le 13 car il se sert très certainement d'une déclaration par moi faite lors des deux procès Hardy au cours desquels il est fort possible que j'ai indiqué le 13 au lieu du 15 mars 1943. Compte tenu de cette différence de date, il articule sa démonstration en m'accusant de collaboration, soulignant qu'étant arrêté le 13 je convoque Ravanel et Kriegel Valrimont le 15 chez les époux Biard au 7 rue de l'Hôtel-de-Ville. Je connais, ajoute Raymond Aubrac, le contenu du rapport Kaltenbrunner évoquant la présence à un poste important au sein de l'Armée secrète et ayant la qualité d'ancien officier servant d'informateur. Ce rapport Kaltenbrunner a été également établi sur la base des documents qui ont été saisis à Lyon et notamment à la suite des arrestations de mars 1943. Je déclare formellement et d'une manière très solennelle que je n'ai jamais trahi les miens contrairement aux affirmations de Klaus Barbie. Je n'ai été interrogé qu'une seule fois par le Sipo-SD de Lyon à l'hôtel Terminus toujours sous l'identité de François Vallet et par voie de conséquence je n'ai jamais joué le rôle d'agent double [1]. »

---

tard, il est libéré : « A la suite de l'excellent travail de mon avocat français et d'interventions de personnalités ecclésiastiques et politiques de RFA », se permettra-t-il de dire en 1981, interrogé en Allemagne où il coule une paisible retraite. Il ajoutera, sans gêne aucune, sur sa détention en France : « Pendant les interrogatoires je fus battu et piétiné. C'est de là que viennent mes maux de reins, dont je souffre encore aujourd'hui » (direction criminelle de Bavière, Troisdorf, 16 novembre 1981).

1. Source : procès-verbal de déposition de témoin du 20 mai 1992. Voir copie en annexe XV-6 (pp. 339-347).

CHAPITRE 5

L'évasion de l'Antiquaille

La relation de ce qu'il est convenu d'appeler l'« évasion de l'Antiquaille » nous a été donnée, peut-être pour la première fois, par Lucie Aubrac, dans le quotidien lyonnais *La Marseillaise*, en septembre 1945. Nous savons qu'elle ne correspond pas à la vérité en ce qui concerne Raymond Aubrac. En revanche, une évasion, plusieurs même se sont bien déroulées en ce mois de mai 1943, à l'hôpital de l'Antiquaille. Les évadés se nomment Serge Asher (Ravanel), Maurice Fouquet (Kriegel-Valrimont) et François Marchal (Morin-Forestier), tous arrêtés au mois de mars précédent.

Outre le premier récit de Lucie Aubrac, beaucoup d'autres ont été produits. Ils sont tous empreints d'un style épique, que l'on peut comprendre car les actions de commando de la Résistance comportaient à la fois une part de risque et un facteur de hardiesse que l'adoption d'un tel genre semblait souvent imposer. Au regard de l'historien, il existe toutefois des variantes si nombreuses, avec des intervenants qui ne jouent pas toujours le même rôle, qu'il est pratiquement impossible de retracer, d'après les seuls témoignages, une histoire fiable.

Klaus Barbie le souligne au demeurant (pp. 387-388 du mémoire de Me Vergès) :

« Quatorze jours après sa remise en liberté [d'Aubrac] en effet avait lieu avec son aide "l'évasion" de Kriegel-Valrimont et de Ravanel. Dans la chronique de M. Noguères, Ravanel le décrit ainsi :

« "Le 22 mai la secrétaire de Morin se trouva pendant quelques instants sans surveillance. Elle prit la porte et s'enfuit. Aussitôt la surveillance qui s'exerçait sur nous fut renforcée. Je fus transféré dans la seconde salle gardée de l'hôpital de l'Antiquaille. Puis le 23 dans la journée, je reçus un message m'annonçant que l'évasion aurait lieu le lendemain, un de nos Groupes francs devait venir nous chercher comme s'il appartenait à la Gestapo.

« "Le 24 mai dans l'après-midi, on entendit un remue-ménage. Un gendarme affolé vint m'apprendre qu'on venait me chercher. Je pris immédiatement un air grave et fus entouré par mes camarades de salle qui m'exprimèrent toute leur sympathie. Pressé par les gendarmes, je n'eus que le temps de distribuer mes affaires aux autres détenus, notamment mon tabac. Puis, tout en boitant, car je ne devais pas oublier mes rhumatismes articulaires, je me rendis à la porte où je fus saisi par deux personnages avec un feutre sur la tête ; l'un d'eux tenait une mitraillette, prononçait à haute voix des mots tels que 'Vorwsgrt *(sic)*, Schnell...' qui lui donnaient réellement un air allemand. Il avait une mitraillette qu'il essayait de ne pas trop montrer car c'était une mitraillette anglaise Sten. Heureusement, nos gendarmes n'en avaient jamais vu. Finalement nous nous retrouvâmes dans la cour où mes deux compagnons étaient déjà arrivés, empoignés par deux autres agents soi-disant de la Gestapo. Le gardien à l'entrée était solidement encadré par plusieurs de nos hommes, avec une mitraillette dans les côtes. J'appris plus tard qu'il avait fallu le menacer d'arrestation pour qu'il consentît à nous laisser emmener.

« "On nous embarqua aussitôt dans des tractions qui démarrèrent à grande vitesse. Je dois dire qu'à peine sortis de l'hôpital, ce fut une course de vitesse. Nous éclations de rire. Lucie Aubrac était là. Nos trois voitures partirent dans des directions différentes." »

Parmi les remarques effectuées par Barbie (p. 388 du mémoire de Me Vergès), relevons celle qui concerne une autre version donnée par Ravanel à Lucie Aubrac :

« [...] Le récit que Ravanel fait à Mme Aubrac *(Ils partiront dans l'ivresse*, p. 35) est tout à fait différent. Il est surpris par l'arrivée des faux policiers allemands, il ne distribue pas son tabac. Il n'y a plus de gendarmes. Il ne boite plus et il y a Raymond Aubrac :

« "Ils sont arrivés brutalement dans la chambre, suivis du directeur et d'un infirmier. 'Police allemande, habillez-vous vite, interrogatoire.' J'ai paniqué un instant, je ne connaissais pas ces trois hommes et celui-là dans son uniforme était trop naturel pour être faux. Alors j'ai dit : 'Montrez-moi vos papiers.' Ça les a bien fait rigoler. Le directeur protestait : 'Messieurs, ce sont des malades, ils m'ont été remis par les services sanitaires de la prison Saint-Paul. Ils sont sous ma responsabilité, je ne peux ni ne veux les lâcher. D'ailleurs les deux agents de police qui sont de garde vous le confirmeront.' Il se retourne, il n'y avait plus d'agent. Devant cette irruption, ils avaient prudemment pris le large, peu soucieux de s'interposer ou de couvrir l'événement.

« "Alors, dit Serge, pour faire vrai, André, dans l'escalier, m'a botté les fesses et j'ai descendu plus vite que je n'aurais voulu." »

Il est intéressant de comparer les participants à cette opération, tels qu'ils sont fournis par Lucie Aubrac dans son article publié en 1945 [1], avec ceux repris dans son ouvrage de 1984. En 1945, on trouve :

Jo, Roger Bréchant, l'un des fondateurs des Groupes francs de Libération, mort en déportation à Buchenwald en février 1945.

Lyonnet, José de Abreu, membre des Groupes francs de Libération.

---

1. Le texte de cet article figure *in extenso* dans notre chapitre précédent (pp. 72-76).

Daniel, Jean Rolland, dit aussi Bob, fondateur d'un groupe d'action qui rejoint Libération.

Un Luxembourgeois, qui répond au pseudonyme de Léon et qui est un communiste réfugié à Lyon. Etrangement, ce dernier point et sa mort telle que Lucie Aubrac l'a racontée évoquent Etienne Toro, membre des Groupes francs, mais qui est d'origine... hongroise [1].

Un dénommé Hilles complète l'équipe pour interpréter le chef allemand.

Duvernois, autrement dit Charles Molher, membre de Libération et des Groupes francs.

Paulette Valrimont, la femme de Maurice Fouquet-Kriegel.

André Lassagne qui joue les traducteurs.

En 1984, outre Raymond Aubrac qui participe à l'opération (il ne peut évidemment pas y figurer dans le récit de Lucie Aubrac de 1945 puisqu'il est alors compris dans les prisonniers à faire évader !), nous relevons des personnages qui ne sont pas dans la relation de 1945 :

Christophe, qui est probablement Lauron, « membre des Groupes francs ».

Ambre, c'est-à-dire Georges Ambre, *alias* Hubert, membre des Groupes francs de Libération.

Pour les autres, André Lassagne, de Libération, « ami d'enfance et de jeunesse d'un de nos cousins », précise Lucie Aubrac, est également cité. Mais le Luxembourgeois décrit en 1945 sous la forme d'un « militant communiste camouflé à Lyon qui devait jouer le rôle d'agent de la Gestapo » n'est plus du tout présenté de la même façon : « Les Groupes francs de Libération avaient recueilli un Luxembourgeois, soldat dans l'armée allemande, puis déserteur de cette armée. Finement testé, on avait la certitude que ce n'était pas un espion. Son uniforme et sa connaissance de l'allemand en faisaient un précieux complice [2]. »

Enfin, d'autres avaient disparu, notamment Paulette Val-

1. Cf. Bruno Permezel, *Résistants à Lyon, 1 144 noms, op. cit.*
2. Lucie Aubrac, *Ils partiront dans l'ivresse, op. cit.*, pp. 34-35.

rimont, et nous ne trouvons plus de trace de ce « Hilles parlant parfaitement allemand pour faire le chef de la Gestapo allemande [*sic*] ».

André Lassagne, de son côté, rapportera des faits complémentaires. Il confirmera que « l'affaire de l'Antiquaille fut organisée par Lucie Aubrac » et que « les rôles principaux y furent tenus par Raymond Aubrac et A.L. [André Lassagne] ». Ce dernier révélera qu'il agissait sous l'identité de « l'inspecteur de police de Vichy Lombard [*sic*] ». Mais Lassagne s'expliquera aussi sur la présence *a priori* peu orthodoxe d'un Allemand agissant dans ces différentes opérations qui auraient été menées à l'époque, et qui était surnommé... le Canadien :

« Au moment de la constitution des Groupes francs d'AS, début 1943, écrira Lassagne, j'avais hérité un curieux phénomène qui devait instruire les équipes de choc pour le combat de rue, c'était un Allemand que nous appelions Joseph. Il avait servi à la Légion étrangère et s'était engagé pendant la guerre d'Espagne dans les Brigades internationales. Il avait d'incontestables références d'antifasciste et avait pratiqué à Barcelone, pour le compte des rouges, la mise en état des fenêtres et des bâtiments destinés à servir de meurtrières et de blockhaus. D'une adresse prodigieuse au revolver et à la mitraillette, il me fut attribué par Mercier[1] pour remplir l'emploi de "tueur" le cas échéant. Il manqua un attentat contre Henri Béraud, mais réussit par contre à faire sauter deux transformateurs pour les usines Berliet à Vénissieux.

« Comme il essayait de déboulonner un rail en avril 1943 dans les environs du Bouchon [*sic*] dans l'Ain, il fut surpris par une patrouille de garde-voies allemands. Il réussit en tirant à

1. Mercier est Robert Ducasse qui a pris le relais de Claudius Billon, chef régional de l'AS, après son arrestation en février 1943. Il sera arrêté le 19 octobre 1943 dans l'Ain par les Allemands, dans un coup de filet d'où Ravanel parviendra à s'échapper. Ducasse s'évadera avant son transfert en Allemagne mais, parti dans la région de Bordeaux, il sera de nouveau arrêté et fusillé le 29 juillet 1944.

couvrir la retraite de ses deux aides, mais il fut blessé au mollet et emmené dans une grange sur la route de Bourg où les Boches avaient un PC de feld-gendarmerie. Il avait une fausse identité d'Alsacien. Ses amis me prévinrent la nuit même et avec Mercier nous partîmes immédiatement et eûmes la chance de récupérer notre "malade" sans coup férir. Voici comment :

« J'étais toujours l'inspecteur Lombard [avec] les deux autres gendarmes français et Mercier interprète de la Gestapo. Nous avions arrêté les autres saboteurs un peu plus loin. Ils nous avaient dit que leur chef avait été blessé et nous venions le chercher pour les interroger ensemble. Les feld-gendarmes nous chargèrent Joseph eux-mêmes dans la camionnette ! ! Et ce fut tout. Joseph partit se guérir près de Lons-le-Saunier. Je ne l'ai jamais revu. Les deux faux gendarmes sont partis peu après pour le Vercors sous les ordres de Grégoire [1] alors chargé par Delestraint d'organiser le "réduit". Ils sont, je crois, morts en combattant contre les gardes mobiles et la première colonne allemande qui se chargèrent d'attaquer le pays.

« Voilà l'histoire de notre Canadien. Mercier l'avait ainsi nommé au cours d'une opération de parachutage près de Mâcon, pour couper court aux questions de certains camarades qui s'étonnaient de son accent quand il parlait français. Si nous étions si pressés de le récupérer, c'est que Mercier n'avait qu'une confiance relative dans les Allemands, même antifascistes et qu'il craignait des indiscrétions de sa part [2]. »

On peut comprendre que Lassagne ait éprouvé le besoin de fournir des explications sur ce mystérieux Joseph. Des explications... qui posent plus de questions qu'elles n'entraînent de réponses claires. En particulier sur la facilité avec laquelle l'ins-

1. Yves Farge, membre du mouvement Franc-Tireur et du Front national, est notamment chargé de s'occuper du maquis du Vercors.

2. André Lassagne s'explique dans un courrier adressé à « Mme Appleton », qui fut la correspondante pour l'Ain de la Commission d'histoire de l'occupation et de la libération de la France (Commission départementale de l'Histoire de la Deuxième Guerre mondiale, Lyon, cote B 22, ADR).

pecteur Lombard s'est joué, une fois encore, des Allemands et sur la présence de ce Canadien qui, malgré la « confiance relative [*sic*] » placée en lui, participe à de grosses opérations avec des responsables de la Résistance...

Sur ces évasions de l'Antiquaille, d'autres évocations méritent l'attention.

Nous pouvons encore citer les explications détaillées du chef régional de la Résistance, Alban Vistel, qui décrit l'intervention d'un résistant déjà nommé, Duvernois (Charles Mohler, membre de Libération), mais qui se serait infiltré dans l'hôpital pour s'assurer des complicités dans la place. Alban Vistel ajoute d'autres détails qui lui ont sans doute été rapportés : « Au jour dit, les équipes de Bob, Daniel et Alphonse prennent position avec leurs voitures aux alentours de l'hôpital. Une partie de nos gaillards jouent les marchands à la sauvette, leurs éventaires offrent lacets, bretelles, objets hétéroclites ; comme il pleut, on les protège de parapluies qui dissimulent les mitraillettes [1]. »

Le récit d'Henri Frenay livré peu après son arrivée à Londres, le 30 juin 1943, parle des prisonniers évadés : « Ils ont été détenus pendant six ou huit semaines, et la femme d'Aubrac, Catherine, a demandé et obtenu d'être chargée de leur évasion. Aucune charge n'ayant pu être relevée contre Aubrac, il fut mis en liberté provisoire, huit semaines environ après l'arrestation. » Frenay, qui semble tenir ces faits de Lucie Aubrac comme l'indique la suite de son

1. Alban Vistel, *La Nuit sans ombre, op. cit.*, pp. 309-310. Henri Noguères précise encore dans son *Histoire de la Résistance* (t. 3) que le coup de main de l'Antiquaille s'est réalisé « avec l'aide d'Alfred Eskenazi, du réseau Marco-Polo, qui avait fourni les papiers allemands dont s'étaient servis les Groupes francs... ». Ravanel était en relation avec Eskenazi (cf. Serge Ravanel, *L'Esprit de Résistance, op. cit.*, p. 65), ce que confirme Jacques Bergier dans un témoignage recueilli le 30 mars 1946 (AN, 72 AJ 63, dossier Marco-Polo). Le réseau Marco-Polo, après l'arrestation de l'un de ses chefs, Paul Guivante, *alias* Saint-Gast, en juin 1943, devait être en grande partie décimé en novembre 1943 par une équipe de l'Abwehr, dirigée par les agents français Le Berquier et Meusburger, sous les ordres de l'un des responsables de l'Abwehr à Lyon, Hans Eckert, dit Evans.

récit, ne retient pas l'épisode de la pression exercée sur le procureur pour cette mise en liberté provisoire.

« Quant aux autres, Forestier, Christine, Pressentier, Fouquet, ils ont réussi à simuler des maladies, grâce à la complicité du personnel médical de la prison, et ont été hospitalisés à Lyon, à l'hôpital de l'Anticaille [*sic*]. Catherine ayant réussi à se procurer une voiture, deux uniformes allemands, des papiers de la police allemande, a organisé l'évasion de la façon suivante : deux voitures s'arrêtent un beau jour devant l'hôpital de l'Anticaille, montées par deux Allemands en uniforme et deux Allemands en civil, en réalité quatre Alsaciens [*sic*], qui exigent au nom de la Gestapo la restitution des prisonniers pour interrogatoire. On les leur livre, ils s'en vont. »

A la question : « Vous ne savez pas comment elle [Lucie Aubrac] a obtenu ces papiers d'Allemands ? » Frenay répond : « Non, je l'ai vue elle-même avant et après, j'étais en liaison avec elle [*sic*] pour lui fournir des hommes, l'affaire a été très bien montée, ça n'a pas fait une éclaboussure [1]. »

Si Klaus Barbie insinue que tout cela n'est qu'une « prétendue évasion », ne figurant pas « dans la synthèse des hauts faits de la Résistance à Lyon, établie au lendemain des hostilités par les services de police [2] », les Groupes francs lyonnais ont tout de même donné leur propre récit : « L'évasion de trois patriotes de l'hôpital de l'Antiquaille ». Sous ce titre paraît, en 1946, un texte qui se présente ainsi :

« Au mois de mars 1943 une équipe de Groupes francs reçoit pour mission le sauvetage de trois patriotes.

« L'expédition devant se faire à l'aide de trois voitures, il fallait, de suite après le coup, mettre en lieu sûr nos trois amis.

« La protection bien assurée, cinq Groupes francs pénétrèrent dans les bureaux de l'administration avec de faux papiers

1. Entretien du capitaine Vaudreuil avec Charvet [Frenay], séance du 30 juin 1943 à Londres (cf. extrait annexe XIV, pp. 313-317).

2. Mémoire de Me Vergès, p. 389.

de la Gestapo, chacun étant armé, un seul emmenant avec lui une mitraillette, prêt à toute éventualité. Le temps était chronométré : tout retard pouvait nous être funeste.

« Nous voici donc devant le brigadier des gardiens de la paix, un brave homme qui croit avoir devant lui de vrais agents de la Gestapo, et qui est vraiment ennuyé d'avoir à nous livrer trois Français qu'il garde bien à contre cœur. En allemand, les trois soi-disant otages lui sont réclamés ; il freine l'ordre et veut l'acquiescement du directeur de l'hôpital. Celui-ci arrive et parle de téléphoner au préfet pour savoir s'il doit donner les trois prisonniers, car nous sommes persuadés qu'il a éventé notre stratagème. Il soutient que nos papiers sont faux ; notre interprète se fâche, et Jo, qui dirige l'expédition, menace de mettre les menottes à cet intrus qui est en train de nous faire perdre notre temps ; mais le directeur de l'Antiquaille n'est pas reluisant de courage et donne immédiatement l'ordre de conduire les Groupes francs dans les salles où sont enfermés les prisonniers.

« Nous pénétrons dans les salles ; les gardiens sont figés ; le silence le plus complet règne. L'appel des trois noms est fait : nos trois camarades doivent hâtivement se préparer, car, en allemand, il leur est impérativement ordonné de faire vite. Un gardien de la paix de service s'approche du porteur de la mitraillette et lui parle de la “canne à pêche” ; il n'en retire qu'un grognement et un geste expressif, car il faut jusqu'au bout faire croire que la vraie Gestapo vient prendre livraison des trois internés politiques. Ceux-ci, hâtivement, se préparent et sont ensuite solidement saisis pour être emmenés à travers les cours et pour gagner les voitures qui sont à la sortie, les moteurs tout chauds.

« Pour donner le change et se montrer allemands, les Groupes francs rudoient les prisonniers. L'un des prisonniers, celui qui plus tard devait prendre le nom de Ravanel et devenir chef national des Groupes francs, reçoit même deux gifles et un coup de pied pour avoir à accélérer le pas.

« Les cinq faux policiers et les trois prisonniers libérés passent devant le directeur de l'Antiquaille, qui cette fois croit vraiment avoir affaire à la Gestapo et nous salue de son couvre-chef.

« Nous nous entassons tous dans les trois voitures, suivant les consignes données, et nos chauffeurs, à 80 à l'heure, mettent de la distance entre l'hôpital et nous.

« À l'Antiquaille, ce n'est que très tard que l'on découvre la supercherie, car la Gestapo a oublié de ramener les trois prisonniers comme c'était entendu. Nos trois amis sont à l'abri [1]. »

On notera que l'attitude du directeur de l'hôpital de l'Antiquaille est devenue celle d'un homme qui « n'est pas reluisant de courage », au contraire de ce que Serge Asher-Ravanel, Lucie et Raymond Aubrac ont pu dire ou écrire.

L'accumulation des récits n'aide pas à se faire une idée exacte des faits. Finalement, un document apporte une relation assez sèche de cette opération dont il est difficile de connaître le déroulement avec précision. Le 26 mai 1943, le procureur de la République Ducasse écrit au procureur général pour lui faire part de l'évasion de certains détenus dans « l'affaire Curtil et autres » :

« J'ai l'honneur, comme suite à mon rapport du 1er avril 1943 concernant les nommés *Curtil* et autres, inculpés d'actes de nature à nuire à la défense nationale de vous rendre compte de l'évasion de *Denoyer* Christine, *Marchal* François, *Fouquet* Maurice et *Asher* Serge.

« Denoyer Christine enceinte de 6 mois des œuvres de Marchal avait été transférée de la maison d'arrêt à l'hôpital de Grange-Blanche.

« Le 21 mai, elle reçut la visite de *Visniansks* Janine, âgée de 14 ans et quelques instants après d'une autre personne, non identifiée, qui lui remit un sac de voyage. L'agent Dulys, pré-

1. Il s'agit d'une publication (2 pages imprimées) relatant les actions des Groupes francs lyonnais qui rend aussi un hommage à plusieurs membres de ces Groupes francs exécutés ou morts en déportation (exemplaire détenu par le centre de documentation du Centre d'histoire de la Résistance et de la Déportation de Lyon).

posé à la garde de cette inculpée, contrairement à la consigne qui lui avait été donnée, laissa cette dernière s'entretenir avec ces deux personnes qui n'avaient pas de permis de visite.

« Christine Denoyer sortit de sa chambre accompagnée de la jeune Visniansks soi-disant pour se rendre dans le bureau de la Sœur mère. Le garde ne crut pas devoir l'accompagner et elle profita de ce défaut de surveillance pour prendre la fuite.

« Visniansks put seule être arrêtée.

« Cette dernière, bien qu'âgée de 14 ans, avait déjà été écrouée pour détention de tracts d'inspiration étrangère et elle fut condamnée par jugement du tribunal correctionnel de Lyon le 18 mai à 6 mois d'emprisonnement avec sursis. Elle avait fait à la prison la connaissance de Christine Denoyer. Une information pour infraction à la loi du 3 décembre 1942 concernant l'évasion des détenus a été ouverte contre l'agent Dulys et Visniansks Janine.

« Tous deux ont été écroués[1]. »

Ce document nous apprend que Christine Denoyer ne s'est pas évadée seule de l'hôpital de Grange-Blanche (autrement dit l'hôpital Edouard-Herriot et non pas l'hôpital de l'Hôtel-Dieu comme l'indique Asher-Ravanel) : une mystérieuse personne, porteuse d'un sac de voyage, est intervenue, ainsi qu'une très jeune fille, Janine Visniansks. Aucun élément ne nous permet cependant de dire dans quelles conditions précises elles sont intervenues dans cette évasion[2].

---

1. Rapport du 26 mai 1943, archives du parquet de Lyon, ADR ; cf. annexe XIII.

2. Une note émanant de la préfecture régionale de Lyon nous fournit des renseignements sur la jeune Janine Visniansks. Elle se nommerait en fait Jeanne Vinianskas : « De nationalité lituanienne, née à Lyon le 18 octobre 1928. Elle fait actuellement l'objet d'une mesure de détention à la prison Saint-Joseph où elle a été écrouée le 16 mars 1943 sous l'inculpation de menées antinationales. En effet, la jeune fille essayait de faire passer clandestinement la frontière espagnole à des jeunes gens désireux de gagner l'Afrique du Nord. Dans cette affaire elle est inculpée conjointement avec 5 jeunes gens. Au cours de l'instruction, d'autres chefs d'inculpation sont venus se greffer à côté du

La suite du rapport du procureur Ducasse intéresse les évasions de l'Antiquaille :

« Les nommés Marchal, Fouquet et Asher avaient été hospitalisés à l'hôpital de l'Antiquaille pour les motifs suivants indiqués par le médecin de la maison d'arrêt.

Asher, fièvre d'origine inconnue

Fouquet, état fébrile grave et prolongé

Marchal état fébrile prolongé.

« Le 24 mai quatre individus se disant de la police allemande dont l'un tenait en main une mitraillette se présentèrent à l'hôpital pour réclamer ces 3 inculpés. Ils leur furent remis. Le commissaire divisionnaire des services de police judiciaire s'étant mis en rapport à ce sujet avec les autorités de police allemande apprit qu'il s'agissait de faux policiers. »

Cette vérification aurait pu être effectuée au moment de l'intervention des « faux policiers » car les hospitalisés de l'Antiquaille étaient placés sous la surveillance, et donc la responsabilité, de la police lyonnaise. Cette dernière étant, jusqu'alors, docilement respectueuse des accords de collaboration avec les Allemands, il aurait été naturel qu'un simple contrôle — téléphonique par exemple — puisse se faire immédiatement. Un refus aurait dû intriguer les fonctionnaires de police lyonnais en poste à l'hôpital. Il ne semble pas que les choses se soient passées ainsi et, en définitive, le procureur Ducasse, sans s'attarder sur les circonstances de la remise des trois prisonniers, écrit :

« Ces quatre évasions, jointes à celles qui ont fait l'objet

premier. La jeune fille a en effet avoué avoir dérobé dans les tramways des sommes se montant à 7 000 frs environ et des cartes d'alimentation qui lui permettaient d'effectuer les voyages entre Lyon et les Pyrénées. Pour ces derniers délits, elle sera traduite devant le tribunal pour enfants. Mais pour les menées antinationales elle sera renvoyée solidairement avec ses coaccusés majeurs devant la juridiction correctionnelle. La mesure d'écrou a été prise à la prison, malgré la minorité de la jeune fille, en raison de la nature du délit relevé contre elle » (Note non datée, à en-tête du cabinet du préfet, référencée PB/Lb, ADR).

de mon rapport de ce jour 27 mai[1], montrent qu'on est en présence d'une organisation dangereuse. Elles ont fait ressortir le danger qu'il y aurait à l'avenir de transférer de la maison d'arrêt à l'hôpital, des détenus pour délits politiques.

« Les diagnostics ci-dessus indiqués qui ont motivé l'hospitalisation paraissent avoir été rédigés trop succinctement par le médecin de la prison. Tout au moins ils n'indiquent pas une maladie d'une gravité telle qu'elle n'aurait pas pu être soignée à l'infirmerie de la prison.

« Pour éviter le retour d'évasions semblables qui sont de nature à créer de graves difficultés, M. le Préfet Régional a décidé que dorénavant, en ce qui concerne les détenus inculpés de délit à caractère politique, hors le cas de maladie mettant leur vie en danger, les transferts à l'hôpital ne seraient plus autorisés qu'après examen du malade par un médecin désigné par le juge d'instruction pour dire si les soins dont a besoin le détenu nécessitent obligatoirement ce transfert.

« Afin de rechercher les individus ayant facilité cette évasion, une information a été ouverte contre inconnu. »

Quant aux trois évadés de l'Antiquaille, que sont-ils devenus ? Selon le témoignage de Morin-Forestier, cité par Henri Noguères, « après mon évasion de prison, j'étais un petit peu secoué du point de vue santé. Très vite, Henri Frenay[2] m'a fait part du désir des camarades de m'expédier à Londres pour servir de pivot, en somme, à une délégation de la Résistance française à Londres auprès de la France libre et des Alliés ». C'est en septembre 1943 que

1. Il est difficile de s'expliquer la mention de cette date, le rapport du procureur Ducasse étant daté du 26 mai 1943. Elle a été cependant rajoutée de façon manuscrite, la frappe dactylographiée, rayée, indiquant le 25 mai. Il semblerait qu'un autre rapport ait été fait concernant d'autres évasions... Nous remarquons enfin que ce document du procureur Ducasse a été, pour toutes les dates initialement portées, corrigé de façon manuscrite (cf. annexe XIII, pp. 309-311).

2. Le dirigeant de Combat, mouvement auquel appartient Morin.

Morin s'envolera pour la capitale anglaise, « du célèbre terrain “Marguerite” en bord de Saône [1] ».

Fouquet-Kriegel, lui, va gagner Paris où d'autres activités l'attendent. Quant à Asher-Ravanel, il confiera : « Quelques instants après [l'évasion], je me retrouvai chez des amis que j'appelle les “fromagers” et qui habitaient rue Gensoul à Lyon, où l'on décida de me cacher pendant quelques semaines [2]. »

Dans ses Mémoires, publiés en 1995, Ravanel précise, en fournissant une autre adresse : « Ma voiture traversa le Rhône et s'engagea dans la rue Chevreul. Nous étions arrivés à l'endroit où l'on devait me cacher : l'appartement des Bernard, membres influents de la bourgeoisie lyonnaise, gros commerçants en beurre-œufs-fromages qui possédaient plusieurs magasins. Les Bernard étaient des résistants d'un type particulier. Libération leur avait donné pour consigne de demeurer au-dessus de tout soupçon [...]. Libération ne faisait appel à eux que pour des missions de confiance [3]. »

Quant à Raymond Aubrac, il est dans la situation assez particulière d'un homme bénéficiant d'un régime « de mise en liberté provisoire ». Lucie Aubrac explique que, pour lui, une mise au vert s'imposait.

Elle écrit avoir consulté, sur les conseils de Pascal Copeau [4], le Dr Riva pour obtenir un congé spécial lui permettant d'interrompre son travail d'enseignante au lycée de jeunes filles de la place Edgar-Quinet à Lyon. « C'est ce médecin qui m'avait procuré le médicament pour le trans-

---

1. Témoignage cité par Henri Noguères, *in Histoire de la Résistance...*, *op. cit.*, t. 3.
2. *Ibid.*
3. Serge Ravanel, *L'Esprit de Résistance*, *op. cit.*
4. Pascal Copeau, *alias* Salard, journaliste, compagnon de route du Parti communiste, est devenu membre du mouvement Libération et peut être considéré comme son principal animateur en zone sud à partir de l'automne 1942, après avoir remplacé Jacques Brunschwig-Bordier, qui avait lui-même recruté Ravanel.

fert à l'hôpital de Raymond et de ses codétenus [1] », précise-t-elle. Cette affirmation est en contradiction avec une attestation de Lucie Aubrac, signée après la guerre, en faveur d'un dénommé Emile Charpenel, pharmacien-chef, chef de laboratoire de chimie-biologie à l'hôpital militaire Desgenettes à Lyon, qu'elle situe ainsi : « Il [Charpenel] m'a notamment transmis les médicaments qui ont permis de faire transférer de Saint-Paul à l'Antiquaille mon mari, Kriegel-Valrimont, Asher-Ravanel, Forestier-Maurin [*sic*], d'où un Groupe franc de Libération a pu les faire évader [2]. »

Ce Dr Riva tombe donc à point nommé pour délivrer un certificat médical à Lucie Aubrac, la dispensant, pour une dizaine de jours, d'occuper son poste d'enseignante. Elle situe ensuite son départ de Lyon jusqu'au 7 juin 1943, avec son fils et son mari, dans une pension de Carqueiranne [3].

« Après un moment de repos, il avait repris ses contacts [4] », rappellera Lucie Aubrac après le coup de l'Antiquaille. Pourtant, Raymond Aubrac ne semble pas avoir coupé les ponts avec l'entourage clandestin : « A ma sortie de la prison Saint-Paul, étant en liberté provisoire, confiera-t-il, j'avais vu le général Vidal [pseudo du général Delestraint, le chef de l'Armée secrète], dans les environs de Lyon, et nous avions parlé de son voyage à Londres et des perspectives de l'organisation de l'AS [5]. » S'il ajoute : « Je n'ai pas le souvenir d'avoir rencontré le général "Vidal" ou Gastaldo, *alias* "Galibier" [l'un des adjoints de Delestraint], fin mai ou début juin 1943 », Raymond Aubrac précise quand même : « J'ai vu Frenay peu de

1. Lucie Aubrac, *Ils partiront dans l'ivresse, op. cit.*
2. Le témoignage donné par Emile Charpenel, dans le cadre de l'instruction du procès Barbie, confirme ce rôle (procès-verbal d'audition du 17 février 1984).
3. Lucie Aubrac, *Ils partiront dans l'ivresse, op. cit.*, p. 40 et suiv.
4. Déposition au procès Hardy, audience du 2 mai 1950 ; sténographie R. Bluet, cit.
5. Procès-verbal d'audition de Raymond Aubrac par le juge Gonnot (procès Hardy), 21 avril 1948 (cf. annexe XV-3, pp. 330-333).

temps après ma mise en liberté provisoire que je situe vers le 14 ou 15 mai 1943. »

Il semble donc que l'emploi du temps de François Vallet ait été assez bien rempli, d'autant que les dirigeants de la Résistance intérieure, en zone sud, ont à régler de nombreux problèmes. Ils s'opposent sur de nombreux points, malgré la volonté d'union exprimée et réalisée ici et là. « Ces affrontements, souligne Laurent Douzou, sont de deux ordres. Tout naturellement, Libération et Combat cherchent chacun à faire prévaloir leurs conceptions et à imposer leurs hommes dans la désignation des responsables régionaux appelés à mettre la fusion en œuvre. Une lutte interne aux MUR [Mouvements unis de Résistance] nouvellement créés s'engage donc. Par ailleurs, les MUR s'efforcent de conserver, voire de recouvrer une réelle autonomie à l'égard de Jean Moulin dont la stature de fédérateur et d'arbitre se renforce chaque jour davantage. »

Pour Libération, « c'est par les courriers adressés à Emmanuel d'Astier par Pascal Copeau, devenu le patron de Libération, qu'on peut pénétrer les arcanes de la lutte en cours ».

Il est toutefois surprenant de lire, dans cette même étude, à propos des discussions sévères qui s'engagent, que « Raymond Aubrac, Maurice Kriegel et Serge Ravanel, arrêtés le 15 mars 1943, ne sont bien évidemment pas partie prenante de la négociation en cours[1] ». C'est oublier que cette lutte qui oppose, souvent par représentants interposés, d'Astier de la Vigerie à Frenay s'étale au moins pendant tout le printemps de 1943 et que Raymond Aubrac n'est pas resté étranger à ces virulents débats. Nous n'en trouvons pourtant aucune évocation dans ses Mémoires. Reconnaissons qu'il n'est pas le seul responsable résistant

---

1. Sources : Laurent Douzou, « Libération-Sud », *Les Cahiers de l'IHTP*, n° 27, 1994. L'auteur reconnaît : « Bien entendu, ces archives traduisent exclusivement le point de vue de la sphère dirigeante de Libération bien qu'elles mettent en scène Combat aussi. Il eût fallu en bonne méthode confronter les deux points de vue. C'est hélas impossible. Prenons en conséquence la version de Libération sans perdre de vue la distorsion qui peut résulter de ce récit univoque. »

à occulter l'aspect politique de son engagement. Encore une fois, c'est grâce aux archives que nous en retrouvons la trace. Notamment en lisant cet extrait d'une lettre, datée du **4 juin 1943**, écrite par Copeau à d'Astier :

« De la façon un peu outrancière que vous connaissez, Raymond [Aubrac] est même allé jusqu'à déclarer que le plus grand service qu'on pouvait à l'heure actuelle rendre à la Résistance était l'élimination, par n'importe quel moyen, d'un certain nombre d'éléments, à commencer par Gervais [Frenay] lui-même. C'est ainsi que nous avons été d'accord, à la suite de votre télégramme appelant Gervais [Frenay] à Londres, pour vous demander de vous arranger pour que l'absence du chef de Combat soit aussi prolongée que possible, et même définitive. [...] En ce qui concerne l'élimination de Gervais [Frenay], le problème était de vous faire tenir notre avis, au cas où celui-ci serait parti avant la fin de la dernière lune. Nous étions d'avis, Raymond [Aubrac] et moi, que ce serait aller trop loin que de mettre Max [Moulin] dans la confidence[1]. »

Il est plus simple de considérer que le chemin suivi l'était, côte à côte et sans écarts, par tous les responsables de la Résistance. « De retour à Lyon, écrit Raymond Aubrac dans ses Mémoires, je repris contact avec mes camarades dont j'avais été séparé depuis près de trois mois [*sic*]. L'Armée secrète rodait ses structures unifiées. Le grand problème de l'heure, c'étaient les maquis auxquels on envoyait des cadres dans toute la mesure du possible. » Cependant, « la foudre s'abattit sur nous quand, le 9 juin, le général Delestraint fut arrêté par la Gestapo à Paris, à la sortie de la station de métro La Muette, où il avait rendez-vous avec Didot, responsable à Combat du travail dans les chemins de fer, de son vrai nom René Hardy[2] ».

1. Cité par Daniel Cordier *in Jean Moulin, l'inconnu du Panthéon, op. cit.*, t. 1.
2. Raymond Aubrac, *Où la mémoire s'attarde, op. cit.*

CHAPITRE 6

Le piège se referme

L'exploitation des arrestations du mois de mars 1943 a vite commencé. L'installation à l'école de santé militaire, avenue Berthelot, à Lyon, de l'Einsatzkommando-Lyon du Sipo-SD contribue à accueillir de nouveaux services dont l'objectif est de décimer la Résistance française. « Les locaux dont nous disposions jusqu'alors à l'hôtel Terminus [près de la gare de Perrache], explique Klaus Barbie, s'avérant trop exigus pour y loger simultanément les effectifs de l'EK-Lyon et ceux du Sonderkommando AS du RSHA [Office suprême de Sécurité du Reich à Berlin] dirigé par Werth, venant spécialement de Berlin pour lutter contre l'Armée secrète, suivant les directives données par Kaltenbrunner en conclusion de son rapport du 27 mai 1943 pour l'exploitation des données fournies par l'interrogatoire des dirigeants de l'Armée secrète arrêtés le 13 mars et les documents saisis par la police française à cette occasion [1]. »

1. Mémoire de Me Vergès, p. 385. Dans la « Synthèse des services spéciaux allemands dans la région de Lyon durant l'occupation », à la rubrique « Sonderkommando », il est expliqué : « Les équipes spéciales sont mises à la disposition du Kommandeur Knab pour une mission bien définie. Les Sonderkommando dépendent directement du chef des Sonderkommando près du Reichssicherheitshauptamt (RSHA à Berlin), détaché auprès du BDS de Paris » (« Document établi par le capitaine Barbe et le personnel de la 1re section du Bureau de documentation de la XIVe région », février 1945).

Dans le mémoire élaboré par son avocat, l'officier SS s'étend longuement sur le démarrage de l'une des opérations qui, depuis le sud de la France, permettra de remonter sur Lyon et de réaliser de nombreuses arrestations. « C'est l'origine, explique Klaus Barbie, de l'action "Flora", engagée dès le 14 avril 1943 dans la région 18, dite "Memphis" (Bouches-du-Rhône, Var, Alpes-Maritimes, Vaucluse, Basses-Alpes, Hautes-Alpes, Gard). Dans le cadre de cette opération, mes collègues de Marseille arrêtaient le 28 avril Multon, dit "Lunel". Entré dans la Résistance dans la région de Poitiers, Multon avait fui Civray où il était agent d'assurances, après l'arrestation de l'huissier Pestureau (condamné à mort par le tribunal du peuple de Cologne, Pestureau sera exécuté le 3 octobre 1943 à Wolfenbuttel). Emmené par Aubry[1] à Marseille, il était devenu pratiquement le secrétaire de Chevance-Bertin, organisateur de la région R2 et bras droit d'Henri Frenay. »

Arrêté le 28 avril 1943, le « traitement » de ce membre du mouvement Combat commence rapidement. « Dès son arrivée au Sipo-SD, Multon était interrogé et dans la soirée, sans qu'il ait subi la moindre violence, acceptait de travailler pour l'EK Marseille[2]. »

En juillet 1948, face au commissaire Louis Bibes, venu l'interroger dans le cadre de l'instruction du second procès Hardy, Klaus Barbie reprenait, tout comme il le fera quelque quarante ans plus tard, les étapes concernant l'utilisation de Jean Multon. Celui-ci lui avait « été présenté dans le courant du mois de juin 1943 par le Hauptscharführer [adjudant-chef] Dunker, notre représentant à Marseille [...]. Il pouvait nous servir à Lyon

1. Membre de Combat, l'un des responsables de l'Armée secrète.

2. Emprunté au mémoire de Me Vergès (p. 390), ce récit est en tout point conforme à l'« exposé des faits » du parquet de la Cour de justice de la Seine, daté du 25 mai 1946, « dans la procédure suivie contre René Hardy et Jean Multon ».

pour toucher “Didot” et je dois d’ores et déjà dire que c’est lui qui nous a donné le véritable nom de celui-ci, Hardy[1] ».

Les dégâts occasionnés par cette trahison devaient être multiples. L’affaire Hardy, résistant du mouvement Combat, responsable de Résistance-Fer, commençait là en fait, tout en précisant que son pseudonyme (Didot) et son rôle avaient préalablement été percés lors de la saisie des documents de l’Armée secrète au moment des arrestations de mars 1943.

Une série d’autres opérations se déroulent parallèlement en zone sud, avec d’autres « auxiliaires » que l’on va désormais voir intervenir de plus en plus fréquemment. Par la délation, les filatures, la torture — morale ou physique —, grâce à l’emploi d’agents français au service de l’Abwehr (le renseignement militaire allemand) ou du Sipo-SD (autrement dit la Gestapo), les mâchoires de la tenaille se resserrent progressivement autour des réseaux ou des mouvements de Résistance.

L’atmosphère n’en est que plus lourde, plus tendue. Emmanuel d’Astier de la Vigerie, dans *Sept fois sept jours,* a écrit certaines phrases, profondément humaines sur cette terrible pression qui pesait sur les résistants. De ses rapports avec Lucie et Raymond Aubrac, d’Astier dira :

« Samedi, Lyon

« Lucie est dans ses jours de rage : “Si Raymond est arrêté avant vous, je vous dénoncerai...”

« Je suis éreinté. Je n’écoute que d’une oreille distraite. Raymond rentrera. Je suis sûr que la série des coups durs est finie pour cette fois [...].

« Je pense à la menace de Lucie. Nous sommes encore bien jeunes dans le métier. La famille, les sentiments, les

1. Procès-verbal d’audition de Klaus Barbie par le commissaire Bibes, le 16 juillet 1948. Barbie est alors sous contrôle des services américains qui l’emploient. Cet interrogatoire se déroule en présence du lieutenant Whiteway, « officier français de liaison auprès des autorités militaires de la zone d’occupation US en Allemagne ».

mœurs, arrivent encore comme des projectiles dans notre univers nouveau, creusant des trous que les vents et les sables de la tourmente ne comblent pas tout de suite et qu'une fraternité fatale et désincarnée n'apaise pas aussitôt.

« Sans doute y aura-t-il beaucoups d'instants où une amante, une femme ou une mère nous demanderont des comptes, nous maudiront ou nous menaceront avant de comprendre que si nous sommes aussi, comme dans les guerres, des pourvoyeurs, les pourvoyés sont libres... que nous ne trichons pas au départ et que notre cause et notre chance sont vraiment la leur.

« Pourtant, je ne comprend pas Lucie, car ce vertige ne frappe en général que ceux ou celles qui sont en dehors, ceux ou celles qui, n'étant pas touchés de notre folie en [étant] entrés dans notre ronde, ne peuvent admettre les règles du jeu [1]. »

Malgré tout, la Résistance, en cette année 1943, fait face en s'efforçant de regrouper ses moyens.

Parmi ceux qui pourchassent ces femmes ou ces hommes que les Allemands ou les services répressifs de Vichy désignent sous le vocable de « terroristes », figure un certain Robert Moog. Homme sûr, efficace, peu regardant sur les méthodes à employer, avide de profits en tous genres, il cadre parfaitement pour le genre de besogne que l'occupant assigne à ses collaborateurs. Robert Auguste Moog, Français, 28 ans en 1943, a été recruté par l'Abwehr grâce à un officier chevronné, Ludwig Heinrich Kramer.

La cinquantaine, connu sous le pseudonyme de Gegauf, Kramer a une vie déjà bien remplie au service du renseignement : avant la guerre, il est en poste à l'AST [2] de Stuttgart. La France vaincue et occupée pour moitié, Kramer se voit nommé à Dijon avec pour mission « la recherche et l'exploitation de tous les renseignements militaires concer-

1. E. d'Astier de la Vigerie, *Sept fois sept jours*, Ed. 10-18, pp. 37-38.
2. Poste de l'Abwehr.

nant les troupes de l'armée de l'armistice, les Chantiers de jeunesse, et dirigées spécialement contre les pays de l'ouest, principalement contre l'Angleterre ». Mais il gagne en autonomie lorsqu'on lui confie une antenne spéciale qui va couvrir tout le territoire français. Les agents qu'il recrute portent une immatriculation spéciale, différente de celle de l'Abwehr, commençant par la première lettre de son nom : « K ». Ainsi, K 4 est-il l'un de ses meilleurs « élèves » : René Saumande.

C'est par René Saumande que Robert Moog, qui a, semble-t-il, fait ses preuves avant la guerre dans des fonctions similaires, est devenu, sous les ordres de Kramer, le matricule K 30. Un matricule que l'on va revoir souvent. A Toulouse d'abord.

Dans cette ville, K 30 va démontrer l'étendue de son talent qui fera dire à celui qui l'emploie, Kramer, qu'il a été, incontestablement, l'un de ses meilleurs agents... Il parvient d'abord à entrer à la Poudrerie nationale de Toulouse. Les archives de cette société en ont conservé la trace : à la date du 25 janvier 1943, apparaît sur les registres d'entrées Robert Moog, embauché comme « chef d'équipe à l'essai ». Que venait-il faire dans cette usine qui fournissait le Reich en explosifs ? Travailler ? En quelque sorte. Car l'endroit est une des cibles de la Résistance qui cherche à enrayer la production des entreprises en faveur de l'Allemagne. K 30 va tenter de s'infiltrer dans la place. Ses efforts sont vite récompensés. Dès le mois de mars 1943, il s'est lié d'amitié avec un certain Hitter, lieutenant d'origine alsacienne, comme lui — ce qui facilite le contact. Or cet homme appartient au réseau d'André Devigny, autre officier qui a constitué, sous l'autorité du colonel Groussard — qui travaille à Genève en liaison avec les Britanniques — une patiente toile d'araignée clandestine[1]. Hitter, justement, projette une opération de sabotage de la

1. André Devigny appartient au réseau Gilbert, l'un de ceux que le colonel Groussard anime, avec le soutien des Britanniques, depuis Genève.

poudrerie. Il se confie à Moog, qui lui paraît un homme sûr et efficace. Le poisson est ferré.

L'agent de l'Abwehr entame, sans conteste, une vaste mission qui portera, dans les archives allemandes, un nom précis : *Fall Jura*, l'« affaire Jura ». « Dans cette opération, consignera Kramer dans un rapport officiel, K 30 a rendu de grands services par son intervention personnelle [...]. Le déroulement de l'affaire *Jura* était entièrement le travail de K 30... »

Outre Hitter, ce sont plusieurs membres de l'organisation anglaise SOE *(Special Operations Executive)*, avec lesquels l'officier alsacien s'était mis en rapport pour mettre au point le sabotage de la poudrerie, qui vont tomber dans le piège. Le 12 avril 1943, la tenaille se referme sur le réseau Prunus, du lieutenant Maurice Pertschuk, *alias* Eugène. Puis sur quantité de résistants affiliés au SOE, tels ceux des groupes de Toulouse (Vuillemot-Pills, Marcel Petit, Jean d'Aligny, Pradeau...), de Montrejeau, en Haute-Garonne (Pierre Labayle, qui sera déporté), du Gers (Jeanne Morisse, Mme Saint-Avit, François Dubos...). La plupart de ces noms ou pseudonymes vont se retrouver sur les fiches de *Fall Jura.* Moog va en finir aussi avec Hitter, mais discrètement, pour ne pas se trahir. Il se fait arrêter lui-même, à Paris, en sa compagnie, dans l'accomplissement d'une fausse mission, loin de ses bases toulousaines. Mais, dans la cascade d'arrestations que provoque l'action de K 30, une prise importante s'ajoute : un adjudant d'aviation, Marsal, qui assure la liaison entre Toulouse et Lyon, est capturé, porteur d'un courrier révélateur. Désormais, l'activité de Robert Moog va se concentrer sur Lyon [1].

Beaucoup plus que dans le mémoire de Me Vergès, où son nom apparaît rarement, Barbie, répondant aux questions du commissaire Bibes en 1948, parle de l'action de Moog, qui est effectivement intégré à l'action de la section IV E du Sipo-SD de Lyon. Servir l'Abwehr ne signifiait pas pour autant que l'on ne pouvait pas efficacement seconder

1. Cf. Gérard Chauvy, *Histoire secrète de l'Occupation*, *op. cit.*

les gens de la SS. L'agent K 30 apparaîtra dès lors sous quantité de visages différents : « Audacieux, âpre au gain, astucieux mais très orgueilleux et imbu de lui-même », dira après guerre une fiche de police le concernant. Celui qui « porte constamment à l'annulaire gauche une bague en or aux initiales RM » utilise également de nombreux *alias* : Peters, Bobby, Bulard... Ce dernier nom, Moog l'a emprunté à l'une de ses premières victimes sur Lyon. Rue Béchevelin, il a tendu une souricière aux membres du réseau Gilbert. Le capitaine Claude Bulard est l'un de ceux qui se présentent à cette adresse « grillée ». Réalisant le piège, l'officier tente de s'enfuir. Moog dégaine et abat sa proie, froidement. Il s'empare de ses papiers, de son identité...

Nouvelle victime : Edmée Deletraz, arrêtée en ces mêmes lieux. Cette femme va lui servir d'appât, à plusieurs reprises, d'abord pour remonter jusqu'à son chef de réseau, André Devigny, arrêté à Annemasse le 17 avril 1943. Le cercle se referme sur plusieurs groupes clandestins.

Moog est également présent dans une opération dont Barbie relate assez longuement le déroulement. Son origine nous ramène encore sur les pas de Multon :

« Dès son arrivée, Multon me remettait les informations de Brown, chef régional de Groupe franc, concernant les chefs nationaux et la possibilité de leur arrestation à Lyon et recevait mission de surveiller la nouvelle boîte aux lettres des Mouvements unis, section Sabotage des trains, à Lyon et la nouvelle boîte aux lettres de Frenay à l'hôtel de Bourgogne à Mâcon. »

A cette dernière adresse va fonctionner un piège dans lequel va tomber Bertie Albrecht, une femme qui s'est dévouée corps et âme à la Résistance et a secondé sans répit Henri Frenay au sein du mouvement Combat. La version de Barbie est la suivante :

« Je conçus alors un stratagème pour attirer Bertie Albrecht dans un piège : une lettre rédigée par Multon disant qu'une personne venant de Marseille désirait rencontrer Mme Albrecht pour lui donner des nouvelles de Maurice (le général Chevance-Bertin) serait déposée comme un appât à son intention à l'hôtel de Bourgogne à Mâcon [1]. »

Barbie cite aussi le rapport établi par Kramer, *alias* Gegauf, qui, au nom de l'Abwehr, suit également les évolutions de Moog, *alias* K 30 :

« K 30 apprit par l'Obersturmführer Barbie qu'André (Multon) avait trouvé la trace de Mme Albrecht. K 30 mit Mme Deville (Mme Delettraz) qui travaillait pour lui sur la piste.

« Après des recherches infructueuses à Mâcon, cette informatrice de K 30 trouva la trace de la femme Albrecht : la propriétaire de l'hôtel à Mâcon, dans lequel la femme Albrecht habitait autrefois, transmit à celle-ci une adresse à Lyon, où Mme Deville (Delettraz) désirait lui parler. La femme Albrecht tomba dans le piège, elle y répondit par télégramme et convoqua Mme Deville à l'hôtel de Bourgogne à Mâcon. Celle-ci s'y rendit par le train en compagnie de K 30. L'Obersturmführer Barbie suivit en voiture avec quelques agents. Après que les deux femmes se soient entretenues, Mme Albrecht fut arrêtée. On trouva dans son sac à main l'adresse de Frenay à Cluny. L'Obersturmführer Barbie, Eilers et K 30 s'y rendirent immédiatement et y trouvèrent les documents permettant de poursuivre l'affaire [2]. »

Manipulations d'agents retournés, boîtes aux lettres grillées, faux rendez-vous, utilisation des compétences d'auxiliaires français qui se fondent mieux dans le milieu où

1. Mémoire de Me Vergès, pp. 391-392.
2. Le document cité par le mémoire de Me Vergès correspond à : « Prise de position au sujet de la lettre du commandant de la police de Sûreté et du SD en France du 10 septembre 1943, relative aux informateurs K 30 et K 4. Signé Gegauf. » Un exemplaire du rapport Gegauf figure dans le dossier d'instruction du second procès Hardy.

ils opèrent, tout est réuni pour faire tomber des proies rendues vulnérables par leur isolement ou leur manque de respect des règles de la clandestinité. Le combat était souvent inégal. Son issue était tragique dans bien des cas. Bertie Albrecht devait mourir en prison, dans des conditions qui font songer, sans certitude, à un suicide. Barbie poursuit :

« Fouillant dans le sac de Bertie Albrecht, je découvris une enveloppe avec une adresse à Cluny. Je m'y rendis aussitôt et saisis les archives d'Henri Frenay qui permirent de compléter nos informations sur l'AS, sa puissance et ses faiblesses. La famille chez qui la perquisition eut lieu ne fut pas autrement inquiétée par moi, présenté par ailleurs comme un fou sanguinaire. Cette famille est la belle-famille de l'actuel chef de l'Etat [1]. »

La famille Gouze — dont l'une des filles, Danielle, est la future femme de François Mitterrand — est effectivement soumise à une perquisition. « La Gestapo, racontera la fille de Berty Albrecht, fait irruption chez les Gouze. Les policiers courent en tous sens dans la maison, en hurlant : "Où est-il, où est-il ? " "Il", c'est Henri [Frenay]. Ne l'ayant pas trouvé à Mâcon, ils espèrent le cueillir à domicile, perquisitionnent toute la maison, la petite annexe, et font main basse sur toutes ses affaires et celles de Berty [...]. Les policiers, après plusieurs heures de vaines recherches, d'interrogatoires sans résultat, s'en allèrent et n'arrêtèrent pas les Gouze, convaincus qu'ils étaient innocents. Coup de chance sans doute, mais auquel leur courage contribua pour beaucoup [2]. »

---

1. Mémoire de Me Vergès, p. 393.

2. Mireille Albrecht, *Berty, la grande figure féminine de la Résistance*, Robert Laffont, 1986, pp. 332-333. Les explications de Barbie sur la découverte de l'adresse où seront saisis, à Cluny, les papiers de Frenay, correspondent aux déclarations de Raymond Fassin, *alias* Sif, données à Londres le 28 juin 1943, notamment : « Selon Thomas [Aubry], chef d'état-major de l'AS qui l'a raconté à "Sif", le lien entre Mme Albrecht et "Nef" [Frenay] aurait été établi de la façon suivante : Mme Albrecht

« Ainsi, déclare Barbie, se terminait la première mission de Multon. Il lui en restait une deuxième, l'arrestation de René Hardy, responsable du Sabotage-Fer, bien connu de moi depuis le 13 mars[1]. »

C'est avec Moog, *alias* K 30, que Multon amorce la première partie de cette nouvelle « mission ». Si Hardy tombe à son tour, d'autres chefs de la Résistance vont être entraînés dans cette spirale infernale. Le premier acte passe par l'exploitation du courrier déposé dans cette boîte aux lettres de Résistance-Fer dont Multon a révélé l'existence.

Après plusieurs jours de surveillance, un message est intercepté par les Allemands : il concerne le général Delestraint, le chef de l'Armée secrète, auquel on a fixé, par une note rédigée en clair, un rendez-vous, pour le 9 juin, à Paris, à la station de métro La Muette, avec... René Hardy, *alias* Didot. Il n'y a plus qu'à exercer sur ce dernier une filature car le résistant est déjà l'objet d'une traque de plus en plus oppressante. Le dénouement intervient au départ de Lyon, à la gare de Perrache, le 7 juin au soir, lorsque le redoutable duo formé de Moog et de Multon s'apprête à opérer. L'Allemand Kramer a consigné ces faits : « Au cours du voyage de Lyon à Paris, K 30 (Moog) remarqua un homme ayant une attitude suspecte. Il observa en même temps que André (Multon) devint pâle en le voyant. Il demanda à André s'il ne s'agissait pas de Didot (Hardy) et André répondit oui[2]... »

La présence de Moog et Multon sur les quais de la gare de Lyon-Perrache puis dans le train se rendant à Paris n'a rien d'anormal. Multon sait que le centre principal de l'activité de Didot est Lyon. Et qu'il doit se rendre dans la

---

aurait logé au même endroit que "Nef", elle aurait donné cette adresse avec son faux nom à sa fille qui lui aurait écrit à cette adresse. Lors de l'arrestation de Mme Albrecht, la Gestapo aurait trouvé dans son sac à main une lettre de sa fille reçue quelques heures auparavant et dont elle avait encore conservé l'enveloppe. » Cf. annexe XX (pp. 423-429).

1. Mémoire de Me Vergès, p. 393.

2. Rapport Gegauf ; mise au point relative aux informateurs K 30 et K 4 (dossier Hardy).

capitale pour y retrouver, le 9 juin, Delestraint. Multon a donc parfaitement situé l'homme qui occupe, curieusement, le compartiment voisin du sien. Sur ce qui se déroule alors, le témoignage du conducteur des wagons-lits, Alphonse Morice, de service ce jour-là, est fort précieux : « ... Environ 1/4 d'heure avant d'arriver en gare de Chalon-sur-Saône, deux personnes, que je reconnus pour être les titulaires des lits 9 et 10 (Moog et Multon) se présentèrent à l'office. L'un d'eux, d'assez forte corpulence, châtain clair, revêtu d'une gabardine claire, me tendit d'une main sa carte de Gestapo, de l'autre m'a braqué son revolver sur la poitrine en disant : "Pas un mot, ne bouge pas, ou je te crève."

« C'est ainsi qu'ils prirent les clés de la cabine des lits 7 et 8 qu'ils ouvrirent [...]. J'ai eu alors (après l'arrestation) l'impression très nette que l'affaire était montée de toutes pièces depuis Lyon, puisque les voyageurs des cabines 9 et 10, qui m'avaient interpellé [...], se trouvaient voisins de ceux qu'ils avaient arrêtés aux cabines 7 et 8 et qu'ils ne s'étaient ni déshabillés ni couchés avant Chalon-sur-Saône, restant constamment en train de deviser, assis sur leur lit et leur porte de cabine toujours ouverte depuis Lyon [1]. »

A Chalon s'arrête le voyage de René Hardy. Moog laisse le soin à l'Obersturmführer Barbie d'effectuer depuis Lyon un déplacement spécial pour lui. Il en témoignera : « Lorsque j'ai pris mon premier contact avec Hardy, c'est à la prison de Chalon-sur-Saône. Je ne l'avais jamais vu auparavant. Je l'ai salué en lui disant : "Bonjour, monsieur Hardy. [2]" »

Il reste à Moog à poursuivre sa route sur Paris pour se trouver au rendez-vous auquel devait se rendre Hardy. Pour capturer Delestraint, le dispositif est imposant : « Je me rendis, écrira Kramer, avec K 30 et K 4 (Saumande) au métro Muette [...]. Un certain nombre d'hommes du SD étaient en outre présents [...]. Je m'étais mis en rapport

1. Audition à la DST du 28 février 1947 (dossier Hardy).
2. Interrogatoire par le commissaire Bibes, cit.

avec le commando d'intervention du SD du Grand-Paris... » L'Abwehr compose, par obligation, avec la Gestapo. « Lorsqu'à 9 heures 2 minutes, poursuit Kramer, un homme à l'allure rigide apparut, on fit signe à K 30 et K 4, ceux-ci l'abordèrent et nous l'attirâmes dans une voiture, soi-disant pour le conduire chez Didot-Hardy. A ce moment, il nous déclara qu'il avait un autre rendez-vous à 10 heures au métro Pompe. En démarrant, je remarque que ni les fonctionnaires du poste directeur du SR, ni ceux du SD, n'avaient observé l'incident. Je fis donc faire demi-tour à la voiture, je dépassai celle du capitaine Schmitt et je fis signe au chauffeur de me suivre, en direction du Trocadéro [...]. A cet instant, le général commença à poser des questions exprimant des doutes. Lorsque je demandai au capitaine Schmitt, en allemand, si la voiture devait se rendre au poste directeur du SR ou à la rue des Saussaies, le général pâlit et demanda à être conduit chez le préfet de police. Après l'avoir remis au poste de garde du SD, rue des Saussaies, j'emmenai 2 hommes du SD et je me rendis au métro Pompe avec K 30 et K 4. Ceux-ci abordèrent les deux collaborateurs du général et les amenèrent à la voiture, où les hommes du SD les arrêtèrent[1]... »

Gastaldo et Théobald, adjoints du général, sont cueillis à leur tour. Mais Moog poursuit promptement sa mission. Il descend sur Bourg-en-Bresse, au domicile de Delestraint, pour perquisitionner. Là, il déclare à la fille du général : « C'est Didot qui a dénoncé votre père[2]... »

René Hardy est incontestablement l'un des fils conducteurs importants exploités par les services allemands :

« Convaincu au départ qu'il y avait eu trahison au sein de l'Armée secrète pour que les Allemands s'emparent si facilement du général Delestraint et de lui-même, Hardy a dit avoir feint de coopérer avec moi afin de déterminer la source de mes informations, ignorant tout de ce qui s'était

1. Rapport Gegauf, cit.
2. Audition du 8 mai 1948 devant le juge Gonnot (dossier Hardy).

passé au mois de mars et comment je pouvais connaître l'essentiel de son activité, rapporte Barbie. C'est plus que probable, car en l'interrogeant à l'école de santé à Lyon dans la nuit du 10 au 11 juin 1943, j'avais par-devers moi les documents confiés par Hardy à Christine Denoyer, et saisis en mars lors de l'arrestation de celle-ci. C'est ce qui ressort d'ailleurs des témoignages de Hartwig, membre du Sonderkommando AS-Werth détaché auprès de l'EK-Lyon, que je chargeais d'interroger Hardy[1]. »

Hartwig est effectivement le « chien de garde » affecté à René Hardy[2]. D'autres éléments sont confondants pour ce dernier qui est efficacement « travaillé » par les Allemands. La maîtresse de Moog a été le témoin privilégié de certaines discussions animées par le responsable de la section IV de la Gestapo lyonnaise, Klaus Barbie : « Il préconisait d'agir à l'influence vis-à-vis de Didot pour le faire travailler au service des Allemands. Barbie paraissait même assez pressé que Didot acceptât cette offre. Ce jour-là, les Français du groupe avaient répliqué à Barbie qu'il ne fallait pas ménager l'argent à Didot, s'il souhaitait qu'il acceptât. Ils faisaient remarquer que Didot était très payé auparavant par la Résistance et que si on voulait obtenir son concours, il fallait au moins lui donner une somme équivalente. Barbie s'était rallié à cette solution. Ils jugeaient tous que Didot, en raison de son poste important, devait toucher de la Résistance un salaire très élevé et c'est pourquoi ils envisageaient de le payer considérablement s'il acceptait de travailler pour eux[3]. »

Le « travail » sera fait, et bien fait. Barbie affirmera : « Hardy a été obligé par moi, étant responsable de ses faits et gestes, de coucher à l'école du service de santé (le siège

1. Mémoire de Me Vergès, p. 396.
2. C'est ce qui ressort de la déposition de Max Hartwig, reprise par le juge Gonnot dans son « exposé des faits », 27 avril 1949 (dossier Hardy).
3. Audition de Mauricette Eychenne, le 20 avril 1947 par le commissaire Gouillaud (dossier Hardy).

de la Gestapo lyonnaise). Il est venu au moins cinq fois. Hardy s'est toujours présenté à moi-même lorsqu'il est rentré le soir. Le garde, qui le connaissait, le laissait venir directement[1]. » Confirmera, indirectement, ces propos, la maîtresse de René Hardy, Lydie Bastien. Le juge Gonnot, chargé de l'instruction du second procès Hardy, relèvera, en ces termes, cette terrible confidence : « ... Alors que Lydie Bastien lui reprochait de l'avoir trompée avec sa secrétaire, Mme Will, et notamment d'avoir dîné avec elle le 17 juin [...], Hardy protesta avec énergie et lui reprocha sa sotte jalousie, déclarant spontanément que ce soir-là, comme d'autres soirs, il avait été contraint d'aller coucher à l'école de santé militaire, siège de la Gestapo. Il lui rappela un autre fait, le lendemain, où il avait dû la quitter place Bellecour, rapidement, à 21 heures, alors qu'elle était venue le raccompagner après une visite de Hardy au domicile de ses parents. Ayant cru qu'il s'agissait d'une feinte lui permettant de rejoindre Marcelle Will, rue d'Enghien, elle insista. Hardy lui expliqua qu'en réalité il était forcé de réintégrer l'école de santé à une heure fixe[2]... »

Hardy arrêté, relâché et manipulé, que savaient son entourage, ses plus proches camarades de combat, de son aventure ? Klaus Barbie déclare :

« En vérité, Hardy avec qui j'avais gardé le contact m'avait confié qu'il avait informé ses responsables.

« Dans ses Mémoires intitulés *Derniers Mots*, Hardy pour la première fois déclare avoir parlé à Benouville en effet de son arrestation, mais n'en avoir rien dit jusque-là pour couvrir son honneur, puisque Benouville n'avait jamais avoué avoir reçu cette confidence.

« Cette version n'est pas admise au prétexte que je suis allemand et qu'Hardy ayant déjà menti peut fort bien recommencer. Que des gens concernés par l'affaire s'en satisfassent n'étonne personne. Les historiens, eux,

1. Interrogatoire du commissaire Bibes cit.
2. « Exposé des faits » du juge Gonnot, 27 avril 1949 (dossier Hardy).

auraient pu essayer d'y voir plus clair. L'exercice ne réclamait pas des efforts surhumains. Il suffisait de consulter les Archives [1]. Comme mon avocat l'a fait !

« Il y a trouvé des choses bien instructives. Par exemple ce message, adressé le 17 juin 1943, quatre jours avant Caluire, par Benouville à Jacques Monod représentant les MUR en Suisse :

« "Mes chers amis,

« "Xaintrailles (H. Frenay) est parti et je suppose qu'il est maintenant arrivé. Avant son départ, nous avons eu les coups les plus durs. Didot (Hardy) qui, comme vous le savez, était condamné à mort à Paris, y a été arrêté... Le second malheur qui nous a frappés a été la nouvelle de l'arrestation à Paris par la Gestapo de Galibier (Gastaldo), chef du 2e bureau de l'Armée secrète. Le général Frère, ses acolytes (on notera l'expression pour désigner d'autres résistants coupables seulement de ne pas appartenir au même mouvement) les colonels, ont été arrêtés par la Gestapo [2]." »

Ce télégramme cité par Barbie avait déjà fait l'objet d'une mise au point en 1987. Benouville, qui a toujours affirmé avoir ignoré l'arrestation, dans le train pour Paris, de Hardy, n'avait pas revu ce dernier le 17 juin. Ce n'est que le lendemain qu'il l'aurait rencontré et qu'il aurait entendu ce que Hardy soutiendra jusqu'à son premier procès en 1947 : il n'a jamais été arrêté, il s'est évadé en sautant du train. Aussi, le 21 juin, Benouville rectifiera-t-il auprès de ses amis suisses en les informant que Hardy était parvenu à s'évader [3]. Pourtant, d'après l'enquête réalisée lors du second procès Hardy, les retrouvailles entre Hardy

---

1. Archives nationales. Dossier Combat 72 AS. NDA : références citées dans le mémoire de Me Vergès.

2. Mémoire de Me Vergès, p. 397.

3. Henri Amouroux, « Ce que je sais maintenant de l'affaire Jean Moulin », *Le Figaro magazine*, 20 juin 1987.

et Benouville ont eu lieu non pas le 18 mais le 17 juin, jour de l'expédition du télégramme en Suisse[1].

Il est également évident que d'autres membres de la Résistance possèdent la certitude que René Hardy est bel et bien tombé entre les mains des Allemands avant la réunion de Caluire. Dans un document du BCRA, le capitaine Barsac, c'est-à-dire Raymond Fassin dont nous avons déjà utilisé la déposition, parle également, quelques jours seulement après l'arrestation de Jean Moulin, de René Hardy : « J'ai appris **le 16 juin** par Nef [Frenay] lui-même son arrestation, mais je n'ai pas d'autres détails [...]. Nef est à même sans doute de donner la date approximative[2]. »

Frenay, *alias* Nef, est effectivement en mesure de renseigner le BCRA. Le même jour où Fassin effectue ses déclarations sur Hardy, le chef de Combat, arrivé depuis peu à Londres, est entendu par le capitaine Vaudreuil, de la section de contre-espionnage du BCRA. Frenay raconte ce qu'il sait de René Hardy, notamment : « Il a été arrêté entre Clermont et Paris. Nous savons qu'il a pris son billet et pris le train à Clermont. Il a été accompagné à la gare par sa fiancée. Il était attendu à Paris, où il n'est pas arrivé. C'était au début de juin, à peu près. » Frenay donne aussi l'origine de son information : la fiancée de Hardy, Lydie Bastien. « C'est elle qui nous [*sic*] a renseignés. Elle nous a dit qu'elle l'avait mis dans le train à tel moment. »

Il y a cependant erreur sur la ligne de train puisque Hardy était sur le trajet entre Lyon et Paris. Mais de son côté, Vaudreuil, du BCRA, semble avoir des renseignements de sources différentes. Hardy aurait-il feint de jouer le jeu des Allemands pour ensuite essayer de s'échapper ?

« Ça m'étonnerait, estime Frenay, étant donné qu'il avait été déjà condamné à mort, qu'on ait fait ça avec lui... »

Vaudreuil insiste :

« Qui était chargé de lui remettre de l'argent ? »

---

1. Cf. rapport du commandant de justice militaire Gonnot, 27 avril 1949 (procès Hardy).
2. Document BCRA, audition du 2 juillet 1943.

Frenay répond qu'il pouvait s'agir de Berneix (Baumel) ou Lorrain (Bourdet).

« Si Didot, reprend Vaudreuil, a été arrêté le 8 juin, d'après mes renseignements [*sic*], il aurait reçu de l'argent le 9, ce qui veut dire qu'il aurait été relâché immédiatement.

— Ce n'est pas possible, réplique Frenay.

— Ce qui est invraisemblable, dit encore Vaudreuil, c'est qu'il y ait un délai si court entre l'arrestation et sa relaxation. Il faudrait qu'il ait cédé tout de suite, ce qui, d'après vous, est invraisemblable ?

— Impossible, estime en effet Frenay. C'est impossible, ou alors je ne serai jamais plus sûr de personne dans mon existence [1]. »

Car pour les Allemands, il reste une ultime étape à accomplir. Celle qui doit conduire à la capture du représentant du général de Gaulle, qui s'acharne à réaliser depuis des mois, à force de patience, en dépit des risques et au prix d'innombrables difficultés, l'unification politique et militaire de la Résistance. Celui que l'on appelle Rex ou Max : Jean Moulin.

---

1. Entretien du capitaine Vaudreuil avec Charvet-Frenay le 2 juillet 1943. Document BCRA n° D 9882/BCRA-C 361-V.

CHAPITRE 7

Caluire... avant Caluire

L'Armée secrète vit des heures dramatiques avant même d'avoir eu la possibilité de renforcer ses structures. Le témoignage de celui qui figure sous le pseudonyme de Galibier dans son organigramme, à la tête de son 2e bureau, est révélateur, une fois de plus, du climat dans lequel ses membres évoluent. Le capitaine Joseph Gastaldo écrira : « 18 mars 1943 : me rendant à la boîte aux lettres de Forestier, chef d'état-major de l'Armée secrète dont j'ignorais l'arrestation quelques jours auparavant à Lyon, je suis arrêté sous une fausse identité par deux inspecteurs de la Sûreté française. Je réussis presque à les enrôler dans la Résistance et ils me relâchent sur les lieux mêmes de l'arrestation [1]. »

Pris dans l'hécatombe des arrestations de mars 1943, le capitaine Gastaldo, capturé quelques instants après le général Delestraint, début juin à Paris, aura l'occasion de constater jusqu'à quel point les Allemands avaient pu s'infiltrer au sein de l'AS :

« Je suis interrogé pendant 60 heures sans interruption au 28 de l'avenue Foch et je maintiens que je suis le professeur de géographie Garin, né à Alger et n'ayant aucun

1. Rapport du « Chef d'escadron Gastaldo à Monsieur le Ministre de la Guerre, daté du 15 juillet 1945 », Papiers Gouineau, AN 72 AJ 1910.

parent en France. Finalement, le 11 juin, les officiers de la Gestapo me mettent sous les yeux tous les documents qu'ils possèdent concernant l'AS et un télégramme émanant de Lyon dans lequel il est parlé de l'arrestation à Chalon, le 8 juin, de Didot, avec lequel nous avions rendez-vous le 9. Il était question également, dans ce télégramme, d'une réunion qui avait eu lieu en mars à Lyon, chez Lassagne, à laquelle il était dit que j'avais pris part sous le nom de Garin, avec Max, Vidal, Frenay, Aubrac, Veni, Didot. Mes interrogateurs me demandèrent le signalement de tous ceux-ci, sauf de Vidal, arrêté avec moi, et de Frenay qu'ils connaissaient. Je donnai un signalement exact de Didot, que je savais arrêté, et faux de tous les autres. Puis, me basant sur les documents qu'ils m'avaient mis sous les yeux, je répondis d'une façon plus ou moins fantaisiste aux questions qui m'étaient posées [1]. »

L'importance des informations recueillies par les Allemands dès ce moment est à retenir. Que savaient de tout cela les responsables de la Résistance intérieure, et, en premier lieu, Jean Moulin ? Il faut lire le rapport de celui qui apparaît sous le pseudonyme de Rex ou de Max, transmis à Londres et daté du 4 juin 1943. Ce sera le dernier qu'il rédigera. S'adressant à André Philip [2], qu'il remercie « des encouragements et des marques de confiance » prodigués « au nom du Général et en votre nom », Jean Moulin écrit : « Je tâcherai de les justifier dans la mesure de mes possibilités qui sont faibles du fait surtout du peu de concours que je reçois de Londres et en dépit de mes difficultés qui sont immenses du fait de l'aggravation de la situation intérieure (action de plus en plus grande de la police et de la Gestapo, déportation massive, etc.) [3]. »

1. *Ibid.*
2. André Philip, député socialiste élu à Lyon en 1936, membre de Libération, arrivé à Londres au début de 1942, est devenu commissaire à l'Intérieur dans le Comité national français puis dans le Comité français de Libération nationale.
3. « Rapport de "Rex" du 4 juin 1943. »

Jean Moulin a tout lieu d'être satisfait de ce qu'il considère comme un succès : la réunion, quelques jours auparavant, du Conseil de la Résistance, dont il parle avec ferveur dès le début de ce rapport. Tout en reprochant à Londres de regrettables maladresses à ce sujet, il souligne combien il est important d'avoir pu réunir et amener à une signature commune les membres de formations politiques aussi diverses. « Le général de Gaulle, écrit Jean Moulin, aura de plus en plus besoin de ces hommes. Les accords d'Alger ne régleront jamais la situation en France et c'est ici même qu'il doit chercher ses appuis [1]. » Le reste de son rapport est consacré à l'organisation des différentes structures de la Résistance parmi lesquelles se trouve bien sûr concernée l'Armée secrète.

« Il est déjà très tard, écrit Jean Moulin. Souhaitons qu'il ne soit pas trop tard. Comme je l'ai dit encore tout récemment dans un câble adressé personnellement au général de Gaulle, la France Combattante a pris une terrible responsabilité en refusant à l'AS les cadres qui lui sont indispensables. J'espère, et je vous prie de le vérifier, que ce câble a bien été communiqué au Général.

---

1. Sur fond de querelles de Gaulle-Giraud, cette réunion clandestine du CNR (Conseil national de la Résistance) le 27 mai 1943 prend un aspect d'opération politique que désavouent avec force certaines fractions de la Résistance intérieure. Jean Moulin ne peut cacher que la manœuvre d'assemblage de ces partis politiques qui n'ont pas bonne presse depuis la défaite a été difficile mais il reconnaît implicitement que nécessité fait loi. Ainsi, en parlant des radicaux, il écrit : « ... Pour les radicaux, Herriot ne pouvant être touché, j'ai demandé au groupe d'action radicale récemment constitué de désigner un représentant [...]. Il a l'avantage de pouvoir représenter les radicaux-socialistes et les francs-maçons. Ces derniers lui ont en effet donné également mandat de les représenter... », *ibid.*, p. 2.

Ont signé la motion du CNR le 27 mai les représentants de : Ceux de Libération, Ceux de la Résistance, Front national, Libération-zone nord, OCM, Combat, Franc-Tireur, Libération-zone sud, Parti communiste, Parti socialiste, Parti radical-socialiste, Parti démocrate populaire, Alliance démocratique, Fédération républicaine. Cf. *Jean Moulin et le Conseil national de la Résistance*, IHTP, CNRS, 1983.

« Il y a un an et demi, il avait été prévu que toutes les régions militaires seraient pourvues, au même titre que l'E-M national AS, des cadres venant des FFL.

« Rien n'a été fait.

« Aujourd'hui, la question se pose plus intensément que jamais. Les cadres AS des mouvements ont subi des pertes considérables. Ceux qui restent sont très "brûlés". Vidal risque de n'avoir d'autres recours que de s'adresser au personnel de l'armée de l'armistice qui a donné la mesure de sa veulerie et qui aujourd'hui en tout cas met tous ses espoirs en Giraud.

« Vidal fait en ce moment un travail considérable. Mais il le fait pratiquement seul et prend des risques excessifs du fait qu'il n'est pas secondé.

« Aujourd'hui, j'ai au point de vue civil et quoi qu'on en ait dit un E-M solide avec un suppléant qualifié dans chaque zone et des secrétariats qui fonctionnent et contrôlent parfaitement.

« Reste l'AS. Le temps presse. »

« Le temps presse ». Et si Londres ne fait guère accélérer les choses, il faut agir avec les moyens disponibles. C'est sans doute dans les instants où Jean Moulin écrit ces lignes que se prépare, déjà, une importante réunion. La version qui veut que celle-ci, qui se tiendra finalement à Caluire le 21 juin, ait été envisagée uniquement pour procéder au remplacement du général Delestraint, qui vient d'être arrêté, ne tient guère. Elle constitue une simplification des choses qui tend, là encore, à une volonté réductrice de la part de certains des principaux acteurs, devenus témoins après la guerre : ne pas laisser apparaître les débats internes de la Résistance.

La présentation des événements qui se succèdent en ce mois de juin 1943 est différente lorsqu'elle est évoquée à chaud par les résistants eux-mêmes.

Raymond Fassin (capitaine Barsac, *alias* Sif), un des principaux animateurs du SOAM (Service des opérations aériennes et maritimes), proche à ce titre de Jean Moulin, a gagné Londres à la mi-juin. Le traditionnel interrogatoire qu'il subit le 28 de ce mois, comme tout résistant arrivant sur le sol anglais, est en partie consacré au drame qui vient de se dérouler à Caluire. Les services du BCRA lui demandent s'il avait « prévu l'endroit où devait avoir lieu la réunion », « en aviez-vous discuté ? » :

« Oui, répond Fassin. Car je dois dire que j'avais suggéré à Luc [Bruno Larat[1]] l'idée de cette réunion qui devait dans mon esprit se faire entre le général [Delestraint] et tous ses chefs de bureaux dont nous étions et tous les éléments destinés à constituer l'ossature de son état-major. Nous en avions discuté avec Lassagne[2] qui avait dit pouvoir nous fournir un local à Calluire [*sic*]. Il avait été envisagé une première fois de faire la réunion le mercredi 9 juin mais cela a été décommandé au dernier moment par le général en raison des opérations de police qui sévissaient à ce moment-là dans la région de Lyon. »

A la question : « Est-ce qu'une date avait été fixée ? » Fassin répond :

« J'avais suggéré d'abord cette date du 9 juin parce que le général s'en allait à Paris et que j'aurais voulu que la réunion se fasse avant le départ du général et avant mon départ pour Londres que le général ignorait ainsi que Lassagne. Cette réunion avait donc été retardée et elle avait été prévue pour le courant de la semaine suivante. C'était Lassagne qui avait proposé de l'organiser. Je crois que le nombre des participants à cette réunion a dû être augmenté[3]. »

Cet interrogatoire de Raymond Fassin nous apprend qu'une réunion au sommet, concernant le général Delestraint et l'état-major de l'Armée secrète, était projetée, bien

1. Bruno Larat, responsable du COPA (Centre des opérations de parachutage et d'atterrissage) qui participa à la réunion de Caluire.

2. André Lassagne, membre de Libération, adjoint de Gastaldo et responsable du 2e bureau au sein de l'Armée secrète.

3. Interrogatoire du capitaine Barsac, *alias* Sif, France combattante, état-major particulier du général de Gaulle, BCRA, 28 juin 1943 (annexe XX, pp. 423-429).

avant la date généralement indiquée et que le nom de Caluire était apparemment sur quelques lèvres. Le tout dans un climat que plusieurs historiens semblent aujourd'hui considérer sous un angle plus précis : « L'enjeu politiquc est bien réel car les arrestations de Caluire surviennent en pleine crise ouverte entre Jean Moulin, revenu de Londres à la lune de mars, et un certain nombre de responsables des MUR — avant tout ceux de Combat [...]. Certes, de nos jours, les résistants ont tendance à gommer leurs différends. Mais en réalité si l'entente prévalait largement entre les résistants de la base (selon l'expression consacrée), l'irénisme ne prévalait pas chez les responsables : la Résistance, en même temps qu'un combat contre l'occupant, était également un combat politique au sens large du terme [...]. C'est sur ce fond de tension qu'intervient l'affaire de Caluire [1]. »

Les divergences entre responsables s'étaient encore accentuées avec les problèmes de financement des organisations de Résistance. Combat, Frenay et Benouville notamment, avait orienté ses efforts en direction de la manne américaine, représentée par les services de l'OSS (l'ancêtre de la CIA) en Suisse. Ce qui avait provoqué une crise très grave après la réaction virulente de Jean Moulin qui voyait là une façon à peine déguisée de détourner de Londres ou d'Alger une partie de la Résistance française. En clair, il dénonçait une volonté d'accorder des gages au général Giraud, soutenu par les Américains, au détriment du général de Gaulle.

Si Jean Moulin se sent menacé par des attaques venues de résistants plutôt orientés politiquement à droite (comme il l'écrit dans l'un de ses rapports [2]), est-il mieux loti sur sa gauche ? Avec Libération, par exemple, dont les tendances sont plus nettement marquées dans ce sens. Il

---

1. Dominique Veillon et Jean-Pierre Azéma, « Le Point sur Caluire », *Les Cahiers de l'IHTP*, n° 27, juin 1994.
2. Cf. le rapport du 7 mai 1943 où Jean Moulin critique la présence du général Davet, proche de Benouville.

ne semble pas. « Pour se débarrasser de Moulin, écrit Daniel Cordier, d'Astier avait recherché tout ce qui pouvait lui nuire[1]. » Cordier ajoute, toujours à propos des différends sur les attributions de fonds aux mouvements : « Effectivement, on peut vérifier encore aujourd'hui, à l'aide des télégrammes et des comptes que je préparais chaque mois (et qui sont conservés dans les archives), la répartition des fonds reçus. Rétrospectivement, il est humiliant pour d'Astier de s'être abaissé à utiliser des moyens aussi médiocres pour essayer de déconsidérer Moulin dans le but de se débarrasser de lui[2]. »

Dans une étude sur Libération-sud, puisant en partie aux mêmes sources, Laurent Douzou confirme l'attitude des chefs de Libération : « D'Astier n'est pas en reste qui, à Londres où il séjourne de mai à la dernière semaine de juillet 1943, attaque violemment Moulin. Dans la controverse qui oppose directement, et par interlocuteurs londoniens interposés, la Délégation et les dirigeants des deux principaux mouvements de zone sud, tous les arguments sont bons. » Même si Pascal Copeau adopte une attitude en apparence nuancée mais non dépourvue d'ambiguïté : « Libération-sud joue, par l'entremise de Copeau, seul maître véritablement à bord, une partition complexe qui l'oblige à louvoyer entre Frenay et Moulin[3]. »

Contrairement à ce que l'on pourrait croire, Henri Frenay était loin d'être le seul à figurer dans l'opposition aux décisions, voire au rôle de Jean Moulin.

L'arrestation, début juin 1943, du général Delestraint et de deux de ses adjoints accentue évidemment cette tension, tout comme elle augmente le désarroi au sein de l'Armée secrète, mais à aucun moment l'évocation de ces problèmes n'a été fournie par les participants survivants

1. Daniel Cordier, *Jean Moulin, l'inconnu du Panthéon, op. cit.*, t. I, p. 226.

2. *Ibid.*

3. Laurent Douzou, « Libération-sud », *Les Cahiers de l'IHTP*, n° 27, juin 1994.

de ce qu'il sera convenu d'appeler l'« affaire de Caluire ». Raymond Aubrac se contente d'écrire : « L'élimination de Charles Delestraint imposait à Jean Moulin et au comité directeur des Mouvements unis de Résistance de prendre des dispositions urgentes. J'en discutai avec Pascal Copeau. Le 19 juin, il m'informa que Jean Moulin, de retour de Paris, souhaitait me rencontrer le lendemain [1]. »

Dans l'évocation de ces journées tragiques, d'autres éléments ont été également totalement déformés ou travestis.

1. Raymond Aubrac, *Où la mémoire s'attarde, op. cit.*

CHAPITRE 8

Autour d'un rendez-vous

Alors que s'achève la première quinzaine du mois de juin 1943, Jean Moulin ne peut que confirmer, après l'arrestation du général Delestraint, l'urgence qu'il y a à renforcer l'Armée secrète. Elle est encore davantage en difficulté, comme il l'écrivait déjà dans son rapport daté du 4. « C'est l'AS [l'Armée secrète] qu'il faut sauver, exprime-t-il dans une lettre du 15 juin à de Gaulle. Je vous en supplie, mon général, faites ce que j'ai l'honneur de vous demander. Votre profondément dévoué [1]. »

C'est bien sûr à lui de colmater sur le terrain les brèches. La réunion qui devait, selon le témoignage de Raymond Fassin, se dérouler en présence des cadres de l'AS quelques jours auparavant sous l'égide de Delestraint, est cette fois-ci initiée par Jean Moulin. Ce dernier cherche à établir le contact avec le chef d'état-major de l'Armée secrète, Aubry, membre de Combat, avec lequel il s'attend à rencontrer des difficultés. Daniel Cordier interprète carrément la situation : « Il [Moulin] craignait (avec juste raison) que les hommes de Combat ne profitent de la situation pour en reprendre le contrôle [de l'Armée secrète]. »

Le samedi 19 juin apparaît comme une date importante. C'est à ce moment-là que la réunion de Caluire a été fixée.

---

1. Lettre citée par Daniel Cordier, *Jean Moulin, l'inconnu du Panthéon, op. cit.*, t. III, p. 252.

Mais tous ne s'accordent pas sur les circonstances dans lesquelles elle a été organisée. La version de Klaus Barbie est fournie dans le mémoire de Me Vergès :

« Aubry ne reviendra à Lyon que le samedi 19 au matin pour apprendre de Benouville l'arrestation de Delestraint et aussi que Moulin le cherche depuis cinq jours pour convoquer une réunion afin de prendre les mesures d'urgence qui s'imposent.

« Le même jour à 11 h 15, Aubry rencontre Hardy par hasard rue de l'Hôtel-de-Ville et lui fixe rendez-vous le lendemain dimanche à 11 h 30 au pont Morand, à la fois pour lui remettre de l'argent et fixer l'heure et le lieu pour la fameuse réunion le lendemain.

« A 16 heures, Aubry rencontre à nouveau Benouville et Baumel aux environs des bâtiments de la foire de Lyon [1]. »

Au cours de ces rencontres se détermine la participation de René Hardy à la réunion qui doit se préparer : Benouville confirmera que, par l'intermédiaire d'Henri Aubry, il l'a « fait convoquer [2] ». Hardy n'est *a priori* pas convié à ce rendez-vous, et les autres participants désignés par Jean Moulin — Moulin y compris — seront mis devant le fait accompli. Cela apparaît contraire à la plus élémentaire des règles de sécurité à observer, même si, il faut le reconnaître, celles-ci, d'une façon générale, ne sont guère observées de la part de clandestins pourtant soumis à tous les dangers. En revanche, si nous avons vu que des responsables de Combat, tels que Frenay et Fassin, évoquaient, à Londres fin juin ou début juillet, la première arrestation de

1. Mémoire de Me Vergès, p. 399. Jacques Baumel est devenu secrétaire des Mouvements unis de Résistance en 1943.

2. Voir *Histoire secrète de l'Occupation, op. cit.* Benouville, devant le juge Gonnot, devait dire : « Je ne crois pas avoir demandé à Hardy d'assister à cette réunion. Il me paraît plus normal que ce soit par l'intermédiaire d'Aubry que je l'aie fait convoquer » (procès-verbal du 4 mai 1948, procès Hardy).

Hardy comme un fait très probable[1], nous sommes surpris, en lisant Daniel Cordier, de découvrir que dès le 15 juin, « Jean Moulin apprit que Hardy était en liberté à Lyon. Ne comprenant pas comment cela était possible puisque Delestraint, avec qui il avait rendez-vous à Paris, avait été arrêté, Jean Moulin prescrivit aussitôt à ses collaborateurs de se méfier de tout rendez-vous proposé par Hardy[2] ».

On ignore quels collaborateurs de Moulin ont été alors informés du danger potentiel que représentait Hardy mais cela fait beaucoup de monde, désormais, informé de l'arrestation ou de la situation suspecte de celui-ci. Beaucoup de monde sauf, apparemment, Benouville, voire Jacques Baumel, qui conservent leur confiance à Hardy et disent accepter le récit de son évasion.

Pour Klaus Barbie, qui cherche à prendre en défaut les déclarations de ses adversaires de la Résistance et à démontrer que Raymond Aubrac agit comme un agent « retourné », les contradictions se situent dans les déclarations d'André Lassagne[3]. C'est en effet celui-ci, comme lors de la première réunion de l'AS qui n'avait pu se conclure[4], qui est chargé de choisir un point de rencontre. Dans sa déposition lors du second procès Hardy, le 3 mai 1950, Lassagne se montre affirmatif : « La réunion a été décidée entre trois personnes qui étaient : Aubrac, Aubry et moi-même, entre cinq et sept heures du soir, le 19 juin, au domicile de M. Lonjarret, quai de Serbie, à Lyon[5]. » André Lassagne donne quelques précisions :

« Elle [la réunion] ne fut pas connue longtemps à

1. Cf. chapitre 6.

2. Les sources de ce renseignement cité par Daniel Cordier nous renvoient à son t. VI... non encore paru.

3. Mémoire de Me Vergès, p. 399.

4. Cf. l'interrogatoire de Raymond Fassin du 28 juin 1943 par le BCRA (annexe XX, pp. 423-429).

5. Jean Lonjaret, professeur de lycée et inspecteur d'académie, sert de boîte aux lettres à André Lassagne. Son domicile aurait été sollicité pour cette réunion mais, étant absent à cette date, l'occupation des lieux aurait pu paraître suspecte.

l'avance comme on l'a prétendu puisque c'est le samedi 19 juin que la décision de la tenir fut prise par trois personnes qui étaient M. Aubrac, M. Aubry et moi-même. Le lieu n'a pas été annoncé à l'avance puisque je m'étais chargé moi-même de trouver le domicile où elle aurait lieu, et je me suis réservé de le dire seulement à mes camarades un peu plus tard. En effet, ce n'est qu'après avoir eu l'accord du Dr Dugoujon que j'ai donné un rendez-vous à Lassagne [il faut lire Larat] que nous connaissions sous le nom de Xavier qui m'a introduit à cette réunion ainsi que le colonel Schwartzfeld, Max-Jean Moulin et le colonel Lacaze. »

Le président du tribunal demande à Lassagne :

« De quelle manière avez-vous donné l'indication du lieu exact de la réunion ?

— Oralement à Xavier, répond Lassagne, le dimanche matin.

— Pas par écrit ?

— Absolument rien par écrit[1]. »

Selon un autre témoignage, le moment exact où Xavier-Larat est mis au courant est bien le dimanche matin, en dépit de versions différentes avancées par Lassagne lui-même, fixant au dimanche après-midi la divulgation du lieu de rendez-vous[2].

Le colonel Lacaze, qui est un des participants à cette réunion, dépose lui aussi lors du procès Hardy :

« Le dimanche 20 juin 1943, **dans la matinée**, Xavier (Larat) qui était un agent de liaison, étant venu me voir,

1. Procès Hardy, sténographie R. Bluet, cit.

2. Cf. sa déposition au procès Hardy : « J'ai téléphoné à Dugoujon, sans faire aucune allusion à une rencontre chez lui, mais simplement pour m'inviter à déjeuner le lendemain. Je déjeunai donc chez lui et il me donna son accord bien entendu. » La version défendue dans le mémoire de l'avocat de Barbie est que « c'est au cours de leur conversation téléphonique [du samedi 19] que Lassagne et le Dr Dugoujon sont convenus que la réunion se tiendrait chez le docteur, le déjeuner du lendemain étant nécessaire pour en fixer les modalités : la pièce où elle aurait lieu, l'accueil, etc. » (p. 400).

m'a invité à une réunion qui devait avoir lieu le lendemain lundi à Caluire. A cette réunion devait venir en particulier Jean Moulin [...]. Je dis à Xavier : cette réunion ne doit pas avoir lieu, c'est une folie de réunir 8 ou 9 personnes ayant un rôle important, dans un seul local [...]. J'ai donc dit à Xavier : tâchez de décommander la réunion et vous me passerez un message. Nous avons convenu de la teneur de ce message. Le lundi matin, n'ayant rien reçu, j'ai dit : j'irai à la réunion [1]. »

Le colonel Lacaze n'a pas l'air convaincu par les mesures de sécurité — à vrai dire inexistantes — qui entourent cette rencontre au sommet. Il prendra lui-même, au matin du 21 juin, une initiative assez légère, celle d'envoyer sa fille annoncer au Dr Dugoujon qu'il ne viendra pas, l'après-midi, à la réunion. Finalement, il se ravisera [2].

Pour Aubry, la même légèreté préside aux préparatifs de cette réunion. Il est informé le 19 de sa date : « Je devais

---

1. Procès Hardy, sténographie R. Bluet, cit. Le colonel Albert Lacaze, « professeur à l'école des officiers de réserve, a eu André Lassagne comme élève ». Membre du mouvement France d'abord, il est « pressenti par Charles Delestraint pour devenir chef du 4e bureau de l'état-major de l'Armée secrète » ; d'après Bruno Permezel, *Résistants à Lyon, 1 144 noms, op. cit.*

2. Le caractère — tragique — d'improvisation qui entoure cette réunion de Caluire ressort à la lecture du témoignage de la fille du colonel Lacaze : « Le 21 juin au matin, papa m'a fait appeler dans sa chambre. Il était couché. Il m'a dit : "J'avais une réunion cet après-midi. Je suis malade. Je ne peux y aller. Tu vas te rendre à telle adresse à Caluire, et tu diras au Dr Dugoujon que je ne peux pas venir cet après-midi parce que je suis malade." J'ai consulté le plan de Lyon et je suis partie. Je suis arrivée à destination sans encombre mais je n'ai pas trouvé le docteur. J'ai attendu un bon moment son retour. Mais je ne pouvais pas rester indéfiniment. Aussi ai-je écrit un mot où j'expliquai aussi vaguement que possible [*sic*] que papa ne viendrait pas l'après-midi. J'ai confié ce mot à la bonne du docteur. Qu'en a fait le docteur ? Je suppose qu'il l'a brûlé comme c'était son devoir. Je suis rentrée à la maison et j'ai rendu compte à papa de ma mission. A midi, celui-ci, se sachant mieux, se décide d'aller tout de même à la réunion » ; lettre d'Odile Lacaze du 13 mars 1965, Papiers Henri Michel, AN.

voir dans l'après-midi à la fois Lassagne et Aubrac, pour mettre au point la réunion. » Il confirme bien avoir vu « Aubrac et Lassagne chez Lonjaret. On a discuté, précisera-t-il, de choses et d'autres [*sic*] et il a été entendu très vite que j'aurais rendez-vous lundi 21 juin à 1 h 30 à la ficelle de la Croix-Paquet, parce qu'on ne disait pas encore Caluire[1] ». Il rencontre peu après trois compagnons de clandestinité : François d'Ivernois, qui dirige le service de renseignement des MUR (Mouvements unis de Résistance), René Simonin, adjoint régional d'Aubry, et Henri Malacrida, membre de l'AS. Il n'hésite pas à les mettre dans la confidence : « Comme ce sont des gens sur lesquels je compte entièrement, écrira Aubry, et qui savent aussi bien que moi les difficultés internes, je leur dis que, justement, il y a lundi une réunion demandée par Jean Moulin sur la réorganisation de l'Armée secrète[2]. »

Pour Raymond Aubrac, les prises de décision à propos de Caluire apparaissent simplement : « Le 19 juin, il [Pascal Copeau] m'informa que Jean Moulin, de retour de Paris, souhaitait me rencontrer le lendemain. Le 20 juin, au début de l'après-midi, j'étais donc au parc de la Tête-d'Or. » Là, après lui avoir expliqué ce qu'il attendait de lui, ce serait seulement à cet instant que Jean Moulin lui aurait dit : « Nous avons une réunion avec les principaux responsables pour mettre tout au point. Retrouvez-moi à 14 heures place Carnot. Nous irons ensemble à ce rendez-vous[3]. »

Le raccourci, dans cette relation, est surprenant. André Lassagne a toujours affirmé que « la réunion a été décidée entre trois personnes qui étaient Aubrac, Aubry et moi-même, entre 5 et 7 heures du soir, le 19 juin[4] ». Raymond

1. Déposition d'Henri Aubry le 4 mai 1950, procès Hardy (sténographie R. Bluet, cit.).
2. Témoignage d'Henri Aubry à Henri Noguères, 38 pages dactylo. Ce témoignage est partiellement cité dans *Histoire de la Résistance...*, *op. cit.*, t. 3, de Noguères.
3. Raymond Aubrac, *Où la mémoire s'attarde, op. cit.*
4. Procès Hardy, audience du 3 mai 1950.

Aubrac semble non seulement l'avoir oublié mais même contesté : « Je n'ai pas participé à une réunion le 19 juin avec Aubry et Lassagne. C'est le 20 juin que Max [Moulin] m'a demandé de le retrouver le lendemain place Carnot, pour qu'il me conduise à la réunion qu'il avait organisée[1]. »

Pourtant, le 21 avril 1948, devant le juge d'instruction militaire Gonnot, dans le cadre de l'instruction du second procès Hardy, Raymond Aubrac déclare :

« Au préalable, le samedi 19 juin 1943, Lassagne, Aubry et moi-même, nous nous réunissions, 7 rue de Turbie, au domicile de M. Lonjaret[2]. Il ne fut question à ce moment que du principe d'une réunion sans précision du lieu où elle se déroulerait. Il est possible que la date de la réunion ait été fixée à ce moment. Ce n'est que dans le tram n° 33, le 21 juin 1943, vers 15 heures, que Max m'apprit que la réunion avait lieu chez le Dr Dugoujon, un de mes amis[3]. »

De son côté, Lassagne, dans une déposition du 21 janvier 1946, rappelant la rencontre du 19 juin avec Aubrac et Aubry, précisera : « Après accord téléphonique, je pus donner rendez-vous à Aubrac, chez le Dr Dugoujon à Caluire, il devait amener Max. Aubry n'avait pas été mis au courant de ce local et je lui donnai un rendez-vous préliminaire à la ficelle [le funiculaire dans le parler lyonnais] de la Croix-Paquet[4]. »

---

1. Lettre à l'auteur du 24 février 1991.
2. L'adresse exacte est 7, quai de Serbie.
3. Procès-verbal d'audition du 21 avril 1948 (copie en annexe XV-3, pp. 330-333). Quatre ans plus tôt, à Alger, Raymond Aubrac se contentait de déclarer : « Cette réunion fut fixée au 21 juin 1943 à Lyon. Le 21 juin, à 14 heures, sans connaître le lieu de réunion, j'avais rendez-vous avec Rex, que j'ai rencontré place Carnot, avec Serol *alias* Sophie, et Rex m'a amené au lieu du rendez-vous où nous sommes arrivés vers 15 heures », direction de la Sûreté militaire, Alger, déposition du 3 juin 1944 (copie en annexe XV-2, pp. 324-329).
4. Dans une « lettre-témoignage » du 6 février 1950, publiée par l'historien Marcel Ruby, Lassagne situe différemment, dans le temps et dans

Pour Klaus Barbie tout cela suffit pour affirmer : « Aubrac était donc le premier à connaître le lieu et l'heure du rendez-vous, et cela depuis le samedi soir [1] » et justifier qu'il lui ait fait passer le message.

Une telle accusation est évidemment invérifiable. Depuis 1948, date à laquelle Barbie fut entendu pour la première fois au sujet de ces événements, seul, parmi les participants à la réunion de Caluire, René Hardy était mis en cause. A la vingt-huitième question posée par le commissaire Bibes venu entendre, sous contrôle américain, l'ancien chef de la section IV du Sipo-SD de Lyon, celui-ci répondait :

« Il est exact que Hardy, *alias* Didot, m'a indiqué qu'une réunion des chefs de la Résistance devait avoir lieu le 21 juin 1943 à Lyon mais lorsqu'il m'a fourni ce renseignement, il ne savait pas encore le lieu de cette réunion ni les personnes qui devaient y participer [...]. Lorsque Hardy m'a fourni ce renseignement et qu'il a ajouté que lui-même devait également participer à cette réunion, j'ai jugé la chose très importante et décidé de procéder aux arrestations des personnes présentes [2]. »

Quant aux circonstances qui ont entraîné l'organisation du rendez-vous de Caluire, on peut au moins retenir les constatations suivantes :

1) Lassagne, qui est chargé d'organiser la réunion, se contredit dans le temps mais confirme avoir associé Aubry et Aubrac à ses premières réflexions sur le sujet ;

2) Selon Lassagne, parmi les personnes qui devaient participer à la rencontre, celles qu'il a pu informer du lieu où

---

la méthode, la communication du rendez-vous, mais inclut Aubrac parmi les résistants informés : « Quant à Aubrac et à Jean Moulin, je les avais fait prévenir du lieu de la réunion par Xavier [Larat], que j'avais revu le dimanche après-midi. » Marcel Ruby, *Klaus Barbie, de Montluc à Montluc*, Ed. L'Hermès, 1983. Lettre déposée aux ADR, série 31J, dossier B22.

1. Mémoire de Me Vergès, p. 401.

2. Procès-verbal d'interrogatoire du commissaire Bibes, 16 juillet 1948.

elle devait se dérouler sont, outre le Dr Dugoujon bien sûr, Bruno Larat, le colonel Lacaze, Raymond Aubrac et Jean Moulin ;

3) Il est certain que Raymond Aubrac semble ne plus vouloir se souvenir de la réunion avec Lassagne et Aubry, au domicile de Lonjaret, le 19 juin 1943, alors qu'il l'admet parfaitement en 1948.

Les embarras ou les contradictions que l'on relève à propos du choix du lieu de ce rendez-vous clandestin peuvent tenir au fait qu'il pouvait paraître malaisé de reconnaître que l'on avait été mis dans le secret de cette adresse qui sera finalement percée par les Allemands. Une adresse — la maison du Dr Dugoujon place Castellane à Caluire — qui semble bien avoir été un endroit que les résistants connaissaient déjà et n'était donc pas « vierge » comme beaucoup se plurent à le répéter. Quelques exemples en attestent.

Philippe Monod, membre de Combat, a déclaré, dans l'un de ses témoignages portant sur l'année 1943 : « Au début de mars, Frenay organise à Lyon, dans une maison de Caluire appelée le "point A", une conférence à laquelle assistent Claude Bourdet (Aubin), Michel Brault (Jérôme), François Morin (Forestier), Aubry et surtout Benouville (Barrès) [1]. »

Henri Frenay écrira de son côté : « Lyon, ma bonne ville natale, est devenue sans conteste le repaire de la Résistance, on dira plus tard : la capitale, un véritable "résistodrome" pour reprendre une expression de Claude Bourdet. Matériellement le travail en est facilité mais le danger accru. Dans toute la mesure du possible, les rencontres avec moi sont organisées hors de la ville. Je ne peux cependant me dispenser complètement d'y venir. Les réunions sont alors fixées aux points A, B ou C, initiales indéchiffrables pour la Gestapo si un courrier vient à tomber entre ses mains, mais qui, pour les initiés, correspondent

1. Témoignage de Philippe Monod, Fonds Marie Granet, AN, 697 AP 1.

respectivement au domicile de M. Mallen à Saint-Clair-du-Rhône, des demoiselles Buisson, rue d'Enghien, et du **Dr Dugoujon à Caluire**[1]. »

Nous retiendrons enfin ce qu'écrivit, alors que se préparait la cérémonie de transfert des cendres de Jean Moulin au Panthéon, Louis Martin-Chauffier. Il retraçait les grandes heures du mouvement Libération auquel il a appartenu, et racontait :

« On n'a pas tout à fait le sentiment d'être "clandestin" quand on continue d'habiter chez soi et sous son propre nom. Dans notre maison de Collonges, où nous demeurâmes de mai 1941 à mai 1944, tout le monde était "dans le coup" [...]. Ma femme recevait ce qui devait devenir, en mai 1943, le Conseil national de la Résistance, présidé par Jean Moulin, délégué du général de Gaulle. Ils se réunissaient tantôt chez nous, tantôt sur l'autre rive de la Saône, **à Calluire** [*sic*], **chez le Dr Dugoujon** : c'est là que Jean Moulin fut arrêté par la Gestapo, le 21 juin 1943[2]. »

A tous ces éléments qui pouvaient malheureusement jouer en faveur de la police allemande, s'ajoute un autre fil conducteur, solidement tendu pour parvenir à la capture de plusieurs chefs de la Résistance française. L'une des ultimes scènes avant le coup de filet se déroule le dimanche 20 juin 1943, sur un pont du Rhône, le pont Morand à Lyon. Un rendez-vous décisif est suivi de près par les Allemands. Il met en scène René Hardy et le chef d'état-major de l'Armée secrète, Henri Aubry. Les deux hommes ont à évoquer, justement, cette rencontre imminente que Max (Jean Moulin) a souhaité provoquer entre les responsables résistants, après l'arrestation du général Delestraint. Klaus Barbie donnera sa version : « Hardy m'a offert de faire la connaissance de son agent de liaison et

1. Henri Frenay, *La Nuit finira, Mémoires de Résistance, 1940-1943*, vol. 1.
2. Louis Martin-Chauffier, *in Le Figaro littéraire*, 3-9 décembre 1964.

d'Aubry très peu de jours avant la réunion projetée des chefs de la Résistance. Ceci pour pouvoir me rendre sûrement au lieu de la réunion [...]. Je me suis donc rendu au lieu de rendez-vous du pont Morand en compagnie de Stengritt. C'était bien moi le civil assis sur le banc et lisant son journal. Stengritt était à côté de moi mais ne me prêtait aucune attention. Nous avons vu Hardy rencontrer deux hommes. C'est après, lorsqu'il est venu me voir, dans l'après-midi, qu'il m'a dit que le plus grand des deux hommes était Aubry. C'est donc par Hardy lui-même que j'ai appris les conditions du rendez-vous du pont Morand[1]. »

Stengritt, fidèle second de Barbie, est là aussi, en couverture. L'Oberscharführer SS ne le niera pas. Au contraire, il ajoute un détail que le responsable de la section IV du KDS Lyon a peut-être voulu oublier : « J'ai assisté [...] au rendez-vous entre Thomas (Aubry) et Hardy. Y assiste également Barbie qui était assis sur un banc et faisait semblant de lire le journal. Moog, *alias* K 30, y assistait aussi et surveillait la scène d'un peu plus loin[2]... »

Moog disposait effectivement de suffisamment d'éléments, en particulier sur Aubry, pour « aider » de façon déterminante Barbie dans sa tâche.

L'agent de l'Abwehr passé au service de la Gestapo dispose aussi d'autres appâts. En la personne d'une femme, Edmée Deletraz, membre du réseau Gilbert, qu'il a arrêtée quelque temps plus tôt[3]. C'est à elle que Moog présente, au matin du 21 juin, au siège de la Gestapo lyonnaise, avenue Berthelot, un « Français qui a compris » : Didot, autrement dit Hardy. Edmée Deletraz soutiendra toujours que c'est à ce moment que les Allemands lui ont confié la charge de

---

1. Interrogatoire du commissaire Bibes, cit.
2. Interrogatoire de Stengritt, du 2 août 1948, par le commissaire Bibes.
3. Cf. chapitre 6. Sur le dossier Hardy, le lecteur peut se reporter à G. Chauvy, *Histoire secrète de l'Occupation*, *op. cit.*

suivre Hardy qui devait prendre part, en un endroit qu'il ignorait encore, à une importante réunion de la Résistance. Elle ne peut évidemment se dérober. Un terrible mécanisme se met en marche.

CHAPITRE 9

Le chemin de Caluire

Quels seront les thèmes de la discussion lors de la réunion qui se tient à Caluire, ce 21 juin 1943 ? La Résistance doit refaire son unité et ce n'est pas une mince affaire. Aubry, qui sera épaulé, à la demande de Benouville, par René Hardy, pense difficile de trouver un terrain d'entente. Il a ce sentiment dès sa rencontre, le matin même, avec Jean Moulin. « Jean Moulin attaque la conversation en me faisant le reproche très violent d'avoir fait enlever des armes qui avaient été parachutées dans la région de Brive, et, alors que le lieu de stockage était bien prévu, les gens qui avaient mené l'opération les avaient emportées ailleurs. J'avais fait reprendre les armes et Jean Moulin nous reprochait de vouloir faire cavalier seul. Il parlait de rupture. Sur le successeur de Delestraint, il ne veut rien me dire sur le moment en s'assurant qu'on en reparlera l'après-midi. La conversation roulant toujours sur le même sujet dura jusqu'à midi. Nous nous sommes quittés pour partir chacun de notre côté [1]. »

Quant à Benouville, pour qui « le but de cette réunion était de désigner le successeur du général Delestraint », il dit : « Je savais que Max tenterait d'imposer son point de vue dans la discussion et je voulais que nos délégués soient

1. Témoignage d'Henri Aubry à Henri Noguères, 38 pages dactylo.

en nombre. » Il ajoute : « J'ai dû quitter Lyon probablement le 21 juin 1943[1]. »

Pour Raymond Aubrac, les choses ont été définies la veille, au parc de la Tête-d'Or, comme il le déclare en 1950 lors du procès Hardy au président du tribunal militaire : « Jean Moulin me fait part des intentions qu'il avait pour la continuation du commandement de l'AS [...]. Je tiens à dire, Monsieur le Président, que je n'étais pas candidat et que je ne me considérais pas comme qualifié pour assurer le commandement d'une organisation paramilitaire s'étendant sur le territoire français. Il est probable que Jean Moulin m'avait proposé d'assurer cette fonction provisoirement, en raison justement du fait que depuis plusieurs mois j'étais en dehors du circuit immédiat de la Résistance et que peut-être sur le plan des contacts directs cela présentait certains avantages pour la direction[2]. »

Quarante-six ans plus tard, Aubrac nuance le propos en évoquant des fonctions plus restreintes, en dehors de la zone où il apparaissait comme « grillé ». Moulin lui aurait proposé de prendre en main l'Armée secrète en zone nord, Lassagne assurant la direction de la zone sud. « Ayant été arrêté à Lyon, mieux valait que je “monte” à Paris[3] », explique-t-il.

Il est pratiquement impossible, puisque Jean Moulin n'a pas — ou pu — laissé de compte rendu, de connaître avec exactitude la teneur des propos qui furent réellement échangés. Nous disposons du témoignage d'Antoine de Graaff, dit Tony, membre du secrétariat lyonnais de Jean Moulin. Après un rendez-vous dans la matinée du 21 juin, il doit retrouver Max en début d'après-midi. C'est en fait Claude Serreulles qu'il rencontre. Officier devenu en juillet 1940 membre du cabinet du général de Gaulle, Serreulles est en 1942 membre de la Délégation générale, sorte de

1. Audition de Pierre de Benouville, le 4 mai 1948, par le juge Gonnot (dossier Hardy).
2. Déposition de Raymond Aubrac au procès Hardy, 2 mai 1950 (sténographie R. Bluet, cit.).
3. Raymond Aubrac, *Où la mémoire s'attarde*, *op. cit.*

secrétariat renforcé créé autour de Jean Moulin. Serreulles expliquera plus tard sa mission : « J'étais arrivé de Londres pour être l'adjoint de Jean Moulin. Jusque-là, toute son action, toute son œuvre d'unification des divers mouvements de Résistance avait été celle d'un solitaire [1]. »

« J'ai passé de longues heures avec lui, dira Serreulles à propos de ses contacts avec Jean Moulin, dans les jours précédents et je l'ai encore vu le matin même de Caluire — nous devions dîner ensemble avec les Aubrac ce soir-là. Notre tour complet des problèmes de l'heure et de l'avenir avait été aussi serein que si nous avions été en temps de paix [2]. »

Les problèmes de l'heure étaient pourtant nombreux. Dans un message de Jean Moulin, parvenu à Londres seulement le 27 juillet 1943, est notamment évoqué le conflit de Gaulle-Giraud. Une rivalité qui ne se réduit nullement à une querelle entre deux généraux, mais où Jean Moulin voit le poids de la « politique américaine à l'égard de la France ». Giraud et ceux qu'il appelle les « néo-vichystes » se masquent, estime-t-il, contrairement à ceux qui prônent la collaboration, derrière un antinazisme qui ne peut servir « qu'à faire des dupes [3] ».

Serreulles lui non plus ne vit guère sa mission dans la sérénité. « Les principales difficultés qui furent faites à la délégation [la Délégation générale], raconte-t-il, le furent par le BCRA, difficultés qui très souvent l'empêchèrent d'accomplir sa tâche et parfois paralysèrent son action, cela en permanence depuis l'année 1942 [4]. »

---

1. Interview à *L'Express* daté 27 avril-3 mai 1984.

2. Claude Bouchinet-Serreulles, « Les Dessous de la Résistance : Moulin, agent soviétique ? », *Le Nouvel Observateur*, nº 16, mai 1993.

3. Rapport de Rex 47/5, Papiers Daniel Cordier, AN, 72 AJ 233.

4. Témoignage de Serreulles du 18 novembre 1963, Papiers Henri Michel, AN. Serreulles est très sévère envers Pierre Brossolette, autre grande figure de la Résistance : « C'est que, depuis 1942, déclare Serreulles dans ce même témoignage, se trouvait auprès du colonel Passy, et exerçant sur lui un empire intellectuel souverain, Pierre Brossolette. Ce dernier jugeait qu'en raison de ses titres acquis depuis 1940 en France, de son expérience politique et de ses capacités intellectuelles,

Dans ce contexte tendu, les événements s'enchaînent inexorablement. Antoine de Graaff dit avoir rencontré, vers 13 h 30, Serreulles, *alias* Sophie, qui lui a appris les faits suivants :

« 1° Il venait de déjeuner avec Max qu'il avait rencontré par hasard.

« 2° Contrairement au rendez-vous qui avait été prévu entre Max et Aubrac à 2 h moins 1/4 à l'arrêt du 7 à Perrache, Max n'irait pas à ce rendez-vous et chargeait Sophie d'aller rencontrer Aubrac et de l'amener à 2 h 1/2 en haut de la Ficelle Croix Paquet où il devait rencontrer Max.

« 3° Max me chargeait de prendre immédiatement le contact avec le colonel Blumstein[1], chef de "France d'abord" qui avait déjà été contacté par le général Vidal pour faire partie de l'AS. Il me chargeait de demander au colonel Blumstein s'il serait d'accord pour prendre à titre intérimaire et ce jusqu'à l'arrivée d'un chef de l'AS la direction générale de l'AS pour la zone sud. Au cas où le colonel accepterait cette proposition j'étais chargé de l'amener au même rendez-vous à savoir à 2 h 1/2 en haut de la Ficelle Croix Paquet.

« J'ai rencontré le colonel Blumstein entre 2 h/2 h 10 à l'angle de la place des Cordeliers et de la rue de la République. Le colonel est arrivé avec quelques minutes de retard, il était vêtu d'un loden gris foncé, d'un chapeau mou gris et portait une serviette marron. Je lui ai fait, de la part de Max, la proposition dont il m'avait chargé. Après certaines mises au point techniques sur des questions de détail qu'il m'a proposées et auxquelles j'ai répondu, il a en principe accepté que je l'emmène à la réunion prévue. Je précise qu'à ce moment-là je ne connaissais encore ni les membres qui devaient assister à la réunion en dehors de Max, Aubrac et du colonel, ni l'heure ni le lieu de la réunion.

---

le rôle de coordinateur de la Résistance lui revenait de droit. Jean Moulin était pour lui un rival auquel tout l'opposait. »

1. Il s'agit du colonel Schwartzfeld.

Je ne l'ai appris qu'un peu plus tard comme la suite du récit vous l'indiquera. Je suis donc parti avec le colonel Blumstein à pied de la place des Cordeliers et sommes allés prendre le funiculaire Croix Paquet ; nous sommes montés au rendez-vous où nous sommes arrivés avec environ 10 minutes de retard. Max était assis sur un banc avec Aubrac. Ce dernier était vêtu d'un imperméable beige et d'un chapeau dont je ne me souviens pas la couleur, peut-être même n'en avait-il pas. Max était habillé exactement comme le matin, n'avait rien dans les mains et portait toujours ses lunettes noires. A ce moment-là Max a insisté de façon pressante auprès de moi pour que je l'accompagne à la réunion. Comme je revenais de Paris après trois jours d'absence et que j'avais un certain nombre de rendez-vous qu'il eut été regrettable que je manquasse, j'ai insisté auprès de lui de telle façon qu'il a accepté que je ne le suive pas à son rendez-vous. Je lui ai simplement demandé de quel ordre était la réunion qui devait avoir lieu quelques minutes plus tard et qu'il connaissait les précautions qui avaient été prises car ils devaient se réunir entre 8 et 10 membres. Il m'a répondu que la réunion avait été préparée d'accord entre Lassagne et Xavier et que par conséquent des précautions avaient été prises. Je l'ai accompagné quelques mètres et il a pris le tram 33 avec Aubrac et le Colonel. Il m'a fixé rendez-vous pour le soir à 7 h 1/2 à mon bureau 3 rue des Marronniers[1] [...]. »

Selon la version de Raymond Aubrac, les événements se sont déroulés de la manière suivante : « J'ai retrouvé Jean Moulin place Carnot à Lyon et Jean Moulin m'a présenté un de ses assistants, Claude Bouchy dit Serrol [lire Serreulles], qui devait partir pour Paris le lendemain ou le soir même et prendre un certain nombre de rendez-vous que le général Delestraint avait dû avoir. Et je devais le retrouver à Paris pour poursuivre les contacts qui avaient été pris à

1. Document BCRA, interrogatoire de De Graaff, 18 octobre 1943 ; cf. annexe XXI (pp. 432-442).

cette période. Nous avons donc quitté Claude Serrol au début de l'après-midi vers deux heures et quart, deux heures et demie, et nous nous sommes rendus à une adresse que Max ne m'avait pas confiée. Dans l'intervalle, au-dessus du funiculaire de Caluire, nous avons attendu un long moment car c'est à cet endroit-là que Max avait fait convoquer le général [colonel] Schwartzfeld qui devait lui être amené par un de ses amis[1]. »

Interrogé à Londres en février 1944, Raymond Aubrac précise : « J'avais rendez-vous avec Max à 14 heures. J'y suis allé et Max m'a présenté Sophie [Serreulles]. De là, Max m'a emmené au rendez-vous après un arrêt d'une demi-heure à la Croix-Picard [lire Croix-Paquet]. Nous avons pris le tram 33 et c'est alors que Max m'a dit : "Nous allons chez le Dr Dugoujon." Je me suis trouvé chez ce dernier avec Schwartzfeld et Max dans la salle d'attente[2]. »

Henri Michel, dans son ouvrage consacré à Jean Moulin, écrit lui aussi que ce dernier « rencontre Aubrac, place Carnot, à 14 heures ». « Il lui présente son adjoint, Claude Serreulles, qui doit le précéder à Paris, recoudre les fils cassés par la disparition de Delestraint, et préparer sa propre venue, poursuit-il. Cet entretien avait retardé Jean Moulin et Aubrac qui allèrent ensemble au terminus du funiculaire où devait les attendre le colonel Schwartzfeld. » Celui-ci n'étant pas au rendez-vous, Moulin aurait envoyé de Graaff le chercher : le colonel aurait été trouvé « à table avec les siens[3] » !

Loin d'éclaircir l'imbroglio, Serreulles affirme qu'il a vu Jean Moulin seulement le matin et qu'il a raté le rendez-vous de l'après-midi : « Je m'étais trompé de ficelle. J'étais au désespoir : arriver pour seconder un patron et être incapable de me rendre au premier rendez-vous qu'il me fixait,

1. Déposition de Raymond Aubrac, 2 mai 1950, procès Hardy, sténographie R. Bluet, cit.

2. Interrogatoire de M. Aubrac, Londres, 19 février 1944 ; cf. annexe XV-1 (pp. 319-323).

3. Henri Michel, *Jean Moulin, l'unificateur*, Paris, Hachette, 1971.

c'était une terrible humiliation. Néanmoins, le soir, je devais dîner avec Raymond Aubrac que j'avais entrevu le matin même [*sic*], au moment où, dans la rue, je quittais Jean Moulin. Il avait juste eu le temps de me donner ce rendez-vous [1]. »

Il plane décidément autour de ce rendez-vous de Caluire quantité d'incertitudes, non seulement sur les événements qui l'ont précédé mais aussi sur le nombre de participants qui devaient s'y retrouver et sur le rôle qu'ils avaient à y jouer.

De son côté, Henri Aubry, chef d'état-major de l'Armée secrète [2], s'apprête, ce lundi 21 juin 1943, à rejoindre André Lassagne. Il a déjeuné seul. Il est 13 h 40, lorsqu'il va au rendez-vous intermédiaire que Lassagne lui a donné, au funiculaire de la place Croix-Paquet, qui monte sur la Croix-Rousse. Il a, bien sûr, dit à Hardy-Didot de le rejoindre à cet endroit. Il est d'ailleurs déjà là. Lassagne arrive peu après, à bicyclette. Ce dernier s'étonne-t-il de trouver Aubry accompagné ? Probablement. Mais il ne fait pas obstacle à ce que Hardy vienne avec eux. Lassagne demande simplement aux deux hommes de ne pas prendre le même funiculaire, d'emprunter ensuite le tramway n° 33 et de descendre place Castellane. Là, il les conduira.

Pendant ce temps, Edmée Deletraz, contrainte par la Gestapo de procéder à la filature de Hardy, a cherché à donner l'alarme. Cela ressort sans conteste de l'enquête effectuée après la Libération : « Il a été établi qu'effectivement, avant et après la réunion de Caluire, Mme Deletraz avait rendu compte de ce qu'elle avait cru comprendre de la trahison de Hardy à son chef Jean Cambus, au commandant Delabrosse et au lieutenant Flur de la direction des Prisonniers de guerre à Lyon. Ce dernier avait répercuté

1. Interview de Claude Bouchinet-Serreulles *in L'Express* : « Jean Moulin », n° du 27 avril-3 mai 1984.

2. Il convient de préciser, comme le fait l'auteur d'une récente biographie du général Delestraint, qu'« en fait, Henri Aubry remplit auprès du général Vidal [Delestraint] les fonctions de chef de cabinet », *in* F.-Y. Guillin, *Le Général Delestraint*, *op. cit.*

les renseignements. Malheureusement, aucune des personnes prévenues n'est en mesure de joindre ceux qui ont organisé la réunion[1]. » Edmée Deletraz ira donc au bout de sa mission, même si lors du procès de René Hardy elle évoquera ses hésitations, ses temporisations volontaires pour indiquer le lieu de rendez-vous aux Allemands qu'elle a rejoints.

Un point n'a cependant jamais été souligné : cette femme n'est pas la seule à exercer une filature. « Auxiliaires » français et hommes du Sipo-SD sous les ordres de Barbie participent également à l'opération. « Moog-Pierre (K 30), Saumande (K 4) et Doussot ont participé aux opérations de filature mais pas à l'arrestation. Pour cela, j'avais seulement réservé mes hommes de confiance[2] », dira Klaus Barbie.

Pendant ce temps, l'histoire suit inexorablement son cours sur le chemin de Caluire.

En 1948, lors de l'instruction du second procès Hardy, Raymond Aubrac déclare : « Max et moi nous prîmes le tram pour nous rendre à la ficelle Croix-Paquet, nous prîmes le funiculaire. Max avait convoqué le colonel Schwartzfeld au funiculaire. J'ignore les raisons de cette convocation. Cet officier supérieur avait organisé un groupe de Résistance et j'avais eu l'occasion de prendre contact avec lui. Nous avons attendu le colonel Schwartzfeld pendant au moins une demi-heure et, à son arrivée, nous avons pris le tram 33 pour nous rendre au lieu de la réunion. Nous fûmes reçus par la femme de ménage qui nous fit entrer dans la salle d'attente du Dr Dugoujon où se trouvaient d'autres clientes[3]. »

Dans une autre déposition de 1944, Raymond Aubrac ajoute : « Le colonel [Schwartzfeld], Rex et moi sommes

---

1. Cf. l'exposé du juge Gonnot du 27 avril 1949 (dossier Hardy).
2. Interrogatoire du commissaire Bibes, cit.
3. Audition de Raymond Aubrac par le juge Gonnot, 21 avril 1948 (dossier Hardy) ; cf. annexe XV-3, (pp. 330-333).

entrés dans la salle d'attente du docteur où se trouvaient quatre ou cinq clientes et un client et nous avons compris que deux des camarades qui étaient déjà arrivés pour participer à la réunion étaient, à ce moment-là, réunis dans une salle du premier étage [1]. » Apparemment mal aiguillés par la domestique du Dr Dugoujon qui ne s'attendait plus à recevoir d'autres invités exceptionnels, les trois hommes ont été mêlés aux clients ordinaires. Ils demeurent au rez-de-chaussée alors que leurs camarades se trouvent au premier étage qui leur a été réservé.

Reste à déterminer l'ordre d'arrivée des participants à la réunion chez le Dr Dugoujon. La personne qui était la mieux placée pour répondre est bien sûr Mme Brossier, la domestique du Dr Dugoujon. Elle ouvrait la porte aux patients comme aux visiteurs « particuliers ». Selon son témoignage, après le colonel Lacaze se sont présentés successivement trois messieurs : Aubry, Lassagne et Hardy ; puis un monsieur seul : Bruno Larat ; suivi de deux hommes : Jean Moulin et Raymond Aubrac ; enfin le colonel Schwartzfeld. L'ultime arrivant était donc isolé, ce qui ne correspond pas aux témoignages de Raymond Aubrac. Ni Moulin ni Schwartzfeld ne pourront, malheureusement, confirmer ou infirmer [2].

L'action de Klaus Barbie débute à cet instant.

« C'est effectivement dans les dix minutes qui suivirent l'arrivée du colonel Schwartzfeld qu'avec la police allemande je fis irruption dans le salon d'attente et en appréhendai les occupants. Il n'y eut pas à proprement parler d'interrogatoire pour le docteur Dugoujon, Aubrac, Jean Moulin et le colonel Schwartzfeld. [...]. Quelques jours plus tard le colonel Schwartzfeld put échanger quelques

---

1. Déposition de Raymond Aubrac auprès de la direction de la Sécurité militaire, Alger, le 3 juin 1944 ; cf. annexe XV-2 (pp. 324-329).

2. Le colonel Schwartzfeld, transféré à Fresnes après son arrestation, est mort en déportation au camp du Struthof à Natzweiler, en juin 1944.

mots avec le docteur dans la cour de Montluc avant son départ pour Fresnes. Schwartzfeld lui dit : “Barbie me suivait depuis longtemps, peut-être depuis plusieurs semaines. Il s'est vanté de m'avoir vu le samedi à midi, il n'avait pas voulu m'arrêter parce qu'il faisait beau et que j'avais l'air gai, il se serait dit : Laissons-le là jusqu'à lundi.” Lassagne dit également au docteur qu'il avait l'impression d'être filé depuis longtemps, Barbie lui avait déclaré : Votre armée n'est secrète pour personne, en particulier pas pour nous. J'ai lu toutes vos lettres et billets après les avoir décachetés à la vapeur et remis en place.

« Dès le samedi matin en effet, tout le petit monde de la Résistance savait qu'une réunion avec Max était imminente, probablement le lundi. Mme Aubrac me l'avait téléphoné dès qu'elle avait appris le retour d'Aubry[1]. »

Cette accusation que le document élaboré par Me Vergès fait porter par Klaus Barbie est évidemment extrêmement grave et, pour l'historien, invérifiable. Aucun élément tangible ne l'étaye. La seule certitude dans le cadre de ces arrestations et de leurs conséquences immédiates tient à l'évasion très rapide de René Hardy. Elle provoqua ce commentaire de Klaus Barbie, en 1948 : « Les personnes arrêtées ont été amenées dans les voitures. Stengritt a pris Hardy. Lorsqu'ils se sont trouvés près de la voiture, Stengritt a lâché le cabriolet. Hardy l'a bousculé et il s'est enfui suivant le plan préparé[2]. »

L'Allemand Stengritt, qui appartient à la section VI du Sipo-SD de Lyon, confirme cette version dans l'un de ses interrogatoires. Il a participé ce matin du 21 juin à une importante réunion au siège de la Gestapo, avenue Berthelot. « Ce n'est qu'en arrivant à cette réunion, dit-il, que j'ai appris que j'allais participer à des arrestations de chefs importants de la Résistance ; j'ignorais quels étaient ces chefs, à l'exception de Hardy que j'avais ordre d'arrêter. »

1. Mémoire de Me Vergès, p. 405.
2. Interrogatoire du commissaire Bibes, cit.

Stengritt donne une information qui semble contredire ce qu'affirme Barbie lorsqu'il déclare tenir de Lucie Aubrac l'indication du lieu de rendez-vous. En effet, il précise : « J'ai retiré de la réunion l'impression que Barbie ne connaissait pas le lieu exact de la réunion. Il n'en connaissait que le principe et la date. » Toutefois, dans l'opération, son rôle est limité et il n'a de l'ensemble qu'une vision approximative.

La mission de Stengritt se borne à la surveillance d'un seul homme : « Je devais arrêter personnellement Hardy ou, dans le cas où Hardy aurait été arrêté par un autre agent d'entre nous, il devait me l'amener. Il était en outre convenu que Hardy devait s'échapper et que je devais tirer des coups de feu dans sa direction sans l'atteindre. Je devais en quelque sorte faire le simulacre de lui tirer dessus. Je précise que, au moment où cet ordre me fut donné par Barbie, j'ignorais encore le lieu où devaient avoir lieu les arrestations[1]. »

René Hardy réussit ainsi, dans des conditions qui ne laissent guère de doute sur son rôle — et que révèle d'ailleurs parfaitement l'instruction du second procès qui lui fut intenté[2] —, à échapper aux Allemands. Avant d'être repris dans des conditions que retrace Klaus Barbie :

---

1. Interrogatoire de Harry Stengritt par le juge Gonnot, le 6 décembre 1948 (dossier Hardy).

2. Il est bon de rappeler que ce second procès Hardy de 1950 était placé sous l'accusation de « trahison et non-révélation de crimes compromettant la sûreté extérieure de l'Etat ». Trois questions étaient posées au tribunal militaire : la première avait trait à la livraison « à une puissance étrangère ou à ses agents » d'« un plan de sabotage des voies ferroviaires ». Hardy, en tant que responsable de Résistance-Fer, avait été l'un des détenteurs de ce plan. A cette question, le tribunal a répondu non « à la majorité prescrite par l'article 90 du code de justice militaire ». En revanche, les deux autres questions étaient : 1) René Hardy « est-il coupable d'avoir, courant juin, juillet et août 1943 [...], ayant connaissance de projets ou d'actes de trahison et d'espionnage, omis d'en faire la déclaration, dès ce moment où il les a connus aux autorités militaires, ou administratives françaises compétentes ? ». 2) « Est-il coupable d'avoir, dans les mêmes circonstances [...], étant en relations avec un ou plusieurs individus exerçant une activité de nature à nuire

« A Caluire, mes hommes avaient passé des menottes à tous les prisonniers sauf à René Hardy simplement tenu par un cabriolet passé à un seul de ses poignets. Ayant bousculé son gardien, Hardy réussit à s'enfuir. Aubrac ne le croit pas. Dans une interview retrouvée par Me Vergès, il déclare à Guy Sitbon :

« "Ce fut le comble, déclarait-il. Il bouscule les SS comme des quilles et il s'enfuit. Il n'y eut que deux ou trois coups de feu tirés contre lui alors que la maison était investie par une armada (cette armada se réduisait à 15 hommes). Pas une seule rafale de mitraillette alors que nous avions affaire à un commando spécialisé. Vous trouvez cela normal, vous ?"

« Certes non, monsieur Aubrac.

« Arrêté sur dénonciation par la police de Vichy, remis par celle-ci à nos services, Hardy s'évadait à nouveau le 28 juin de l'hôpital allemand de la Croix-Rousse dans des conditions "tellement rocambolesques, écrit Laure Moulin, qu'on a peine à suivre l'intéressé dans sa version des faits".

« Madame Moulin n'a pas tort non plus.

« Dans ces cent jours où les directions militaires et politiques de la Résistance furent décapitées, il n'y eut jamais autant d'incurie apparente de notre part et autant d'évasions miraculeuses.

« Je sais que, nous faussant compagnie par la suite, Hardy se rendra à Paris où il accomplira à la demande de Benouville un certain nombre de missions, puis passera en Afrique du Nord où Frenay — qui lui a conservé toute sa confiance et sera entre-temps devenu ministre — le prendra à son cabinet.

« Il faut bien comprendre que dans la manipulation des traîtres, nous prenions toujours le risque calculé de les voir

---

à la Défense nationale, omis d'avertir les autorités militaires ou administratives françaises compétentes dès le moment où il a pu se rendre compte de cette activité ? » A ces deux questions, le tribunal répondit « non » « **à la minorité de faveur prescrite par l'article 90 du code de justice militaire** ». Sur le dossier René Hardy, cf. Gérard Chauvy, *Histoire secrète de l'Occupation, op. cit.*

un jour reprendre leur activité. Même Multon finira par rejoindre Alger et le corps expéditionnaire français en Italie. Le bilan de ces opérations demeurait positif[1]. »

Le bilan des arrestations de Caluire, le 21 juin 1943, laissait, après l'« évasion » de René Hardy, huit hommes entre les mains du Sipo-SD de Lyon.

1. Mémoire de Me Vergès, p. 412.

CHAPITRE 10

Après Caluire

« Dans la soirée du vendredi, le Dr Dugoujon ainsi que le colonel Lacaze, André Lassagne, Henri Aubry, le colonel Schwartzfeld et Mme Raisin, secrétaire d'Aubry arrêtée le 22 juin, étaient conduits à la gare de Perrache et embarqués à destination de Paris[1] », rapporte Klaus Barbie.

Transférés au siège des services de la police allemande, les prisonniers se retrouvent dans l'antichambre de la déportation ou de la mort. Ils sont à la merci d'un « tribunal militaire » dont l'un des membres était un certain Ernest Roskothen. Ce conseiller de la cour d'appel d'Essen a exercé au tribunal militaire du Grand Paris de juin 1941 à août 1944. Roskothen s'est efforcé de paraître, à la Libération, comme un élément modérateur face au SD qui, « en tant que police, prenait les décisions elle-même[2] ». Quant à la « loi » régissant ce tribunal, elle reposait en partie sur ce que Roskothen appelle le *Führererlass,* qui se traduit par « ordonnance de nuit et brume » : « Cette appellation vient de l'expression allemande : "J'ai disparu en nuit et brume" qui veut dire : "J'ai disparu clandestine-

1. Mémoire de Me Vergès, p. 410.
2. Interrogatoire du 3 mars 1945 d'Ernest Roskothen. Son rôle a été diversement apprécié par ceux qui ont comparu devant ce tribunal et ont pu, après guerre, témoigné de son attitude.

ment." Le *Führererlass* était absolument secret [...]. L'explication de *Führererlass* est la suivante : dans certains cas il est préférable de ne pas condamner ou fusiller le coupable à Paris ou en France, mais de le faire disparaître en l'envoyant en Allemagne. A partir du mois de décembre 1941, et régulièrement à partir de mars-avril 1942, les personnes arrêtées furent "envoyées en Allemagne pour être jugées". Nous savions que ceci n'était qu'une formalité [*sic*], car en fait très peu de personnes ont été jugées en Allemagne. Seul le général Boetticher [le juge général dont Roskothen est l'adjoint] avait le droit de donner l'ordre qu'un accusé soit "envoyé en Allemagne" [1]. »

Il s'agit de la fameuse procédure *Nacht und Nebel* (« Nuit et Brouillard ») dont Barbie parle avec un rare cynisme [2].

Le tribunal allemand de Paris se saisit donc du cas des résistants arrêtés à Caluire, qui retrouvent, en ces circonstances, le général Delestraint et plusieurs de ses collaborateurs. « En cette première semaine de mars 1944, les prisonniers quittent Fresnes pour Compiègne. Pas tous : Max a disparu. Aucun des détenus n'en a de nouvelles depuis qu'en juillet, le général et André Lassagne ont été confrontés à lui à Neuilly. Vu l'état dans lequel il était alors,

1. *Ibid.*

2. « On connaît mal en général, écrit l'officier nazi, les dispositions de cette ordonnance. On pense qu'il s'agit d'une directive pour l'élimination des résistants déportés. Alors qu'il s'agit en fait de la procédure à suivre pour la poursuite des attentats ou tentatives ou préparation d'attentats contre l'armée d'occupation » (p. 418). « Procédure », « ordonnance », alors qu'il s'agit, trop souvent, de tuer dans l'anonymat. Le juge Roskothen donne un exemple, parmi tant d'autres : « Cette solution était employée par exemple pour les cas suivants : le général Frère fut arrêté et avoua être Félix et être l'envoyé du général Giraud. Ceci était un cas éclatant d'intelligence avec l'ennemi et cependant il n'était pas possible de fusiller le général Frère à Paris » (Roskothen, *op. cit.*). Barbie ajoute avec la froideur du bourreau : « Aucune nouvelle des accusés ne devant être donnée à leurs familles qui doivent rester "dans le brouillard" » (mémoire de Me Vergès, p. 418). Le décret « Nuit et Brouillard » a été diffusé auprès de la Wehrmacht et des services SS en décembre 1941.

le pire est à craindre. Le juge Roskothen sait qu'il est mort. Il l'a écrit sur ses notes. L'a-t-il dit aux inculpés qu'il a vus défiler devant lui ? Personne non plus ne sait que Jean-Louis Théobald, parti en janvier, s'est évadé du train qui l'emmenait à Buchenwald. Bruno Larat, par contre, y sera envoyé seul, ou peut-être avec le colonel Schwartzfeld. Ils n'en reviendront ni l'un ni l'autre. Mme Raisin et Mlle Olivier sont déportées et aboutiront finalement à Ravensbrück. Henri Aubry, lui, a été relaxé le 20 novembre, libéré pour certains le 12 décembre. Le colonel Lacaze, le Dr Dugoujon et Mme Mella ont bénéficié d'un non-lieu et sont libérés en janvier [1]. »

Avant leur transfert à Paris, que s'est-il passé à Lyon, pour les résistants arrêtés au domicile du Dr Dugoujon ? Selon Barbie, qui répond en 1948 aux questions du commissaire Bibes, leurs identités réelles n'ont pas tenu longtemps : « Hardy nous a donné les identités exactes des personnes se trouvant à la réunion de Caluire. » L'officier SS est cependant, à cette époque, moins prolixe sur le rôle de certains de ses prisonniers. En premier lieu, en ce qui concerne Henri Aubry : « Je ne peux pas davantage indiquer si les personnes arrêtées, en particulier Aubry, ont avoué de leur propre initiative ou sous les coups et sévices [2]. »

En revanche, quelque quarante ans plus tard, Barbie se souvient mieux du cas Aubry : « Plus tard, au cours d'une rencontre à l'infirmerie de Fresnes, Aubry apprit au docteur [Dugoujon] qu'il avait désigné Max au cours d'un interrogatoire qui s'était déroulé le mercredi matin. En fait, nous avions choisi Aubry (qui était chef d'état-major de l'Armée secrète et savait beaucoup de choses que par ailleurs nous savions déjà) pour être témoin à charge dans la procédure engagée contre le général Delestraint et Moulin qui aurait dû les conduire tous les deux devant le

1. François-Yves Guillin, *Le Général Delestraint, premier chef de l'Armée secrète, op. cit.*

2. Interrogatoire par le commissaire Bibes, cit.

Volksgerichtshof (tribunal du peuple) de Breslau pour *Feindbegunstigung* (aide à l'ennemi). C'est d'ailleurs la déposition d'Aubry, qui résumait en plus de 52 pages les activités de l'Armée secrète, qui servit de base à l'ensemble des accusations portées contre les membres de l'état-major de l'Armée secrète arrêtés à Paris et à Caluire[1]. »

Barbie se réfère aussi aux déclarations de l'un de ses homologues parisiens du SD, Misselwitz. Cet officier SS joue un rôle important dans ces événements. Il aura l'occasion, après la guerre, de fournir sa propre interprétation. Ernst Misselwitz est arrivé en juillet 1942 au SD de la rue des Saussaies. Ce n'est qu'en janvier 1943 qu'il dit être entré au BDS (Befehlshaber der Sipo-SD, ou commandement de la police de sécurité allemande en France) de l'avenue Foch, dont dépend la section IV placée sous l'autorité du chef SS Karl Boemelburg.

C'est le 11 avril 1947 que Misselwitz, entendu par la Surveillance du territoire, évoque Henri Aubry : « J'ai très bien connu le nommé Aubry, *alias* lieutenant Henry, pour l'avoir interrogé moi-même, à différentes reprises, à la suite de son transfert de Lyon à Paris. » Misselwitz évoque les « révélations spontanées » du résistant. Il souligne, dans un discours empreint d'une dignité peu commune au sein de la police nazie, qu'il « ne veut pas oublier certains renseignements que m'avait confiés Barbie sur l'attitude d'Aubry à Lyon et qui peuvent l'avoir influencé sur sa conduite à suivre à Paris ». L'Allemand veut tout simplement dire que le traitement de choc infligé par Barbie à Aubry fit craquer ce dernier. Il accepta de parler : à Lyon, sur ce qui intéressait la région, à Paris, sur toutes les questions d'ordre plus général qu'on allait lui poser. « Dès le premier interrogatoire, précise Misselwitz, il [Aubry] m'exhiba un de ses bras sur lequel on distinguait très visiblement des traces de meurtrissures et de coups, qu'il imputa à Barbie. Il me supplia de lui éviter un semblable traitement, m'assurant qu'il était disposé à révéler tout ce qu'il savait. »

1. Mémoire de Me Vergès, p. 407.

Aubry avait effectivement été maltraité, tous ses compagnons de détention en attestent. Fernand Bucchanieri était à Fresnes, dans la même cellule que le chef d'état-major de l'AS. Il se souvient que, comme la plupart des détenus, il avait d'abord été mis entièrement nu : « On n'aurait pas pu placer une pièce de dix sous sur son corps tant il était entièrement recouvert de bleus. » Aubry lui confia qu'il avait été battu à coups de pied de table et qu'« on ne lui avait pas fait de cadeau ». Son régime avait changé totalement, puisque, se rappelle encore Bucchanieri, son compagnon, par ailleurs très bavard, partait chaque jour pour l'interrogatoire d'où il revenait les bras chargés de casse-croûte et relativement détendu. Ce qui n'était évidemment pas le cas des autres prisonniers [1].

Misselwitz réservait effectivement à Aubry un traitement de faveur :

« Il m'a déclaré qu'il était le secrétaire général de l'Armée secrète et que cette qualité l'avait obligé à de fréquents déplacements dont il allait me rendre compte. Nous avions une documentation assez volumineuse sur l'Armée secrète, les Mouvements unis, etc. à laquelle vinrent s'ajouter les documents trouvés par Barbie lors des arrestations de Lyon. Aubry m'a alors aidé, sans aucune difficulté, à faire le tri et le classement de cette documentation, le groupement par région et à la compléter le cas échéant. »

Aubry confirme aux Allemands le rôle de Jean Moulin et remet « sur plan tout l'état-major de l'Armée secrète », sur lequel il « s'étend avec force détails » en précisant que la réunion de Caluire « avait pour but de former un tout, un ensemble des Mouvements unis et de nommer le remplaçant du général Delestraint, récemment arrêté ».

Misselwitz reprend les « confidences » d'Aubry : « Les précisions apportées par Aubry permirent aussitôt aux services

1. Entretien téléphonique de l'auteur avec Fernand Bucchanieri, le 13 avril 1990.

allemands de distinguer l'importance du mouvement. De nombreux documents saisis par les divers Kommandos à l'intérieur de la France, notamment concernant les régions de Lyon, Marseille, Montpellier, Toulouse et Limoges, furent présentés à Aubry. Ce dernier les compulsa, confirma la participation des différentes personnes arrêtées ou encore en liberté. Il procéda également à la vérification de plans et donna toutes indications complémentaires. »

« Il m'apporta, relève Misselwitz, toutes ses connaissances sur chacun des chefs de région et de sous-région, dans la mesure où il les connaissait [...]. Il rédigea, enfin, pour le compte de Boemelburg, plusieurs rapports spéciaux, notamment sur le Comité central d'études[1]. » Aubry accepta aussi, sans l'achever, une mission d'intoxication :

« Boemelburg, homme actif et peu bureaucrate, avait nourri le projet d'organiser un service de propagande. Dans ce but, il contacta Aubry avant sa libération et lui proposa de collaborer avec lui : il avait vu en Aubry l'homme qui répondait à ses aspirations.

« Boemelburg envisagea de faire rédiger des tracts propagandistes à Aubry contre la Résistance. Il accepta et, à cet effet, il devait lui mettre à sa disposition les quotidiens français vichyssois et des journaux clandestins saisis au cours de perquisitions.

« Boemelburg, bien que nourrissant ce projet depuis longtemps, ne put le réaliser, car il ne put disposer des moyens indispensables ni du personnel. D'autre part, il n'était pas très versé en la matière. C'est ainsi qu'Aubry ne put continuer sa triste besogne. »

Misselwitz a vraisemblablement le sentiment que chaque détail qu'il apporte sur ce qu'il appelle lui-même « la triste besogne » d'Aubry accroît l'embarras de ceux qui l'écoutent, dans le cadre d'un dossier de trahison déjà brûlant

1. Il s'agit probablement du Comité général d'études, sorte de Conseil d'État de la Résistance, institué par Jean Moulin, en 1942.

où est impliqué un autre responsable de la Résistance, René Hardy. Il insiste sur le caractère délibéré, après les mauvais traitements infligés par Barbie, des déclarations qui lui ont été faites, sur les « compensations » accordées en échange :

« Aubry qui était logé à la villa de Boemelburg, à proximité de la chambre occupée par le général Delestraint, m'a demandé de ne jamais le mettre en présence de ce dernier : j'en ai conclu qu'il avait vraisemblablement honte de son attitude.

« La satisfaction qu'il donna aux services allemands lui valut, en échange, de nombreuses visites de sa sœur. Quand celle-ci venait le voir, nous le faisions venir de la villa de Boemelburg à l'avenue Foch. Vers septembre, son interrogatoire était terminé ; mais néanmoins, je crois me souvenir que nous avons profité des visites de sa sœur pour lui poser encore des questions d'ordre général intéressant la Résistance.

« Aubry fut libéré à la fin de l'année 1943, dans le courant de novembre, je crois, après accord de Boemelburg et de Stindt. Il signa une déclaration de loyauté, par laquelle il s'engageait à ne plus travailler contre les Allemands et, le cas échéant, à aviser les autorités d'occupation de tout mouvement de Résistance dont il aurait connaissance, susceptible d'engager une action. Enfin, il se retira dans un petit village situé aux environs de Chalon-sur-Saône, dont il nous communiqua [le nom] et il se présenta, régulièrement, à des périodes déterminées, au Kommando de cette ville [1]. »

Les chefs de la section IV E, indique Misselwitz, finirent par considérer Aubry comme « un homme peu intéressant, en raison de son attitude au cours de son interrogatoire, capable d'acheter sa liberté au prix d'une trahison ». Il devint, le temps s'écoulant, inutile, puisque la Résistance

---

1. Sources : procès-verbal d'interrogatoire de Ernst Misselwitz par le commissaire René Gouillaud, 11 avril 1947.

s'était sans doute réorganisée sur des bases qu'Aubry ignorait désormais.

Mis en cause sans ménagement et même avec une pointe de dédain par cet Allemand sûr de lui, Aubry, qui avait déjà fourni une déposition en date du 15 février 1945, est confronté à son accusateur. Le face-à-face se déroule le 18 avril 1947. Misselwitz maintient ses déclarations. Il tient à dire seulement qu'en « ce qui concerne l'exploitation des renseignements de M. Aubry, je n'ai jamais reçu des kommandos de province des comptes rendus d'activité ou de réussite ». Aubry fournit ensuite ses explications. Les voici, dans leur intégralité :

« Je reconnais dans la personne que vous me présentez et que vous dites s'appeler Misselwitz Ernst, l'Allemand qui m'a interrogé au siège de la Gestapo, avenue Foch, lorsque je fus transféré de Lyon à Paris.

« Lors des interrogatoires que j'ai subis de sa part, avenue Foch, il m'a montré de nombreux documents que j'ai reconnus exacts, mais que j'ai essayé de déformer en fournissant d'autres renseignements. Je voulais ainsi les brouiller quand je m'apercevais qu'ils étaient trop bien renseignés.

« Par ailleurs, ils m'ont présenté diverses listes d'agents soit par leur nom, soit par leur pseudo et je m'apercevais que certains y étaient représentés plusieurs fois. Je les ai laissés dans cette erreur, m'employant à leur fournir des renseignements supplémentaires pour leur créer, en quelque sorte, des résistants imaginaires. Vous pourrez constater, par vous-même, que si j'ai fourni des renseignements aux Allemands, ils ne devaient pas être d'une grande valeur, car aucune des personnes que j'ai signalées n'a été arrêtée. Tel est le cas de MM. Frenay, Baumel, Malacrida, Bourdet, etc.

« Il est bien exact que pendant ma détention chez les Allemands, j'ai été sollicité pour diriger un journal clandestin à leur avantage. Je reconnais sur la photo que vous me présentez celui qui m'a fait cette offre et que vous me dites s'appeler Boemelburg. Il m'a confié qu'il avait déjà le contrôle de certains journaux clandestins, mais il souhaitait en monter un supplémentaire. Il me demandait ma collaboration. J'ai feint d'accepter en lui faisant remarquer que pour pouvoir travailler efficacement, il fallait qu'il envisageât ma mise en liberté. J'ai été remis, par la suite, en liberté ; mais je dois vous certifier que la parution du journal n'a jamais eu lieu et que je n'y ai jamais collaboré.

« Il est bien exact qu'à différentes reprises j'ai reçu à l'avenue Foch la visite de ma sœur. Dans les débuts de mon arrestation, je l'avais vue à Fresnes ; mais par la suite, c'est dans le bureau de Misselwitz que je la voyais.

« J'ignore où se trouvait la maison dans laquelle j'ai été détenu. En tout cas, ce n'était pas bien loin de l'avenue Foch. J'ai d'abord été placé dans une chambre située au 2e étage et par la suite, je suis descendu dans une cellule aménagée dans la cave.

« En ce qui concerne ma condamnation à mort par le tribunal militaire allemand de la rue Boissy-d'Anglas que je vous ai signalée dans ma précédente déclaration de 1945 comme s'étant passée le 27 novembre 1945, je n'ai pas passé à vrai dire devant un conseil de justice quelconque, assisté d'un avocat, en présence d'un tribunal. Il y avait trois personnes qui m'ont questionné, m'avertissant que je me trouvais au tribunal militaire et cherchant à me déclarer coupable de certains actes, notamment de parachutages. C'est le lendemain que Boemelburg m'a averti qu'à la suite de ma visite au tribunal, j'étais condamné à mort et que je pouvais m'en sauver uniquement en travaillant pour lui.

« Enfin, il est bien exact qu'après ma libération des services allemands de l'avenue Foch, je me suis rendu dans ma famille à Reuilly, petit village à 15 kilomètres de Chalon-sur-Saône. Les Allemands connaissaient cette adresse, pour l'avoir trouvée sur moi lors de mon arrestation. C'est bien exact que j'avais accepté, de leur part, de signaler ma présence au kommando local, lorsque j'y arriverais. Je l'ai fait en réalité les premiers jours, mais par la suite, je m'en suis abstenu, ce qui a motivé un déplacement des Allemands au domicile de ma mère.

« Pour terminer, je tiens à vous reconnaître que Misselwitz s'est toujours montré correct à mon égard. Bien mieux, j'ai eu l'impression, à certains moments, qu'il ne voulait pas fouiller à fond notre affaire et qu'il cherchait à en sauver quelques-uns. Il ne m'a jamais maltraité, faisant preuve d'humanité à mon égard et me donnant, de temps à autre, quelques sandwichs ou vivres, lorsque je me plaignais que je n'avais presque rien à manger [1]. »

Si l'on apprend par Misselwitz quel traitement a été réservé à Aubry [2], c'est par lui également que l'on obtient une piste sur le sort qui a été réservé à Jean Moulin. La mémoire de Misselwitz est suffisamment fidèle pour qu'il se souvienne, en avril 1947, de ces journées des 25 et 26 juin 1943 au cours desquelles Barbie est venu livrer, à Paris, les prisonniers de Caluire. Il en a retenu que le responsable de la section IV du Sipo-SD lyonnais a surtout parlé d'un certain Hardy qui avait accepté de travailler pour lui, et que c'était grâce à lui qu'il avait pu réaliser ces prises au domicile du Dr Dugoujon. Misselwitz poursuit en déclarant avoir revu Barbie, vers le 3 ou le 4 juillet, alors qu'il amène au BDS de Paris le préfet Moulin, *alias* Max, *alias* Régis : « Voyant qu'il ne pouvait obtenir aucun renseignement, il s'était livré à des voies de fait et à des brutalités nombreuses et douloureuses, mettant le préfet dans un état lamentable. Celui-ci a continué à faire preuve du même courage et à se refuser à toute révélation, essayant à trois reprises différentes de se donner la mort [3]. » Quant à Barbie, souligne Misselwitz, « il fut réprimandé vertement par ses supérieurs qui le désapprouvèrent totalement pour l'at-

1. Procès-verbal de confrontation entre Henri Aubry et Ernst Misselwitz du 18 avril 1947, en présence du commissaire René Gouillaud.

2. Cf. aussi l'étude de François-Yves Guillin, *Le Général Delestraint, op. cit.*

3. Interrogatoire de Misselwitz par le commissaire René Gouillaud, le 9 avril 1947 (dossier Hardy).

titude qu'il avait eue à l'égard de prisonniers pour obtenir des aveux ».

Klaus Barbie a toujours nié avoir exercé des sévices sur Jean Moulin :

« L'accusation, explique-t-il, de l'avoir torturé à mort ne résiste pas à un examen objectif de la situation. Ou je savais dès le départ que Max serait présent et je pouvais l'identifier à partir du moment où l'identité des autres m'était connue. Ou c'est Aubry, version officieuse de l'historiographie de la Résistance, qui me l'apprend le surlendemain de Caluire, le jour même où je l'aurais blessé. Mon comportement alors défie toute logique.

« J'aurais été correct avec Jean Moulin jusqu'à ce que j'apprenne son identité, et me serais acharné sur lui au point de le plonger dans le coma à partir de ce moment où je savais que j'avais à le remettre à mes supérieurs à Paris.

« Ceux qui m'accusent, en fait, d'avoir torturé Max ont pour but de masquer le fait que je l'avais identifié dès le départ, puisqu'eux-mêmes me l'avaient dénoncé [1]. »

L'officier SS nie donc avoir soumis Jean Moulin à la torture :

« Quand je lui ai mis mes documents sous les yeux, Moulin a pu mesurer l'étendue du désastre, et constater l'anéantissement de ses efforts et l'échec de sa mission.

« Malheureusement dérangé par une urgence, j'ai dû interrompre son interrogatoire et l'ai confié à la garde de deux soldats. A mon retour, je devais apprendre que, profitant d'un moment d'inattention, il avait tenté de se suicider en se frappant la tête contre le mur de toutes ses forces. L'EK ne disposant pas d'infirmerie, je lui fis faire un pansement provisoire et conduire à la prison Montluc pour y recevoir des soins.

---

1. Mémoire de Me Vergès, p. 410.

« C'était, si mes souvenirs sont exacts, le surlendemain de son arrestation. Jusque-là, il s'était refusé à parler.

« Ramené le jeudi matin, il persista dans son mutisme. Je le fis reconduire à la prison le soir en demandant aux soldats de veiller sur lui et de lui réserver toutes leurs attentions. Je le revis le vendredi[1]. »

Apparemment aucun soin nouveau n'a été prodigué, ce qui, pour un responsable aussi important de la Résistance dont la capture peut entraîner des conséquences immédiates, est assez étonnant. Il faut dire que Barbie oublie vite que l'emploi de la méthode forte — et combien l'ont malheureusement subie ! — faisait partie du régime « légalement » appliqué, si l'on peut dire, et couvert par des instructions venues de Berlin. Ainsi, sous l'objet « Interrogatoires renforcés », une note, diffusée le 12 juin 1942 à tous les cadres du SD, autorisait l'emploi de ce qu'il faut appeler, en langage clair, la torture[2].

Tortures ? Tortures et tentative de suicide ? Il est quasiment impossible en ce qui concerne Jean Moulin, et en l'absence d'autres éléments, d'établir formellement les causes qui ont entraîné l'extrême délabrement physique

---

1. Mémoire de Me Vergès, pp. 409-410.

2. Un peu à la manière des rares textes diffusés pour la Solution finale, cette note utilise des expressions banalisées, euphémiques et d'une froideur administrative typique : « Dans un but de simplification, l'ordonnance du chef de la Sûreté et du SD du 1.7.37 B No PP (11) 301/37. g. RS (qui selon le règlement doit être immédiatement détruite) sera immédiatement remplacée par le texte ci-après : 1°) Les interrogatoires "renforcés" ne doivent être appliqués que si l'on constate qu'au cours d'interrogatoires précédents, le détenu a connaissance de renseignements importants concernant l'ennemi, ou concernant des liaisons ou plans et qu'il se refuse à les communiquer. 2°) Ces interrogatoires "renforcés" ne peuvent être appliqués que contre les communistes, marxistes, *bibleforscher* (étudiants de la Bible), saboteurs, terroristes, résistants, agents de liaisons (pour parachutistes), asociaux, travailleurs réfractaires, Polonais ou Russes vagabonds. Pour tous les autres cas, en principe il faut mon autorisation préalable. Le chef de la police de Sûreté, Berlin, le 12 juin 1942. »

constaté par ceux qui ont pu le revoir, à Paris notamment. Tel fut le cas de Lassagne, Delestraint et de l'interprète allemand Meiners. Jean Moulin devait mourir en cours de transfert en Allemagne, aux premiers jours du mois de juillet 1943.

A Lyon demeurent, sous l'autorité du Sipo-SD local, deux hommes. D'abord Bruno Larat, arrêté à Caluire sous le faux nom de Laurent Pierre Parisot mais qui ne résiste pas aux investigations allemandes. Barbie donne les raisons de son maintien à Lyon : « Parce que nous avions besoin de l'interroger pour l'exploitation des documents et du matériel saisis au bureau COPA (Centres opérationnels des parachutages et atterrissages) [1]. Interrogé la dernière fois le 18 juillet à Lyon, il fut ensuite transféré à Fresnes[2]. »

Nous avons confirmation des conséquences sur ce service, des arrestations de Caluire, par le second rapport du chef de la police allemande, Kaltenbrunner, en date du 29 juin 1943. Il cite sous le nom de couverture de Laurent et de Xavier le chef adjoint du service COPA, anciennement SOAM. Il s'agit, dit ce rapport, du service central pour l'organisation des parachutages d'agents et de matériel et des contacts radio. Le bureau COPA de Lyon a été démantelé. Il est précisé un peu plus loin dans le rapport : « Le bureau COPA se trouvait placé sous le camouflage de "La Durisol" - Bureau Technique, à Lyon. Là, des documents essentiels sur les terrains d'atterrissage pour avions et les terrains de parachutage ont pu être saisis et mis en sécurité[3]. »

---

1. Plus exactement Centre des opérations de parachutage et d'atterrissage. « Sa mise en place est la conséquence de la fusion des services de parachutage des trois grands mouvements de la zone sud, dans le cadre des MUR », *in* Bruno Permezel, *Résistants à Lyon, 1 144 noms, op. cit.*

2. Mémoire de Me Vergès, p. 411.

3. Rapport Kaltenbrunner du 29 juin 1943 adressé au ministère des Affaires étrangères à Berlin.

De son côté, Raymond Fassin, le prédécesseur de Larat à la tête du COPA, devait répondre à Londres, dès le 28 juin 1943, à cette question posée par le BCRA, qui s'inquiète des suites des récentes arrestations de Caluire :

« Où étaient déposées les archives “terrains”, “câbles”, “courrier de Londres”, papiers voiture, etc. ?

— Dans le bureau Durisol, dans un placard de la deuxième pièce, placard dont Sif Prim et Sif V avaient la clé[1]. »

Sif Prim n'est autre que Jean-Marie Gilles, membre du COPA, qui est arrêté dans le bureau de La Durisol, rue de la République à Lyon le 22 juin 1943. Il sera déporté et ne reviendra pas des camps de la mort. Tout comme Bruno Larat, déporté au camp de Dora, mort le 5 avril 1944, à 28 ans, d'une pneumonie et d'une dysenterie.

Quant au dernier prisonnier détenu par Klaus Barbie, il s'agit d'un certain Ermelin Claude, inscrit sous ce nom sur le registre de la prison de Montluc.

1. Interrogatoire du « capitaine Barsac, *alias* Sif » (Raymond Fassin) du 28 juin 1943, BCRA ; cf. annexe XX (pp. 423-429).

CHAPITRE 11

« Vous êtes Aubrac ! »

Le rapport du chef du RSHA[1], Ernst Kaltenbrunner, daté du 29 juin 1943, est formel sur un premier point concernant René Hardy : « Au cours d'un "jeu d'agent" *(Agentenspiel)* réalisé avec lui, le Einsatzkommando de la Sipo et du SD de Lyon, en coopération avec le Sonderkommando mis à sa disposition par le RSHA afin de combattre l'Armée secrète, a réussi à mettre la main à Lyon sur une réunion de personnes dirigeant des Mouvements de Résistance unis et de l'Armée secrète. » La liste des personnes arrêtées comporte les noms et la qualité de : Henri Aubry, André Lassagne (orthographié « Lassang »), Laurent Pierre Parisot (le vrai nom, Larat, n'est pas indiqué mais sa qualité de responsable du COPA est bien mentionnée), le colonel Albert Lacaze, le lieutenant-colonel Schwartzfeld et enfin le docteur en médecine Dugoujon.

Sur Jean Moulin, bien qu'il soit mentionné sous le pseudonyme de Max, le commentaire peut paraître surprenant :

« La réunion avait été convoquée par le chef des Mouvement unis de Résistance qui avait été nommé par le général de Gaulle et qui porte le nom de couverture de Max. Max

1. *Reichssicherheitshauptamt* : Office principal de la Sécurité du Reich à Berlin, centre de l'Etat policier nazi.

lui-même n'est pas venu à la réunion. Il avait été probablement retenu par une rafle de la police française. Il voulait, lors de cette réunion, donner de nouvelles directives concernant la coordination de l'activité des Mouvements unis de Résistance et celle de l'Armée secrète, directives nouvelles qui, en raison de l'arrestation du général Vidal, étaient devenues nécessaires. »

Or, tous les événements qui se sont enchaînés depuis le 21 juin 1943 confirment que les Allemands avaient cerné la personnalité véritable de Jacques Martel, qui se prétendait né le 22 août 1897 dans la Somme, être décorateur et domicilié au 17 de la rue Renan à Lyon. Pourquoi écrire alors que Martel-Moulin n'est pas venu au rendez-vous ?

A la date du 29 juin, date de ce rapport, Jean Moulin, si l'on se réfère à tous les témoignages qui ont pu être réunis après la guerre [1], est encore vivant, même s'il est moribond. Kaltenbrunner cherche-t-il à dissimuler que ce prisonnier de marque, maltraité et désormais dans un piteux état, n'a pu et ne pourra être « utilisé » comme il se doit ? Ou prend-il la précaution suprême de dissimuler sa capture pour permettre, demain, son « utilisation », à la manière dont Henri Aubry, l'un des chefs de l'Armée secrète, a été « traité » de façon à obtenir un maximum de renseignements, voire de « services » ?

Ce second rapport Kaltenbrunner comporte un autre « oubli ». On constate en effet l'absence de référence à « Claude Ermelin, célibataire, né le 7 février 1912 à Lorient », se disant « catholique, employé, français » et habitant « 25 rue Montesquieu à Lyon ». C'est sous ce nom et avec ces qualités que Raymond Aubrac, naguère François Vallet, a été arrêté à Caluire. Faut-il supposer qu'il s'agit d'un simple oubli alors que tous les autres participants à cette réunion du 21 juin sont nommés, y compris le Dr Dugoujon qui n'occupe aucune fonction au sein de la

1. Cf. Laure Moulin, *Jean Moulin*, Paris, Presses de la Cité, 1969.

Résistance ? Et pourquoi Ermelin-Aubrac, à la différence de ses infortunés compagnons — et à l'exception de René Hardy — n'est-il pas transféré à Paris ?

Peu après son arrivée en Angleterre, en février 1944, Raymond Aubrac, face aux services du BCRA, explique le déroulement des événements après qu'il a été transféré de la maison du Dr Dugoujon au siège de la Gestapo lyonnaise, à l'école de santé, avenue Berthelot :

« Nous avons été emmenés directement à la cave. Thomas [Aubry] a été interrogé et battu tout de suite. Comme nous étions ensemble, j'ai pu aider Rex [Jean Moulin] à se débarrasser de ses papiers et il m'a aidé à me débarrasser des miens (il avait la photo d'un type de la Gestapo et j'avais quelques adresses).

« Le soir, j'ai été interrogé 5 minutes. On a ouvert une porte dans laquelle on m'a fait passer la tête et j'ai pu apercevoir Thomas assis en face d'un Allemand. Ils ont dû lui demander s'il me connaissait et il a dit non. On m'a mis dans une autre porte [*sic*] et on a demandé à un type de la Gestapo, qui m'avait interrogé quand j'avais été entre les mains des Français, s'il me connaissait ; il a répondu affirmativement mais j'ai dit : “Non, je n'ai rien à faire avec tout cela ! J'étais chez le médecin pour une consultation.” J'ai été ramené en bas et laissé 8 jours sans être interrogé.

« Thomas, qui était mon voisin de cellule, a été très battu. Je l'ai vu au lavabo et il m'a dit : “Je ne leur ai pas dit que tu étais Aubrac.” Seulement, par ailleurs, il a dit tout ce qu'il savait sur Aubrac. Or, j'ai été obligé de reconnaître que j'étais Aubrac quand ils m'ont identifié comme Vallet, puisqu'ils savaient que Vallet et Aubrac ne faisaient qu'une seule et même personne [1]. »

Quatre mois plus tard, nouvelle déposition de Raymond Aubrac, à Alger cette fois, face à la Sécurité militaire. Tout

1. « Interrogatoire de monsieur Aubrac », Londres, 19 février 1944 ; cf. copie en annexe XV-1 (pp. 319-323).

en accablant René Hardy, il est amené à relater les mêmes faits :

« J'ai été amené dans les locaux de la police allemande, maison de santé, avenue Berthelot à Lyon. Très rapidement interrogé, j'ai été mis dans une cellule de la prison Montluc d'où j'ai été retiré au bout d'une semaine pour être mené chaque jour et pendant une semaine, rue Berthelot, pour interrogatoire. J'ai été frappé et j'ai eu l'occasion de m'évanouir une vingtaine de fois. Après une semaine d'isolement en cellule, j'ai été de nouveau appelé aux interrogatoires et on a rédigé une déposition de quelques pages consacrée essentiellement à mon identité. »

Une identité qui, cette fois, ne s'établit plus de la même façon que dans son interrogatoire de février :

« Au cours de ma première comparution, la police française a admis que mon identité était celle de François Vallet, pour laquelle j'avais des pièces satisfaisantes. Au moment de mon arrestation par les Allemands, je portais une identité au nom de Claude Ermelin, qui a été rapidement reconnue pour fausse. D'autre part, un officier de la police allemande qui m'avait interrogé au cours de la première arrestation m'a reconnu, et les Allemands ont admis pour véritable identité celle de François Vallet.

« C'est ainsi que je suis resté tout le temps sous le nom de François Vallet[1]. »

En contradiction avec la première version produite lors de son arrivée à Londres, Raymond Aubrac ne reconnaît plus, à Alger, avoir été identifié dans sa fonction et sous son pseudonyme de résistant. Il faut souligner qu'en ce mois de juin, Aubrac dépose à charge contre René Hardy.

---

1. « Déposition de M. Aubrac Raymond, membre de la Résistance », Alger, 3 juin 1944, direction de la Sécurité militaire ; cf. copie en annexe XV-2 (pp. 324-329).

D'autres circonstances le voient revenir sur cette seconde version.

Lors du premier procès Hardy, en 1947, Raymond Aubrac est, lors de sa déposition, amené à évoquer son arrestation et sa détention :

« Nous avons été emmenés dans des voitures de la Gestapo aux locaux de police allemands à l'école de santé militaire avenue Berthelot où, dans la soirée, on nous a fait subir un rapide interrogatoire avant de nous emmener au fort Montluc. En ce qui me concerne personnellement, j'ai été quelques jours au fort Montluc sans être interrogé, je l'ai été pour la première fois le lundi 29 juin [1]. Dans l'intervalle, j'ai eu la possibilité de voir une fois ou deux au lavabo Aubry qui était dans la cellule voisine de la mienne, et au moment où il faisait sa toilette j'ai pu constater qu'il avait été battu très fortement par les Allemands au cours de ses interrogatoires.

« [...] Mon interrogatoire a duré à peu près une semaine, la semaine qui a commencé le 29 juin, qui s'est donc terminée dans les premiers jours de juillet. Au cours de cette semaine, j'étais chaque matin mené du fort Montluc aux locaux de la Gestapo, à l'école de santé militaire. J'étais interrogé les menottes derrière le dos et chaque fois battu à coups de poing, de pied, de matraque, etc. Après une semaine, la police allemande m'a laissé tranquille [2]. »

Pour la troisième fois, Raymond Aubrac confirme donc qu'il n'a été sévèrement interrogé qu'une semaine après son arrestation, de fin juin à début juillet. Une seconde instruction de l'affaire Hardy s'ouvrant peu après, une nouvelle audition est réalisée, devant le juge militaire Gonnot, le 21 avril 1948 :

« Il ne m'est pas possible, déclare Raymond Aubrac, de

1. S'il s'agit du 29 juin, le jour est un mardi et non un lundi.
2. Procès Hardy, sténographie R. Bluet, cit.

vous indiquer les personnes avec lesquelles j'ai été transféré de Caluire à l'école de santé de Lyon où nous avons été mis dans une cave. Nous avons pu échanger quelques mots entre nous. Il est exact que je fus conduit ensuite au premier étage pour un interrogatoire.

« Rien ne me permet de penser que les Allemands aient connu l'identité de Max avant mon premier interrogatoire que je situe le 28 juin 1943, à l'école de santé à Lyon, car je n'ai pas été transféré à Fresnes. Pendant la semaine du 28 juin 1943 au 4 juillet 1943, j'ai été interrogé tous les jours. Au cours de ces interrogatoires, j'ai pu constater que les Allemands connaissaient en ce qui me concerne personnellement, non pas ma véritable identité mais, d'une part, l'identité d'Hermelin et de Vallet, noms sous lesquels j'avais été arrêté et mis en liberté par la police française et d'autre part le fait que j'étais Aubrac et ce qu'était en gros mon activité. »

La confirmation du premier interrogatoire de Londres est donnée ici avec des dates précises : du 28 juin (donc un lundi) au 4 juillet 1943. Le fait qu'il ait été identifié comme étant Aubrac et que les Allemands savaient « ce qu'était en gros [son] activité » est également clairement confirmé. Raymond Aubrac, qui est, sous la fausse identité d'Ermelin, reconnu comme un chef de la Résistance, usant de pseudonymes et de méthodes de clandestinité inhérentes à ce genre de situation, n'aurait pas révélé son véritable nom qui est Raymond Samuel.

« Les Allemands, ajoute-t-il face au juge Gonnot, ayant découvert que j'avais été arrêté quelques mois auparavant par la police française, je me suis retranché derrière cette non-activité officielle pour refuser de répondre à leurs questions [1]. » On ne saisit pas bien la valeur de cet argument mais d'autres éléments vont apparaître en 1950.

---

1. Audition de Raymond Aubrac par le juge Gonnot, 21 avril 1948 (cf. copie en annexe XV-3, pp. 330-333). Raymond Aubrac précise :

Le 2 mai précisément, déposant au second procès de René Hardy, Raymond Aubrac déclare :

« Pour ma part, j'ai été détenu pendant quatre mois à la prison de Montluc. J'ai été interrogé. J'ai notamment été interrogé par Barbie avec une très grande brutalité plusieurs jours, matin et soir. En entrant dans son bureau, j'avais d'abord les menottes dans le dos puis j'ai été matraqué.

« Barbie se comportait non seulement avec brutalité mais aussi avec un certain sadisme. On a rarement l'occasion de voir en face de soi un homme dont il est évident qu'il est sadique. J'en ai eu ce jour-là l'expérience et je tiens à cette occasion, Monsieur le Président, à protester contre le fait qu'il n'ait pas été livré à la police française pour être jugé comme il le mérite. »

Jusqu'alors, aucune mention détaillée n'avait été faite de l'identité des Allemands qui procédaient aux interrogatoires ni de leur attitude. Or, depuis 1948 une procédure a permis de retrouver et d'interroger le responsable de la section IV du Sipo-SD de Lyon, Klaus Barbie, qui poursuit en Allemagne une carrière au service, cette fois, des Américains[1].

A ce procès Hardy de 1950, Me Maurice Garçon, qui défend pour la seconde fois le résistant accusé de trahison

---

« J'ai été interrogé notamment sur Frenay et d'Astier. J'ai eu nettement l'impression que les Allemands cherchaient à les "accrocher". C'est pendant cette dite semaine seulement que j'ai appris que les Allemands connaissaient l'identité de Jean Moulin. Je n'ai aperçu qu'une fois Max à son départ pour un interrogatoire que je situe le 23 ou 24 juin 1943. Il était alors, semble-t-il, dans un état physique très amoindri et soutenu par 2 hommes. Au cours des interrogatoires que je subis, les Allemands cherchèrent à connaître les adresses et les noms de mes collaborateurs et des échelons décentralisés de l'AS. Ils utilisaient largement les déclarations de Aubry, après qu'il fut sérieusement maltraité. »

1. Le premier interrogatoire de Klaus Barbie par le commissaire Bibes, sous contrôle américain, a eu lieu le 14 mai 1948.

et possède en conséquence une bonne connaissance du dossier, prolonge la déposition de Raymond Aubrac en lui posant une série de questions :

« Lorsque les Allemands, un ou deux jours après, vous ont interrogé, et avec quelle brutalité...
— Huit jours après...
— ... Savaient-ils qui vous étiez ?
— Pas tout de suite.
— Par conséquent, huit jours après, les Allemands...
— Je dois dire, maître, que je ne sais pas ce que savaient les Allemands. Je sais qu'ils m'ont dit que j'étais Aubrac que le deuxième ou troisième jour... »

Raymond Aubrac développe ensuite ses explications, en soulignant que c'est au deuxième ou troisième interrogatoire que cette révélation lui est faite :

« A l'arrivée dans le grand bureau somptueux occupé par Barbie, on mettait les menottes. Et puis Barbie commençait avec une règle ou une matraque en caoutchouc, dont il ponctuait ses questions, à questionner : “Où est Frenay ? où est d'Astier ? qu'est-ce que tu vas dire ? etc.”

« Et pendant le premier interrogatoire au moins, Barbie restait à l'identité que j'avais au moment de mon arrestation et qui était Claude Ermelin. Puis au deuxième ou troisième interrogatoire, Barbie m'a dit : “Mais tu es Lucien Valay [lire Vallet] [1]. »

Ce serait donc après le 28 juin 1943 que le pseudonyme de Raymond Aubrac, responsable de l'Armée secrète [2], aurait été révélé, puisque les interrogatoires, après celui

---

1. Audience du 2 mai 1950, procès Hardy ; sténographie R. Bluet, cit.

2. Il faut préciser que les Allemands ont connaissance de ce pseudonyme : parmi les organigrammes qui accompagnent le rapport Kaltenbrunner du 27 mai 1943 sur l'Armée secrète, figure en bonne place le pseudonyme Aubrac.

— très rapide — du 21, débutent à partir de cette date, selon Raymond Aubrac. Lequel poursuit : « Barbie s'est moqué de la police française qui avait cru à mon histoire de kilos de sucre au marché noir et qui n'avait rien retenu d'autre contre moi. »

Il est douteux que Barbie ait pu se moquer, pour ce motif, de la police française puisque les Allemands, ayant eu connaissance de la procédure engagée, savent aussi — comme nous l'avons vu à la lecture des documents rédigés par le procureur de la République Ducasse — que la justice lyonnaise n'a jamais retenu ce motif d'inculpation.

Manifestement, ajoute Raymond Aubrac, la police « était fort bien renseignée sur l'organisation de l'AS. Je crois savoir qu'une partie des renseignements qu'avaient les Allemands — je m'excuse de cette incidence mais elle a un intérêt — provenait de documents que les Allemands avaient trouvés ou que la police française avait trouvés lors de l'arrestation du 13 mars [*sic*], chez un de nos camarades Forestier, qui était chef de l'Armée secrète de Combat. Forestier avait la fâcheuse habitude de conserver beaucoup de documents, de faire aussi quelques procès-verbaux des réunions auxquelles il assistait. Tout cela a été ramassé par la police française. Il semble que l'ensemble du dossier de cette affaire ait été soit réclamé par les Allemands, soit transmis à eux. »

Une affaire dans laquelle se trouvait impliqué Raymond Aubrac et qui était sans rapport avec le marché noir.

« Puis, poursuit Aubrac, au troisième ou quatrième interrogatoire, Barbie m'a reçu avec un petit sourire de triomphe en me disant : "Tu es Aubrac, nous savons tout. Nous avons eu une déposition importante sur l'AS. Aubry a parlé. Il a fait une déposition." Le chiffre m'a frappé : de 52 pages. Il m'a montré après un document dactylographié avec le nom d'Aubry au bas de la page de ce document. Et alors évidemment, Barbie m'a demandé la confirmation de tous les renseignements qu'il avait déjà, en se basant sur les éléments dont il disposait et ponctuant le tout de coups de matraque. »

Me Maurice Garçon reprend alors la parole :

« A la vérité, vous avez été arrêté. Il semble qu'il ait mis plusieurs jours à vous identifier.

— Oui, oui[1]. »

Il n'est plus question de soutenir, comme cela avait été fait à Alger en juin 1944, que le pseudonyme de François Vallet a résisté à toutes les investigations allemandes.

Trente ans vont passer. En 1980, Klaus Barbie est revenu, souvent sous le nom d'Altmann, dans l'actualité. Depuis la fin des années 60, la reconversion, en Amérique du Sud, du « bourreau de Lyon », condamné à mort par contumace par le tribunal militaire de Lyon en avril 1952, a été révélée. On parle de plus en plus d'extradition, mais en Bolivie l'ancien nazi, qui n'a pas vraiment dételé, possède des appuis sûrs. En 1980 donc, dans le cadre d'une « enquête ouverte sur crimes contre l'humanité par K. Barbie », Raymond Aubrac est appelé à témoigner à nouveau sur son arrestation de juin 1943 et ses conséquences :

« Un détachement de la Gestapo commandé par Barbie lui-même s'est présenté sur ces entrefaites, nous a tous arrêtés et conduits au fort de Montluc. C'est de cette façon que j'ai rencontré pour la première fois ce chef de la Gestapo appelé Barbie, que je connaissais de nom et de réputation.

« Après deux ou trois jours d'incarcération, les "interrogatoires" ont commencé à l'école de santé militaire pendant une semaine. J'ai été interrogé personnellement chaque fois par Barbie en présence d'une secrétaire avec qui il se permettait des frivolités. On me conduisait dans son bureau menottes aux mains attachées dans le dos. Dès le début il posait des questions ponctuées de coups de matraque, de pied et de poing. Dès que je m'évanouissais il me réveillait à coups de pied dans le ventre. J'ai remarqué qu'il enlevait la veste au début et qu'il se tenait en bras

1. Audience du 2 mai 1950, procès Hardy, sténographie R. Bluet, cit.

de chemise. Je me rappelle aussi l'avoir vu en uniforme. Son comportement m'a donné l'impression d'un être vicieux qui prenait plaisir à avilir et à dominer.

« Les interrogatoires avaient lieu une ou deux fois par jour à des heures et pendant des durées variables : des fois une heure, des fois moins et des fois peut-être plus puisque j'ai été rendu conscient deux ou trois fois après des évanouissements. Le motif de l'interrogatoire portait sur l'organisation de la Résistance, l'identification de responsables, leur localisation et son armement.

« Barbie m'a dit qu'il avait lui-même interrogé Max. Le hasard de la disposition de ma cellule à Montluc m'a permis de le revoir pendant cette période, il était couvert de blessures et ne marchait que soutenu par deux hommes.

« Je reconnais bien Barbie sur la photo que vous me présentez, il s'agit bien du personnage qui m'a interrogé [1]. »

Cette déposition appelle deux remarques : 1) Les « interrogatoires » ont commencé « après deux ou trois jours d'incarcération » et non plus au huitième jour ; 2) Il n'est pas fait mention des informations (identité notamment) obtenues par les Allemands.

Trois ans plus tard, en février 1983, Klaus Barbie retrouve les lieux où il a sévi et laissé de si tristes souvenirs durant l'occupation. Cette fois, Montluc n'est plus l'antichambre de l'enfer mais sa prison. Le 8 juin 1983, le juge d'instruction Riss, qui a en charge le dossier de l'ancien officier SS, entend à titre de témoin Raymond Aubrac :

« Pour commencer, je dois dire que j'ai été arrêté le 21 juin 1943 à Caluire comme "civil" et traité en tant que tel. A l'époque on nous refusait le titre de combattant et comme nous étions dans la clandestinité les autorités de Vichy et la police allemande nous pourchassaient comme des "terroristes". Ce n'est qu'après la Libération que notre

---

1. Procès-verbal d'audition du chef d'escadron François Lafforgue, 18 juin 1980 (cf. copie en annexe XV-4, pp. 334-335).

action a été reconnue comme une action de combattant de la Résistance. Le jour de mon arrestation je possédais l'identité d'Ermelin (faux nom). A l'époque, j'appartenais à l'état-major de l'Armée secrète du général Delestraint surnommé Vidal. A cette occasion, j'ai fait connaissance du chef de la Gestapo de Lyon le nommé Barbie connu sous le nom de Barbier à qui j'avais été présenté une première fois à l'hôtel Terminus.

« En effet, j'ai été arrêté une première fois par la police de Vichy début 1943 sous le nom de Lucien Vallet et incarcéré à la prison Saint-Paul de Lyon, pour faits de Résistance [*sic*]. Un jour, les policiers m'ont conduit à l'hôtel Terminus, siège de la Gestapo, pour y rencontrer, je l'ai su après, le chef de la Gestapo, Barbie. Je suis resté en prison environ deux mois et remis en liberté provisoire. J'ai revu Barbie à partir du 21 juin 1943, jour de mon arrestation dans la salle d'attente du docteur Dugoujon à Caluire (69). J'ai d'abord été interrogé sommairement avenue Berthelot le jour de l'arrestation et incarcéré à la prison de Montluc. Ce n'est que deux ou trois jours après que les interrogatoires "sérieux" ont commencé à l'ancienne école de santé militaire pendant une huitaine de jours. J'ai été interrogé personnellement par Barbie qui m'a reconnu comme étant Lucien Vallet. J'ai subi des interrogatoires, pratiquement quotidiens, à l'école de santé où j'étais transféré de la prison Montluc le matin puis ramené le soir. Ils se passaient dans le bureau de Barbie, situé dans le bâtiment central de l'école sur l'avenue Berthelot (celui qui a été bombardé le 26 mai 1944). Au moment de monter de la cave à son bureau, on nous passait les menottes. Barbie posait des questions répétitives, ponctuées ou accompagnées de coups de matraque, de gourdin, de poings, de pieds. J'avais la chance de m'évanouir assez vite sous les coups et il me réveillait à coups de pieds. Assistait quelquefois dans le bureau aux interrogatoires, une jeune femme en civil, avec qui il se permettait quelquefois des attitudes ambiguës. Il m'interrogeait en tenue civile, le plus souvent en bras de chemise, la durée des séances était variable, le motif des interrogatoires portait sur l'identification des chefs de la Résistance, l'organisation. Il disposait de quelques renseignements sur notre organisation, il prétendait d'ailleurs tout connaître et posséder un dossier sur nos agissements[1]. »

Dans ces déclarations, Raymond Aubrac ne dit plus qu'il a été interrogé seulement au bout du huitième jour mais seulement « deux ou trois jours » après l'arrestation et l'incarcération. Et Barbie ne l'aurait pas reconnu comme étant Aubrac !

Un document allemand, qui n'a jamais été considéré à sa juste valeur en dépit de certaines études sérieuses[2], atteste pourtant qu'en juillet 1943, le résistant Aubrac était bien entre les mains de la police nazie. Il s'agit du rapport « Flora », signé le 19 juillet 1943 par l'un des représentants de l'antenne du Sipo-SD de Marseille : l'Unterscharführer (sergent) Ernst Dunker, dit Delage. Ce rapport précise d'emblée que les actions retracées dans ses 40 pages ont touché tout le sud de la France. « Pendant la période qui s'étend du 14 avril au 4 juillet 1943, ont été arrêtées : 120 personnes. » Une liste impressionnante mais qui ne se limite pas à cette partie du pays. On y retrouve en effet des personnages comme Multon, dont les ravages ont atteint

1. Procès-verbal d'audition de témoin par le lieutenant-colonel François Lafforgue, 8 juin 1983 (cf. copie en annexe XV-5, pp. 336-338). Raymond Aubrac précise encore, sur l'attitude de Barbie : « Barbie ne m'a pas donné l'impression d'être intelligent. Il n'était pas doué de beaucoup d'esprit de finesse. D'ailleurs, il n'a jamais remarqué que j'étais juif. C'est un être vicieux qui prenait plaisir à dominer et humilier. Il donnait l'impression de posséder un pouvoir absolu et manifestait la satisfaction de disposer sans contrainte du sort des personnes interrogées par lui. On peut dire que devant lui, on était livré à son bon plaisir et qu'il n'y avait pas du tout de justice possible dans le système qu'il représentait. »

2. Cf. l'étude de Madeleine Baudoin *in Témoins de la Résistance en Région 2,* université de Provence, Aix-Marseille I, 1976 (thèse de doctorat).

d'autres zones, lyonnaise en particulier[1]. Sous l'intitulé « Autres membres des Mouvements unis de Résistance identifiés dans l'affaire Flora », on peut lire :

« N° 10 : Larat, *alias* Parisot, *alias* Xavier, adjoint au chef national COPA, arrêté à Lyon. »

« N° 13 : Avricourt, 38 ans, 1,71 m, cheveux foncés, petite moustache, front dégagé, domicilié à Lyon. Chef d'état-major de l'AS, arrêté à Lyon, de son vrai nom Aubry Maurice. »

« N° 34 : Aubrac (pseudonyme). Inspecteur de l'AS. Arrêté il y a quatre mois environ à Lyon, et en même temps que Mechin, par la section de Lyon. »

Certes, ce document comporte quelques erreurs. Dans cette citation, le prénom d'Aubry est Maurice au lieu d'Henri. L'arrestation de Jean Moulin est mentionnée, contrairement au rapport établi le 29 juin par Kaltenbrunner. Poursuivons la lecture du rapport « Flora » :

« N° 54 : Moulin Jean, *alias* Max, *alias* Régis. Délégué personnel de De Gaulle. Président du Comité directeur des MUR. Arrêté le 25.6.1943, par le détachement de Lyon. »

L'arrestation s'est évidemment produite le 21 juin, la date du 25 se rapporterait plutôt au transfert de Jean Moulin sur Paris. Mais ces erreurs n'entachent en rien, malheureusement, la véracité des faits et des arrestations. Raymond Aubrac, à qui fut présenté ce document, prétend qu'il n'en est rien :

« Dans cette liste, il y a mon nom avec cette mention : "Arrêté depuis cinq mois." Il y a aussi, à la page 33 de la

---

1. Un témoignage à chaud de Frenay est à ce sujet tristement édifiant : « Lunel [le pseudo de Multon] a été perdu de vue pendant un certain temps, puis il a été rencontré à Lyon à la terrasse d'un café, le café Le Tonneau, rue de la République, en compagnie d'une femme dont j'ignore le nom et le pseudo, qui fut pendant un certain temps la secrétaire d'un de nos camarades, Berneix [Jacques Baumel], qui avait servi à Marseille et qui est maintenant secrétaire général du comité directeur [...]. A plusieurs reprises, il [Multon] fut rencontré dans la ville de Lyon où il se montre très ostensiblement » (« Entretien du capitaine Vaudreuil avec Charvet [Frenay] », BCRA, Londres, 30 juin 1943).

version allemande, l'indication de l'arrestation de Caluire le 25 et non le 21 juin. On indique que Bertie Albrecht a été arrêtée à Lyon alors qu'elle le fut à Mâcon. Autrement dit, ce rapport est plein d'inexactitudes. On ne peut le présenter devant un tribunal comme une preuve[1]. »

Des inexactitudes ? En ce qui concerne Raymond Aubrac le document est d'une remarquable exactitude. Dans le rapport « Flora » figure aussi celui qui est indiqué comme ayant été arrêté avec Aubrac :

« N° 14 : Mechin, arrêté il y a quatre mois à Lyon. »

Mechin, autrement dit Morin-Forestier, effectivement pris dans la même nasse au mois de mars 1943.

Raymond Aubrac persiste, en dépit de ce qu'il a pu reconnaître précédemment, à affirmer que les Allemands, peu perspicaces, n'ont pas deviné sa fonction au sein de la Résistance. Lucie Aubrac insiste dans *Ils partiront dans l'ivresse* (p. 190 de l'édition de 1984) sur le fait que François Vallet est la seule obsession du piètre policier Barbie. Elle prête ces mots à son mari : « Si on t'a bluffé une fois, mon salaud, je pourrai bien réussir une seconde fois ! Et si tu crois que je m'appelle Vallet, tu n'iras pas imaginer que je suis juif ! »

Dans ses Mémoires, parus en 1996, Raymond Aubrac écrit encore : « A chaque appel de mon nom pour être confronté à Barbie, le seul qui m'interrogea, je redoutais que mon véritable rôle ait été découvert, mon identité percée à jour. Tout eût alors été perdu [...]. Si Barbie avait découvert qu'Ermelin était en réalité Vallet, il n'était pas allé au-delà de cette identification bien partielle[2]. »

Le 20 mai 1992, quatre ans plus tôt, Raymond Aubrac avait demandé à être entendu par le juge d'instruction lyonnais Jacques Hamy, car il considérait, à juste titre, que

1. Entretien avec Raymond et Lucie Aubrac : « Les Français sont capables de comprendre ce qui s'est passé dans leur pays », propos recueillis par Eric Ghebali et Patrick Girard, *in Archives d'un procès, Klaus Barbie*, Livre de poche, 1986.

2. Raymond Aubrac, *Où la mémoire s'attarde, op. cit.*, pp. 100-101.

Klaus Barbie, décédé l'année précédente, l'avait, de 1989 à sa mort, mis en cause. Il tenait, en conséquence, à effectuer à son tour une sorte de mise au point. Aux questions du juge, il répond, en ce qui concerne son identification par les Allemands :

« Je confirme que Henri Aubry *alias* Thomas *alias* Avricourt a été sérieusement maltraité par le Sipo-SD. Aubry, que j'ai pu rencontrer à l'intérieur de la maison d'arrêt Montluc m'a fait savoir qu'il avait parlé **et je ne peux que confirmer le fait que les Allemands savaient que j'étais Aubrac *alias* Vallet *alias* Ermelin.** Par contre, j'affirme que les Allemands n'ont jamais connu mon identité réelle, à savoir Samuel Raymond[1]. »

« Tout eût alors été perdu... », écrit Raymond Aubrac lorsqu'il dit : « Je redoutais que mon véritable rôle ait été découvert[2]. » Cela change effectivement toute une situation et l'on ne peut que s'interroger sur ce point, faute de pouvoir disposer d'autres documents.

En tout cas, ce n'est déjà plus François Vallet, trafiquant de marché noir, que l'on s'apprête à marier au sein de la Gestapo lyonnaise, mais Aubrac, que les Allemands, dans le rapport Kaltenbrunner, citent comme membre du Comité de coordination de la Résistance française, placé sous l'autorité directe du général de Gaulle. Un prisonnier que les Allemands, dans ces conditions, peuvent difficilement traiter à la légère.

---

1. Procès-verbal de déposition de témoin du 20 mai 1992 (cf. copie en annexe XV-6, pp. 339-347).

2. Raymond Aubrac, *Où la mémoire s'attarde, op. cit.*, p. 100.

CHAPITRE 12

De Hardy à Aubrac

La situation d'un autre participant à la réunion de Caluire, René Hardy, suscite d'abondants commentaires. Son aventure, dramatique et lourde de conséquences pour la Résistance, se poursuit. Dès sa sortie du domicile du docteur Dugoujon, bien qu'encadré par la police allemande, Hardy a réussi à s'échapper en bousculant ses gardiens. Blessé au bras, il a été récupéré chez sa logeuse, Mme Damas, où il a trouvé refuge, par la police lyonnaise à laquelle il ne cache guère ses fonctions de résistant ni ses activités[1].

Remis aux Allemands, Hardy est finalement transféré, en raison des soins que nécessite sa blessure, à l'hôpital de la Croix-Rousse.

De ce lieu, il va s'extirper ; il raconte ainsi les faits :

« Dès que j'ai senti qu'il m'était possible de me sauver, je l'ai fait. Dans la nuit du 3 août. Barbie a soutenu, bien sûr, que cette évasion avait été organisée par lui... Je parvins à ouvrir le cadenas qui fermait ma fenêtre et à sauter. Il y avait un garde dans le couloir, plus souvent en train de

1. Le lecteur trouvera dans mon précédent ouvrage, *Histoire secrète de l'Occupation*, les documents de la police lyonnaise sur la longue confession faite alors par René Hardy et sur les circonstances de son évasion de Caluire.

flirter et boire avec les infirmières. On se méfie trop peu des malades blessés avec un bras dans le plâtre... Ma chambre était située au-dessus des garages donnant sur une cour close par un portail et un portillon. J'atterris sur le sol de la cour, d'où je me hissai sur le portillon pour me retrouver dans la rue. L'armature du plâtre de mon bras me servit d'appui [1]. »

Les précisions fournies par les Allemands du Sipo-SD de Lyon contredisent ce récit. L'enquête, dont fait état le juge Gonnot lors de l'instruction du second procès Hardy, établit que ce dernier évoluait plutôt librement dans l'hôpital de la Croix-Rousse où Barbie lui rendit visite : « Stengritt, par ailleurs, a déclaré s'y être rendu en sa compagnie et avoir constaté que Hardy n'était pas hospitalisé dans le local des détenus... [...]. Aucun garde ne se trouvait dans le service, pas plus qu'à l'étage ou dans le couloir conduisant à la chambre. Hartwig, du Kommando d'intervention Werth, fut amené à se rendre à l'hôpital de la Croix-Rousse pour y voir Hardy, en compagnie de son chef, le commissaire Werth. Il devait, sur l'ordre de Barbie, prendre des nouvelles de Hardy, voir dans quel état de santé il se trouvait, savoir s'il pourrait bientôt sortir. Hardy avait un pansement à l'avant-bras gauche et portait le bras en écharpe [2]. »

Après cette seconde « évasion », une nouvelle fois réfugié chez sa logeuse, Mme Damas, c'est avec elle, le 5 août, que Hardy trouve asile chez les Delombre, à Collonges, dans la banlieue de Lyon. Le juge militaire Gonnot a pu retracer ce que René Hardy fit ensuite. Les Delombre le découvrent « déprimé, anxieux, traqué ». Le moindre bruit provoque chez lui un sursaut. « Son bras gauche était plâtré et il avait de la peine à le remuer, ne le déplaçant qu'avec difficulté. »

Une personne, très proche de Hardy, ne s'est pas encore manifestée : sa maîtresse, Lydie Bastien, qui entame pour-

---

1. René Hardy, *Derniers Mots, Mémoires*, Paris, Fayard, 1984.
2. Exposé du juge Gonnot, cit.

tant, selon ses déclarations, des démarches aussi abondantes que disparates, voire surprenantes. Elle prétend avoir « appris, le 25 juin 1943 », par ses parents, « que Hardy était arrêté et qu'il se trouvait à l'Antiquaille ». Si elle maintient n'avoir pas tenté directement d'entrer en contact avec lui, Lydie Bastien n'en énumère pas moins une série d'opérations de sauvetage dont une l'aurait conduite... jusqu'au bureau de Pierre Laval ! Quant au membre du KDS-Lyon Lutgens, l'un des acolytes de Barbie, il affirme avoir été « sollicité » par une femme s'étant présentée comme la fiancée de René Hardy. Une confrontation, le 27 avril 1948, entre l'Allemand et Lydie Bastien, se soldera par un échec.

« [...] Je ne reconnais pas dans la personne ici présente celle vue dans mon bureau et qui s'est présentée sous ce nom, avec la qualité de fiancée de Hardy », dira Lutgens.

« Je n'ai jamais vu le témoin ici présent » et « Je n'ai jamais fait de visites aux soldats allemands de la Gestapo de Lyon... », déclarera de son côté Lydie Bastien.

Du coup, Alfred Lutgens, pressé d'affiner le signalement de la femme qui s'est présentée à lui, ajoute : « Cette personne était plus grande et plus âgée que la demoiselle qui se trouve dans votre cabinet. Ses cheveux tiraient sur le roux. Elle portait un chapeau. Son physique était agréable, elle était vêtue avec élégance, sans exagération [1]. »

En admettant que Lutgens dise vrai, qui était cette mystérieuse « fiancée de Hardy » ?

Un fait paraît certain : Hardy tente de se dégager de l'étau allemand.

La « fuite éperdue », tel est le titre que René Hardy aurait pu donner à la suite de son aventure : « Après Collonges, après les Delombre où je passai deux ou trois jours, je gagnai Clermont-Ferrand. Un compartiment fermé m'avait été réservé dans le rapide. Je rejoignis ensuite Limoges où je devais me rendre avant les tristes événe-

1. Interrogatoire et confrontation devant le juge Gonnot, 27 avril 1948 (dossier Hardy).

ments du 21 juin. Le combat continuait. Près de Limoges, à Solignac, avec le concours de l'ingénieur Laguerie, nous mîmes au point un plan destiné à compléter celui de neutralisation des communications téléphoniques des grands réseaux de chemin de fer. J'élaborai une note technique sur la meilleure manière d'opérer celle des nappes et sous-stations amplificatives[1]. »

Hardy, bientôt rejoint par Lydie Bastien, a atteint effectivement Solignac, via Clermont-Ferrand et Limoges. Logé par la famille Roulière, le couple vit dans la hantise d'une visite imprévue. Le responsable de Résistance-Fer apparaissait « hagard, défait, nerveux, toujours sur le qui-vive. Il fut cependant reçu avec sympathie et beaucoup d'attention et il surmonta la crise nerveuse des premiers jours[2] ».

La cavale se poursuit, avec une succession d'étapes, pour les « Pelletier », la fausse identité dont ont hérité Hardy et sa compagne. A Sarlat, fin 1943 ; à Paris, début 1944, au 36 de l'avenue de La Motte-Picquet, chez une dame Gaspard, puis avenue Bosquet... L'homme en fuite prend soin de l'entretien de la couleur de ses cheveux, teints régulièrement par le coiffeur Véran, 24 rue Neuve-des-Boulets... L'homme en fuite, car tous les témoignages se rejoignent pour établir que celui qui fut piégé et manipulé par Robert Moog — l'agent K 30 —, Klaus Barbie et consorts, est désormais considéré comme un individu à abattre par les Allemands[3].

1. René Hardy, *Derniers Mots, op. cit.*

2. Exposé du juge Gonnot, cit.

3. Le témoignage apporté par un membre du Sipo-SD de Lyon, venu de Berlin pour renforcer le Sonderkommando Werth, décrit la mission de surveillance exercée sur Hardy. Max Willi Hartwig, interrogé le 15 juillet 1947, déclare : « En juillet 1943, j'ai quitté le service de la Gestapo de Berlin, ayant reçu l'ordre de gagner Lyon où je suis resté trois semaines environ. Pendant la durée de mon service dans cette ville, j'étais sous les ordres de Werth. A Lyon, un prénommé Raymond, de nationalité française, nous faisait de fréquentes visites sans toutefois donner des renseignements à notre service. Lorsque le service du SD avait des perquisitions à faire, ce dénommé Raymond accompagnait les hommes de ce service. Les deux ou trois premiers jours de ma présence

A Lyon, une série d'événements le confirme. Vers le 10 ou le 11 août 1943, les Allemands font irruption au domicile des parents de Lydie Bastien, 111, quai Pierre-Scize. Ils cherchent Didot et veulent savoir où il se cache. Ils perquisitionnent l'appartement. Moins d'un mois plus tard, le 2 septembre, ils reviennent, conduits par un personnage qui semble peu décidé à lâcher ses proies : Robert Moog en personne. Si leurs questions demeurent identiques, ils embarquent cette fois les époux Bastien qui se retrouvent à la prison de Montluc. Ils sont questionnés avec insistance par le dénommé Lutgens qui n'hésite pas à se faire menaçant : « Vous ne savez pas qui est Hardy ? C'est un criminel qui fait sauter tous les trains. Si jamais nous le trouvons, nous l'abattrons comme un chien. »

Dans le voisinage du 111, quai Pierre-Scize, on voit s'instaurer une surveillance allemande : relevé de la boîte aux lettres des Bastien, contrôle des allées et venues à proximité de leur porte, etc. Quant à la détention à Montluc, elle se révèle fatale, au bout de quelques mois, à M. Bastien, « déprimé par le régime sévère de la prison [1] ».

Dernière étape de son périple agité : Hardy quitte la France : « Finalement, via Casablanca, c'est à Alger que Lydie et moi aboutîmes le 30 mai. » Pierre de Benouville

---

à Lyon, j'ai reçu l'ordre d'interroger Hardy au sujet des plans (calques) de la région lyonnaise. Au cours de l'interrogatoire, Hardy a indiqué les points des voies ferrées qui devaient être détruits par le maquis pour couper la retraite de l'armée allemande au moment du débarquement. Ces plans ont été remis à mon service et entreposés dans une armoire où ils ont dû être détruits au cours du bombardement de la Gestapo de Lyon. J'ai demandé à Hardy s'il pouvait fournir d'autres renseignements au sujet de la Résistance, et j'ai proposé à mon chef de mettre Hardy en liberté afin qu'il travaille pour nous. Ma suggestion a été approuvée et de ce fait Hardy a été libéré. Je lui ai donné rendez-vous pour le lendemain au pont de la Saône vers deux ou trois heures de l'après-midi. Il était exact au rendez-vous, il n'avait pas obtenu de renseignements mais il m'a affirmé que le soir, il aurait du nouveau. Hardy ne s'est pas présenté au rendez-vous fixé et nous avons perdu sa trace... » (dossier second procès Hardy).

1. Exposé du juge Gonnot, cit.

retrace le chemin emprunté : « J'avais en effet la responsabilité au point de vue national des services extérieurs de la Résistance. C'est à ce titre que je contrôlais une filière organisée par le général Revers et l'ORA [Organisation de Résistance de l'armée], que nous appelions "Gascogne-Bretagne". En quittant Paris, j'avais confié ma place au comité directeur au colonel Rebattet, dit Cheval [...]. Un de mes collaborateurs, Alain Le Camaret, mort depuis en déportation, gardait le contact avec Hardy pour subvenir à ses besoins matériels. C'est par Camaret que Hardy a demandé à Rebattet de le faire partir. Rebattet a alors autorisé Camaret à expédier Hardy par la ligne "Gascogne-Bretagne". Depuis longtemps, en effet, le comité directeur avait décidé que Hardy irait à la France libre. Il attendait un départ d'avion retardé de lune en lune et sa situation semblait chaque jour plus dangereuse en France [1]. »

Le juge Gonnot, dans son rapport final, demeure dubitatif sur les moyens que Hardy a pu utiliser pour rejoindre Alger. « L'enquête n'a pu déterminer exactement, écrit-il, la filière suivie par Hardy pour se rendre en Espagne. » Même si l'abondance des appuis n'a pas manqué au fugitif : « Durant le séjour de Hardy à Paris, les membres influents de la Résistance sont intervenus à Londres, en vue de hâter son départ de France. Il a été retrouvé trace d'un télégramme arrivé à Londres le 17 mars 1944, destiné à Frenay et émanant de Hardy dans lequel il est indiqué : "Suis en danger. Me faire partir si possible avec ma femme. Amitiés." »

Avant d'arriver à Alger, Hardy a fait étape à Casablanca. Là, un homme l'a retrouvé. Une rencontre inattendue, pour tout dire surprenante. Lydie Bastien la conteste d'ailleurs formellement : « Je n'ai pas vu Multon à Casablanca et n'ai pas eu connaissance de sa rencontre avec Hardy dans cette ville [2]. »

---

1. Déposition de Pierre de Benouville devant le juge Gonnot, 7 octobre 1948.
2. Déposition de Lydie Bastien devant le juge Gonnot, 18 mai 1948.

Comment Multon pouvait-il se trouver à ce moment à cet endroit ? Depuis sa trahison du printemps 1943, il a accompli nombre d'opérations pour le compte des Allemands, presque toujours sous la coupe du Sipo-SD de Marseille. Mais, « au début de 1944, Multon ne paraît plus être personnellement *persona grata* auprès de Dunker ». Une mission destinée à le « regonfler » échoue. « Il décide de quitter la France. Il y parvient grâce à sa maîtresse, Irène Graham, qui le fait passer en Espagne par l'intermédiaire de M. Forcade, attaché au parquet de la cour de Pau [*sic*]. D'Espagne, il arrive à gagner le Maroc, puis Alger où il cherche en vain à rencontrer Frenay et le général Bertin-Chevance [*sic*] [1]. »

Et René Hardy ? Sur ce point, le rapport du juge Gonnot se montre catégorique : « Multon, *alias* Lunel, eut une entrevue avec Hardy à Casablanca. Il a expliqué à Hardy son intention de se rendre à Alger pour rencontrer Frenay et Chevance-Bertin et les mettre au courant de sa vie. Hardy le supplia de garder le silence sur son activité à Lyon car on avait des doutes sur lui dans une partie de la Résistance, mais aucune preuve. Il promit à Hardy de garder le silence à son égard, par humanité, parce qu'il lui aurait déclaré qu'il y avait eu des arrestations dans sa famille... »

De qui, en définitive, Hardy avait-il le plus peur ? Des Allemands ou des résistants ? Maintenant qu'il a mis suffisamment de distance entre lui et les premiers, il lui reste à craindre la sentence des seconds : « Le 6 juin, jour mémorable entre tous, le jour J, *Overlord,* je fus entendu par le capitaine Lambert, des services de la Sécurité militaire, et à nouveau le 10 juin, le 10 juillet... Des interrogatoires qui n'en finissaient pas sur ma position par rapport à Vichy, sur les Boches, sur ma Résistance. Lambert n'y alla pas par quatre chemins : "Votre affaire est une nouvelle affaire Dreyfus !" [2]. »

1. Exposé des faits dans la procédure suivie contre Jean Multon, parquet de la Cour de justice de la Seine, 25 mai 1946.
2. René Hardy, *Derniers Mots, op. cit.*

En réalité, elle était surtout une affaire Hardy. Une affaire qui ne faisait que commencer et qui ne finira véritablement qu'à la mort de l'intéressé. Une affaire pour laquelle, trois jours avant l'audition du 6 juin 1944 de René Hardy par le capitaine Lambert, ce même officier, membre de la direction technique des services spéciaux d'Alger, entendait Raymond Aubrac. En faveur de Hardy, « il y avait, note le juge Gonnot qui reprendra le dossier en 1948, un nombre important de témoignages favorables, notamment ceux de M. Frenay, *alias* Gervais, Michel Caillau, *alias* Charette », de Benouville, *alias* Duroc, en contrepartie du témoignage de Aubrac qui était le seul, à ce moment, tendant à la culpabilité de Hardy[1] ».

Pour avoir une idée exacte du témoignage de Raymond Aubrac, il faut lire la partie qui intéresse René Hardy, mais aussi sa propre action et celle de Lucie Aubrac en ce début d'été 1943 :

« En ce qui concerne Hardy, objet principal de ma déposition, je l'ai rencontré pour la première fois à une réunion d'état-major, auprès du général Vidal. Ceci me paraît être en novembre ou décembre 1942. Hardy y assistait en tant que responsable d'une organisation de la SNCF.

« Hardy m'est apparu comme un homme intelligent, efficace, et ayant obtenu des résultats au point de vue de la Résistance.

« Ces réunions d'état-major se tenaient chez André Lassagne, professeur d'italien du lycée du Parc, 302 cours Lafayette à Lyon.

« Je n'eus aucune espèce de soupçons à l'égard de Hardy jusqu'au moment de notre arrestation, le 21 juin 1943. Toutefois, la veille ou l'avant-veille de cette réunion, j'ai appris que Hardy avait été arrêté ou avait échappé de justesse à une arrestation par la Gestapo, au cours d'un voyage entre Lyon et Paris.

1. Exposé du juge Gonnot, cit. Le juge précisera : « Les moyens d'information étant insuffisants, l'enquête ne put conclure à Alger. »

« Je n'ai jamais pu obtenir aucune précision, mais je sais que Hardy a eu un contact avec la police allemande et que ceci se passait environ une semaine avant ma propre arrestation, à la date et à l'adresse que je vous ai indiquées ci-dessus.

« Les raisons pour lesquelles mes soupçons se sont portés sur Hardy sont les suivantes :

« 1°) La femme de ménage du docteur Dugoujon, avec laquelle j'ai pu échanger quelques mots à la prison Montluc où elle a été détenue pendant environ 2 mois, m'a raconté que le 21 juin 1943, au moment de l'arrestation, elle a été mise dans une voiture avec un garçon répondant au signalement de Hardy, qui n'avait pas les menottes, qui s'est échappé en bousculant un soldat allemand, n'a pas été poursuivi et a essuyé seulement quelques coups de pistolet. Cette déclaration se trouva conforme avec le fait que, de la salle d'attente où nous nous trouvions menottes aux mains, nous avons entendu quelques coups de feu isolés. Toutefois, étant donné que les Allemands ne se sont pas servis d'armes automatiques pour tirer sur lui, qu'il est monté dans la voiture sans menottes alors que nous les avions tous aux mains, qu'il n'a pas été poursuivi par les Allemands lors de sa tentative d'évasion, tout ceci me paraît difficilement croyable.

« 2°) Le commissaire Pitiaud — qui a procédé à l'arrestation de Hardy quelques heures après, chez une amie de Hardy dont un proche parent était arrêté pour marché noir ou trafic non politique, par la police de Vichy, qui, à ce moment-là, misait sur quelques tableaux, mais qui a rendu quelques services à la Résistance — a déclaré à ma femme qu'à la suite de l'interrogatoire auquel il avait procédé, Hardy était apparu comme l'indicateur des arrestations du 21 juin 1943. Je dois dire que malgré les services que nous a rendus le commissaire Pitiaud et en raison de la façon dont il s'est conduit avec beaucoup de nos camarades, son témoignage doit être sujet à caution.

« Le 28 juin, ayant pu, par un hasard, échanger avec ma femme quelques paroles au moment d'être conduit à l'interrogatoire [*sic*], ma femme m'a demandé si j'étais d'accord pour qu'on exécute Hardy. Malgré la certitude dans laquelle elle semblait être de sa culpabilité et en raison de l'impression générale que j'avais sur le compte de Hardy, je lui ai demandé de ne pas procéder à cette exécution.

« 3°) Hardy ayant été arrêté par la police française, et blessé d'une balle au bras, a été conduit à l'hôpital de l'Antiquaille, au service des détenus. Il se trouva qu'à ce moment, au service des détenus, était soigné un homme qui, quelques semaines après, relâché par les Français, a été arrêté par la Gestapo, et enfermé à Montluc, dans ma cellule. Cet homme qui déclare s'appeler Cordin et qui était contrôleur du ravitaillement, m'a fait part du comportement curieux de Hardy lors de son séjour à l'hôpital de l'Antiquaille. Hardy refusait toute nourriture en déclarant qu'il était certainement condamné à mort par la police allemande. Il était gardé par plusieurs policiers français en permanence installés au pied de son lit. Il était très méfiant à l'égard de tout colis pouvant provenir de l'extérieur. La police allemande est venue le réclamer pour un interrogatoire. Le directeur de l'Antiquaille a tenté de s'opposer à ce qu'il soit amené. Il a été pris toutefois, mais ramené quelques heures après. Le lendemain de son interrogatoire, la police allemande est revenue le chercher, a dit au directeur de l'hôpital qu'il serait soigné par les soins des services de santé de la police allemande, l'a amené avec elle et Hardy n'a pas réapparu à l'hôpital de l'Antiquaille.

« 4°) Hardy a inquiété beaucoup les gens qui l'ont vu à l'hôpital de l'Antiquaille. La thèse que Hardy a fait répandre à l'hôpital où il avait été conduit par la police allemande est difficilement croyable. En effet, Hardy prétend avoir été laissé sans gardien dans une salle située au rez-de-chaussée de l'hôpital de la Croix-Rousse, d'où il aurait pu s'évader en forçant le cadenas qui fermait la fenêtre et en sortant de l'hôpital sans être inquiété. Cette thèse, comme l'histoire de sa première évasion, est incompatible avec le soin que la police allemande mettait à garder toutes les autres personnes arrêtées au cours de l'affaire du 21 juin, et même la femme de ménage du docteur Dugoujon dont elle connaissait parfaitement l'innocence.

« 5°) Au cours des interrogatoires que m'a fait subir la police allemande, ma suspicion a été éveillée sur le cas de Hardy, en particulier parce que les Allemands m'ont cité un détail de distribution du budget de son service. Il me paraît difficile de croire que les Allemands aient pu obtenir ce renseignement sur quelqu'un d'autre que lui-même. En fait, en vue de me convaincre de l'inefficacité de l'état-major de l'Armée secrète d'une part, des divisions qu'il pouvait rallier au sein des dirigeants de l'Armée de la Résistance d'autre part, le capitaine Barbir [*sic*], de la Gestapo, m'a déclaré que les services de Hardy, *alias* Didot, *alias* Bardot, étaient tellement efficaces que le général Vidal d'une part, et Henri Frenay, d'autre part, réclamaient tous dans le pourcentage de ses services, et que Hardy avait pu obtenir de l'un comme de l'autre, les 250 000 F (?) nécessaires mensuellement au fonctionnement de son service. A cet égard, il est important de signaler que si les allégations de la police allemande sont exactes (et dans ce cas particulier on ne voit pas pourquoi elles ne le seraient pas), Hardy réclamait son budget d'une part du général Vidal, et d'autre part de Henri Frenay, qu'ils devaient l'un et l'autre lui donner avec une certaine bonne foi, pensant qu'il était le seul à le payer.

« 6°) Le responsable national Maquis, Jérôme, actuellement à Londres, m'a annoncé au mois de novembre 1943, alors que nous attendions ensemble un départ pour l'Angleterre, qu'il a reçu 48 heures avant l'arrestation du 21 juin 1943, dans sa boîte aux lettres, une note indiquant que Didot avait été arrêté par la Gestapo et qu'il avait pu s'échapper au prix d'une blessure au bras.

« 7°) Par des amis communs d'André Lassagne et de moi-même j'ai appris que le soir même de l'arrestation, le 21 juin, au cours de laquelle Lassagne a été arrêté, on a trouvé dans sa boîte aux lettres une note qui enjoignait de ne pas assister à la réunion de Calluire (quartier de Lyon) dont les Allemands connaissaient le projet. L'existence de cette note est restée pour moi un mystère, jusqu'au jour où j'ai été interrogé à Londres par les services français. En effet, j'ai appris à ce moment-là qu'une indicatrice du service de renseignement, qui était en liaison avec la police allemande, avait appris qu'un coup de filet se préparait, visant l'état-major de l'Armée secrète. Elle a pu donner un signalement d'ensemble de l'indicateur à la solde de la police allemande et ce signalement correspond à celui de Hardy.

« En outre il me semble me souvenir que cette personne savait qu'il s'agissait d'un nommé Didot.

« Désireuse d'éviter que ce coup de filet ne produise un résultat désastreux pour notre organisation, elle en avait averti un membre avec lequel elle était en rapport, n'ayant pas de rapport direct avec notre état-major, mais sachant que André Lassagne en faisait probablement partie, se contenta de glisser cette note dans sa boîte aux lettres.

« Je crois que Lassagne avait communiqué le rendez-vous directement à Didot (ce renseignement sous toutes réserves) [1]. »

La déposition de Raymond Aubrac s'appuie sur les évidentes incohérences de René Hardy, attitude qui ne peut s'expliquer que par une situation d'étroite dépendance du responsable de Résistance-Fer vis-à-vis des Allemands. Mais d'autres passages sont à relever :

— Raymond Aubrac aurait su, « la veille ou l'avant-veille » de la réunion de Caluire, que « Hardy avait été arrêté ou avait échappé de justesse à une arrestation par la Gestapo, au cours d'un voyage entre Lyon et Paris ». Jamais, par la suite, il ne sera fait allusion à ce point.

— La suspicion envers Hardy tourne à un certain acharnement : le paragraphe numéro 5 de la déposition de Ray-

---

1. Cf. déposition de Raymond Aubrac, Alger, 3 juin 1944 ; copie en annexe XV-2 (pp. 324-329).

mond Aubrac revient à émettre, sans éléments formels, des doutes sur l'intégrité de René Hardy.

Quant aux deux dernières lignes, elles laissent croire (à tort à notre connaissance) que Didot-Hardy aurait pu connaître par Lassagne le lieu de rendez-vous. Insinuation assez paradoxale alors que l'on sait que Raymond Aubrac se refusera toujours à admettre ce que Lassagne a confirmé de son côté : à savoir qu'il était bien de ceux qui, dès le 19 juin, avaient participé aux préparatifs de cette réunion.

Le paragraphe numéro 2 de la déposition nous apprend que Lucie Aubrac était en contact avec le commissaire de police lyonnais Pitiaud. Il s'agit en fait du commissaire Antoine Pitiot, membre de la Section spéciale de la police judiciaire lyonnaise dont l'activité contre la Résistance s'est affirmée en 1942 [1]. Début 1944, le commissaire Pitiot figure encore parmi les effectifs de la Sûreté lyonnaise [2] mais, arrêté, il sera envoyé en déportation et ne reviendra pas. Lors du procès Hardy en 1950, Me Maurice Garçon reviendra sur cette évocation du commissaire Pitiot en demandant des précisions au témoin Raymond Aubrac :

« Monsieur le Président, simplement une précision que j'ai oublié de demander au témoin tout à l'heure. Vous avez dit dans vos dépositions écrites, vous l'avez oublié tout à l'heure, qu'une grande partie des renseignements qui vous ont été donnés et qui ont suscité des soupçons qui pouvaient être légitimes contre Didot [Hardy] venait en partie du commissaire Pitiot ?

— Je n'ai pas vu le commissaire Pitiot.

— Votre femme ?

— Ma femme l'a vu. Le commissaire Pitiot a été déporté

---

1. Il participe notamment, avec d'autres commissaires lyonnais de la Section spéciale de la PJ, au démantèlement des Groupes francs de Combat qui ont eu une grande activité au cours de l'été 1942 sur Lyon, Saint-Etienne, Vienne et Grenoble. Furent pris dans cette vague d'arrestations R. Nathan, dit Nourri, et Marie Reynoard, *alias* Claude. (Cf. « Exposé des faits » du parquet de Lyon, 23 mars 1943.)

2. Cf. ADR, dossier 182 W 10.

et je pense que ce qu'a dit le commissaire Pitiot avait été porté à la connaissance de nos camarades.

— Je croyais que vous aviez ajouté que le commissaire Pitiot était tout de même dans une certaine mesure sujet à caution ?

— Il est probable qu'il jouait double jeu.

— Je ne me trompais pas. C'est dans votre déposition d'Alger du 3 juin 1944.

— Je ne suis pas en mesure de porter un jugement sur le commissaire Pitiot qui est mort en déportation. »

« Maître Maurice Garçon relit alors le passage de la déposition de 1944 où Aubrac soulignait que le commissaire Pitiot avait pu dire à sa femme quel rôle jouait Hardy, tout en ajoutant que son témoignage était sujet à caution. Aubrac répond à cette citation de l'avocat :

« "Je le pense encore. Avec cette circonstance atténuante qu'il est mort en déportation. Je ne le savais pas à ce moment-là[1]." »

Le commissaire Pitiot, au moment des faits concernant les Aubrac, était en tout cas très proche des hautes sphères de la police lyonnaise, comme l'indique un passage de l'exposé du juge Gonnot en 1949 qui le situe comme « adjoint de Barthellet[2], de l'entourage immédiat de l'intendant de police Cussonac ». Pitiot fut effectivement en rapport avec les Allemands lors de l'arrestation de Hardy après Caluire. Mais à quel titre Lucie Aubrac fut-elle amenée à entendre du commissaire lyonnais une version de ces événements ?

Elle a fourni à ce propos des explications assez détaillées lors de son audition, en 1948, par le juge Gonnot :

---

1. Procès Hardy, 1950 ; sténographie R. Bluet, cit.

2. Il s'agit du commissaire divisionnaire Barthelet, chef du service régional de la PJ. (Cf. exposé Gonnot, cit.) Nommé peu après intendant de police à Toulouse, Barthelet sera abattu en octobre 1943 : « exécution, commandée par Alger, de l'Intendant de police Barthelet à Toulouse : est réalisée par un envoyé d'Alger, Alphonse Alfasser (Granger) et le réseau Morhange. » Cf. Michel Goubet et Paul Debauges, *Histoire de la Résistance en Haute-Garonne*, Ed. Milan, 1986.

« Le commissaire Pitiot qui dirigeait la brigade de répression des menées antinationales, et qui avait interrogé Didot à l'Antiquaille, demanda au docteur Ladret[1] d'entrer en contact avec la Résistance pour la mettre au courant de l'affaire de Caluire. Le docteur Ladret me transmit cette invitation en me demandant si cette question m'intéressait. Je répondis affirmativement et je vis le commissaire Pitiot à son service, le 23 juin 1943 [*sic*]. Pitiot m'a dit qu'il avait interrogé Hardy à l'hôpital de l'Antiquaille où il était convié très tard dans la soirée du 21 juin 1943. Il m'a donné immédiatement son opinion de policier, m'a dit qu'à son avis Didot était un "mouton".

« Dans sa déposition, Hardy a raconté les circonstances des arrestations de Caluire et a donné son nom et ses qualités ainsi que les noms et les qualités des personnes arrêtées à Caluire. C'est ainsi qu'il a précisé le nom de Max, et sa qualité d'envoyé du général de Gaulle, les noms de Aubry, Lassagne, Aubrac [*sic*], Schwartzfeld, Lacaze. Ce sont là les noms que m'a donnés le commissaire Pitiot à ce moment-là.

« [...] D'autre part, le commissaire Pitiot avait été dénoncé par la radio de Londres comme un antigaulliste. Sa déclaration ne parut pas anormale, malgré ce dernier point, car il déclara qu'il était anti-allemand et qu'il ne travaillait pas pour eux[2]. »

Si le commissaire Pitiot avait peut-être senti le vent tourner, il n'en demeure pas moins un exécutant, en bonne place, de la police de Vichy. Quant aux démarches effectuées par Lucie Aubrac, elles paraissent connaître un certain succès.

Dans la déposition faite à Alger en juin 1944 par Raymond Aubrac, il est dit que, le 28 juin 1943, Lucie Aubrac

1. Le Dr Ladret est membre de Libération.

2. Audition de Lucie Aubrac, 30 avril 1948, juge Gonnot, tribunal militaire (procès Hardy). On ne trouve plus trace du commissaire Pitiot dans le livre de Lucie Aubrac, *Ils partiront dans l'ivresse, op. cit.*

a pu, « par un hasard [*sic*] », échanger avec son mari « quelques paroles au moment d'être conduit à l'interrogatoire ». Ces contacts sont confirmés dans les premiers comptes rendus sur les conséquences de l'affaire de Caluire que reçoit Londres, en juillet 1943. Dans ses écrits, le colonel Passy, responsable du BCRA, fait mention d'un long rapport arrivé dans la capitale anglaise fin juillet, « émanant d'un adjoint d'Achille Peretti » (le chef du réseau Ajax). Ce texte, sous couvert de la délégation générale et de Serreulles [1], tente de déterminer quel sort a été réservé aux résistants arrêtés à Caluire, et reçoit les premiers échos des soupçons formulés sur René Hardy :

« La situation est rendue dès le début très confuse, par des déclarations formelles mais qui semblent bientôt erronées. En effet, une première version accuse le dénommé Hardy (véritable identité Bardot, présent au rendez-vous). Thèse étayée par la déclaration d'une femme qui prétendrait avoir entendu dans les bureaux de la Gestapo un renseignement provenant du dénommé Hardy et précisant l'heure et le lieu du rendez-vous. Cette femme aurait alerté une personne du mouvement qu'elle connaissait, et on a pu retrouver à la suite de cette démarche un mot dans la boîte d'André Lasseyne [il faut lire Lassagne] l'avertissant que la réunion était brûlée. Ce mot n'a pas été relevé en temps par lui dans la boîte. Or, le mot existe bien mais il a été impossible de retrouver la femme [2]. D'autre part, la fuite de Hardy a paru suspecte, il a été dit que c'était une mise en scène, que les coups de feu avaient été tirés en l'air et qu'il avait livré ses camarades à la suite de difficultés précédentes qu'il aurait eues avec la Gestapo. Cette accusation paraît absurde, car d'après les renseignements recueil-

1. Il figure aux Archives nationales sous la cote 72 AJ 234 : « Courrier arrivé le 27.7.43, pièce Rex 47/7. » Cf. également colonel Passy, *Missions secrètes en France (novembre 1942-juin 1943), souvenirs du BCRA*, Plon, 1951.

2. Il s'agit de Mme Deletraz, qui a été chargée de suivre Hardy.

lis sur Hardy, on peut le juger comme un garçon extrêmement énergique, très loyal et capable de décisions rapides et extrêmes. »

Puis, parmi les possibilités d'évasion qui sont vainement évoquées, figurent les tentatives de repérage effectuées par plusieurs personnes, dont Lucie Aubrac :

« Visites aux prisonniers : des femmes ont été envoyées régulièrement pour porter des paquets de linge, cigarettes, etc., aux prisonniers, dans le but non seulement de leur venir en aide mais de se renseigner sur l'identité donnée par eux. Mme Aubraque [*sic*] a obtenu des résultats intéressants par une insistance auprès des gardiens et nous a permis de donner des directives semblables à une personne envoyée pour communiquer avec Max. Il a fallu malheureusement faire plusieurs tentatives sous des noms différents pour arriver à le toucher et un paquet a pu lui parvenir, mais aucun linge en retour, Max étant, paraît-il, parti le lundi 5 de la prison. Destination et durée de l'absence inconnues. Nous avons appris par Mme Aubraque qu'avant l'interrogatoire de lundi 21, son mari et Max auraient été pris comme de simples clients du docteur mais après cet interrogatoire, il [Max] devait être considéré comme un chef principal de l'AS. (Résultat d'une entrevue très rapide entre elle et son mari à la prison) [*sic*]. La deuxième partie de cette information due à une entrevue de Mme Aubraque avec le chef de la Gestapo, Berbiv [*sic*]. Aucune spécification pour Max. Pour ce dernier, il a été dit de suite à quelques jours d'intervalle qu'il était parti le lundi 5 à 14 heures pour une durée et une destination inconnues. Alors que cette même réponse avait été faite le même jour à Mme Aubraque pour son mari et n'a pas été renouvelée par la suite et qu'elle a pu reprendre contact avec lui. »

Ce rapport, parvenu à Londres en juillet 1943, contient, comme l'interrogatoire de Raymond Aubrac de juin 1944, l'évocation d'un contact direct établi par Lucie Aubrac avec le chef de la Gestapo Barbie, et d'une entrevue rapide avec son mari.

Antoine de Graaff, membre du secrétariat de Jean Moulin, ne dit pas autre chose dans son interrogatoire par le BCRA en octobre 1943, à propos de l'action menée par Lucie Aubrac :

« Elle a réussi très rapidement à obtenir les bonnes grâces du gardien de la prison et a même réussi, non seulement à faire passer des paquets à son mari et des lettres mais à le voir. Il n'a pu échanger avec elle une conversation bien suivie mais d'après ses déclarations il aurait eu le temps de lui dire :

a) que Max et lui avaient la même défense à savoir qu'ils étaient clients du docteur Dugoujon.

b) que c'était Hardy qui les avait vendus.

Nous ne savons toujours pas si dans l'esprit d'Aubrac, Hardy c'est Didot ou non. Madame Aubrac est allée ensuite à la Gestapo où elle a plaidé, connaissant la défense de son mari, disant qu'elle ne comprenait rien : qu'on le gardât, s'il était pris dans une affaire où il y avait des menées gaullistes, pendant 48 heures pour reconnaître son innocence, c'était admissible, mais au-delà de cette durée ce ne l'était plus. Il est évident qu'à la suite de sa première évasion la situation d'Aubrac était déjà très mauvaise et la Gestapo lui a répondu qu'elle n'avait plus à se faire de soucis pour son mari, qu'il était condamné à mort et allait être incessament fusillé. Cela n'a pas démonté Madame Aubrac qui continue à se défendre énergiquement pour essayer de sortir son mari. Malheureusement pour l'instant toutes ses tentatives sont restées vaines [1]. »

Le 2 mai 1950, lors de sa déposition au procès Hardy,

---

1. Document du BCRA, interrogatoire de Graaff du 18 octobre 1943, page 31. Cf annexe XXI (pp. 431-442).

Lucie Aubrac est amenée à raconter ses démarches et leurs origines :

« Le mardi matin [22 juin], par un coup de chance, nous avons eu tout de suite des détails précis. En effet, le docteur qui devait remplacer le docteur Dugoujon, quand celui-ci s'absentait, était un docteur [...] qui s'appelait Fred David, et qui était plus ou moins apparenté à mon mari, un peu à la mode de Bretagne, mais enfin nous le voyions beaucoup et il me prévint au lycée Edgar-Quinet à Lyon, où j'exerçais, qu'à Caluire avait été arrêtée la tête de la Résistance. Immédiatement, nous avons envoyé deux de nos camarades du Groupe franc faire une enquête sur place, avec les moyens dont nous disposions [1]. »

Le mercredi 23 juin, « nous ne savions toujours pas, poursuit Lucie Aubrac, ce qu'étaient devenus les arrêtés de Caluire ». Elle apprend, « par nos amis de la police française », que Hardy a une attitude très suspecte. « Nous avons vu Marguerite [la bonne du Dr Dugoujon], comme nous l'appelions (je la connaissais bien). Notre opinion s'est formée petit à petit. »

Une opinion sur Hardy qui devait se renforcer, aux dires de Lucie Aubrac, avec la venue du « commissaire Henry ». Celui-ci se nomme en réalité Charles-Henri Porte. Il a été commissaire de police à Chartres et il est l'ami de Jean Moulin [2]. Il a pris en charge la tâche difficile d'apporter

1. Dans l'une des autres versions données par Lucie Aubrac sur ces événements figure celle relatée par Ania Francos dans son livre *Il était des femmes dans la Résistance, op. cit.* : « Alors Lucie monte sur la pointe des pieds à Caluire. Elle interroge discrètement les voisins du Dr Dugoujon. Un cantonnier, M. Rougis, a assisté à la célèbre arrestation qui a décapité toute la Résistance non communiste » (pp. 266-267). Dans son livre, *Ils partiront dans l'ivresse,* Lucie Aubrac écrit qu'elle apprend la nouvelle de l'arrestation dans le magasin de Maurice David, rue Puits-Gaillot, et que c'est Maurice David qui s'est rendu en reconnaissance à Caluire, place Castellane (pp. 76-80).

2. Cf. Daniel Cordier, *Jean Moulin, l'inconnu du Panthéon, op. cit.*, t. 1, p. 260.

des éclaircissements sur ce qui a pu entraîner les arrestations du 21 juin. A cet effet, il interrogera notamment René Hardy et rédigera un assez long rapport qui se termine ainsi : « Je ne conclus pas que Hardy soit l'auteur de la dénonciation de la réunion de Caluire, mais il est probable, tout au moins vraisemblable, qu'il a donné, au cours des divers interrogatoires, des indications et des précisions qu'il regrette sans doute actuellement d'avoir dû donner et qu'il s'efforce de nier[1]. »

Lucie Aubrac, poursuivant sa déposition, évoque les effets de la présence du « commissaire Henry » : « Deux jours après, le vendredi [25 juin] de la même semaine de l'arrestation, alors que nous savions qu'il était à la prison Montluc, Henry est revenu en disant : "Cela ne fait aucun doute, le mouton c'est Hardy." Et s'est posée alors la question de la suppression de cet homme [*sic*][2]. »

La solution adoptée pour supprimer Hardy ? L'empoisonnement : « J'ai pris un tout petit pot, déclare Lucie Aubrac, c'était un verre à ventouse dans lequel on a mis de la confiture additionnée de cyanure de potassium que nous avait donné un préparateur en sciences de la Faculté des sciences de Lyon qui s'appelle Darcienne, colonel dans l'armée maintenant. »

Lucie Aubrac dit avoir renoncé à ce projet en arrivant aux portes de l'hôpital de l'Antiquaille car le souvenir des évasions montées au mois de mai précédent était encore frais : « Il y avait là deux des gardiens français qui assuraient le service des prisonniers lors de la précédente opération que nous avons accomplie[3]. »

Ce récit épique n'est pas totalement confirmé par un autre témoin résistant. Claudius-Petit, déposant à ce même procès Hardy trois jours auparavant, déclare à ce sujet :

1. Rapport Porte (dossier Hardy). Cité *in extenso* dans *Histoire secrète de l'Occupation, op. cit.*

2. Procès Hardy, 1950 ; sténographie R. Bluet, cit.

3. Déposition du 2 mai 1950, procès Hardy ; sténographie R. Bluet, cit.

« C'est ainsi que nous nous sommes procuré du cyanure, et c'est ainsi que Mme Aubrac a été chargée de confectionner le gâteau nécessaire et de le faire porter au malade [...]. Mais s'il est quelquefois facile de faire certains actes dans la Résistance, il est parfois plus difficile d'en faire d'autres. Et Mme Aubrac n'avait pas osé faire le gâteau [1]. »

Pot de confiture ou gâteau, l'épisode a été transposé, dans le livre de souvenirs de Lucie Aubrac, à l'hôpital de la Croix-Rousse où a été transféré Hardy. Et elle le situe dans la seconde quinzaine de juillet 1943...

Abandonnant Hardy à son sort, Lucie Aubrac évoque ensuite — toujours en 1950 — ses tentatives auprès de la Gestapo, « sitôt que nous sûmes que nos camarades étaient à Montluc ».

« Mon mari était arrêté sous une fausse identité, sous le nom de Claude Hermelin [2], je savais qu'il avait sur lui cette carte d'identité, et je savais, par la bonne du docteur Dugoujon, qu'il avait été arrêté, avec Jean Moulin, dans la salle d'attente, au milieu des malades. J'ai risqué l'affaire et j'étais moi-même munie également d'une fausse carte. Je fus à la Gestapo demander le chef de la Gestapo.

« J'ai été reçu par Barbier [*sic*], Barbier qui était dans un bureau, entouré de deux secrétaires. Il avait, ce jour-là, une chemise vert pâle, où les taches de rouge à lèvres — il paraît que c'était fréquent — se voyaient très distinctement, et cet horrible personnage, qui est encore en vie actuellement, m'a reçue avec beaucoup de morgue, avec beaucoup de mépris et s'est moqué de moi. C'est probablement à cela que j'ai dû mon salut d'ailleurs, car, je vous l'ai dit, j'attendais un bébé. J'étais un peu nerveuse, le sort de mon époux était en jeu et, devant sa morgue, étalant devant moi le portefeuille de mon mari et me disant : "Mais

1. Déposition du 29 avril 1950, procès Hardy ; sténographie R. Bluet, cit.

2. L'orthographe exacte est Ermelin mais la sténographie des débats a repris Hermelin.

Claude Hermelin n'est pas son vrai nom ; il s'appelle..." Il me cite un autre nom qu'il avait avant, dans une prison française : "Il s'appelle Claude Valère[1] [*sic*] et, en plus, son nom est Aubrac dans la Résistance. Vous voyez bien que c'est un chef de la Résistance, vous n'avez rien à attendre." J'ai pleuré et j'ai dit que j'attendais un enfant. Il m'a laissé partir. Je suis partie. »

Lucie Aubrac confirme bel et bien, ce 2 mai 1950, que le nom d'Ermelin n'a guère résisté à l'examen de la police allemande et que, dès sa première visite à la Gestapo, il n'est plus question de la précédente fausse identité (Vallet) mais de l'évocation du « chef de la Résistance » Aubrac. Elle dit ensuite avoir rendu compte de ses démarches à celui qui représente Libération à Lyon : Pascal Copeau. Elle précise que, comme « quand quelqu'un de la Résistance entrait en contact avec un organisme qui était notre ennemi », on m'a « immédiatement isolée, c'est-à-dire que je n'ai vu qu'une personne de la Résistance : Pascal Copeau, qui était un de nos amis personnels, qui a accepté le risque ».

A chaque déplacement avenue Berthelot, au siège de la Gestapo lyonnaise, Lucie Aubrac précise qu'elle s'était assuré la couverture de la Résistance :

« Lorsque j'allais à la Gestapo, mes camarades du Groupe franc attendaient avenue Berthelot ma sortie de façon à être sûrs que je sortais. Ils me suivaient pendant que j'allais à l'hôtel où j'avais pris une fausse adresse, où je me changeais avant de reprendre la tenue un peu sportive qui est la mienne d'habitude [...]. Il était indispensable, et même si cela a été pénible pour moi de sentir autour de moi cette espèce d'isolement pour la sécurité de la Résistance, que je n'aie aucun contact avec mes camara-

1. La sténographie a retenu cette orthographe. Lucie Aubrac évoque ici François Vallet, le faux nom sous lequel Raymond Samuel-Aubrac a été arrêté en mars 1943.

des de la Résistance autre que celui absolument nécessaire pour rendre compte à ceux qui étaient mes chefs dans la Résistance.

« C'est ainsi que, jour après jour, quoique Barbier [*sic*] m'ait envoyée promener le mardi 29 juin, je revins le voir, persuadée que je pouvais peut-être tenter quelque chose, mais il m'a dit à ce moment-là : "Mais il n'a plus besoin maintenant que de la dernière cigarette."[1] »

Quelque temps plus tard, cet exposé des faits s'enrichit d'éléments différents. En 1983, alors que Klaus Altmann-Barbie a enfin pu être extrait de son repaire sud-américain pour être ramené à Lyon, Lucie Aubrac, répondant aux enquêteurs dans le cadre de l'instruction qui venait de s'ouvrir, déclare :

« Je me suis présentée à l'école de santé militaire de l'avenue Berthelot, bien habillée et fardée, le jeudi 24 juin 1943, en demandant à voir le chef de la police allemande. Pour vaincre les résistances, j'ai précisé qu'il s'agissait de l'affaire de Caluire. Une sentinelle du poste de garde m'a aussitôt conduite au premier étage dans un immense bureau dont les fenêtres donnaient sur l'avenue Berthelot. Je m'attendais à voir un personnage d'un certain âge du fait de ses fonctions. En réalité, je me suis trouvée en face d'un jeune homme de mon âge, plus petit que moi, habillé de façon voyante d'un costume clair, d'une chemise vert clair avec cravate. Il m'a fait asseoir en me disant : "Je vous écoute." Je ne connaissais pas les agissements et la réputation du chef de la police allemande. Le bruit courait simplement qu'il était venu à Lyon avant la guerre, et ce qui expliquait qu'il parlait bien français. A ce moment-là, il n'avait pas la réputation de "bourreau de Lyon" comme il est devenu par la suite après ses agissements fin 1944.

« Il me donnait l'impression, du fait de sa jeunesse, de

1. Déposition du 2 mai 1950, procès Hardy ; sténographie R. Bluet, cit.

ne pas être à la hauteur de sa tâche, comme chef de la Gestapo. Lors du premier entretien, il ne m'a pas impressionnée, peut-être en raison de sa tenue décontractée, et de la façon dont il se tenait vautré dans son fauteuil.

« Je lui ai dit : "Il y a eu une arrestation chez un docteur, et je me suis aperçue qu'un malade qui a besoin de soins n'a pas été relâché, il s'agit de Claude Ermelin qui est mon ami." Il m'a demandé depuis combien de temps je le connaissais, je lui répondis : "Un mois et demi" après réflexion. Il m'a dit : "Il sort de Saint-Paul et son vrai nom est Vallet." J'ai rétorqué du tac au tac : "Saint-Paul-de-Vence, non il rentre de Tunisie." Il m'a précisé : "C'est un terroriste, un gaulliste, et il ne sera pas mis en liberté." Jouant la jeune fille bouleversée, j'ai dit : "Il doit être libéré, je dois me marier." Il a ouvert le tiroir du bureau et a sorti un portefeuille, que j'ai reconnu comme étant celui de Raymond, dans lequel il y avait ma photo avec mon mari et mon petit garçon. Je lui ai expliqué que le petit garçon était un filleul, tout en continuant à jouer la jeune fille éplorée, en lui annonçant ma grossesse et en lui répétant que je devais me marier. En effet, j'étais enceinte de six semaines et l'émotion de l'entretien ou ma nervosité a fait que j'ai eu une crise de larmes. J'ai remarqué alors qu'il semblait satisfait, avec un certain sadisme, de me voir effondrée devant lui. Et il m'a renvoyée. J'ai rendu compte de ma mission à mes amis de la Résistance, en leur disant que vraisemblablement la police allemande ignorait encore qui elle avait arrêté [*sic*]. On m'a demandé malgré tout de faire en sorte de retourner au siège de la Gestapo. Je suis revenue avenue Berthelot le 29 juin, date de mon anniversaire. Sans rien demander à personne et sûre de moi, j'ai pénétré dans l'immeuble de l'école de santé, suis montée directement à l'étage et j'ai frappé au bureau de Barbie [*sic*]. En me voyant il s'est exclamé : "Encore vous ?" et il s'est mis brutalement en colère en m'apostrophant grossièrement : "Foutez le camp, il n'a plus besoin d'une cigarette et d'un verre de rhum comme vous dites en français." Cette fois-là, il m'a paru violent et m'a fait peur. Il m'a mise dehors en me claquant la porte au nez. Je suis partie aussitôt pour fuir son explosion de violence, et bien que je me sois présentée pour la deuxième fois devant lui, il ne m'a pas fait suivre [1]. »

En 1983, il n'est plus question, comme en 1950, de reconnaître que les Allemands ont identifié Aubrac, ni d'évoquer la rencontre, fin juin 1943, entre les deux époux, clairement décrite par Aubrac lui-même dans sa déposition, à Alger, le 3 juin 1944...

1. Procès-verbal d'audition du 10 août 1983.

CHAPITRE 13

Boulevard des Hirondelles

Le temps des sentences, souvent terribles, est arrivé. Pour les résistants de la réunion de Caluire, qui s'est tragiquement terminée le 21 juin 1943, les destins ne sont pas identiques. Nous avons déjà évoqué ceux du jeune Bruno Larat, du colonel Schwartzfeld, qui vont mourir en déportation, tout comme le chef de l'Armée secrète, le général Delestraint, qui sera exécuté sommairement peu de temps avant que le camp de Dachau ne soit libéré par les Alliés. André Lassagne, après Fresnes, connaîtra successivement les camps du Struthof (Natzweiler), de Gross-Rosen, Leitmeritz, Flossenburg, mais reviendra, très affaibli, de ce terrible parcours. Le colonel Lacaze, bénéficiant d'un non-lieu de la « justice » allemande installée à Paris sous la direction du juge Roskothen, sera remis en liberté en janvier 1944. Quant à Henri Aubry, nous avons vu quel traitement lui a réservé Ernst Misselwitz jusqu'à sa libération fin 1943.

A Lyon, Raymond Aubrac, reconnu comme membre important de l'état-major de l'Armée secrète, est toujours détenu par les Allemands. La version qu'il livre en 1996 est celle d'un François Vallet confronté à une brute nazie qui n'aurait rien compris : « On ne m'avait pas déshabillé pour constater que je pouvais bien être juif. Contrairement aux apparences, le déroulement des interrogatoires comportait aussi des aspects encourageants. Je n'avais pas affaire, loin de là, à un policier subtil, avec ce bonhomme qui répétait sans fin les mêmes questions et qui prenait un plaisir manifeste à manier avec mépris, du bout de son gourdin, un prisonnier entravé [1]. »

En 1950, Lucie Aubrac, dans sa déposition au procès Hardy, a pourtant déclaré que ce même Barbie lui a jeté à la figure en lui parlant de son mari : « En plus, son nom est "Aubrac" dans la Résistance. Vous voyez bien que c'est un chef de la Résistance, vous n'avez rien à attendre. » Au cours de cette même audience, Lucie Aubrac a raconté aussi que, malgré ce que venait de lui dire Barbie, elle persévéra auprès des Allemands : « Petit à petit, j'ai réussi à persuader un certain nombre, exactement deux, d'Allemands, l'un qui s'appelait le colonel Kriegel, qui s'occupait des relations économiques avec la France à Lyon et un autre avec lequel j'ai été confronté au Cherche-Midi. J'avoue que je ne sais pas son vrai nom [2]. »

Le président du tribunal intervient alors pour souffler un nom :

« Lutgens ?

— Sur sa porte était inscrit "Leiter". Et ne connaissant pas l'allemand, je l'ai toujours naïvement appelé "M. Leiter" ; mais je crois que vous le connaissez mieux que moi [*sic*].

« J'ai persuadé ces Allemands, poursuit Lucie Aubrac, que, jeune fille attendant un bébé, il y avait pour moi une question d'honneur ou de famille, que je devais épouser l'homme qui m'avait donné cet enfant. Ils ont marché dans cette opération et j'ai obtenu un jour la permission de faire signer par mon futur époux — un peu *in extremis*, je leur avais expliqué les lois françaises — le contrat de mariage qui devait précéder le mariage lui-même. Et c'est ainsi que l'on m'a amenée au siège de la Gestapo, avenue Berthelot [3]. »

---

1. Raymond Aubrac, *Où la mémoire s'attarde, op. cit.*
2. Audience du 2 mai 1950, procès Hardy ; sténographie R. Bluet, cit.
3. *Ibid.*

Cette version des faits devait connaître des adjonctions nombreuses au fil des années. Klaus Barbie, dans le document rédigé par son avocat, la conteste. Il s'en prend d'abord à la version présentée par Henri Noguères :

« Tout comme Hardy, je gardais Aubrac en attendant l'occasion de le faire "évader". Par négligence, explique Henri Noguères, je m'étais désintéressé de ce "menu fretin" au mois de mars. Mais il faut que cette négligence se soit changée en aveuglement pour qu'après Caluire, je maintienne Aubrac en détention à Lyon — c'est encore H. Noguères qui le dit — au prétexte que celui-ci, toujours sous le coup d'une inculpation de marché noir, devait comparaître devant une section spéciale. »

Henri Noguères écrit effectivement : « Raymond Aubrac, *alias* François Vallet, devait être à nouveau arrêté à Caluire sous sa fausse identité et maintenu en détention à Lyon, sans mystère, en raison de sa comparution prochaine devant la section spéciale de la Cour de cette ville[1]. »

Cette explication ne tient pas face aux documents de la justice lyonnaise. Le 6 juillet, le juge d'instruction Cohendy a constaté « que François Vallet, régulièrement convoqué à l'adresse qu'il a donnée, ne s'est pas présenté. Nous joignons la convocation et le récépissé de la lettre recommandée adressée à son avocat le 1-7-43 ». Le 8 juillet 1943, le procureur Ducasse transmet une petite note au juge Cohendy : « Je vous informe que je viens d'être informé par une communication téléphonique des autorités de police allemandes que le nommé Vallet a été arrêté et qu'il est écroué au fort Montluc[2]. »

Prenant acte de cette information, le procureur général, le 12 octobre 1943, alors que Raymond Aubrac est toujours

1. Henri Noguères, *La Vérité aura le dernier mot*, *op. cit.*, pp. 229-233.
2. Notes du 6 juillet 1943 du juge d'instruction Cohendy et du 8 juillet 1943 du procureur de la République, ADR, archives du parquet de Lyon.

entre les mains allemandes, en rendant compte à Vichy de l'arrêt de la section spéciale de la Cour de Lyon, annonce qu'il y a eu, en ce qui concerne Vallet, « une disjonction des poursuites[1] ». On ne voit guère pourquoi, dans ces conditions, les Allemands auraient spécialement conservé Aubrac pour une comparution devant une juridiction française, même d'« exception »...

Klaus Barbie poursuit de son côté :

« Mme Aubrac, dans un livre paru en septembre 1984 intitulé *Ils partiront dans l'ivresse*, consacre 108 pages en forme d'éphémérides à l'évasion de son mari.

« [...] Qui peut croire que j'ai gobé la fable de Mlle de Barbentane, fille-mère des œuvres de mon ami Aubrac ? Dans le livre que me consacre M. de Hoyos dont la famille autrichienne servit le Führer avec vaillance, Mme Aubrac détaille avec la même précision les démarches qu'elle a entreprises auprès du Kommando. Le mardi 22 juin, elle entre au siège du Sipo-SD (!), parcourt librement (!) les couloirs, découvre mon bureau (!), me raconte qu'elle est enceinte d'Aubrac, qu'elle voudrait se marier avec lui et repart libre sans que je la fasse suivre.

« Le lendemain, elle revient me voir dans les mêmes conditions. Je refuse.

« Le 29, elle revient à la charge auprès d'un lieutenant dont elle ne se rappelle plus le nom, mais dont l'allure est classique, grand, sec, strict, un rien guindé et qui, moyennant quelques cadeaux, accepte de la recevoir à mon insu, de lui ménager des rendez-vous avec Aubrac dans son bureau. Ces balades de Mme Aubrac dans les locaux du Sipo-SD de Lyon démontrent simplement qu'elle y était connue dès le mois de mai quand, son mari libéré, elle avait accepté de servir d'agent de liaison entre lui et nous

1. Rapport du procureur général de Lyon au garde des Sceaux à Vichy, 12 octobre 1943, ADR, archives du parquet de Lyon. Henri Noguères indique seulement qu'au jour du jugement, François Vallet est déclaré « défaillant [*sic*] ».

pour ne pas le brûler, et que mon adjoint Floreck était son officier traitant.

« A la fin, toujours selon les confidences de Mme Aubrac à M. de Hoyos, mon adjoint accepte d'organiser pour elle et lui une cérémonie de mariage au siège du Kommando au défi du bon sens et des lois françaises et allemandes [1]. »

On retrouve effectivement dans l'ouvrage de Ladislas de Hoyos consacré à Barbie, qui repose sur nombre de documents jusqu'alors inédits [2], le récit de Lucie Aubrac et en particulier celui de la dernière entrevue avec Klaus Barbie, qui l'aurait ainsi renvoyée : « Ermelin vous a menti. C'est tous des terroristes !... Ce qu'il leur faut ? Un verre de rhum et douze balles dans la peau ! »

Et il claque la porte. Lucie Aubrac décide alors de recommencer son histoire de mariage devant un autre Allemand, peut-être un certain Floreck, qui se laissera amadouer avec ce qu'il faut d'argent, de cigarettes, de champagne et de coupons de soie. « "Ils acceptaient tout cela sans jamais avoir l'impression de trahir l'Allemagne", soupire Mme Aubrac [3]. »

Il ne s'agit plus ici, dans le rôle de l'intermédiaire vénal, d'un certain « colonel Kriegel » cité par Lucie Aubrac en 1950 [4] ou du dénommé Lutgens. Ernst Floreck, dont Barbie

---

1. Mémoire de Me Vergès, pp. 412-413.

2. Ladislas de Hoyos, *Barbie*, Paris, Robert Laffont, 1984 et 1987. La remarque déplaisante — et parfaitement déplacée — qui vise à nuire à cet auteur, faite par l'officier SS sur sa famille, n'entache évidemment en rien la somme de travail rassemblée dans ce livre. Il faut rappeler que Ladislas de Hoyos fut l'un de ceux qui contribuèrent, dès 1972, à démasquer, en Amérique du Sud où il coulait des jours paisibles, le responsable de la police allemande à Lyon, condamné à mort pour « crimes de guerre ».

3. Ladislas de Hoyos, *Barbie, op. cit.*

4. A partir de 1941, à la tête de la commission de contrôle économique de l'hôtel Carlton siège le major von Hardt assisté du major Schultz. Plusieurs officiers, peut-on remarquer dès cette période, « parlent couramment le français et, opérant en tenue civile, semblent plus particulièrement chargés d'un rôle de renseignement par des contacts fréquents avec la population civile » (cf. le dossier AJ/41/1489 aux Archives nationales et Archives militaires allemandes de Fribourg).

prétend qu'il est « l'officier traitant [*sic*] » de Raymond Aubrac, réapparaît ici mais également dans une autre déposition de Lucie Aubrac :

« J'ai alors entrepris des démarches auprès des Allemands, dit-elle, pour savoir exactement la gravité de la situation de mon mari. A cet effet, je suis allée voir Barbie, munie d'un certificat médical témoignant que mon mari — que j'avais fait passer pour mon ami, duquel j'attendais un bébé — s'était rendu chez le docteur Dugoujon pour se faire ausculter. Ce docteur était un spécialiste du poumon [...]. Les pièces nécessaires à notre mariage ont été présentées à la mairie du 7ᵉ arrondissement de Lyon qui a accepté de les signer. Enfin, en date du 20 octobre [*sic*], j'ai obtenu de **Floreck** de voir mon mari pour la dernière fois. Ce jour-là, je fus interrogée ainsi que mon mari par un nommé Leiter. Le soir, lorsqu'ils ont reconduit mon mari en prison, nous avons attaqué la voiture allemande. Nous avons tué le chauffeur avec une mitraillette silencieuse. L'opération a été faite par un Groupe franc avec lequel j'avais déjà collaboré à d'autres évasions [1]. »

Le nom de Floreck va revenir dans la suite de ces événements. Des événements dont Lucie Aubrac, à la barre des témoins du procès Hardy en 1950, continue la relation, à partir du moment où, dit-elle, elle est présen-

---

C'est le cas, en 1941, de l'« ingénieur Werner » et des « Sonderführer Pousseur et Krieger ». Mais il est vrai que dans une autre version donnée à Ania Francos pour son livre *Il était des femmes dans la Résistance,* Lucie Aubrac évoque l'intervention d'un « général allemand commandant la police économique de Lyon » qui lui est présenté par sa maîtresse, « une jeune fille juive » (pp. 313-314).

1. Le texte de ce « Témoignage de Lucie Samuel (Aubrac) » se trouve dans les papiers de Laure Moulin, conservés à la Bibliothèque nationale (cotes 17863-17872). Les documents originaux, d'après un bordereau retrouvé dans ces papiers, ont été versés au SDECE le 21 juin 1967.

tée à Raymond Aubrac pour la signature du contrat de mariage :

« Mon mari, je l'ai vu trois minutes dans le bureau de l'Allemand dont vous venez de prononcer le nom [le président du tribunal lui a indiqué le nom de **Lutgens**]. Le laissant dans les locaux de la Gestapo, j'ai rejoint le corps-franc. Nous avons préparé une mise en scène dans les rues de Lyon. Nous avons attendu la camionnette cellulaire qui devait les ramener à la prison de Montluc et nous avons pu attaquer cette voiture et délivrer les prisonniers qui s'y trouvaient[1]. »

Lors de son audition de 1983, Lucie Aubrac se contente de déclarer :

« C'est par un contact ultérieur avec un autre membre de la Gestapo adjoint de Barbie, que j'ai pu organiser le transfert de mon mari de la prison de Montluc à l'école de santé, et c'est au cours du trajet prévu que j'ai pu organiser avec les Groupes francs de Libération l'évasion de mon mari et de treize autres prisonniers. Cela se passait le 21 octobre 1943[2]. »

Pour sa part, dans la plupart de ses dépositions Raymond Aubrac ne s'étend guère sur les détails de l'opération conduite par sa femme. En juin 1944, à Alger, il déclare : « Après quoi j'ai été remis en prison d'où j'ai été tiré le 21 octobre 1943, par une évasion préparée et dirigée par ma femme, et réalisée par des camarades des Groupes francs. » En 1947, au premier procès Hardy, Aubrac dit : « Et je suis resté au fort Montluc pendant quatre mois, jusqu'au 21 octobre 1943, date à laquelle un Groupe franc de la Résistance conduit par ma femme a attaqué un camion allemand qui nous transportait à travers Lyon [*sic*] et m'a libéré en tuant quatre policiers allemands et libérant quatorze camarades[3]. » En 1983 : « Mon aventure à la prison

1. Procès Hardy, sténographie R. Bluet, cit.
2. Procès-verbal du 10 août 1983, dossier Barbie (audition par le lieutenant-colonel Lafforgue).
3. Sténographie R. Bluet, cit.

de Montluc a pris fin grâce à mon évasion, organisée par mon épouse à la tête d'un Groupe franc qui a attaqué le convoi allemand qui me ramenait avec treize autres prisonniers de l'école de santé à la prison de Montluc, le 21 octobre 1943 [1]. »

Dans ses Mémoires, Raymond Aubrac raconte que « vers la fin juillet ou au début d'août », « un grand diable de SS [le] fit asseoir devant sa table et vérifia [son] identité, c'est-à-dire Vallet dit Ermelin [2] ». Cette version est inexacte puisque les Allemands le connaissaient parfaitement sous le nom d'Aubrac et qu'il l'a d'ailleurs admis. Raymond Aubrac poursuit : le SS « m'informa qu'un tribunal siégeant à Paris avait prononcé ma condamnation à mort [...]. Je ne sais pas pourquoi je n'ai pas été exécuté. Je ne sais même pas, sauf l'étrange séance que j'ai relatée, si j'ai vraiment été condamné à mort par un tribunal [3] ». La suite de la relation est consacrée aux préparatifs du mariage que Lucie Aubrac décrit avec plus de détails encore dans son ouvrage *Ils partiront dans l'ivresse.*

Serge Ravanel, responsable des Groupes francs, apporte, dans ce même livre, son témoignage. Il relate la préparation de l'évasion, qui « nécessita plus de trois mois ». Elle passe par une « première idée », par ailleurs logique, de l'attaque du véhicule qui transportait les détenus entre la prison de Montluc et le siège de la Gestapo pour interrogatoire. « Malheureusement, écrit Ravanel, il nous fut impossible de mettre sur pied un système de renseignements permettant d'obtenir une information valable sur les dates auxquelles les prisonniers étaient transportés. » En outre, ajoute Ravanel, « la Gestapo avait découvert qu'Aubrac avait été arrêté par la police française en mars 1943 sous le nom de Vallet, mis en liberté provisoire, et nous apprîmes qu'il avait été condamné à mort ».

1. Audition du 8 juin 1983 par le lieutenant-colonel Lafforgue (dossier Barbie).
2. Raymond Aubrac, *Où la mémoire s'attarde, op. cit.*, p. 105.
3. *Ibid.*, p. 106.

Il y avait urgence, mais l'urgence concernait Aubrac et non Vallet comme l'indique Ravanel.

L'idée retenue pour l'évasion tient du roman d'aventures : « C'est alors que Lucie Aubrac qui était enceinte eut l'idée de se présenter aux Allemands comme une jeune femme de l'aristocratie qui demandait à être mariée au nommé Ermelin pour sauver son "honneur" de jeune femme non mariée. Elle se préoccupait moins du sort dudit Ermelin que de la nécessité, pour sa famille, de régulariser sa situation. L'objectif était de créer un événement conduisant la police allemande à faire transporter R. Aubrac dans les locaux de la Gestapo à une date qui serait connue de la Résistance.

« L'idée fut soumise au comité directeur du Mouvement qui l'approuva en dépit de son caractère hautement risqué [1]. »

Du caractère « hautement risqué » de cette idée, l'historien du mouvement Libération-sud, auquel appartiennent Lucie et Raymond Aubrac, passe, lorsqu'il aborde ces événements, à une action d'éclat ayant nécessité des semaines de mise au point. Il y voit un véritable « modèle du genre » qui « représente une prise de risques maximale ». « La personnalité d'Aubrac, l'appui sans faille de Pascal Copeau, souligne Laurent Douzou, l'acharnement mis par Lucie Aubrac à monter une telle opération et l'ascendant qu'elle exerce sur les hommes du Groupe franc expliquent seuls cette opération hors du commun [2]. » Mais l'historien ajoute : « Il n'entre pas dans notre propos d'en relater par le menu la préparation, la mise au point ultime et l'exécution. L'accès aux pièces d'archives — allemandes et françaises — la concernant permettrait seul de l'étudier minutieusement. »

Cette remarque a le mérite de constater que ce qui nous

1. Témoignage de Ravanel cité par Lucie Aubrac *in Ils partiront dans l'ivresse, op. cit.*, p. 257.

2. Laurent Douzou, *La Désobéissance, Histoire du mouvement Libération-sud, op. cit.*

a été présenté jusqu'alors ne suffit pas à convaincre. Pourtant des documents — très divers quant à leur origine et à leur valeur — ne font pas défaut.

Alban Vistel, chef reconnu de la Résistance lyonnaise, dans un ouvrage consacré à l'action de l'armée des ombres a décrit cette évasion du 21 octobre 1943 :

« Pour cette épouse, cette militante hors classe [Lucie Aubrac], rien n'est impossible. Si Montluc s'avère inexpugnable, il faut trouver autre chose. Pour conduire les résistants aux interrogatoires très particuliers, le panier à salade fait la navette entre la prison et le siège de la Gestapo. Pas d'autre ressource que de l'attaquer le jour où l'on aura la certitude qu'Aubrac y a pris place. Lucie entend monter elle-même l'opération, Duvernois met à sa disposition les équipes Alphonse, Daniel et Thomas. Elle explore maintes fois le parcours, prenant le véhicule en filature. Pour quiconque n'appartient pas au jeu, l'entreprise apparaît insensée tant les chances de réussite sont faibles ; il faut que rien ne manque au faisceau d'informations — certitude de la présence d'Aubrac, précision quant à l'heure du passage —, pour le reste, c'est une question de secondes, de parfait sang-froid, d'audace de desperados [1]. »

Alban Vistel n'évoque aucun simulacre de mariage entre celle qui se fait appeler Guillaine de Barbentane et François Vallet. L'un de ceux qui doivent participer à l'attaque du fourgon cellulaire allemand, et dont Lucie Aubrac cite le témoignage dans son livre, n'en parle pas davantage. Eugène-Léon Brédillot (dit Alphonse), « ancien membre des Groupes francs de Libération », écrit : « Donc, le 21 octobre, une équipe de GF est formée en vue de la libération des détenus qui allaient du fort Montluc à l'école de

1. Alban Vistel, *La Nuit sans ombre, op. cit.*

santé militaire, avenue Berthelot, en vue d'"interrogatoires" par Barbie et ses agents[1]. »

Ces Groupes francs étaient bien placés pour raconter cette attaque. Ils le font en 1946 dans une publication qui rend hommage à leur action et aux sacrifices de plusieurs d'entre eux : « L'automne 1943 s'annonce palpitant : depuis quelques jours plusieurs équipes d'action GF sont en état d'alerte. Certains renseignements [*sic*] nous sont fournis par Mme Aubrac sur le transfert de son mari, notre chef régional, de Montluc au siège de la Gestapo, avenue Berthelot[2]. »

Faut-il comprendre que ces Groupes francs ne sont pas dans la confidence, eux qui, aux dires de celle-ci, exercent à chaque visite de Lucie Aubrac à la Gestapo une surveillance active[3] ?

Les Groupes francs donnent ensuite, sous le titre « Attaque de la voiture cellulaire, boulevard des Hirondelles », le récit que voici :

« Au matin du 21 octobre, les équipes sont prêtes à intervenir, mais un incident les oblige à remettre au soir l'expédition, heure où le retour de plusieurs camarades doit s'effectuer pour Montluc.

« Un peu avant 18 heures, chaque équipe prend la position prévue pour l'attaque de la voiture cellulaire allemande.

« Daniel, accompagné de camarades de son équipe et de Mme Aubrac, a pour mission de surveiller la sortie de la Gestapo, avenue Berthelot. L'équipe Léon se trouve dans

---

1. Cité *in* Lucie Aubrac, *Ils partiront dans l'ivresse*, *op. cit.*, pp. 253-254.

2. Bulletin diffusé en 1946 par les anciens des Groupes francs, Centre d'histoire de la Résistance et de la déportation de Lyon.

3. Déposition du 2 mai 1950 de Lucie Aubrac (procès Hardy) : « Lorsque j'allais à la Gestapo, nos camarades du Groupe franc attendaient avenue Berthelot ma sortie de façon à être sûrs que je sortais. Ils me suivaient pendant que j'allais à l'hôtel où j'avais pris une fausse adresse, où je me changeais avant de reprendre la tenue un peu sportive qui est la mienne d'habitude » (sténographie Bluet, cit.).

une traction postée à l'intersection du chemin du Vivier et de l'avenue Berthelot. Henri et ses hommes se trouvent en embuscade rue du Repos, tandis que le gros du Groupe est en attente à proximité du cimetière, avec la camionnette de Legrand.

« Les minutes sont longues et angoissantes pour chacun des exécutants ; mais après trois quarts d'heure d'attente, la voiture cellulaire passe en trombe. Est-ce la bonne ?... Enfin la traction de Daniel apparaît, de laquelle le signal d'attaque nous est donné par Mme Aubrac à l'aide d'une lampe de poche. Pas une seconde à perdre, sinon le coup est loupé. Léon démarre aussitôt derrière Daniel, à la poursuite du véhicule allemand, course folle avenue Berthelot où voitures et trams sont doublés.

« Arrivé boulevard des Hirondelles, Daniel, qui a réussi à doubler la voiture cellulaire, stoppe. Aussitôt l'on entend quelques coups de feu se répercuter dans la nuit : nos camarades Julien et Christophe passent à l'action et de quelques balles descendaient le chauffeur de la voiture cellulaire, laquelle, après quelques embardées, allait s'arrêter en bordure du trottoir.

« Nous arrivions à cet instant en compagnie de l'équipe Henri qui nous suivait de près. Aussitôt Lyonnet et Guy, mitraillette en main, se mettent en position pour parer toute rébellion de quatre gardiens allemands se trouvant à l'intérieur aux côtés de nos camarades ; il fallait éviter de faire des victimes dans nos rangs.

« A ce moment une rafale de mitraillette provenant de la ligne du chemin de fer nous accueille. La réplique est rapide, et notre Boche qui accompagnait le chauffeur et avait réussi à disparaître dans l'obscurité, fut démoli proprement, mais Julien était blessé à la joue et son état nécessitait des soins urgents. Il fut évacué aussitôt.

« Pendant cette brève escarmouche, les équipes Lyonnet, Guy, Henri et Maurice opéraient avec précision l'exécution des quatre Boches se trouvant à l'intérieur du véhicule, et nous pouvions voir descendre de cette voiture cellulaire nos 14 camarades enchaînés. Parmi ceux-ci, un homme en imperméable apparaît : Lyonnet croit reconnaître un agent de la Gestapo et blesse d'une balle à la joue notre camarade Aubrac ; heureusement cette blessure n'est que superficielle... mais Aubrac a eu chaud...

« Nous trouvant à quelques centaines de mètres de Montluc et du fort Lamothe, il ne s'agissait pas de stationner plus longtemps sur les lieux.

« Legrand est là, avec sa camionnette ; tous nos rescapés sont embarqués, mais à l'intérieur de la voiture cellulaire se trouvent encore quelques personnes tremblant de peur et qui n'osent descendre. Legrand les fait descendre et les embarque rapidement pour prendre le chemin de Rillieux où, après avoir délivré de leurs chaînes nos rescapés et leur avoir remis à chacun une somme d'argent et divers tickets d'alimentation, chacun fut libre de se rendre où il désirait.

« Nous retrouvions parmi ces rescapés notre camarade Aubrac et Théodore, ce dernier ayant été arrêté quelques jours auparavant.

« Théodore, ayant repris sa place à nos côtés, devait se faire tuer quelques mois plus tard dans un maquis de l'Isère.

« Cette action héroïque de nos Groupes GF fut l'une des plus belles de l'époque et fut citée en exemple par la Radio de Londres. Sa réussite est le fruit du courage et de la persévérance.

« Mentionnons que Mme Aubrac déploya au cours de cette expédition, dont elle fut l'âme, et dans l'organisation de cette action montée pour sauver son mari, notre chef régional, une énergie farouche.

X[1]. »

Du côté officiel français, les autorités locales ont elles aussi consigné ces événements :

1. Bulletin diffusé en 1946 par les anciens des Groupes francs, Centre d'histoire de la Résistance et de la Déportation de Lyon.

« 21 octobre 1943 :

« A 19 h 30, on a attaqué le car transportant les détenus de la police allemande de l'avenue Berthelot au fort de Montluc. Le chauffeur a été tué, l'un des gardiens est dans un état très grave, un autre est tombé de voiture. Tous les détenus enchaînés deux par deux se sont évadés. L'attaque a eu lieu boulevard des Hirondelles à 300 m environ du fort Montluc, en direction de l'avenue Berthelot.

« Il s'agit d'un camion transportant 14 détenus politiques de l'école de santé au fort Montluc.

« Vers 22 heures, deux jeunes gens enchaînés ont été amenés par un Allemand au café du Montblanc, tenu par Mme Lavigne et situé 189 avenue Berthelot[1]. »

Londres sera aussi avisé de l'opération. Mais en des termes qui n'indiquent pas la date du 21 octobre :

« ... Cette évasion est mentionnée par des "télégrammes de France non retransmis adressés à d'Astier (Merlin)" émanant du secrétariat de zone sud de la Délégation générale. Ils font explicitement référence à l'évasion d'Aubrac : "Suite quinze spécial sud vingt-huit dix de Cléante [...] ce **vendredi deux deux** en pleine *[sic]* Lyon voiture cellulaire Gestapo attaqués *[sic]* par patriotes top trois boches descendus top Aubrac je dis Aubrac libéré avec seize autres détenus inconnus top Grande sensation ville entière top à suivre[2]."

Indiscutablement, ce message mentionne comme date de l'attaque, et de la remise en liberté de Raymond Aubrac,

1. « Evénements survenus dans la région lyonnaise, 1943-1944 », préfecture du Rhône, AN, 72 AJ 181 B IV.

2. Cité par Laurent Douzou, *La Désobéissance, Histoire du mouvement Libération-Sud, op. cit.* Sources citées : Sudsec, suite du 15 spécial / 999, AN, BCRA, 312.

le vendredi 22 octobre 1943. Erreur de transmission ? La question reste posée. Mais les Allemands ont, eux aussi, fourni leur version de l'attaque du boulevard des Hirondelles.

CHAPITRE 14

Les rapports Knochen et Floreck

« Paris, le 23 octobre 1943.

Der Befehlshaber
der Sicherheitspolizei und des SD
im bereich des Militaärbefehlshabers
in Frankreich
II / 3 / 455 / 01 / Dr. Ga. / dr.

Télégramme

a) au Reichsführer SS et Chef de la Police allemande
b) Chef de la Police de Sécurité et du SD
SS — Obergruppenführer Dr. Kaltenbrunner
Berlin.
c) SS — Gruppenführer Oberg
z.Zt. Marseille.

« Objet : Sanctions à la suite de l'attaque d'un transport de prisonniers.

« Le 21 octobre 1943 à 19 h 30, les occupants de deux voitures françaises ont attaqué un transport de prisonniers de la Sicherheitspolizei (SD), Einsatzkommando de Lyon.

« De ce fait, le conducteur du camion, dans lequel des prisonniers devaient être transportés de Lyon au fort Montluc, le St-Rottenführer a.K. Gerd Redinius, né le 12/01/02 à Leesdorf / Friesland, marié, père d'un enfant, a été atteint mortellement de six balles, en outre le St-

Unterscharführer Ilauer, qui l'escortait, a été blessé grièvement d'une balle au poumon et est décédé le lendemain.

« Le troisième membre du Kommando pouvait sauter du camion fou, restait passagèrement sans connaissance à la suite du choc, mais autrement sans blessure.

« Des quatorze détenus qui étaient enchaînés deux par deux, uniquement un seul, qui était atteint d'une balle à la nuque, s'est rendu spontanément.

« L'attaque s'est produite à 300 m environ de Montluc à un endroit qui n'est pas flanqué de maisons et où il y a peu de circulation de piétons.

« Les balles ont été tirées sans aucun doute d'une mitraillette et cela, d'une des deux autos mentionnées dont les occupants ouvrirent le feu, alors que la voiture se trouvait à même hauteur que le camion allemand. Le camion porte 20 impacts de balles. Les mesures prises immédiatement après l'attaque ont permis de rattraper trois des détenus fugitifs.

« L'Einsatzkommando Lyon a pris comme dispositions immédiates, l'interdiction de circuler de 20 h 30 à 5 heures ainsi que la fermeture de l'ensemble des cinémas, théâtres et lieux de plaisir de Lyon.

« En outre, je propose d'appliquer les mesures suivantes :

« a) Arrêter, pour inclusion dans l'action "Meerschaum" ou autre envoi dans un KL [camp de concentration] dans le Reich, 50 personnes de Lyon qui, en raison de leurs opinions, approuvent ce crime ou se trouvent derrière ceux qui l'ont commis.

« b) Fusiller les 10 personnes emprisonnées dans l'affaire d'espionnage "Nilo", les Radios ainsi que le chef régional, l'IS Boyer (pour la délivrance desquels, selon toute vraisemblance, l'attaque a été exécutée), ainsi que les trois évadés du transport qui ont été rattrapés.

« c) Publier dans la presse les mesures a et b, sans pourtant publier les noms des fusillés.

« Après que, pour la première fois, un attentat fort grave eut été commis non pas par des cyclistes mais par des automobilistes, j'ai l'intention de faire savoir dans cette même notice de presse qu'il sera procédé à une vérification de tous les permis de circuler de véhicules automobiles dans la région de Lyon et d'y faire dépendre désormais les autorisations délivrées par les autorités françaises de l'agrément du Kommando de la Sicherheitspolizei compétent.

« Je demande qu'une décision soit prise immédiatement.

Dr. KNOCHEN.
SS-Standartenführer[1]. »

Un second document vient compléter celui du Befehlshaber der Sipo-SD, rédigé celui-là par l'un des membres du Sipo-SD de Lyon, Floreck. Ces rapports, qui ont été reproduits dans le mémoire de Me Vergès (pp. 415-416), constituent la version allemande de l'attaque du boulevard des Hirondelles et la relation de certaines de ses conséquences.

Daté du lendemain, c'est-à-dire trois jours après l'attaque du fourgon cellulaire entre l'école de santé et la prison de Montluc, le texte signé Floreck rend compte de la récupération de certains prisonniers évadés :

« Lyon Nr. 8891 24. 10. 43

A
a) Bds, à l'attention du SS-Staf. Dr. Knochen Paris.
b) Groupe GFP 540-Paris, Av. Foch 41
(avec prière de transmission téléphonique immédiate)

« Concerne : Meurtre (fusillade) d'un sous-officier du service local des missions spéciales et d'un Obergefreiter de la GFP 540 lors de l'arrestation de terroristes.

« Le 24 octobre 1943 aux environs de 14 h 30, le sous-officier Jean Klotter du service local des missions spéciales et l'Obergefreiter Fritz Hoffmann du détachement de la GFP 540 auprès du Kommandeur du Sipo-SD ont été abattus par balles par des terroristes.

---

1. Rapport du Dr. Knochen du 23 octobre 1943, AN, AJ 40/545 doss. 18 (Lyon) ; copie en annexe XVII-1 (pp. 362-363).

« La poursuite de recherches avait permis de déterminer que le juif Raymond Wekselmann demeurant à Lyon-Villeurbanne, cours du Sud n° 5, appartenait à un groupe de terroristes.

« Au cours de l'après-midi d'aujourd'hui, son arrestation devait être opérée par deux membres du détachement de la GFP, un sous-officier et un sous-officier des missions spéciales et par un agent. A cette occasion furent surpris, au domicile de Wekselmann, les deux terroristes Tronchon et Buisson **libérés lors de l'agression contre le transport de prisonniers de notre service**[1] (chiffres 9 et 10 de mon FS du 22. 10. 43).

« Le juif Wekselmann possédait un pistolet, calibre 7,65 mm tandis que les deux autres n'avaient aucune arme.

« Les trois appréhendés Wekselmann, Buisson et Tronchon furent installés dans la voiture de service et surveillés par le ss-off. du service des missions spéciales Klotter et l'Obergefreiter Hoffmann (GFP) qui avaient une mitraillette anglaise et un pistolet 7,65.

« Pendant ce temps-là, le sous-officier Rauh (GFP) et l'agent Robert perquisitionnaient dans le logement.

« Soudain un cri suivi de trois coups de feu, le sous-officier Rauh se précipita en bas dans la rue et découvrit ses camarades gisant sur le sol tandis que Tronchon et Buisson fuyaient dans des directions différentes.

« Le sous-officier Rauh poursuivit Buisson dans le dédale des rues et ouvrit le feu sur lui.

« Buisson fut atteint.

« Pendant cela, le juif Wekselmann s'était emparé de la mitraillette d'Hoffmann abattu et d'environ cent mètres ouvrit le feu sur le sous-officier Rauh.

« Rauh, qui possédait seulement un pistolet 7,65, dut rapidement se mettre à couvert si bien qu'il perdit de vue les trois arrêtés.

« On doit admettre que l'arrestation des trois terroristes avait été observée par des amis de ceux-ci.

1. Souligné par nous.

« Comme les deux policiers ont été abattus de balles dans la tête très vraisemblablement tirées d'un pistolet 7,65 mm, les agresseurs ont dû s'approcher sans se faire remarquer et ont ensuite ouvert le feu si bien qu'aucune résistance n'était possible.

« L'Obergefreiter Hoffmann reçut une balle dans la bouche qui n'est pas ressortie et entraîna une mort immédiate.

« Le sous-officier Klotter fut grièvement blessé d'une balle au milieu du front et dans l'œil droit et mourut quelques minutes après son arrivée à l'hôpital de Granche-Blanc [Grange-Blanche].

« A la suite des mesures immédiatement prises en accord avec la police française, Buisson pouvait être retrouvé.

« B. se trouve actuellement à l'hôpital de Granche-Blanc sous la surveillance la plus sévère.

« Il est grièvement atteint au bras, à la jambe et au bassinet, doit être opéré immédiatement et ne peut être interrogé pour le moment.

« Il a été pris immédiatement contact avec l'AST.

Le Kdr. du Sipo-SD Lyon I.A. signé Floreck
SS.-O'Stuf.

2.) *Section I A*
avec une copie pour information
3.) *Section II Pol*
avec une copie pour information
4.) *GFP-Gruppe 540*
Feldpolizeikommissar Those
avec une copie pour information
5.) IV A.

[Signature manuscrite :] Boemelburg[1]. »

1. Rapport de Ernst Floreck du 24 octobre 1943, AN, AJ/40/545 doss. 18 (Lyon) ; copie en annexe XVII-2 (pp. 364-365). Il faut remarquer que ce texte fait référence à un autre rapport du 22 octobre 1943, dont nous n'avons pas connaissance, mais qui semble être le compte rendu de l'attaque du fourgon cellulaire par le Sipo-SD de Lyon, document qui a pu servir de base à celui établi, en date du 24, à Paris, par Knochen.

L'Obersturmsführer (lieutenant) Floreck, qui semble avoir en charge une part de l'activité du Sipo-SD de Lyon [1], décrit avec précision cette tentative d'arrestation qui concerne en fait des membres des FTP-MOI [2]. Cette relation se recoupe en grande partie avec des comptes rendus effectués par des membres de ces groupes de combat communistes qui permettent ainsi de vérifier l'exactitude de ce document allemand du 24 octobre 1943. L'historique de l'unité Carmagnole-Liberté publié en 1982 mentionne ainsi : « 24 octobre 1943 : à 15 heures, lutte ouverte avec la Gestapo venue arrêter trois camarades, 5 cours du Sud à Villeurbanne. Résultat : 2 Allemands tués, récupération d'une mitraillette et d'un pistolet. »

L'un des participants à ce sanglant affrontement a également témoigné :

« Vers la mi-octobre 1943, on frappe à la porte de la petite chambre au 5 cours du Sud, 2e étage, occupée par Antoine (Raymond Grynstein) et Jacquot (Jacob Szmulewicz).

« La porte ouverte, deux jeunes hommes sont sur le palier : André (Maurice Gurfinkel) et Robert dit le Boulanger (nom inconnu de moi), tout défaits, tuméfiés, deux hommes du groupe Carmagnole arrêtés quelque temps auparavant par la Gestapo. Ils entrent dans la petite chambre et racontent : tortures subies plusieurs jours d'affilée,

---

1. Dans ses déclarations au commissaire Bibes en 1948, Klaus Barbie, responsable de la section IV à Lyon, déclare avoir « quitté Lyon pour Paris le 31 août 1943 » et que son « séjour dans la capitale française a duré jusqu'au 5 décembre 1943 », procès-verbal du 16 juillet 1948.

2. La Main-d'œuvre immigrée (MOI) regroupe, sous l'égide du Parti communiste, des travailleurs immigrés dont beaucoup ont été chassés de leur pays par le fascisme (juifs d'Allemagne et d'Europe centrale, Espagnols, Italiens, Polonais, etc.). « En 1942, les groupes armés des différentes sections de la MOI sont regroupés dans les FTP-MOI et placés sous la direction unique de l'état-major FTP avec des commandements régionaux et interrégionaux », *in* Bruno Permezel, *op. cit.*, vol. 1.

cachot au fort Montluc, interrogatoires incessants, puis leur évasion.

« Emmenés pour un interrogatoire avenue Berthelot, siège de la Gestapo, et ramenés ensuite en voiture cellulaire accompagnée d'une traction avant occupée par des hommes de la Gestapo, ils devaient être fusillés. Dans le même fourgon, neuf autres résistants devaient subir le même sort ; l'un de ces résistants s'appelait Aubrac. Brusque coup de freins, coups de feu, arrêt du fourgon. La porte s'ouvre. Trois tractions avant sont occupées par des hommes en civil armés. La traction avant de la Gestapo est arrêtée et les Allemands morts. Les deux soldats du fourgon sont morts également. Exploit dû à Lucie Aubrac et à son Groupe franc. Tous les prisonniers montent dans les tractions, sauf André et Robert qui préfèrent rejoindre leur groupe FTP-MOI Carmagnole en ville. André et Robert, connaissant notre adresse, viennent nous demander asile. A la demande d'Antoine, je pars aussitôt prévenir Roman, chef du groupe avec qui il avait rendez-vous. En attendant de leur faire quitter Lyon pour une autre affectation, on nous demande de les héberger ; je suis chargé de leur ravitaillement.

« Dans nos discussions, Robert disait que jamais il ne retomberait vivant entre les mains des tortionnaires de la Gestapo. Cela dura huit jours. Le 24 octobre, au retour du restaurant où j'allais chercher nos quatre repas, à l'entrée du couloir, je me sentis saisir par le revers de ma veste et je me retrouvais face à un soldat allemand armé d'une mitraillette braquée sur moi et à un civil qui me demanda où j'allais. Je répondis : "Chez moi, au premier étage." J'entendis frapper à une porte et, quelques instants plus tard, je vis descendre Antoine, Robert et André accompagnés de deux civils armés chacun d'un revolver, qui les obligèrent à monter dans une voiture arrêtée devant la maison, que je n'avais pas remarquée à mon arrivée. Mes trois camarades montèrent à l'arrière tandis qu'un des hommes de la Gestapo s'assit à l'avant, braquant toujours son revolver sur eux.

« Deux des hommes de la Gestapo remontèrent dans la chambre pour la fouiller. Dans le couloir, le soldat me gardait, sa mitraillette à la main ; je jouais l'innocent, avec mon filet à provisions. Dans la voiture, l'homme de la Gestapo disait en français à mes camarades : "Vous voyez, on ne nous échappe pas, on se retrouve toujours." Il faut dire que c'était le même qui avait interrogé André et Robert. Il est utile de signaler qu'Antoine avait travaillé quelques jours dans une usine afin d'en relever les plans en vue d'un sabotage, et que c'est lui que l'on venait arrêter.

« Tout à coup, je vis Robert saisir la main qui tenait le revolver et la tordre. Antoine bondit par-dessus le siège et arracha le revolver des mains de l'homme de la Gestapo. Le soldat n'osait tirer dans le groupe en lutte de peur de blesser son chef ; je le saisis alors au cou par-derrière. Il se débattit ; je n'étais pas lourd et il réussit à me rejeter. Mais c'était trop tard pour lui : Antoine avait le revolver et lui expédia deux balles dans le corps ; il tomba. Puis Antoine se pencha sur l'homme de la Gestapo qui luttait avec Robert et lui tira une balle à bout portant dans la tête.

« Antoine ramassa la mitraillette du soldat tué et ce fut la fuite. Antoine et Robert partirent ensemble vers le cours Emile-Zola, André par le cours du Sud et je m'enfuis par la courette qui se trouvait dans le fond du couloir. Je ressortis dans une autre rue où je retrouvai André. Nous partîmes ensemble. Deux heures après, je repris contact avec mon responsable et je lui demandai où nous "planquer", lui racontant toute l'histoire. Il me dit qu'Antoine était déjà passé et c'est ainsi que j'appris la suite de leur fuite.

« En entendant les coups de feu, les deux hommes de la Gestapo étaient descendus rapidement de la chambre et avaient poursuivi Robert et Antoine en tirant sur eux. Antoine s'était retourné et avait répondu à leur feu avec sa mitraillette. Les deux hommes s'étaient enfuis. Malheureusement, Robert avait été touché par une balle. Antoine le releva et le porta un moment sur son dos. Robert lui disait :

“Laisse-moi, planque-moi dans un couloir et va chercher de l’aide.” C’est ce que fit Antoine, car il ne pouvait le porter plus longtemps. Mais nous n’avons jamais retrouvé Robert.

« Après une planque de quelques jours, on nous envoya, Antoine et moi, à Grenoble, au groupe Liberté et André dans un maquis de la région grenobloise. »

Dans ce récit, les principaux faits cités dans le rapport de l’adjoint de Barbie, Ernst Floreck, se retrouvent, même si les fausses identités et les pseudonymes des acteurs sont multiples et semblent avoir été confondus [1].

Quant au premier document allemand signé par Knochen, il contient des éléments qu’il convient d’examiner dans le détail. L’explication qu’il donne de l’opération menée le 21 octobre contre le fourgon cellulaire allemand indique qu’elle aurait été montée en vue de libérer le chef régional du réseau Nilo, un certain Boyer. De qui s’agit-il et quel est ce réseau ?

Combattant émérite de la guerre de 14-18, Pierre-Jean Herbinger est le fondateur du réseau Nilo. Cet ingénieur et industriel serait, dit-on, en rapport avec le 2e bureau français. En tout cas, l’esprit de résistance l’anime. De séjours en Espagne et au Portugal, Herbinger retire de précieux contacts avec des officiers de l’Intelligence Service.

---

1. Ce témoignage, signé par Jacquot, dit Jean Servais, matricule 94100, figure dans une publication intitulée : « Camarades juifs des unités FTP-MOI Carmagnole à Lyon, Liberté, 5e Bataillon à Grenoble, tombés dans les combats de la Résistance », Centre d’histoire de la Résistance et de la Déportation de Lyon. D’après ce même document, Robert, juif polonais, se nomme en fait Joseph Halaubaumer. André Buisson, c’est-à-dire Maurice Gurfinkel, juif polonais, sera tué le 22 août 1944 à Grenoble, par méprise, la foule l’ayant pris pour un milicien. Il avait 25 ans. Les différences qui apparaissent par comparaison avec le document allemand du 24 octobre concernent l’identité du blessé qui a été repris : les FTP-MOI évoquerait plutôt Robert-Halaubaumer, les Allemands citant le nom de Buisson. Ces derniers attribuent aussi la libération des prisonniers à une intervention extérieure due à des « amis » des terroristes...

En 1941, il met sur pied un réseau de renseignement, en Bretagne. Nilo est son nom de code. En 1943, Herbinger, en rapport avec le BCRA, se rend à Londres et rattache son organisation aux services de la France libre, sous le nom de Mithridate. Ce réseau entre en contact avec beaucoup de mouvements clandestins. Combat par exemple. Herbinger, *alias* Bressac, s'adjoint ainsi, fin 1942, les services de René Hardy, dont il soutiendra toujours la cause, en particulier au moment où celui-ci sera soupçonné de trahison [1].

L'importance du réseau fait que les Allemands ne manquent pas de s'y intéresser. Pour eux il demeure sous l'indicatif de Nilo. Le 19 juin 1943, un coup dur survient à Rennes avec l'arrestation d'un agent radio qui, retourné, entraîne la neutralisation de 19 autres personnes.

L'emploi de ce radio par les services allemands retire à la pyramide clandestine une partie des bases sur lesquelles elle repose. Un certain Georges Ledanseur est pris en main par le Dr. Goetz, au 84 de l'avenue Foch, pour les besoins d'un Funkspiel Kommando qui, dépassant largement Rennes, étend ses filets sur d'autres secteurs couverts par Mithridate. Ce sont bientôt 22 agents qui tombent, parmi lesquels un autre opérateur radio de l'organisation Nilo à Clermont-Ferrand.

L'action de Georges Ledanseur (dit Georges), ancien inspecteur radiotélégraphiste de la police nationale, révoqué pour malversations en 1942 mais passé au service des Allemands, provoque des ravages. A Clermont, Jean-Louis, de son vrai nom André Aalberg, responsable du réseau pour la zone sud, est brutalement intercepté le 10 octobre 1943. Grièvement touché, il décède au bout de quelques jours des suites de ses blessures. Le coup est dur et l'hécatombe se poursuit, la liste s'allonge. La découverte d'un groupe d'émetteurs radio à Lyon entraîne l'arrestation

1. Il se montrera ainsi convaincu, lors de l'audience de la Cour de justice du 23 janvier 1947, que l'origine des dénonciations dont Hardy était la cible était Mme Deletraz.

d'une dizaine de personnes, parmi lesquelles quatre opérateurs radio. Six postes émetteurs ainsi qu'un volumineux matériel d'espionnage sont saisis.

Grâce à Ledanseur, les Allemands ont repéré le responsable lyonnais de Mithridate. Il se nomme Boyer dans la clandestinité et Jean Biche pour l'état civil. Plusieurs dossiers, émanant de sources différentes, le montrent comme étant rattaché à diverses formes d'activités clandestines. Une note datée de Londres le 8 juin 1943, intitulée « Rapport sur une opération de remise de matériel effectuée en novembre 1942 », et signée de Biche, confirme qu'il est proche des milieux giraudistes. Vers la fin de l'année 1942, il a participé à des préparatifs de départ pour la capitale anglaise du colonel de Linarès, « ami personnel du général Giraud », mais aussi à des entretiens portant sur « la livraison d'une partie des armes cachées à l'armistice par l'armée française aux forces de Résistance ».

Effectivement, en novembre 1942, ce problème d'approvisionnement est à l'ordre du jour. L'Armée secrète naissante se heurte à de grosses difficultés. « La faible volonté de lutte de beaucoup d'officiers de cette armée de l'armistice, écrit Henri Michel, désorientés par leur démobilisation forcée, Jean Moulin a pu la constater et la déplorer lors de l'entrée des Allemands en zone sud. Non seulement, à part le général de Lattre à Montpellier, personne n'a bougé, et les unités se sont laissé désarmer sans réagir, mais les armes stockées ont été refusées à Aubrac, chargé par Moulin de négocier leur cession[1]. »

Sur ce sujet vital pour la Résistance, Biche note, dans l'un de ses rapports, qu'il a participé, le 7 décembre 1942 à Lyon, à une réunion à laquelle assistaient deux officiers : le commandant Desgeorges (qui est effectivement responsable régional sur la 14e division militaire du service CDM[2]), et un colonel que Biche désigne seulement par la

1. Henri Michel, *Jean Moulin, l'unificateur, op. cit.*

2. CDM : Camouflage du matériel, service conçu au sein de l'armée d'armistice tolérée par les Allemands pour détourner de ceux-ci le matériel militaire en sa possession.

lettre F (peut-être s'agit-il du colonel Fallotin de la 13e DM à Clermont-Ferrand ?). Du côté des civils, Biche note la présence de Max (Jean Moulin), d'Aubrac et Fortier [*sic*] (il faut lire Morin-Forestier). Il est question de prendre connaissance, pour l'AS et Aubrac en particulier, de la liste des cachettes d'armes [1].

Les pourparlers n'aboutiront pas à des résultats satisfaisants. Raymond Aubrac rappellera par ailleurs qu'il « s'occupe alors, avec un camarade, des organisations paramilitaires ». Il énumérera ses contacts, souvent décevants : « En novembre 1942, l'occasion nous est donnée de prendre contact avec certains éléments de l'état-major de l'armée. Je suis chargé des pourparlers par Delestraint, Rex et d'Astier. Ces pourparlers donnent des résultats fragmentaires [...]. Nous essayons d'obtenir directement des services compétents de chacune des divisions militaires des livraisons de matériel, matériel qu'on leur avait donné l'ordre de livrer aux Allemands [...]. A Lyon, cinq jours avant le délai fixé par les autorités allemandes, le principe a été admis de nous livrer la totalité des dépôts. J'ai été chargé par notre organisation d'en organiser l'exécution qui n'a pu être que partielle. »

Aubrac fera état de rencontres avec « le général Revers, ancien chef d'état-major de l'amiral Darlan » quelques jours avant l'assassinat de ce dernier. Le général, s'il se dit « entièrement acquis à notre cause », tergiverse et, s'il soutient ne pas vouloir livrer les armes aux Allemands, pense finalement « qu'il est inutile de hâter les choses ». Rare exception aux yeux d'Aubrac, l'attitude du général Frère : « Il m'inspire du respect, c'est un type bien [2]. »

Un autre rapport situe mieux le rôle joué par le capitaine Biche, qui ne va pas tarder à entrer dans les fichiers allemands. Le 25 mai 1943, le capitaine Lardy, du réseau Jade-Amicol, *alias* Roger, rédige pour Londres son rapport

1. Rapport « Ska 1/1 » arrivé le 20 mai 1943 à Londres ; Papiers Laure Moulin, BN.

2. Citations de Raymond Aubrac extraites de son interrogatoire à Londres, 19 février 1944, DGSE (cf. annexe XV-1, pp. 320-323).

d'activité depuis la fin de l'année 1942. Il rappelle qu'il est arrivé en France vers le 20 novembre 1942, « à environ 15 km au nord de Châteauroux », pour parvenir, deux jours après, à Lyon. L'atmosphère n'y est pas particulièrement sereine puisqu'il va d'adresse en adresse plus ou moins sûre pour finalement retrouver l'un de ceux qu'il cherche : « J'apprenai que M. Biche [...] se trouvait au 215, rue Vendôme. Effectivement, je me rendis à cette adresse et je rencontrai M. Biche et son amie Mlle Clairouin. Deux jours plus tard, mon radio me rejoignait sans incident au 215, rue Vendôme. »

Pour Lardy-Roger commence une mission qui doit le mettre en rapport avec des officiers décidément très « courtisés » : « Nous étions alors au début décembre 1942. Par le capitaine Biche, je pris contact avec un des adjoints du colonel de Linarès, le lieutenant Derringer qui était furieux de n'avoir pu partir avec son chef. » Henri Derringer, en poste à Lyon, est responsable du GAD local[1] et est, à ce titre, en relation avec beaucoup d'autres officiers...

Dans son rapport, le capitaine Lardy commente de façon critique le comportement de Jean Biche :

« Il est à remarquer, écrit-il, qu'au moment de mon départ de France, au début d'octobre 1942, le capitaine Biche m'avait donné sa parole d'honneur qu'il s'occuperait en mon absence des *Cahiers du Témoignage chrétien.* En cette qualité, il avait accès à la caisse des *Cahiers.* Or la différence entre ce qui avait été dépensé pour les *Cahiers* et ce qui avait été puisé dans la caisse était d'environ 250 000 F. Il est évident que j'étais outré d'un semblable procédé. » Lardy finit par obtenir des explications qui tiennent aux relations entretenues par Biche avec d'autres milieux : « J'appris par le père Chaillet que Biche ne s'était pas du tout occupé des *Cahiers* et qu'il était même en termes assez aigus avec ses dirigeants.

1. Le GAD, Groupe d'autodéfense, représente, sur un plan général, écrit Dainville, « une tentative de l'armée pour mettre en place une Résistance militaire [...] qui débouchera début 1943 sur l'ORA », *in* A. de Dainville, *L'ORA, la Résistance de l'armée,* Lavauzelle, 1974.

J'appris, par Biche lui-même, qu'il avait travaillé avec le contre-espionnage de Vichy, entre autres avec Velaud, *alias* Duteil [1], et que la plupart des frais avaient été couverts par la caisse des *Cahiers.* »

En dépit de ses griefs, Lardy, *alias* Roger, justifie le maintien du contact avec Biche : « On peut se demander, à juste titre, pourquoi je ne me suis pas débarrassé de Biche. La raison principale est une raison de sécurité et d'autre part, j'entendais profiter des relations qu'il possédait dans le monde militaire [...]. Enfin, étant donné les bruits qui couraient sur lui au sujet de son intégrité au point de vue Résistance, je lui confiai le service des transports du réseau dans lequel, je dois avouer, il réussit parfaitement bien. »

Les sombres présomptions de Lardy s'alourdissent lorsque, autour de Biche, les mâchoires d'un étau semblent se refermer. En avril 1943, « la Gestapo perquisitionne l'appartement de Biche, 15 avenue du Maréchal-de-Saxe. Personne ne s'y trouve à ce moment précis. La Gestapo s'empare de deux manteaux de vison appartenant à Mlle Clairoin, l'amie de Biche, et d'autres fourrures. Bien qu'à ce moment, j'étais débarrassé de Biche depuis le début de mars, je craignais que depuis longtemps la Gestapo ait repéré cette adresse et ait pu m'y voir maintes fois [2] ».

Biche poursuit néanmoins sa route dans les méandres de la clandestinité. En 1943, il agit désormais pour le compte de Mithridate en jouant un jeu dangereux : « D'après des membres du groupe Combat, à la même époque, il contacte des éléments allemands pour renseigner ce réseau. » Il se sert, à Lyon, de plusieurs adresses : à l'hôtel Royal, au 36 du quai Gailleton, rue de Créqui. Quelques

1. Il s'agit probablement du capitaine Vellaud, intégré dès février 1943 au réseau de contre-espionnage militaire TR jeune ; cf. A. de Dainville, *L'ORA, la Résistance de l'armée, op. cit.* et Henri Navarre, *Le Service de renseignements, 1871-1944,* Plon, 1978. Le capitaine Vellaud devait mourir en déportation à Buchenwald.

2. Rapport du capitaine Lardy, *alias* Roger, Londres, 25 mai 1943 ; état-major particulier du général de Gaulle, BCRA, AN 72 AJ 564.

agents de liaison viennent parfois glaner de précieuses informations : Emma Cuisinier et Anne-Marie Soucelier, qui furent toutes deux secrétaires de Battesti [Marcel Peck], chef régional de Combat, confirment qu'il est exact que Biche ait fourni des renseignements à leur patron notamment au sujet de certains de leurs camarades arrêtés par les Allemands.

A plusieurs reprises, Battesti fut mis en garde par ses familiers qui lui reprochaient ses contacts avec Biche, suspect du fait de ses relations avec les Allemands. Anne-Marie Soucelier, précise une enquête effectuée au lendemain de la guerre, a quelquefois porté du courrier à l'hôtel Royal pour Biche qui logeait là avec Denise Clairoin, laquelle se faisait passer pour sa femme. Morte en déportation, elle fut une grande résistante et tous ceux qui l'ont connue font son éloge. Ni Emma Cuisinier ni Anne-Marie Soucelier n'ont rencontré Biche durant l'occupation, mais tous ceux qui eurent l'occasion de l'approcher et qui leur en parlèrent étaient d'accord pour déclarer que « c'était le type même de l'homme d'affaires aventurier, audacieux et sans scrupule. Biche était connu comme morphinomane, et lorsqu'il fut arrêté, Battesti a craint que, privé de ses drogues, il ne parle [1] ».

L'arrestation finit par avoir lieu : « Le 19 octobre 1943, la police allemande, qui recherchait Biche, se présenta au domicile de M. Martin, radio-électricien et lui demanda, en lui présentant sa photo, s'il connaissait l'intéressé. M. Martin déclara qu'il s'agissait d'un client. Il fut alors conduit à son magasin, 61 rue de Sèze, en vue de vérifier ses dires sur ses livres. A peine était-il arrivé que, par

1. Rapport sur Jean Biche du commissaire Gaston Amiot, adjoint au commissaire central de Lyon, le 20 juillet 1948. Emma Cuisinier devait confirmer à l'auteur que, sans jamais avoir rencontré Biche, son chef, Battesti, lui avait effectivement fait prendre le risque de « porter à l'hôtel Royal, place Bellecour, occupé par les Allemands, une lettre que je n'avais pas dactylographiée et dont j'ignorais le contenu, adressée à Mme Denise Clairouin » ; communication de Mlle Cuisinier (7 pages) et lettre à l'auteur du 22 octobre 1996.

hasard, Biche se présentait au magasin, accompagné de Denise Clairoin, d'un autre membre du réseau dont M. Martin ignore l'identité. Tous quatre furent arrêtés, ainsi que l'apprenti de M. Martin, mais ce dernier fut relâché le soir même[1]. »

A quarante-huit heures de l'attaque du boulevard des Hirondelles, les Allemands détiennent donc le chef régional du réseau Nilo-Mithridate, lequel entretient des relations avec beaucoup d'autres membres de mouvements de Résistance. Parmi lesquels Marcel Peck, *alias* Battesti, et des représentants de l'Armée secrète comme Aubrac, que Biche cite dans l'un de ses rapports.

Mais d'autres faits confirment ce qui est évoqué dans le rapport Knochen du 23 octobre...

1. Rapport Amiot, cit.

CHAPITRE 15

Un certain Lucien Doussot

Le témoignage de Jean Biche, chef régional du réseau Mithridate, est livré en 1948 dans le cadre de l'instruction de l'un des plus gros dossiers de l'épuration que la Cour de justice de Lyon a pu avoir à traiter : l'affaire Lucien Doussot. Jean Biche qui, à son retour de déportation, est devenu directeur d'une importante entreprise de la banlieue lyonnaise, est entendu par le juge Sérager. Il semble avoir effectué une déposition en deux temps, comme le démontre le style de sa lettre écrite le 2 juillet 1948, et dont voici la première partie :

« Monsieur le Juge d'Instruction,

« Au sujet de l'affaire Doussot pour laquelle vous m'avez convoqué récemment afin de me demander mon témoignage, j'ai, depuis samedi, rassemblé quelques souvenirs. J'ai donc l'honneur de vous transmettre la déposition ci-dessous à laquelle je vous prie d'accorder la même valeur qu'à celle que j'ai faite devant vous sous la foi du serment[1]. »

La formule utilisée, six jours après une audition devant le même juge, indique que Biche a retrouvé la mémoire de certains faits.

---

1. Le passage « foi du serment » est souligné, apparemment par le lecteur de cette lettre, alors qu'un point d'interrogation est apposé en marge, de façon manuscrite. Cf. copie en annexe XVIII (pp. 367-369).

« Je vous ai dit, poursuit-il, comment, arrêté par la Gestapo le 19 octobre 1943 à midi moins dix, Doussot a voulu dès 13 heures se faire reconnaître à moi comme un agent des services secrets français qui s'était engagé par ordre, dans la Gestapo. Je vous ai dit également que, pour moi, tout s'était passé comme si effectivement Doussot avait rempli ce rôle. Voici des détails supplémentaires qui étayent cette conviction :

« Le lendemain de mon arrestation, 20 octobre, Doussot m'a dit, dans la cave où il était venu me voir : "J'ai reçu l'ordre de vous faire évader dans les 48 heures, vous serez sorti demain soir." Le lendemain 21 (autant que ma mémoire soit fidèle), j'ai été interrogé très durement en compagnie d'un jeune homme blond dont j'ai oublié le nom mais qui avait été arrêté au même endroit que moi, trois heures après moi (chez Georges Martin, rue de Sèze). Nous avons été reconduits en camionnette particulière vers 4 heures à la prison de Montluc.

« Quelques jours après, j'ai appris, car tout se sait même en prison, que la camionnette normale transportant les prisonniers depuis l'école de santé jusqu'à Montluc avait été arrêtée par la Résistance ce soir-là, boulevard des Hirondelles. Les 14 prisonniers transportés avaient été libérés, dont M. Aubrac alors chef de l'Armée secrète, arrêté depuis juin 43 (affaire de Caluire). Pendant deux ou trois jours, je ne fus plus extrait de ma cellule (n° 70 si je me rappelle bien).

« L'interrogatoire suivant fut fait en grande pompe dans l'infirmerie de la prison de Montluc, et pendant un certain temps, je ne fus plus transporté à l'école de santé pour interrogatoire que dans des camionnettes légères, où j'étais sous la surveillance de 4 policiers allemands armés de mitraillettes qui me tenaient constamment en joue. Ces véhicules prenaient d'ailleurs des chemins extraordinaires, le trajet de Montluc à l'école de santé prenait de 15 à 30 minutes, et il est certain que les Allemands redoutaient l'attaque du véhicule pour me libérer.

« A quelque temps de là, le personnage que vous m'avez dit s'appeler Doussot revint me voir à la cave et me dit :

“L’autre jour ça a raté, mais je vais tâcher de remonter quelque chose pour vous faire sortir.” »

Et Biche de préciser : « Depuis lors, dans les milieux de la Résistance on m’a dit, à ma rentrée, que l’attaque du boulevard des Hirondelles avait été tentée pour ma seule libération [1]. »

Selon ce témoignage du chef régional du réseau Mithridate, produit devant la justice lyonnaise, il apparaît qu’à l’intérieur des services de la Gestapo de Lyon, le dénommé Lucien Doussot a pu jouer un rôle déterminant, notamment dans ce qui s’est passé le 21 octobre 1943 entre l’école de santé de l’avenue Berthelot et la prison de Montluc.

Qui est Lucien Doussot ? L’un de ceux qui devaient normalement conserver son souvenir est Klaus Barbie. Ce dernier a été interrogé après la guerre sur le rôle joué par ce personnage.

Mercredi 8 décembre 1948 : l’inspecteur de la Sûreté nationale Aimé Ferrier se rend à Augsbourg en Bavière, porteur d’une commission rogatoire délivrée le 15 octobre précédent par le juge d’instruction Rémy Sérager, de la Cour de justice de Lyon. L’inspecteur s’intéresse à un membre français de ce qu’il est convenu d’appeler, en un raccourci pratique, la Gestapo lyonnaise. Il se nomme Lucien Doussot et le juge chargé d’instruire cette affaire a de bonnes raisons de penser que l’ancien chef de la section IV du Sipo-SD de Lyon pourrait lui en apprendre beaucoup sur cet « agent double ». Ou prétendu tel. Avec l’accord des services spéciaux américains qui « protègent » alors Klaus Barbie, et en leur présence, l’inspecteur Ferrier peut poser ses questions à l’ancien officier SS.

Klaus Barbie ne paraît guère inquiet d’avoir été rangé

1. Lettre de Jean Biche au juge d’instruction Sérager, le 2 juillet 1948 ; dossier Cour de justice Lucien Doussot, ADR. Cf. copie en annexe XVIII (pp. 367-369).

par la France au nombre des « criminels de guerre ». Si l'inspecteur note qu'il a été « membre du SD de Lyon durant l'occupation », l'homme se présente ainsi : « 35 ans, commerçant à Augsbourg (Bavière), demeurant à Kempten, 38 Schillerstrasse », dans le même Etat. L'interrogatoire a plutôt des allures d'entretien. L'inspecteur le résume en ces termes :

« L'audition de Barbie n'apporte aucune précision au sujet de l'activité de Doussot. Barbie se retranche derrière le fait qu'il ne connaissait les affaires qu'une fois terminées et que d'autre part il s'est écoulé trop de temps durant son séjour en France et qu'il y a eu trop d'affaires traitées par son service pour pouvoir se souvenir d'un fait précis.

« Il déclare cependant que Doussot était considéré comme "un des meilleurs agents" français du SD et qu'il avait son entière confiance, ainsi que celle de Krull, chef direct de Doussot. Krull a été tué en Belgique, au mois de décembre 1944, lors de l'offensive Rundstedt.

« Barbie rapporte l'impression de Krull au sujet de Doussot : Krull estimait que Doussot ne pouvait travailler pour le compte d'un SR [service de renseignement] français, ayant fourni trop de garanties aux Allemands. Barbie d'autre part n'a manifesté aucune surprise en apprenant que Doussot pouvait l'avoir "doublé" au profit de la Résistance.

« La découverte d'un rapport, dans un local de la Résistance, en février ou mars 1944, concernant l'activité de la section IV E du SD, avait amené des soupçons sur Doussot. Or ce dernier n'a pas été inquiété, ce qui peut paraître surprenant lorsque l'on connaît la brutalité de Barbie et ses méthodes de travail. Barbie prétend qu'il voulait des "preuves certaines" et que Doussot ayant prouvé suffisamment son dévouement à la cause allemande, il importait d'être sûr avant d'agir.

« Aucun renseignement n'a pu être obtenu en ce qui concerne la part de Doussot lors des expéditions militaires du SD. »

L'inspecteur Ferrier semble désappointé. Ce qu'il vient d'entendre lui laisse un goût amer qui transparaît dans la conclusion de son rapport du 17 décembre :

« Il semble que Barbie n'a pas voulu fournir les renseignements nécessaires concernant Doussot. Bien qu'il prétende le contraire, il est certainement au courant de son activité puisqu'ils avaient des entrevues presque journalières. D'autre part, la présence — bien que passive — d'un officier américain lors de l'interrogatoire, donnait à Barbie plus d'assurance. »

Il ne restait plus à l'inspecteur Ferrier, et à ceux qui avaient la charge du dossier Doussot, qu'à se contenter de ce qu'ils possédaient déjà.

Qui était réellement Lucien Doussot ? Il est né en octobre 1913 en Côte-d'Or. La consultation rapide des dossiers de police fait ressortir qu'il était considéré, dès 1940, comme un « souteneur » et que son casier judiciaire se meublait de nombreuses condamnations à des peines de prison assez légères pour vol ou recel. Doussot purge d'ailleurs l'une d'elles à la centrale de Clairvaux, au moment de la débâcle de mai-juin 1940. « En mai 1940, racontera-t-il, lors de l'avance allemande, nous avons été libérés. Après ma libération, j'ai demandé à m'engager dans l'armée et j'ai été fait prisonnier dans la Côte-d'Or [...]. J'ai réussi à m'évader vers la fin de 1940. » Le récit de Doussot s'enrichit d'exploits peu crédibles. Il poursuit : « J'ai rejoint ma famille à Chagny, en Saône-et-Loire. Peu après, j'ai pris la gérance d'un café, à Saint-Jean-des-Vignes [...]. Je m'occupais alors, surtout, de faire passer la ligne de démarcation à des prisonniers et des civils. »

« Passeur », telle est la nouvelle fonction de Doussot. Il la pratique à sa manière, beaucoup en témoigneront. Le gendarme Dubost notamment, en poste dans ce secteur en 1942 : « Il m'a confié un jour : "Plutôt que de me casser la nénette à faire le va-et-vient, j'ai plus d'intérêts à ne faire le passage qu'une fois par semaine, de faire attendre quelques jours les gens. Ils voient les difficultés et ils casquent davantage." »

Si Doussot affirmera avoir été inquiété par les Allemands, d'autres diront qu'il avait déjà avec eux certaines relations. Un rapport de la police judiciaire daté de juin 1949 établit : « En 1942, Doussot faisait le "passeur" à la ligne de démarcation. Il est arrêté par les Allemands et, durant sa détention, recruté par le nommé Moog, chef de l'équipe française du SD de Lyon. C'est ainsi qu'on retrouve Doussot parmi le personnel de la Gestapo lyonnaise où il ne tarde pas à diriger une équipe rattachée à la sous-section IV E. »

Doussot ne nie pas être arrivé jusque dans l'antre nazi de la répression à Lyon. Il donne « sa » version des faits. L'invasion de la zone sud par les Allemands en novembre 1942 ayant naturellement privé Doussot de son « travail » de passeur, il part pour Lyon accompagné par sa maîtresse. L'une de ses relations — un trafiquant de marché noir — l'aurait mis en rapport avec un officier allemand qui occupait l'hôtel du Helder. C'est lui qui, un beau jour, lui aurait dit : « Viens, je vais te présenter quelqu'un. »

Ce « quelqu'un » était un officier SS assez haut placé. Doussot décrit ainsi la rencontre : « Par l'officier allemand du Helder, un contact fut pris, téléphoniquement, avec le lieutenant Barbie, de la Gestapo, pour lequel il me fournit un mot d'introduction. J'allai aussitôt à l'école de santé. Je me présentai à Barbie qui, après lecture de la lettre, me demanda pourquoi je venais proposer mes services. Je lui répondis que j'avais besoin de gagner ma vie, que j'étais partisan de la collaboration. Je ne lui cachai pas que j'avais fait le passeur. Il dit que cela ne l'intéressait pas. A ses yeux, une seule chose comptait : la loyauté vis-à-vis de lui. Ceux qui ne suivaient pas ses ordres ou trahissaient étaient impitoyablement abattus. Barbie fit alors appeler un homme répondant au nom de "Peters". Il me le présenta : "Voici un agent, lui dit-il, qui va travailler avec vous." Je sus plus tard qu'il s'appelait en réalité Robert Moog. Ce dernier me tint à peu près le même discours que Barbie et m'expliqua ce qu'il attendait de moi... Je fus affecté à la section IV E, commandée par deux lieutenants allemands : Krull et Schmidt, aidés par l'interprète Sthall. »

« Pendant deux mois environ, insiste la recrue de la Gestapo lyonnaise, je procédai à des vérifications d'adresses et je recueillai des renseignements sur des personnes dont le nom m'était fourni par Moog. Au cours de cette période, je ne participai à aucune arrestation[1]. »

Au rôle innocent qu'il s'attribue facilement, Doussot ajoute deux précisions importantes : il n'a pris ses fonctions au sein du SD qu'à partir de juillet 1943 et sa décision a été couverte par certains éléments de la Résistance dont il cite les noms. Doussot plaide donc le double jeu avec, apparemment, beaucoup de références. Ces dernières ne prouvent pas pour autant, loin de là, que l'homme ne rendait pas, en même temps, des services aux Allemands qui ont eu tout le loisir de les apprécier, puisqu'il est placé sous l'autorité de l'efficace agent K 30, Robert Moog.

Il faut croire que Doussot a de bonnes raisons de situer son entrée en activité si tardivement. Un de ses comparses, René Saumande, le matricule K 4, formé à l'Abwehr (le service de renseignement militaire), comme Moog, puis passé au SD, raconte : « J'ai connu Doussot, sous son pseudonyme André, alors qu'il appartenait au SD de Lyon [...]. Je suppose qu'il a été recruté par Moog qui dirigeait pratiquement l'équipe française de la section IV E [...]. Je me souviens avoir déjà remarqué sa présence quand j'ai commencé à fréquenter le SD, à l'école de santé militaire de Lyon, **au mois de mai 1943**[2]. »

Cette « bonne raison » pour laquelle Doussot place ses débuts de gestapiste — même comme « agent double » — postérieurement au mois de juin 1943 tient probablement à un fait essentiel. Klaus Barbie le confirme indirectement.

1. Procès-verbal d'interrogatoire de Lucien Doussot, 4 janvier 1945, par l'inspecteur Arnaud (dossier Doussot, Cour de justice).

2. Interrogatoire de René Saumande par l'inspecteur Laus, 1949 (dossier Doussot, Cour de justice).

Si l'inspecteur Ferrier, en décembre 1948, n'a pu tirer grand-chose de l'officier SS, le commissaire Louis Bibes, agissant quelques mois auparavant dans le cadre d'une autre commission rogatoire (celle délivrée par le juge militaire Gonnot concernant l'affaire Hardy) a obtenu une réponse assez précise à la question suivante :

« Comment fut montée l'arrestation des chefs de la Résistance à Caluire ? Comment l'expédition fut-elle réalisée ? Moog (K 30), Multon, Saumande, Doussot *alias* André, dont nous vous présentons les photographies, participèrent-ils à ces arrestations ? »

Barbie répond :

« Moi-même en uniforme, avec mes hommes et deux voitures ou peut-être trois, attendions sur les bords du Rhône d'être prévenus de l'endroit. Moog-Pierre (K 30), Saumande (K 4) **et Doussot** ont participé aux opérations de filature mais pas à l'arrestation. Pour cela, j'avais seulement réservé mes hommes en uniforme. »

La question a été posée par le commissaire Bibes lors d'un interrogatoire réalisé en juillet 1948, également en présence d'un officier américain. Cinq mois plus tard, Barbie, face à Ferrier, ne se souvenait plus de ce Doussot, étrange « agent double » que le juge d'instruction militaire Gonnot soupçonne, au moins dès avril 1948, d'avoir participé à d'autres opérations décisives contre la Résistance. Voici ce que le magistrat écrivait, à cette date, au « commissaire du gouvernement près la Cour de justice de Lyon » qui traitait le dossier Doussot :

« Informant contre le nommé Hardy René des chefs d'actes de nature à nuire à la défense nationale et non-révélation de crimes compromettant la sûreté intérieure et extérieure de l'Etat, j'apprends que le nommé Doussot, *alias* André [...] serait actuellement poursuivi devant la Cour de justice de Lyon et qu'il se serait présenté volontairement, ayant eu connaissance qu'il faisait l'objet d'un mandat d'arrêt. Le nommé Doussot semble avoir participé à l'arrestation à Paris, le 9 juin 1943, à 9 heures, métro Muette, du général Vidal (Delestraint) et avoir été en contact avec les nommés Moog-Pierre (K 30) et Saumande (K 4), agent du capitaine Kramer [...] de l'antenne de l'Abwehr de Dijon détachée de Paris. J'ai adressé une commission rogatoire à la DST aux fins d'audition du nommé Doussot et j'envisage par la suite une audition par mes soins à Paris. »

Pour un homme soupçonné d'avoir participé à l'arrestation du chef de l'Armée secrète, Delestraint, puis qui est mentionné comme l'un des acteurs de la souricière du 21 juin 1943 à Caluire qui vit tomber Jean Moulin, on a peu entendu, par la suite, le « témoignage » de Lucien Doussot. Il n'est certes pas passé totalement au travers des filets de la justice. Doussot avait un passif trop lourd et beaucoup de résistants avaient subi les effets de sa conduite zélée auprès des Allemands. La Cour de justice de Lyon, en 1949, le condamne à mort après un procès qui ne manque pas de raviver les passions. L'accusé se défend âprement en essayant de démontrer qu'il a bien servi la Résistance. Son dossier comporte, à ce titre, plusieurs attestations indéniables. Elles furent toutefois insuffisantes pour lui éviter la peine capitale. L'homme avait sans doute de la ressource. Il fut gracié par le président de la République Vincent Auriol après quelques années de prison.

Qui, alors, se souvient de Lucien Doussot ? Klaus Barbie !

Le 26 mai 1972 le quotidien *France-Soir* publie un récit de Klaus Altmann-Barbie recueilli en Bolivie par le journaliste brésilien Ewaldo Dantas Ferreira. Barbie, récemment démasqué, s'emploie à présenter son action à Lyon sous le meilleur jour. Il livre certains détails, qui paraissent parfois issus de son imagination. Pourtant, dans ce numéro, il évoque un personnage :

« Un des Français les plus efficaces de mon commando s'appelait Pierre. Mais par la suite je constatai qu'il était un agent double. Ce fut un cas intéressant : il avait travaillé auparavant à Lyon avec un commandant allemand, le capitaine Phillips. Ce fut Phillips qui me recommanda Pierre pour les services de renseignement de mon groupe [...].

Pierre réussit pendant un bon moment à assurer ses fonctions d'agent "double". Je sais que le travail, pour nous, fut fait. Mais je sais aussi que celui pour le compte de nos ennemis fut également bien fait.

« En mai 1944, la RAF bombarda le siège de la Gestapo de Lyon, l'ancien immeuble de l'école de santé militaire. Toute l'avenue où se trouvait ce bâtiment fut bombardée [...]. Après l'attaque, nous constatâmes que Pierre avait disparu avec deux valises de documents. Ces faits furent révélés peu après la guerre. Les Français tentèrent d'éclaircir le rôle de Pierre. Je me souviens qu'un peu plus tard, en 1947, alors que j'étais prisonnier des Américains en Allemagne, je fus interrogé une fois par les Français au sujet de Pierre. En somme, ils désiraient savoir si Pierre avait travaillé davantage pour moi ou pour les résistants. Que pouvais-je dire ? Je sais, répondis-je, que pour moi il a bien travaillé. J'avais confiance en lui parce qu'il prenait part aux combats contre les maquis. Ce qu'il est advenu de Pierre, en vérité, je ne l'ai jamais su. »

Personne, à l'époque, ne devina qui se cachait derrière ce mystérieux Pierre, qui était aussi l'un des pseudonymes de Robert Moog. Il ne pouvait s'agir que de Lucien Doussot. Voici en effet comment celui-ci, lors de l'instruction de son procès, raconte ce qu'il fit le jour où Lyon subit son plus important bombardement aérien, le 26 mai 1944, alors qu'il se trouvait au siège de la Gestapo :

« Je n'ai pas le temps de rejoindre les abris et je suis dans l'escalier lorsqu'une bombe éclate à quelques mètres. Ceux qui sont derrière et devant moi sont tués. Je suis pris sous l'éboulement de l'escalier. Je réussis pourtant à me dégager et rejoindre la cave. Je suis à demi assommé. Le bâtiment où nous sommes prend feu, c'est le sauve-qui-peut. Les Allemands fuient de toutes parts. Je dis à Thévenot [le principal comparse de Doussot] que c'est le moment de faire disparaître des dossiers et documents. Nous passons dans les bureaux du bâtiment voisin. Chaque bureau a des affaires en cours. Il y a des télégrammes émanant de toutes les villes de France et demandant l'arrestation de patriotes domiciliés à Lyon. Il y a des interrogatoires en cours. Nous emplissons deux valises, et j'emmène le tout chez moi. A la Libération, je remis tous ces documents à Girin, du SR Dupleix[1]. »

Ce récit correspond en tout point à ce que Barbie dira, en 1972, du dénommé Pierre. De même, les précisions données sur la prise de contact entre les deux hommes cadrent avec les circonstances décrites par Doussot lui-même. En 1972, l'ancien chef de la section IV du KDS-Lyon se souvenait donc fort bien de Lucien Doussot et prenait encore la précaution de ne pas le nommer. Peut-être jouait-il à être compris « à demi-mot » ? Lucien Doussot, *alias* André, ne pouvait rien ajouter. Il était mort, subitement et fort opportunément, en 1963. Il a emporté avec lui quantité de « secrets ».

Quelles relations Lucien Doussot entretenait-il avec la Résistance ?

C'est par l'intermédiaire d'un membre du mouvement Combat, Laurent Bazot, que cet « agent trouble » du Sipo-SD de Lyon — qui fait équipe avec Moog — aurait proposé

1. Dossier Doussot, Cour de justice. Jacques Hirsch-Girin, du réseau Dupleix, confirmera, dans une déposition en date du 26 avril 1949, « la subtilisation à la Gestapo, à l'occasion du bombardement de Lyon, de nombreux documents (l'ensemble constituant un poids d'environ 30 kilogrammes) comprenant notamment les pièces suivantes : a) dossier de la section chargée des poursuites contre les FTP ; b) interrogatoires complets des inculpés de l'affaire FFI (affaire ayant débuté par l'arrestation, place Puvis-de-Chavanne à Lyon, de Gutinger, dont les révélations détaillées, accompagnées de schémas et de plans, sont détenues par Dupleix) et de l'affaire MUR (début de l'affaire : arrestation de "Narbonne") ; c) archives des MUR en R1 ; d) correspondance échangée en mars et avril 1944 entre le chef de la délégation en zone sud et le chef du centre ». Il faut aussi préciser que Doussot, malfrat dans l'âme, partit également de la Gestapo avec d'autres valeurs qui n'étaient en rien des documents concernant la Résistance...

ses services. Laurent Bazot, ancien adjoint de Claudius Billon, premier chef régional de l'Armée secrète — tragiquement piégé dès février 1943 —, appartenant au mouvement Combat, a déclaré qu'il avait demandé et obtenu l'agrément, pour l'enrôler, de Marcel Peck, *alias* Battesti, et d'Henri Guillermin, chef des MUR pour la Saône-et-Loire, où Doussot possédait beaucoup de relations. La plupart des contacts entre Bazot et Doussot se déroulent dans un hôtel lyonnais à la clientèle interlope. Le chef du réseau Dupleix, Marcel Dreyfus, *alias* Lafond, décrit l'atmosphère assez particulière qui préside aux rencontres. « Par l'intermédiaire d'un ami inspecteur de police — l'inspecteur Klein —, j'ai été conduit dans une chambre de mauvaise apparence et Laurent Bazot était là. La porte a été fermée à clé et la discussion a commencé. C'est à ce moment-là que Bazot m'a dit qu'il était en relation avec un des chefs français de la Gestapo de Lyon qui, par patriotisme [*sic*], avait accepté d'y être après avoir été passeur à la ligne de démarcation [...]. J'ai accepté la liaison pour renseignements et Bazot a fait demander par Klein aussitôt 5 000 frs dans la chambre même où nous étions fermés à clé. Laurent Bazot m'avait fait mauvaise impression et je conservais la main dans ma poche sur une arme. J'ai refusé de verser quoi que ce soit avant d'avoir obtenu des renseignements, me considérant comme tenu particulièrement, du fait que l'argent était celui du réseau. »

L'argent... Ses interlocuteurs, à la surprise de Dreyfus, mènent en effet grand train. Il confie à l'un de ses adjoints — le lieutenant Hirsch-Girin — le soin de maintenir le contact. « Il est certain, concédera le chef de Dupleix, que nous avons obtenu des renseignements intéressants et des documents, mais à en croire Girin, ces renseignements ont coûté cher à la Résistance. Je lui remettais par mois de 20 000 à 50 000 frs pour son budget indicateur[1]. »

---

1. Témoignage de Marcel Dreyfus le 30 juin 1948 devant le juge Sérager, dossier Doussot (Cour de justice). Pour Laurent Bazot, outre ses

Les « relations » de Doussot touchent beaucoup de secteurs de la Résistance lyonnaise. A Londres, en 1943, le BCRA met sur pied un réseau centralisateur pour la zone sud : Gallia. A sa tête, Passy a nommé un certain Henri Gorce, dit Franklin. « Gorce-Franklin, souligne Claude Bourdet, l'un des dirigeants de Combat, avait créé ce réseau avec l'aide d'éléments de Franc-Tireur et de Libération. » Mais il s'agissait pour lui de regrouper les différents services existants et, ajoute Bourdet, « dans le courant de l'année [1943], notre SR fusionna avec le SR Gallia [1] ».

Pour le réseau Gallia, Albert Meyer assure à Lyon, à son domicile de la rue des Noyers, une sorte de PC où se retrouvent beaucoup de résistants. Fort heureusement, ce 21 juillet 1943, Gorce-Franklin est absent lorsque déboule à cette adresse une équipe de la Gestapo où figurent Robert Moog et Lucien Doussot.

Ce dernier abat ainsi une sinistre besogne, quand il le faut, au bénéfice de ses employeurs allemands [2]. Le personnage possède d'innombrables ressources. Il ne lui manque même pas la caution du SOE britannique. Lorsque Doussot, après sa « sortie » de la Gestapo en juin 1944, gagne le maquis de Cluny où il se comporte autant en chef de bande qu'en chef de maquis — assez voyant —, il bénéficie d'une autre couverture : celle du colonel Buckmaster qui lui fournira même, le 18 mai 1945, une attestation de bons et loyaux services en Saône-et-Loire sous les ordres de son représentant, le commandant Tiburce.

Du « double jeu » de Doussot, quelques-uns des résis-

---

dépositions dans le dossier Doussot, un résumé de celles-ci fut établi en date du 7 mars 1956 (document de l'auteur).

1. Claude Bourdet, *L'Aventure incertaine, op. cit.* Les cloisonnements apparaissent souvent inexistants entre ces mouvements ou réseaux. Ainsi André Lassagne, membre de Libération et de l'Armée secrète, appartient aussi au réseau Gallia. Attestation de Henri Gorce-Franklin du 4 octobre 1950.

2. Déposition d'Albert Meyer devant l'inspecteur Laus de la PJ de Lyon, le 13 mai 1949. Albert Meyer sera déporté et reviendra de Buchenwald en avril 1945.

tants à son contact lui sont redevables. Dans une correspondance adressée en 1948 à un autre membre de Combat, Henri Guillermin — qui attestera dans ses Mémoires de l'appui qu'il apporte à cet agent[1] — rappelle qu'il fut sauvé de l'arrestation grâce à Doussot, en ajoutant : « Le colonel Rivière [responsable de Combat et du BCRA], *alias* Marquis, *alias* Charles-Henri, était également au courant de ces contacts et il peut certainement en témoigner. Je crois que Didier [Chambonnet, futur responsable FFI] et Ravanel ont été sauvés aussi par les renseignements venant de Doussot[2]. »

Pour Ravanel, responsable des Groupes francs dont plusieurs éléments participent à l'attaque du boulevard des Hirondelles, une première intervention de Doussot se serait produite au cours de l'été 1943[3]. Dans le copieux dossier d'instruction qui intéresse l'agent K 30, c'est-à-dire Robert Moog — le chef de Doussot —, on trouve mention de ces faits sous l'intitulé « Affaire Clairet[4] ».

On ne voit pas très bien quels secteurs de la Résistance ont pu échapper à la connaissance de Doussot, en dépit des règles de cloisonnement qui auraient dû être appliquées entre les différents mouvements et réseaux[5]. Sa position à la Gestapo, aux côtés de Moog, ne pouvait que renforcer la teneur des informations dont il pouvait disposer et qu'il exploitait à des fins très diverses. Dans ses interrogatoires après la guerre, il adopte visiblement une

---

1. Henri Guillermin, *Les Mémoires de guerre de Pacha*, déposés aux Archives nationales, 72 AJ 127.

2. Lettre d'Henri Guillermin à Mlle Soucelier, dossier Doussot, Cour de justice, mai 1948.

3. Laurent Bazot, interrogatoire du 26 janvier 1946.

4. Acte d'accusation du capitaine Flicoteaux, tribunal militaire de Paris, contre René Saumande, André Morin et Robert Moog, 31 mai 1951.

5. Le complice de Doussot, André Thévenot, se dit lié au mouvement communiste, dont il aurait été membre, et sa très longue déposition du 9 février 1946 comporte des noms de militants ou responsables FTP qu'il aurait côtoyés.

attitude subtile, dose ses « révélations » au fil des opérations menées contre la Résistance dont il connaît la plupart pour y avoir souvent participé. Le fait qu'il a toujours refusé d'évoquer son action, pourtant évidente, au sein de la Gestapo lyonnaise avant juillet 1943 et qu'il fut, étonnamment, suivi par la justice sur ce point est assez révélateur de cette habileté dans la confession.

Quant à Jean Biche, que tous les rapports signalent en relation avec des agents proches des Allemands, avait-il, préalablement à son arrestation, des contacts avec Doussot ? Ce dernier, dans ses interrogatoires après la guerre, se contente de rappeler qu'il essaya de subtiliser les documents qui pouvaient compromettre Biche lors de son arrestation.

« Biche est arrêté en compagnie de son amie, écrit Doussot ; je vais les voir dans les locaux de détention, car Krull m'a appris que cette affaire est très importante. Biche me demande si je suis officier allemand, qu'il espère être traité en officier français. Il me dit que les Français travaillant pour le compte de la Gestapo le dégoûtent. J'avais reçu ordre de ne dévoiler à personne mon rôle d'agent double. Je dis à Biche que j'étais français, il me dit que je le dégoûtais. Je ne pus résister et je dis à Biche pourquoi j'étais à la Gestapo, lui donnant certaines précisions qui ne pouvaient le faire douter. Je demandai à Biche de me dire ce que je pouvais faire, s'il y avait des choses [dont il] craignait la découverte. Il me demanda de faire disparaître un carnet bleu qui était dans son portefeuille et de faire l'impossible pour enlever des documents qui étaient cachés dans son appartement. J'avertis Biche qu'il allait certainement être malmené, qu'il lui serait difficile de nier, car il y avait des faits flagrants à sa charge. Il me donna les principales adresses avec qui il était en contact. Je fis disparaître le carnet bleu et m'emparai des documents qui étaient à son appartement ; ils étaient de première importance.

Quant aux adresses données par Biche, elles furent toutes alertées[1]. »

Aucune allusion ne figure dans ce témoignage à ce que Biche écrit au juge d'instruction en 1948 à propos d'une tentative d'évasion qui, finalement, se produira bel et bien... au profit d'autres prisonniers, dont Raymond Aubrac.

Jean Biche reconnaît des contacts, antérieurs mais indirects, avec Doussot. « Un de mes adjoints, précise-t-il dans sa lettre au juge d'instruction Sérager en 1948, m'a dit aussi qu'il avait été en rapport avec Doussot [...] dans un bar discret et à deux entrées, que je fréquentais pour ces raisons, et où j'avais, avant mon arrestation, de nombreux rendez-vous [*sic*]. Ce bar était L'Horizon, rue Bellecordière, dont la patronne s'appelait Mme Micheline X[2]. »

Il était difficile, à la Libération, de reconnaître avoir fréquenté Doussot, et d'avoir, éventuellement, bénéficié de ses services. C'est ainsi que Buckmaster ne connaît plus, dans une lettre adressée depuis Londres en 1949, Lucien Doussot. Pour d'autres responsables de la Résistance, il ne semble pas que le nom de cet « agent double » signifie grand-chose, d'Alban Vistel à Henri Frenay[3]. Quant à Ray-

1. Dossier Lucien Doussot, « Mémoire sur mon activité », Cour de justice. De son côté, Jacques Hirsch-Girin, du réseau Dupleix, confirmera : « La subtilisation, au nez de la Gestapo, des documents gardés par le capitaine Biche à son domicile, qui comprenaient notamment les dossiers de 50 camarades avec leur véritable identité en clair et des notes sur leur manière de servir, et un carnet d'adresses également en clair » (déposition, 26 avril 1949).

2. Jean Biche cite le nom de son adjoint : un certain lieutenant puis capitaine Colin ; lettre au juge Sérager du 2 juillet 1948 ; cf. copie en annexe XVIII (p. 367).

3. Si Frenay déclare qu'en juillet 1943, date à laquelle Doussot prétend être entré à la Gestapo, il n'était plus en France et renvoie les enquêteurs à ses subordonnés de l'époque, Alban Vistel reconnaît avoir été en relation avec le réseau Dupleix. Sans se souvenir d'un dénommé Doussot, il a connu Bazot, mais sous un angle équivoque d'agent en contact avec des éléments proches de la Gestapo. Déposition d'Alban Vistel en date du 14 février 1949 et d'Henri Frenay en date du 21 octobre 1948. Dossier Lucien Doussot.

mond Aubrac, interrogé dans le cadre du dossier Doussot le 13 mai 1948 par l'inspecteur Garnavot de la Surveillance du territoire, il déclare : « J'ai été arrêté par la Gestapo à Caluire le 21 juin 1943, mais je ne me souviens pas que l'individu dont vous me présentez la photo ait assisté à mon arrestation. »

Que pouvons-nous déduire des documents et des témoignages que nous venons de présenter ?

Les Allemands ont pu indiquer assez rapidement, par le rapport Knochen du 23 octobre 1943, que cette opération avait été montée au profit du chef régional du réseau Nilo, Boyer, de son vrai nom Jean Biche.

Ce dernier a, lors d'un témoignage fourni dans un tout autre contexte cinq ans plus tard, confirmé qu'il avait été informé d'une tentative d'évasion le concernant à cette époque, sur une intervention de Lucien Doussot.

A partir de là, on ne peut que s'en tenir aux hypothèses sur les implications des diverses parties concernées. Mais, à l'évidence, il existe, grâce à ces documents, l'ébauche d'une explication fort différente de la version « officielle » fournie sur le montage de l'attaque du 21 octobre 1943...

CHAPITRE 16

La légende ou l'histoire

Face au juge Gonnot, qui instruit le second procès de René Hardy, Lucie Aubrac explique, de façon détaillée, comment elle prépare puis exécute l'opération destinée à faire évader son mari :

« Le mardi 29 juin 1943, j'ai été à la Gestapo munie d'un certificat médical, disant que Claude Ermelin (M. Aubrac), était un officier récemment rapatrié de Tunisie, atteint d'une affection pulmonaire et que pour cette raison il était allé voir le Dr Dugoujon. J'ai vu ce jour-là le chef de la Gestapo qui s'appelait Barbie. Il m'a laissée raconter mon histoire, puis a mis sur son bureau des portefeuilles, a ouvert d'abord celui de mon mari, m'a montré sa photographie que j'ai reconnue et m'a dit : "Votre ami est un gaulliste ; il s'appelle Aubrac pour la Résistance et son vrai nom est François Vallet." François Vallet était le nom sous lequel mon mari avait été arrêté par la police française quelque temps avant. Il a ajouté : "Il est sorti de Saint-Paul le mois précédent. Tous les gens qui ont été arrêtés avec lui sont des chefs de la Résistance[1]." »

1. Audition du 30 avril 1948 de Lucie Aubrac par le juge Gonnot (dossier Barbie).

A la demande du juge Gonnot, en 1948, Lucie Aubrac ajoute : « J'ai pu voir mon mari à la prison de Montluc, le matin du 29 juin 1943. Je n'ai pu lui parler. »

En 1984, dans son ouvrage *Ils partiront dans l'ivresse*, Lucie Aubrac raconte dans le détail qu'elle n'a aucune nouvelle de son mari et qu'elle a été éconduite à l'entrée de Montluc [1].

Raymond Aubrac, dans son interrogatoire du 3 juin 1944 à Alger, déclare qu'il a pu, le 28 juin, « par hasard [*sic*] », échanger avec sa femme « quelques paroles au moment d'être conduit à l'interrogatoire... ».

Face au juge Gonnot, en 1948, Lucie Aubrac poursuit : « J'ai vu mon mari le 22 septembre au matin dans un bureau de la Gestapo à l'école de santé militaire, car le projet d'évasion supposa son transfert de Montluc au lieu de l'interrogatoire. Il fallait que le coup de main ait lieu dans la rue. Par la voie d'un branchement téléphonique, nous interceptions les communications et étions renseignés sur les transferts dans Lyon. Par les cheminots, nous connaissions les transferts sur Paris. Si nous ne connaissions pas les noms des personnes transférées, nous savions qu'il y aurait des transferts à des heures et jours indiqués [2]. »

Il existait d'autres moyens d'information au sein de la Gestapo lyonnaise que les réseaux Dupleix, Gallia, et d'autres mouvements de Résistance exploitaient Lucien Doussot en le rétribuant grassement. En dépit de l'existence de toutes ces sources, un stratagème raffiné se révéla néanmoins nécessaire : « Par une comédie que j'ai montée de toutes pièces, déclare Lucie Aubrac au juge Gonnot, j'ai fait croire que je n'étais pas mariée avec Aubrac, que j'attendais un bébé et qu'il fallait régulariser cette situation d'urgence. J'ai obtenu de Barbie l'autorisation de le voir au cours d'un interrogatoire dans les bureaux de la Gestapo, le 22 septembre 1943. A mots couverts, je mis mon

1. Lucie Aubrac, *Ils partiront dans l'ivresse*, *op. cit.*, pp. 96-98.
2. Audition de Lucie Aubrac par le juge Gonnot, cit.

époux au courant d'un projet d'évasion qui ne put réussir le jour même[1]. »

Dans l'ouvrage publié en 1984 par Lucie Aubrac, cette scène se passe le mardi 21 septembre et non le 22, et dans le cadre d'une première rencontre avec son mari au cours de laquelle le résistant, sommé par l'Allemand de service de reconnaître la femme qui exige réparation, se refuse d'abord à le faire[2].

Le récit de Raymond Aubrac est plus piquant : « Le SS me posa alors la question suivante : "Monsieur Vallet, êtes-vous d'accord pour épouser Mlle de Barbentane, ici présente ?"[3] »

Lucie Aubrac termine sa relation devant le juge Gonnot en 1948 en indiquant : « Cependant, le 21 octobre 1943, une nouvelle entrevue fut possible, motivée par la rédaction d'un contrat de mariage simulé. Le soir de ce jour, au cours d'un retour à la prison l'opération réussit et mon mari fut blessé et put s'enfuir[4]. »

Lucie Aubrac fut amenée à désigner l'un des Allemands qui, en cette journée du 21 octobre, participa à cette réunion. Le 30 avril 1948, le juge Gonnot organise en effet une confrontation entre elle et Alfred Hermann Lutjens :

Mme Aubrac : « Je reconnais dans le monsieur qui entre celui qui, à mon avis, était le nommé Leiter et qui se trouvait le 21 octobre 1943, dans la pièce où je vis mon époux. »

Lutjens : « Je reconnais la personne qui se trouve dans votre bureau et que je vous ai indiquée comme étant mademoiselle Lydie Bastien [la fiancée de René Hardy]. Je reconnais qu'il y a eu une confusion dans mon esprit et d'ailleurs, lors de ma confrontation avec Lydie Bastien, je n'ai pas reconnu celle-ci. »

Le juge Gonnot précise : « Mentionnons que nous portons à la connaissance du témoin madame Aubrac, les

1. *Ibid.*
2. *Ils partiront dans l'ivresse, op. cit.*, pp. 144-147.
3. Raymond Aubrac, *Où la mémoire s'attarde, op. cit.*, p. 107.
4. Audition par le juge Gonnot, cit.

déclarations que le témoin Lutjens avaient faites et qui semblaient l'identifier avec madame Lydie Bastien. »

Une explication est ainsi donnée sur cette mystérieuse femme dont Lutjens évoquait la venue à la Gestapo [1]...

Mais la confrontation se conclut ainsi :

Mme Aubrac : « L'identité que j'avais déclarée à la Gestapo à ce moment-là était celle de **Lucie Montet**. J'ajoute que monsieur a toujours été correct à mon égard [2]. »

Ces Allemands étaient décidément des gens charmants [3], ce qui tranche avec d'autres descriptions sur les traitements infligés par Klaus Barbie. Et, surtout, force est de constater qu'à l'époque, Mlle de Barbentane n'était pas encore inventée ! Reconnaissant devant l'Allemand qui l'a reçue le 21 octobre 1943 qu'elle portait comme fausse identité celle de Lucie Montet, comment pouvoir admettre l'histoire de Mlle de Barbentane répandue quelque temps après par Lucie Aubrac ?

Plus sérieusement, il faut retenir un témoignage important qui concerne l'évasion qui va se produire boulevard des Hirondelles, sur le trajet entre la Gestapo et Montluc, mais vue de l'intérieur en quelque sorte. Humbert Clair, responsable de l'Armée secrète dans la région Rhône-Alpes, était parmi les prisonniers prêts à être reconduits ce jour-là après un interrogatoire. Il confirme l'exactitude des circonstances de l'attaque telles qu'elles figurent dans le rapport allemand Knochen du 23 octobre 1943 [4] : « Le

---

1. Cf. chapitre 12, « De Hardy à Aubrac ».
2. Audition de Lucie Aubrac du 30 avril 1948 par le juge Gonnot.
3. « Le SS Sturmscharführer (aspirant) Lutjens, muté au SD de Lons-le-Saunier à la fin de 1943, était chargé à Lyon de la répartition du travail entre les sous-sections de la section IV. Très grand, brun, lunettes, yeux globuleux, moustaches noires, menton carré, un peu courbé, parle français avec un fort accent » (« Synthèse des services spéciaux allemands dans la région de Lyon... », Bureau de documentation de la XIVe région militaire, février 1945).
4. Lettre-témoignage du 12 avril 1985 du commandant Clair adressée à Me Vergès. Humbert Clair a également témoigné le 16 juin 1987 pour *Lyon-Libération* (article de Bernard Fromentin). Par rapport au document Knochen, il fait les réserves suivantes : sur l'heure du transfert

matin (8 h - 8 h 30 ?), la porte de la cellule s'ouvre et un grand escogriffe verdâtre crie : "Klaïr, interrokatoire !" Descente jusqu'au poste de garde. Embarquement dans la camionnette. Ecole de santé et séjour dans la cave jusqu'au moment où, de nouveau, j'entends clamer : "Klaïr, interrokatoire !" Interrogatoire sans incident notable et retour dans la cave jusque vers 17 h 30-18 h où nous avons été appelés nominativement pour réembarquer dans la camionnette. »

Il y a cependant, ce 21 octobre, beaucoup de prisonniers à l'école de santé. Le commandant Clair précise : « Ce jour-là les candidats au transport en commun étaient particulièrement nombreux et c'est pourquoi deux camionnettes avaient été prévues [...]. Il y a eu appel individuel des heureux bénéficiaires. Aubrac a eu une sacrée veine d'être dans la première fournée ! »

Ce témoignage soulignant la présence de deux camionnettes indique qu'il y a plusieurs transports et tend à recouper celui de Jean Biche qui déclarera, de son côté, qu'il fut aussi transféré ce jour-là de l'école de santé à Montluc[1].

« Rassemblés [en] colonne par deux, poursuit le commandant Clair, nous avons, comme à l'ordinaire, été menottés par paires. Ensuite, remontés dans la cour, embarquement et en route pour Montluc où nous ne sommes jamais arrivés. »

Clair précise : « Ai-je été prévenu ? Bien sûr que non ! Et les raisons de cet extraordinaire coup de chance, je ne les ai sues que bien longtemps plus tard. »

Le fourgon quitte le siège de la Gestapo :

« Nous roulions sur le boulevard des Hirondelles (ou Tchécoslovaques[2]). Le couchant était magnifique et, assis sur le plancher juste devant la chaîne qui empêchait la sor-

---

(mais il y a un possible décalage avec l'heure allemande) ; sur l'attitude de l'Allemand rescapé qui s'est surtout enfui sans avoir été assommé dans le choc.

1. L'heure indiquée par Biche est « vers 4 heures ».

2. Le boulevard des Hirondelles s'appelle en fait boulevard des Tchécoslovaques depuis le 1er mai 1939.

tie, j'admirais Fourvière se détachant sur un ciel splendide, faisant abstraction des deux guignols verdâtres qui, assis sur leurs touques d'essence vides, nous contemplaient d'un œil qui n'avait rien d'amène. Tout à coup, une sorte de crépitement, comme un bruit de crécerelle (mitraillette avec silencieux, je l'ai su plus tard) et la camionnette s'est mise à zigzaguer pour s'arrêter sur le bord de la route. "Tiens, me suis-je dit, le moteur a des ratés." J'ai été vite détrompé en voyant les réactions de mes gardiens. Toutes deux très nettes quoique différentes. L'un s'est dressé et s'est mis à lâcher des rafales de son PM. Très vite, il s'est effondré. L'autre a tout bonnement posé son arme sur le plancher, sauté par-dessus la ridelle arrière et déboulé sur le talus de la voie ferrée qui longe l'avenue (celui qui s'est assommé en sautant du "camion fou" parfaitement immobile à ce moment).

« Aussitôt la voie libre, nous avons sauté par-dessus la ridelle, mon camarade (un Polonais) et moi. Il est arrivé (comment ?) à arracher sa main de la menotte, en y laissant d'ailleurs pas mal de peau. J'avais plusieurs jours avant dit à mon compagnon de cellule, Roland de Pury, pasteur à Lyon, que, mon cas étant vraiment mauvais, je chercherais à m'évader dès qu'une occasion se présenterait mais que, ne sachant où atterrir, il serait chic de me signaler des points de chute dans le quartier. Il m'avait donné l'adresse de trois de ses paroissiens qui ne me flanqueraient pas à la porte.

« Aussitôt séparés, mon Polonais et moi, je lui ai donné une des adresses du pasteur et nous sommes partis chacun de notre côté, lui avec sa main droite blessée dans la poche et moi avec la gauche où pendait la menotte.

« [...] En tout cas, pour ce qui s'est passé ensuite, je suis absolument incompétent, souligne Clair. Je ne me suis pas attardé sur les lieux et, grossièreté impardonnable, n'ai même pas été remercier mes libérateurs. »

Cette version est en contradiction avec le récit de Lucie Aubrac. « Les copains, écrit-elle en parlant des membres du Groupe franc réalisant l'attaque, transfèrent dans notre camionnette le reste des prisonniers [1]. »

Le sort de certains de ces prisonniers est également précisé dans le document allemand signé par Knochen. Il dit notamment : « Des quatorze détenus qui étaient enchaînés deux par deux, uniquement un seul, qui était atteint d'une balle à la nuque, s'est rendu spontanément. »

Or, outre les gardiens allemands abattus, deux hommes ont été blessés dans l'attaque. L'un des membres des Groupes francs, Jean Chevailler, a été touché : « Dans ma voiture, à côté de moi, racontera Lucie Aubrac, il y a Chevalier [il faut lire Chevailler] qui saigne. Il est conscient et valide, mais il a reçu une balle dans la bouche. Il faut de suite le conduire chez notre médecin que nous avons mis en état d'alerte [2]. »

L'autre prisonnier blessé est Raymond Aubrac lui-même. Il a été atteint par une balle tirée accidentellement par Lyonnet, autrement dit José de Abreu, l'un des membres du Groupe franc. « Je sentis une humidité poisseuse dans mon cou, relate Raymond Aubrac. Sans que je ressentisse aucun choc, une balle m'avait atteint à la joue. Tirée par José de Abreu, un camarade qui m'avait pris pour un Allemand, elle était ressortie sous l'oreille droite, tout près de la carotide. La blessure, assez impressionnante, allait cicatriser en quelques jours [3]. »

Aucun médecin ne semble être intervenu dans l'immédiat, selon les récits de Lucie et Raymond Aubrac, alors que Chevailler est soigné dans les minutes qui suivent, « chez notre médecin que nous avons mis en état d'aler-

1. Lucie Aubrac, *Ils partiront dans l'ivresse, op. cit.*, p. 178.

2. *Ibid.*, p. 179. Dans le compte rendu des Groupes francs (bulletin publié en 1946, déposé au Centre d'histoire de la Résistance et de la Déportation de Lyon) sur cette opération, il est indiqué : « Mais Julien [Chevailler] était blessé à la joue et son état nécessitait des soins urgents. Il fut évacué aussitôt. » Jean Chevailler, militant communiste, auteur de nombreux coups de main avec les Groupes francs, sera arrêté en 1944 et fusillé dans le fort de la Duchère le 19 février.

3. Raymond Aubrac, *Où la mémoire s'attarde, op. cit.*, p. 110.

te[1] ». Contre toute logique, c'est chez les Nicolas, rue Coste à Lyon, des « amis lyonnais », que Raymond Aubrac se rend : « Ils n'attendaient pas un blessé, mais me soignèrent avec dévouement. » Le lendemain seulement, le Dr Joie viendra lui prodiguer des soins[2].

Ce point est confirmé par le témoignage du praticien en 1987 : « Ce même jour [le 22 octobre 1943], le docteur Stephen Joie, alors médecin à Chaponost, ami de Lassagne et de Dugoujon chez qui a eu lieu la réunion de Caluire, est réveillé vers 6 heures. A 8 heures, il a un rendez-vous avec un ami résistant, place Marietton. De là, ils prennent la direction de la Croix-Rousse. Une villa ; dans une pièce supérieure, il retrouve un homme blessé à la joue, le rassure et lui donne les premiers soins : c'est Raymond Aubrac. “La blessure n'était pas inquiétante, dit aujourd'hui le docteur Stephen Joie, mais quelle chance ! La balle était entrée ou sortie au moment où il avait la bouche ouverte[3].” »

Les armes utilisées étaient aussi pour quelque chose dans le facteur chance : les Sten équipées d'un silencieux, utilisées pour cette attaque, « ne peuvent fonctionner qu'au coup par coup[4] ».

Le document allemand ne fournit aucune précision sur l'identité du prisonnier blessé qui s'est « rendu spontanément ».

Un fait est au moins certain : Raymond Aubrac a recou-

---

1. Lucie Aubrac, *Ils partiront dans l'ivresse, op. cit.*, p. 179.
2. Lucie Aubrac, *op. cit.*, p. 182.
3. Témoignage du Dr Joie *in* Bernard Fromentin, « Affaire Aubrac : le guet-apens des Hirondelles revisité », *Lyon-Libération*, 16 juin 1987.
4. « Armement clandestin SOE, 1941-1944 », France, texte et dessins de Pierre Lorain, 1972. Lucie Aubrac raconte qu'elle a été, début octobre 1943, se procurer ces silencieux en Suisse. Ces « mitraillettes Sten MK II et MK V » sont en fait montées « en trois parties d'une trentaine de centimètres chacune ». Ces types d'armes « ont été largement distribués aux agents du SOE, tireurs confirmés, pour des opérations spéciales et notamment pour la défense en ville de centres de radio, conjointement avec la carabine De Lisle » (« Armement clandestin SOE... », *op. cit.*).

vré la liberté alors que Jean Biche a été reconduit, dans l'après-midi du 21, sans que rien de ce que lui a annoncé Lucien Doussot ne se passe. Or, estime Biche dans le témoignage fourni en 1948, cette attaque « avait été tentée pour ma seule libération ».

De son côté, Klaus Barbie, sans apporter d'éléments probants à l'appui de ses affirmations, déclare : « A l'occasion de l'attaque du fourgon où se trouvait Aubrac par un groupe de résistants liés à l'Intelligence Service, nous avons profité de l'occasion pour remettre en liberté notre agent[1]. »

Il est troublant de constater que plusieurs témoignages font état d'un imprévu de taille dans cette journée du 21 octobre du côté de l'équipe prête à intercepter le fourgon cellulaire allemand. D'abord, le compte rendu rédigé par les Groupes francs lyonnais en 1946[2], qui précise : « Au matin du 21 octobre, les équipes sont prêtes à intervenir, mais un incident les oblige à remettre au soir l'expédition, heure où le retour de plusieurs camarades doit s'effectuer pour Montluc. »

Ensuite, Eugène Brédillot, dit Alphonse, membre de l'équipe qui réalise l'attaque, déclare dans son témoignage publié par Lucie Aubrac : « L'attaque devait se produire le matin au départ de Montluc mais, par la faute d'une voiture qui ne voulait pas démarrer, l'attaque a échoué. L'affaire fut remise au soir même, au retour de l'école de santé militaire[3]. »

Enfin, Ravanel confirme : « De bon matin, douze hommes appartenant à nos Groupes francs se tenaient dans

---

1. Mémoire de Me Vergès, p. 417. Klaus Barbie ajoute : « Mon adjoint Floreck, dont l'imprudence, selon Mme Aubrac, aurait permis cette attaque, ne fut pas l'objet d'une sanction, mais d'une promotion. Il fut nommé chef du Kommando nouvellement créé à Grenoble », *ibid.*

2. « Historique » publié en 1946 « au bénéfice des œuvres sociales de l'Association des Groupes francs », Centre d'histoire de la Résistance et de la Déportation de Lyon.

3. Cité *in* Lucie Aubrac, *Ils partiront dans l'ivresse, op. cit.*, p. 254.

trois Citroën traction avant, équipés de mitraillettes et prêts à se mettre en route dès que des guetteurs leur signaleraient le départ de la camionnette du fort Montluc. Georges Bréchant (surnommé Jo) les dirigeait. Malheureusement, l'attaque ne put avoir lieu, la voiture de tête ayant refusé de démarrer. Nos hommes virent passer la camionnette, impuissants[1]. »

Quant à Lucie Aubrac — qui publie pourtant ces deux derniers témoignages —, bien qu'elle s'attarde longuement sur le déroulement de cette journée, elle n'évoque pas cet incident important dans son livre.

Un second fait est avéré : parmi les mesures prises par la Gestapo figure la mise en place d'une souricière au domicile de Lucie et Raymond Samuel, qui vivent sous leur véritable identité avenue Esquirol à Lyon. Lucie et Raymond Aubrac ne s'expliquent pas la présence de la Gestapo dans leur villa de la banlieue lyonnaise, découverte le 1er novembre 1943 selon eux. Ils proposent comme explication que, parmi les prisonniers qui n'auraient été relâchés que le lendemain par les membres des Groupes francs, l'un d'eux a pu être repris par les Allemands. Ayant entendu les conversations des hommes qui ont participé à l'attaque du fourgon, il aurait situé l'identité véritable des Aubrac et l'aurait alors révélée[2]...

Un autre témoignage établit que, fin octobre 1943, la villa de l'avenue Esquirol était occupée par la Gestapo :

« Les faits se situent en octobre 1943, dans une villa de l'avenue Esquirol à Lyon située à côté de l'hôpital Desgenettes et qui servait de domicile aux époux Aubrac. A cette époque-là, je servais comme pharmacien-chef, et chef de laboratoire de chimie-biologie, servant sous contrat à l'hôpital militaire Desgenettes. Mes fonctions médicales ont amené Lucie Aubrac à me contacter, pour qu'on puisse

1. Cité *in* Lucie Aubrac, *op. cit.*, pp. 257-258.
2. *Ibid.*, pp. 193-194.

rendre malades un certain nombre de prisonniers de Montluc et les faire hospitaliser sur ordre des Allemands à l'hôpital de l'Antiquaille, ce qui lui permettait ensuite de pouvoir les faire évader plus facilement.

« Le procédé utilisé consistait à mélanger les produits alimentaires qu'ils recevaient de l'extérieur avec un vomitif puissant, de la poudre d'ipéca, que j'apportais à Lucie Aubrac sous forme de prises à mélanger aux produits alimentaires destinés aux détenus. Les Allemands découvrant l'état spectaculaire des détenus vomissant abondamment, les faisaient transférer pour soins à l'hôpital-prison de l'Antiquaille, où il était plus facile de les faire évader. J'ignore le nombre de prisonniers qui ont pu être sauvés de cette manière. De mars 1943 à octobre de cette même année, je suis resté en contact quasi permanent avec Lucie Aubrac du fait de mon voisinage, et je lui ai fourni les doses de vomitif quand elle le souhaitait. En octobre 1943, vers la fin du mois, je suis allé à la villa Aubrac pour lui remettre de nouveau des doses d'ipéca. J'ignorais que la villa était occupée par les Allemands qui avaient monté une souricière. C'est ainsi que je me suis trouvé en présence de Barbie.

« [...] Je suis donc arrivé à la villa en bicyclette que j'ai déposée contre le portillon d'entrée. J'ai sonné à la porte. La bonne, contrairement à son habitude, au lieu d'ouvrir franchement la porte, a seulement entrebâillé celle-ci et à son air, j'ai immédiatement compris qu'il se passait quelque chose. J'ai voulu fuir, mais j'ai reçu un coup sur la tête qui m'a assommé. Quand je suis revenu à moi les Allemands, présents dans la pièce, qui selon moi devaient appartenir à la police allemande, déchiffraient mes papiers. Il y avait celui que j'ai reconnu comme étant Barbie, qui supervisait l'ensemble et se comportait comme étant visiblement le chef ; il y avait un jeune Allemand avec un chapeau mou et une gabardine qui parlait uniquement la langue allemande et un autre civil, plus âgé, qui servait d'interprète. Enfin, j'ai remarqué par la suite un militaire allemand casqué qui tenait en batterie une mitrailleuse à la fenêtre du premier étage. Sur la table, il y avait une mitraillette que les Allemands faisaient tourner lentement pour m'intimider et m'impressionner. Pendant que j'étais évanoui, les policiers m'avaient fouillé les poches et avaient découvert les doses d'ipéca que je transportais. Barbie s'est montré plutôt hargneux au début de l'interrogatoire, il voulait savoir à quoi servaient ces doses. Sur le moment, j'ai répondu qu'il s'agissait d'une poudre dentifrice destinée à mon usage personnel et Barbie l'a cru. Il s'est surtout intéressé aux ampoules de sérum antidiphtérique qui se trouvaient dans la sacoche de mon vélo et qui provenaient du service des armées. Barbie, à partir de ce moment-là, est allé vérifier à l'hôpital Desgenettes d'où provenaient ces ampoules. Il croyait que je travaillais dans un service de recherches des armées et que j'expérimentais des produits chimiques ou bactériologiques destinés à être utilisés dans une guerre chimique ou bactériologique. J'ai été confié à la garde d'un civil et d'un militaire allemands tandis que Barbie, et ses hommes, allaient et venaient pour vérifier mes dires. Il m'a laissé repartir finalement au bout de trois ou quatre jours, après avoir rencontré le médecin-chef, le colonel Sohier, de l'hôpital, faute de preuves contre moi. Barbie n'a jamais su que les détenus étaient hospitalisés à cause de moi, sinon j'aurais été arrêté et déporté. J'ai vu Barbie plusieurs fois, d'abord au cours de mon premier interrogatoire, puis chaque jour au cours de ses passages à la villa. Au début, il s'est montré très hargneux dans l'interrogatoire, puis les jours suivants, après ses visites à l'hôpital militaire et sa rencontre avec les différents chefs de service, il s'est montré presque sociable. J'attribue cette différence de comportement à un certain respect qu'il avait pour la science médicale, et les recherches qui étaient menées par nos services à l'hôpital militaire[1]. »

---

1. Déposition d'Emile Charpenel le 17 février 1984 devant le lieutenant-colonel Lafforgue.

A l'évidence les autorités allemandes ont, au cours de cette année 1943, réussi à identifier de nombreux réseaux et ont pu, de ce fait, porter un coup terrible à la Résistance. Le 16 décembre 1943, un nouveau rapport d'Ernst Kaltenbrunner, le chef de l'Office principal de la Sécurité du Reich (RSHA), dresse le bilan chiffré, avec graphiques et commentaires, de « la lutte de la police contre les entreprises hostiles au Reich et leurs conséquences pour la situation générale de sécurité en France ». Il considère l'action de la Résistance comme un facteur potentiellement dangereux, surtout dans l'hypothèse d'un débarquement anglo-américain, mais les résultats obtenus paraissent significatifs : « 3 759 personnes arrêtées en septembre 1943 contre 1 097 en janvier. » Au total, de janvier à septembre 1943, 22 356 arrestations sont réalisées par la police allemande, contre 6 936 seulement par la police française. Au sein de l'Armée secrète et des MUR, 3 248 arrestations ont été opérées.

Dans ce rapport qui devait parvenir à Hitler en personne, par l'intermédiaire du chef direct de Kaltenbrunner, Heinrich Himmler, des précisions figurent sur la capture du général Frère qui « faisait fonction de chef de l'Armée secrète giraudiste mais devait, au-delà, se transformer en chef suprême de l'ensemble de la Résistance française ». Le texte fait également mention de ce que savent les Allemands sur « l'organisation anglaise de sabotage French Section ». Plusieurs lignes sont consacrées à l'« Organisation giraudiste Alliance III » : « Fin septembre 1943, en étroite collaboration avec le contre-espionnage militaire (l'Abwehr) fut arrêté le colonel d'aviation Léon Faye peu après son arrivée d'Angleterre par avion. » Le démantèlement de l'organisation passe par la capture de nombreux postes émetteurs.

Le rapport ne va pas jusqu'à mentionner la part active prise par l'équipe Moog, Saumande, Morin et Doussot[1], dans ce coup porté à la Résistance.

1. « En septembre 1943, Kramer [de l'Abwehr] met l'équipe Moog-Saumande-Morin-Doussot en contact avec le major Kieffer, chef de la

On peut lire aussi dans ce nouveau rapport Kaltenbrunner un bref historique sur l'« organisation de renseignements Nilo » qui débute par l'arrestation d'un agent du réseau, le 19 juin 1943, à Rennes. La poursuite des enquêtes conduit à « la découverte d'un groupe d'émetteurs radio à Lyon, à la suite de quoi dix personnes, parmi lesquelles quatre opérateurs radio, furent arrêtées ». Aucun nom ne figure, mais parmi ces résistants capturés se trouve un certain Jean Biche.

Le rapport du 16 décembre 1943 constitue une redoutable énumération. Figure aussi parmi les groupes démantelés l'« organisation de renseignements franco-anglo-belge » dite Office belge, et surtout, l'« organisation radio bolchevique en France Rote-Kapelle (Orchestre rouge) ». On note encore, au passage, que « dans le cadre de la poursuite du démantèlement de l'organisation de haute trahison Rote-Kapelle », plusieurs postes émetteurs ont été détectés, dont « un émetteur rouge à Lyon, le 30 juillet 1943[1] ».

Dans la nuit du 8 au 9 février 1944, quelque part en France, un départ en avion « dramatique » a lieu. Embourbé, l'appareil reste trois heures sur le terrain improvisé. « Tout le village est réveillé, des gens viennent voir, aident », racontera plus tard, dans son bureau du SDECE, le colonel Paul Rivière qui fut notamment, au BCRA, l'un des responsables des liaisons aériennes entre l'Angleterre et la France occupée. Finalement, seules quatre personnes peuvent embarquer : « Le sergent Brouch

section IV E du BDS Paris et chargé de la répression contre les réseaux et les parachutages. A la demande du commandant Gleichauff, de la section III F de l'Abwehr de Dijon, l'équipe Moog est mise à la disposition de Kieffer pour l'opération qui sera dirigée contre le commandant Faye, *alias* Aigle, chef du réseau de Résistance Alliance » (extrait de l'acte d'accusation du capitaine Flicoteaux contre René Saumande, André Morin et Robert Moog, le 31 mai 1951, tribunal militaire permanent de Paris).

1. Rapport Kaltenbrunner du 16 décembre 1943, AN, 72 AJ/36.

est monté et, par galanterie, les autres passagers laissent la place à Mme Aubrac, son mari et son fils[1]. »

Le 24 mars 1944, les voix françaises de la BBC annoncent que le Comité français de Libération nationale a décidé d'accorder le droit de vote aux femmes et que « l'Assemblée consultative compte déjà une déléguée, Lucie Aubrac ».

Ce même soir, à 21 h 25, Maurice Schumann, dans son entretien périodique annoncé par la devise « Honneur et patrie[2] », évoque celle qui fut, « voici quelques semaines [...] le chef d'un groupe d'action de 12 membres, de 12 soldats, qui a arraché 14 patriotes des griffes de la Gestapo. » Il poursuit : « Alors on comprend tout, tout d'un seul regard : ce que c'est que la Résistance française, et pourquoi elle est ; l'héroïsme de héros, d'héroïnes, qui ne sont point des héros, ni des héroïnes de naissance, et qui, faits comme Lucie Aubrac pour une vie sans chaos et sans histoire, se battent et se battront jusqu'à leur dernier ongle, jusqu'à leur dernière dent, pour leur terre, comme Lucie Aubrac pour la dignité des siècles qu'elle avait mission d'enseigner ; pour leur bonheur, comme Lucie Aubrac pour son mari ; pour leur avenir, comme Lucie Aubrac

1. Témoignage du colonel Paul Rivière, recueilli en son bureau du SDECE par Mlle Gouineau (plusieurs entretiens, à partir de décembre 1949), AN, 72 AJ 231. Avant son arrivée à Londres, « mes parents, précisera Raymond Aubrac, Albert et Hélène Samuel, ont été arrêtés pour raison raciale, par une équipe de miliciens accompagnés de membres de la Gestapo dans une rafle de juifs à Lyon, dans un appartement de la rue Garibaldi, à l'angle de la rue Duquesne. Ils ont été enfermés à Montluc puis envoyés à Drancy et déportés à Auschwitz où ils ont été gazés dès leur arrivée. C'est à la suite de cette arrestation et dans l'ignorance du sort de mes parents que j'ai été contraint de changer de nom et garder mon pseudonyme Aubrac qui est devenu officiellement mon nom de famille après la Libération par décret du Conseil d'Etat » (déclaration de Raymond Aubrac le 8 juin 1983 devant le lieutenant-colonel Lafforgue).

2. Cf. Jean-Louis Crémieux-Brilhac (sous la dir. de), « Les Voix de la Liberté. Ici Londres, 1940-1944 », Le Club français du Bibliophile, 1975, t. 4.

pour ses enfants. Je la regardais, tout à l'heure, raconter la France à quelques dizaines de journalistes alliés. A la même place, des hommes éloquents avaient fait comprendre la France. Elle, sans éloquence, la faisait sentir, toucher du doigt. Ecoutez-la : "En octobre, dans un village du Sud-Est, la Gestapo oblige des femmes à regarder battre jusqu'au sang quatre jeunes réfractaires enchaînés nus à des arbres. Ces femmes organisent une attaque surprise, et délivrent les quatre jeunes gens..." »

Dès ce soir-là, alors que la France vivait des heures dramatiques dans l'attente de sa libération, parce que la Résistance, durement éprouvée, avait besoin, pour ses ultimes combats, d'épopée et de figures symboliques, une légende prenait sa place aux dépens de l'Histoire...

CONCLUSION

Après avoir examiné dans le détail toute la documentation disponible, force est de constater qu'un grand nombre des responsables de l'Armée secrète n'ont pu échapper à l'étau adverse. Ils ont été souvent atteints par les forces de répression nazies et leurs « auxiliaires » français, soutenus par la police de Vichy. En quelques mois, combien d'hommes et de femmes ont vu leur état de clandestins percé à jour ? Les écrans protecteurs, comme le démontrent plusieurs documents cités dans cet ouvrage, se sont montrés perméables. Les résistants étaient confrontés à un mécanisme policier professionnel, animé par des individus qui — même stimulés par des sentiments qui pouvaient les rendre coupables des actes les plus impardonnables — accomplissaient efficacement la tâche qui leur était confiée.

De l'Abwehr à la Gestapo, en passant par les « brigades spéciales » de Vichy, les « fonctionnaires » de la répression agissaient dans le cadre d'un système totalitaire qui contribuait à renforcer leurs capacités dévastatrices. Face à cela, la volonté, le courage et la conviction de se battre pour la meilleure des causes ne peuvent suffire à déjouer les pièges.

Un demi-siècle après ces événements, est-il possible de l'admettre ? Le temps est-il venu de raconter les véritables enchaînements de cette guerre de l'ombre ?

L'histoire de cette tragédie, dont l'un des points culminants se situe le 21 juin 1943 avec le rendez-vous de Caluire, est restée confinée, dès le lendemain de la guerre, bien en deçà des réalités. Les deux procès intentés à René Hardy, en 1947 et 1950, n'ont contribué qu'à la rendre plus opaque encore, alors que les dossiers d'instruction constitués à cet effet contenaient des éléments déterminants qui allaient à l'encontre des versions trop facilement répandues. D'autres documents, réunis dans ce livre, n'ont fait que le confirmer.

Aujourd'hui, aucune pièce d'archives ne permet de valider l'accusation de trahison proférée par Klaus Barbie à l'encontre de Raymond Aubrac, mais au terme de cette étude, on constate que des récits parfois fantaisistes ont été formulés.

Les documents concernant les arrestations de mars 1943 attestent que la police et la justice lyonnaises n'ont jamais considéré et encore moins inculpé Raymond Aubrac et ses compagnons de marché noir et ont parfaitement établi qu'ils dépendaient d'organes structurés de la Résistance. A partir de là, les Allemands, informés grâce au zèle des autorités françaises, ont alors possédé des éléments indiscutables sur ces hommes, qu'ils ont interrogés en connaissance de cause. Qu'en ont-ils fait ? La question reste posée, faute de documents sur ce point.

Il découle de ces événements plusieurs faits qui remettent en cause les thèses avancées et qui concernent les points suivants :

Pourquoi Lucie Aubrac dissimule-t-elle, en septembre 1945, dans l'article qu'elle publie dans le quotidien lyonnais *La Marseillaise,* la mise en liberté provisoire de son époux et écrit-elle que celui-ci fait partie des évadés de l'hôpital de l'Antiquaille le 24 mai 1943 ?

Autour de cette mise en liberté provisoire, la démarche d'intimidation de Lucie Aubrac auprès du procureur Ducasse, qui est censée l'expliquer, se heurte aux dates faussement données à plusieurs reprises et aux documents émanant de la justice lyonnaise.

L'évasion de l'Antiquaille qui remet en liberté les

compagnons de Raymond Aubrac est entourée, quant à son organisation et à la composition de l'équipe qui la réalise, d'éléments si contradictoires qu'il est impossible de la restituer avec exactitude.

Si Lucie et Raymond Aubrac sont parmi les premiers à accuser René Hardy — par ailleurs impliqué dans le drame de Caluire —, à partir du 21 juin 1943, leurs récits sur les événements qui s'enchaînent offrent des explications qui ne résistent pas à un examen sérieux.

Y a-t-il eu, fin juin 1943, comme ils le prétendent pour l'oublier ensuite, une brève rencontre tolérée par les Allemands entre Lucie et Raymond Aubrac à la prison de Montluc ?

Il est définitivement établi que les Allemands, à partir du 21 juin 1943, ont découvert, derrière François Vallet, Aubrac, responsable de l'Armée secrète. Celui-ci l'a reconnu mais le nie publiquement. Cela change évidemment tout sur les conditions dans lesquelles il a été maintenu prisonnier, à Lyon, du Sipo-SD.

Ce seul fait ne rend guère crédible la préparation du mariage de François Vallet au sein même de la Gestapo pour permettre son évasion. Quant à Mlle de Barbentane, identité qu'aurait adoptée Lucie Aubrac pour berner les Allemands, pourquoi se transforme-t-elle, lors d'une confrontation avec le membre de la Gestapo lyonnaise Lutjens en 1948, en Lucie Montet ?

Enfin, sur l'attaque du boulevard des Hirondelles, il est démontré que cette opération a vraisemblablement eu une source différente de celle qui a été avancée. Le témoignage de Jean Biche, du réseau Nilo, dont parlent les Allemands dans leur rapport du 23 octobre 1943, l'action trouble de Lucien Doussot apportent d'autres éléments fort différents...

Au-delà de cette synthèse, la voie reste ouverte à d'autres recherches pour éclaircir ce qui demeure de zones obscures concernant ces mois de l'année 1943. Mon étude a surtout pour ambition de substituer l'Histoire à la légende qui, peu à peu, s'est installée dans les ouvrages et dans les esprits.

ANNEXES

ANNEXE I

Article de Lucie Aubrac dans *La Marseillaise* du 20 septembre 1945

LA MARSEILLAISE
DE LYON ET DU SUD-EST
GRAND QUOTIDIEN D'INFORMATION

2 Francs — N° 323

RUE DE L'HOTEL-DE-VILLE

PRÉCISION NÉCESSAIRE

TRIESTE sera-t-elle internationalisée ?

La frontière franco-italienne sera établie suivant les rectifications demandées par notre pays

« La tâche de la paix sera rude » DÉCLARE

BONNE HUM… COURAGE ET G…

n'ont pas déso… en dépit de se…

Un épisode de la résistance

QUATRE PATRIOTES S'ÉVADENT DE L'ANTIQUAILLE

Le reporter Claude Blanchard tué dans un accident d'avion

QUATRE RÉSISTANTS ARRÊTÉS

par Lucie AUBRAC

AGENT DE LA GESTAPO

COMPLICITÉS

Quatre patriotes lyonnais délivrés par un groupe-franc

PLAN D'ATTAQUE

LA DÉLIVRANCE

Lucie AUBRAC

ANNEXE II

Extrait du procès-verbal d'interrogatoire de Klaus Barbie, du 13 décembre 1989, concernant l'organisation du Sipo-SD en France

I — L'organisation du Sipo SD en France [...]

LE JUGE : Entendu le 1er avril 1948 par le Commandant Gonnot, Juge d'instruction militaire près le Tribunal militaire de Paris, Helmut Knochen a notamment déclaré :

J'occupais en 1943, le poste de Befehlshaber de Sipo S.D. en France, c'est-à-dire de chef de sûreté et renseignements. Mes services étaient installés au 72 de l'avenue Foch. J'étais moi-même de la carrière service-renseignements mais non sûreté. C'est la raison pour laquelle il m'a été adjoint le Lieutenant-Colonel Lischka, mon représentant permanent pour les sections IV et V, c'est-à-dire au titre de la police sûreté et police judiciaire. Cet officier était de la carrière branche sûreté. Il fut affecté à Berlin courant juin 1943 et son successeur, le Lieutenant-Colonel Henschke était présent à son service depuis quelques semaines lors de sa mutation, il était aussi de la carrière et de la sûreté.

L'organisation de mon service était la suivante :

SECTION I	PERSONNEL	COMMANDANT ALTENLOH
SECTION II	ADMINISTRATION	CAPITAINE FRANK
SECTION III	RENSEIGNEMENTS INTERIEURS	COMMANDANT MAULAZ
SECTION IV	SURETE POLICE	COMMANDANT BOEMELBURG
SECTION V	POLICE JUDICIAIRE	COMMANDANT ODEWALD
SECTION VI	RENSEIGNEMENTS A L'ETRANGER	COLONEL BICKLER

En ce qui concerne les activités de la Résistance, l'Armée secrète et les Mouvements unis de la Résistance, il précisait.

En ce qui concerne mon organisation, c'est la section IV qui s'est occupée de ces questions. Une des sous-sections était la sous-section IV E, [elle] était dirigée par le Commandant Kieffer, dont la secrétaire était mademoiselle Goldmann.

En outre, le Kommandeur de Paris (Sûreté et S.D.) dirigé par le Lieutenant-Colonel Neifeind installé rue des Saussaies s'occupait des questions de Résistance pour Paris et les départements limitrophes Seine-et-Oise, Seine-et-Marne. Je ne me souviens pas du nom du chef de la section IV des services du Kommandeur de Paris.

En accord avec les services de l'Abwehr, les sections IV du Kommandeur de Paris et des Kommandeurs de province avaient pour mission la protection et la sûreté des troupes allemandes d'occupation. A ce titre, ces services étaient chargés de détecter les organisations de Résistance, leur organisation, leurs moyens, leurs actions etc.

C'était les services de l'Abwehr qui s'occupaient particulièrement de l'Armée secrète en France. Ces services étant militaires avaient à leur disposition tous les documents militaires par l'intermédiaire des commissions d'armistice.

Mes services n'ont donc pas eu à s'occuper particulièrement de l'Affaire de l'Armée Secrète mais des contacts ont été pris entre les représentants de l'Abwehr et les officiers des sections IV B.D.S. et Kommandeur en Général, pour Paris et la Province. Il résulte que le B.D.S. a été au courant de l'organisation en France de l'Armée Secrète dans ses grandes lignes. Des rapports ont dû être échangés entre les services de l'Abwehr et les services du Kommandeur de la section IV E de Paris et de Province.

Vers septembre 1942, les services de sûreté et de police grossis par l'adjonction de la Geheimefeldpolizei vers le mois de juin 1942, des renseignements avaient permis de signaler des organisations de résistance en France. A ce moment, il n'y avait pas, à proprement parler, d'organisation centrale de Résistance. Les réseaux étaient isolés et avaient des chefs distincts.

Des organisations de Résistance avaient des attaches directes avec Londres alors que d'autres réseaux avaient leurs chefs présents en France et étaient isolés. Le débarquement en Afrique du Nord des troupes alliées semble avoir été une raison d'unification des réseaux. Ce n'est cependant que plus tard, au début de 1943, que l'on a pu observer une tendance à l'unification.

Je précise que les officiers des services B.D.S. et Abwehr et Kommandeur ont travaillé en liaison étroite entre eux pour la recherche des renseignements et l'action contre la Résistance en France. La lutte contre la Résistance était une idée commune à l'Abwehr et au B.D.S.

Toute arrestation de résistants faisait l'objet d'un compte rendu ou rapport à la section IV à Berlin, peu importait l'intérêt qui était porté à cette ou à ces arrestations. Ces rapports avaient pour but de rendre compte de l'arrestation ainsi que des renseignements qui avaient pu être obtenus sans considération de la qualité de l'arrêté. En outre, des travaux, des rapports de synthèse étaient établis périodiquement pour permettre une mise au point portant sur les organisations ainsi révélées, leur activité, leur dénombrement et effectif, leur action. C'est ainsi que nous pûmes établir la distinction des organisations, Armée Secrète d'une part, organisation militaire et les mouvements de Résistance ou réseaux.

Depuis la transmission des renseignements relatifs aux mouvements de Résistance, puis à l'Armée Secrète, Berlin a toujours donné des instructions et des ordres relatifs à la recherche de renseignements et à la lutte contre l'Armée Secrète et les mouvements de Résistance.

D'autre part, en 1943, le Militarbefelshaber Von Stulpnagel, l'O.B. West von Rundstedt ont donné des instructions et des ordres pour la recherche des groupes de Résistance et la lutte contre ces groupes, parce que les troupes et installations militaires avaient eu à subir les attaques et les actes de sabotage de ces groupes.

Il y avait eu enfin des Kommandos spéciaux envoyés de Berlin pour la surveillance radio. Spécialement pour les groupes de résistance, avec des ordres directs de Berlin.

Je connais un officier allemand du nom de Barbie. Je crois qu'il était au service S.D. Lyon, section IV. Je ne sais pas s'il a joué personnellement un rôle dans des arrestations de chefs de résistants à Lyon mais je sais que Lyon était un grand centre de résistants et que des personnalités de la Résistance avaient été arrêtées.

ANNEXE III

Rapport Kaltenbrunner
(27 mai 1943)

Berlin SW, le 27 mai 1943
Prinz-Albrecht Strasse 8

GEHEIME REICHSSACHE

ER CHEF DER SICHERHEITSPOLIZEI
UND DES SD.

41 exemplaires
3e exemplaire

à
Monsieur le ministre des Affaires étrangères von Ribbentrop
Berlin W. 8
Wilhelmstrasse 74/76

OBJET : L'Armée secrète en France
Ses liaisons par réseau radio
— L'activité des agents, matériel de sabotage et armes parachutés ou déposés par avions.

I. — Première intrusion de la Sicherheitspolizei dans l'Armée secrète

Dès la fin de 1942 de nombreux renseignements s'accordaient à signaler que les différents mouvements importants de la Résistance s'étaient mis directement sous les ordres du général de Gaulle et qu'ainsi se trouvait réalisée l'unité de la Résistance en France : au début de 1943, un de nos agents spéciaux confirmait qu'un tel rassemblement avait été largement réalisé. C'est ainsi qu'est née

— l'Armée secrète —

dans laquelle notre agent avait obtenu en qualité d'ancien officier français un poste important.

Le 1-2-1943 on réussit à arrêter à Lyon deux membres importants de l'Armée secrète. Au début de février 1943 l'exploitation de certains renseignements permit l'arrestation de 18 autres membres de l'Armée secrète qui appartenaient aux organisations secrètes :

Combat
Libération
Francs-Tireurs — Partisans
et 93

Les membres de l'organisation Francs-Tireurs et Partisans, organisation à caractère purement communiste, et ceux de 93 arrêtés avaient été détachés comme agents de liaison de ces organisations auprès de l'Armée secrète.

Les déclarations des inculpés, les papiers capturés et surtout les 15 dossiers qui avaient été saisis par la police française le 13 mars 1943 lors d'une perquisition chez des membres de l'Armée secrète à Lyon, documents qui avaient été laissés provisoirement à la disposition du détachement SD de Lyon, permettent de dresser le tableau suivant :

II. — Développement et composition de l'Armée secrète

1) Histoire de l'organisation Combat

L'Armée secrète telle qu'elle existe actuellement est née, en grande partie, de l'initiative du capitaine français

FRESNAY

qui, dès le mois de janvier 1941 avait mis sur pied l'organisation

Libération Nationale

Cette organisation connut un rapide développement dans l'ancienne zone non occupée et avait des P.C. à :

Marseille,
Lyon,
Toulouse
en Savoie
sur la Côte d'Azur

En zone occupée, le capitaine Fresnay chargea le capitaine

GUEDON

de la direction du mouvement. Les centres d'action de cette zone sont indiqués sur le schéma « structure de l'organisation Combat en France — août 1940 à mars 1942 ».

Ce schéma montre en même temps la fusion des organisations

Libération Nationale
Liberté
sous la dénomination générale
Combat
en décembre 1941. Il indique, en outre, comment, dès l'automne 1941, par l'intermédiaire du
GÉNÉRAL DE LA LAURENCIE
cette organisation entre en contact avec le *Service de Renseignements des USA :* cette liaison fut de nouveau rompue fin 1941. Mais depuis janvier 1942 par l'intermédiaire du
GÉNÉRAL DE GAULLE
l'organisation était *financée directement par l'Angleterre.*

Au cours des mois de février et mars 1942 une perquisition de l'organe central de l'*Abwehr* à Paris permit l'arrestation des membres directeurs de
Combat
en zone occupée, tandis que le gouvernement français faisait procéder à des arrestations en zone non occupée.

Le capitaine Fresnay reconnaît dans un rapport adressé au général de Gaulle, lui-même, que l'organisation venait alors d'être « décapitée ». Tandis qu'en zone occupée la réorganisation rencontrait des difficultés sensibles, elle pouvait, en zone non occupée, être rapidement menée.

2) Création de l'Armée secrète

A la suite de longues négociations Fresnay réussissait, en septembre 1942, à rassembler les groupes *paramilitaires* des organisations :
Combat,
Francs-Tireurs et
Libération
pour la mise sur pied d'une
Armée secrète
sous la direction d'un
Comité de coordination,
composée des délégués de chacune de ces organisations. La section paramilitaire de Combat qui auparavant était déjà désignée par le terme Armée secrète conserva en raison de sa supériorité numérique (80 %) la prédominance au sein de la nouvelle Armée secrète.

En janvier 1943, Fresnay réussit à subordonner l'*ensemble* des organisations :

Combat
Francs-Tireurs et
Libération

à un Comité directeur qu'il dirigeait en tant que chef de Combat et auquel appartenaient les chefs des deux autres organisations

GILLES pour Francs-Tireurs et
DARTHEZ pour Libération

ainsi qu'un représentant dont le nom n'est pas connu du

Comité national

du général de Gaulle à Londres.

Le capitaine Fresnay s'efforça de rallier les autres groupes de la Résistance en France.

Le résultat de ses efforts ressort du schéma :

« État de l'Armée secrète et de ses principaux chefs au sein des mouvements français — Situation en avril 1943 ».

3) Articulation de l'organisation Combat

L'articulation interne de l'organisation Combat (valable aussi pour les mouvements Libération et Francs-Tireurs dans la mesure où ils comportent des subdivisions semblables) fait l'objet du schéma :

« Constitution organique de l'Armée secrète d'après l'organisation Combat — Situation en mars 1943 ».

La Section (« Janus »), questions militaires, est dirigée par le capitaine Fresnay lui-même. La Sous-Direction :

A.S. = Armée secrète

est l'embryon de ce qui devait devenir par la suite

L'Armée secrète.

Il faut signaler la sous-section

Groupe Franc,

qui conserve son autonomie après avoir été rattachée à l'Armée secrète ; elle représente une formation de spécialistes pour les actions mettant en œuvre des explosifs. Elle comprend environ

1 100 hommes

et elle a déjà réalisé, depuis le début de mars 1943

150 missions.

Il convient également de signaler la section « Propagande » de Combat qui a distribué, au cours du mois de février 1943 seulement, plus de

600 000 exemplaires

de différents tracts.

Il faut également citer la sixième section (« Neptune ») qui était rattachée précédemment à la section des affaires militaires ; elle dirige l'ensemble du service radio et elle est en outre chargée du repérage, de la préparation et de l'organisation des terrains de parachutage et des terrains d'atterrissage. Les chefs régionaux de cette section appartiennent aussi à l'état-major régional de l'Armée secrète, cependant les services n'ont pas de contact entre eux.

4) Organisation de l'Armée secrète unifiée

Le schéma « Organisation de l'Armée secrète en zone française nouvellement occupée — mars 1943 », indique clairement l'articulation intérieure du commandement sous l'autorité suprême du général Vidal qui dispose outre son état-major des 4 bureaux classiques de l'organisation militaire française. On trouve en outre l'organisation correspondante territoriale en :

— Régions
— Départements
— Arrondissements
— Cantons

Jusqu'à l'échelon département inclusivement les organes de commandement disposent d'un état-major local et des bureaux correspondants. Au-dessous du canton, et même parfois du département l'articulation de l'Armée secrète n'est plus régionale mais tactique. Le schéma ci-joint donne :

« L'ARTICULATION TACTIQUE »

La liaison entre le commandement en chef et les régions est assurée surtout par les services du courrier des organisations qui constituent l'Armée secrète. Cependant un service de liaison spécial y est en cours d'organisation. En outre des inspecteurs assurent la coordination et la surveillance du travail dans les régions et les départements. L'implantation de l'Armée secrète sur le territoire français ressort du schéma :

« Articulation régionale de l'Armée secrète — mars 1943 ».

Depuis le ralliement du groupe Froment elle dispose en zone nouvellement occupée de

80 000 hommes

dans l'ancienne zone occupée de

25 000 hommes

5) Armement de l'Armée secrète

D'après les renseignements recueillis jusqu'à présent l'Armée secrète disposait en février 1943 de plus de

6 000 tonnes d'armes et de munitions

dont plusieurs centaines d'armes automatiques et plusieurs centaines de mille de cartouches, en outre elle disposait de

mortiers
pièces de DCA et de
chars légers.

D'après ses propres indications elle avait encore besoin d'au moins :

40 000 tonnes d'armes et munitions

Sans doute a-t-elle fait d'importantes récupérations sur les réserves de l'ancienne armée française. Lors du nettoyage de plusieurs dépôts secrets des groupes Francs-Tireurs et Libération. Et dans la région de Clermont-Ferrand on put dénombrer :

3 000 fusils
60 mitrailleuses lourdes
250 fusils mitrailleurs
10 mortiers
8 canons de DCA et

de grosses quantités de munitions en outre on trouve :

des camions
des voitures légères
des motocyclettes et
du matériel militaire divers

D'après les différents documents capturés il résulte que des membres de l'Armée secrète étaient entrés en rapport avec des officiers français de l'Armée d'armistice afin d'obtenir des armes et du matériel. Ces pourparlers aboutirent à des promesses de cessions d'armement à l'Armée secrète.

D'ailleurs on peut constater que certains cercles d'officiers s'emploient à organiser des groupes militaires qui en cas d'invasion pourraient coopérer avec l'Armée secrète.

6) Transmissions radio et ravitaillement de l'Armée secrète par la voie aérienne

Depuis l'arrestation de membres importants de l'Armée secrète dans la région de Lyon.

77 terrains de parachutage et d'atterrissage sont déjà connus.

A la suite de plusieurs expéditions entreprises depuis, le nombre de terrains connus s'est sensiblement accru. En outre par des messages radio :

a) qui avaient été repérés au cours d'émissions courantes ;

b) qui ont été saisis lors de la prise de postes émetteurs clandestins ;

c) qui ont été captés et déchiffrés par l'OKW.

On peut établir que le repérage et l'identification de ces terrains ainsi que les conventions nécessaires pour l'exécution des missions projetées absorbaient une grande partie de l'activité du réseau clandestin des transmissions en France.

Le champ d'application des missions peut être apprécié d'après les chiffres qui proviennent des rapports sur l'activité du *Funkabwehr* de l'OKW en date du 6 mai 1943. C'est ainsi que fin avril 1943 sur les : 94 messages radio anglais destinés à des agents seulement

40 provenaient de France

dont

15 de la zone anciennement occupée

et

25 de la zone nouvellement occupée.

Le nombre total enregistré s'élevait en avril 1943 à 4 667 messages contre 2 931 le mois précédent. Sur ce nombre 963 messages radio concernaient le territoire français.

Le nombre des postes émetteurs clandestins travaillant effectivement en France est apparemment plus élevé. Entre le 26.03 et le 11.05.1943 on a repéré grâce aux moyens techniques de radio détection des unités de la Wehrmacht et de l'*Ordungs-Polizei* mais aussi grâce aux découvertes de la *Sicherheitspolizei* dans :

15 affaires différentes

un total de 23 postes radio, parmi lesquels un certain nombre avaient échappé au service de surveillance radio.

D'après les documents capturés de l'Armée secrète, il résulte qu'en janvier 1943 sur les 31 missions parachutées et les 4 atterrissages qui avaient été préparés, seulement 5 parachutages et 1 atterrissage ont pu être effectués avec succès tandis que 5 autres missions furent vouées à l'échec. La situation en février 1943 s'est aggravée de telle sorte que sur un total de : 38 missions prévues seulement 1 atterrissage et 1 parachutage furent opérés avec succès tandis que 3 essais restèrent sans résultat.

[...]

III. — Les objectifs de l'Armée secrète

1) Conditions d'admission

Pour être admis dans l'Armée secrète les conditions suivantes sont requises :

— Avoir une bonne instruction militaire
— Manifester des sentiments germanophobes
— Être hostile au gouvernement de Vichy
— Reconnaître l'autorité de De Gaulle
— Se soumettre sans restriction à la discipline hiérarchique
— Accepter l'obligation d'avoir à exécuter des travaux préparatoires (réception et transport d'armes) et de se considérer à tout moment comme mobilisable
— Prêter serment de fidélité.

Ces conditions montrent que l'Armée secrète compte principalement des anciens soldats possédant déjà une instruction militaire complète. Ils reçoivent seulement un entraînement spécial conforme aux conditions particulières dans lesquelles l'Armée secrète sera appelée à intervenir ; elle ne pourra pas en effet disposer pour le combat des quantités désirables d'armes lourdes de chars et d'unités aériennes nécessaires à une armée moderne.

2) Possibilités d'emplois

L'Armée secrète a mission d'entrer en action en cas d'invasion par les troupes anglo-américaines.

Il en résulte pour elle les avantages suivants :

a) jusqu'au moment de son intervention elle reste invisible et insaisissable.

b) elle se trouve au moment de son entrée en action dans le dos de son ennemi, elle connaît parfaitement le théâtre d'opérations, elle est mobile et peut compter sur l'appui de la population.

Ces circonstances font de l'Armée secrète un instrument dangereux avec lequel les troupes d'occupation auront à compter. Les trois modalités d'intervention de l'Armée secrète prévues sont les suivantes :

a) En cas de débarquement des forces alliées dans un secteur et de repli de l'Axe, les formations de l'Armée secrète devront se mettre à la disposition de l'état-major ;

b) en cas d'invasion d'un secteur placé sous contrôle allemand, l'Armée secrète devra déclencher dans le dos des troupes allemandes des opérations de guérilla ;

c) en cas d'insurrection générale, l'Armée secrète est appelée à s'emparer du pouvoir en usant au besoin de procédés révolutionnaires.

En outre des plans d'opérations ont été trouvés qui se rapportent par exemple à l'établissement d'une tête de pont dans le sud de la France. Les avantages suivants font préférer la rive gauche du Rhône :

a) la région occupée par des Italiens serait facile à nettoyer ;

b) l'aspect topographique se prête à des actions de guérilla ;

c) les lacs existants permettent d'amener du matériel de guerre par hydravion ;

d) le réseau des routes et des chemins de fer peut être exploité favorablement ;

e) la proximité de la Suisse permet le ravitaillement en matériel de guerre lourd ce qui revêt une certaine importance.

3) Principes d'emploi

Une instruction capturée émanant du commandant de l'Armée secrète en date du 5.01.1943 comporte les prescriptions suivantes :

« Dans la conjoncture militaire présente une action d'envergure de l'Armée secrète ne peut être *prévue qu'en liaison avec une action directe d'éléments alliés débarqués sur le sol français.* L'Armée secrète évitera donc de gaspiller ses effectifs dans des opérations incertaines...

La mission de l'Armée secrète consistera à retarder ou à paralyser l'intervention allemande par une action générale déclenchée au moment propice, *pour appuyer le débarquement des Alliés...*

Dans ce cas le plan I sera exécuté qui prévoit :

a) L'attaque des voies ferrées et des moyens de transmissions ;

b) l'attaque d'objectifs fixés et déterminés d'avance ;

c) des coups de main ;

d) des actions déclenchées par des îlots de résistance.

Les attaques de voies ferrées sont désignées sous le nom d'OPÉRATION « I ». A cet effet, toutes les lignes de chemins de fer sont numérotées, de sorte que l'ordre d'exécution de l'OPÉRATION « I/A 29 » indiquera la destruction de VF 29 tandis que l'ordre d'OPÉRATION I/A signifierait la destruction générale et simultanée de l'ensemble des voies ferrées prévues ;

L'OPÉRATION « 2/A » concerne les moyens de transmissions. A cet effet :

a) des plans de destruction des transmissions de l'armée d'occupation ont été préparés dans le détail et le personnel nécessaire ainsi que le matériel de sabotage ont été prévus ;

b) en ce qui concerne l'administration des PTT et des chemins de fer, l'utilisation des installations au profit de la Résistance est prévue ; dans le cas contraire la destruction de celles-ci sera ordonnée.

L'attaque des objectifs déterminés d'avance comporte les opérations suivantes :

OPÉRATION « 3/A » :
Suppression des agents des troupes d'occupation (en particulier la Gestapo).

OPÉRATION « 4/A » :
Sabotage du matériel auto par la mise en place d'obstacles de toute nature.

OPÉRATION « 5/A » :
Destruction des dépôts d'essence dans la mesure où ils ne peuvent être utilisés par l'Armée secrète.

OPÉRATION « 6/A » :
Attaque des dépôts d'armes et de munitions aux fins de saisie ou de destruction. A ce sujet la désignation des hommes chargés des opérations contre les dépôts bien gardés de munitions ou d'explosifs est prévue pour assurer le succès de ces opérations (concours éventuel de parachutistes).

OPÉRATION « 7/A » :
Neutralisation des Kommandos prévue par le repérage exact de ces postes et la désignation au préalable de groupes de 6 à 30 hommes de l'Armée secrète chargés de l'opération.

Après l'exécution du plan A les combattants de l'Armée secrète devront battre en retraite jusqu'aux emplacements secrets qui constituent des îlots de résistance et qu'ils devront tenir à tout prix jusqu'à l'arrivée des troupes d'invasion.

Pour l'implantation de ces îlots certaines contrées montagneuses (Alpes, Pyrénées, Massif Central) seront choisies de préférence (facilités de défense, intervention de troupes motorisées impossibles). Il importe en outre que l'Armée secrète puisse se ravitailler sur place et qu'en outre le parachutage d'armes et de matériels et éventuellement de personnel soit possible.

IV. — Position de l'Armée secrète vis-à-vis des différents problèmes politiques

1) Allemagne

Le capitaine Fresnay définit sa position vis-à-vis de l'Allemagne de la façon suivante :

L'Allemagne mérite un châtiment exemplaire, elle doit être pour longtemps mise hors d'état de nuire. Le châtiment doit être nécessairement « brutal » mais de courte durée. Il ne devra atteindre que les responsables nazis qu'on peut évaluer à quelques dizaines de milliers.

Il serait maladroit de faire supporter par le peuple allemand, comme cela s'est produit en 1918 pour de longues années, l'ensemble des charges résultant de la défaite. On risquerait de provoquer de nouveaux désordres en incitant le peuple allemand à se soulever.

Un morcellement de l'Allemagne est à écarter ; l'unité allemande ainsi maintenue doit trouver place dans l'union européenne. L'interdépendance économique du monde a pour conséquence de rendre désirable l'unité politique. La suppression des frontières politiques et l'établissement des conditions économiques garantissant un niveau de vie satisfaisant peuvent seuls permettre d'écarter les causes les plus fréquentes de guerre. Il ne resterait qu'à se prémunir contre les dangers du nationalisme chauvin qu'on rencontre surtout en Allemagne. Par la socialisation de l'industrie lourde et la mise sur pied d'armées internationales le recours à la force devait pouvoir être écarté définitivement.

2) Gouvernement français de Vichy

Le Gouvernement de Vichy est rigoureusement écarté par l'Armée secrète et le maréchal Pétain est tenu pour responsable de la débâcle de la France. La politique « collaboration » du Gouvernement constitue un crime et une trahison envers la France. Le prestige du maréchal a permis de faire accepter par un grand nombre de bons Français la « collaboration ». Pour beaucoup de gens sa personnalité garantit une conduite politique conforme aux intérêts de la France.

Si un gouvernement sans maréchal Pétain avait suivi pareille conduite politique il ne se serait trouvé aucun Français pour en adopter les errements. C'est pourquoi Pétain est aux yeux de la Résistance le grand responsable et le principal accusé de demain.

3) Giraud-De Gaulle

L'évasion du général Giraud avait tout d'abord suscité de l'enthousiasme au sein de l'Armée secrète. Par la suite il s'avère qu'il n'était pas décidé à faire œuvre commune avec le général de Gaulle. Il représentait la bourgeoisie tandis que de Gaulle doit plutôt être considéré comme le représentant de la grande masse. Un accord des deux généraux aurait permis à toutes les forces de la Résistance de réaliser leur unité, tandis que désormais les éléments hostiles à l'Axe sont partagés en deux camps. L'Armée secrète demande donc au général Giraud de se séparer des milieux bourgeois retranchés derrière lui et d'accepter l'autorité du général de Gaulle.

4) Le parti communiste français

L'Armée secrète considère les communistes comme ses alliés et ses camarades dans la lutte contre l'Occupation. Elle adopte vis-à-vis du parti communiste la même position que celle prise par les Alliés vis-à-vis de l'Union soviétique. *Cependant l'Armée secrète sait pertinemment que ses alliés communistes ne sont pas ses amis.* On espère cependant que les communistes reconnaîtront le général de Gaulle et on pense ainsi rendre impossible un « putsch » communiste au moment où il aurait les plus grandes chances de succès. Cette période correspondrait à celle qui suivrait l'expulsion des forces de l'Axe. Les communistes eux aussi ont reconnu pour cette période le général de Gaulle comme chef du gouvernement provisoire. Il semble donc impossible qu'ils se retournent alors contre lui à une époque où doit se réaliser le but immédiat de l'ensemble des organisations de la Résistance française.

D'ailleurs l'Armée secrète ne veut pas renoncer à coopérer avec les groupes communistes qui manifestent une grande activité et qui sont numériquement importants : c'est ainsi que dans la région parisienne seulement le Front National disposerait de plus de 90 000 hommes.

V. — Considérations finales

Au moment où la campagne en Afrique du Nord vient de se terminer par la chute de Tunis et où l'éventualité d'une invasion du continent par les forces anglo-américaines est à envisager, il convient de donner une importance d'autant plus grande à l'Armée secrète. Malgré des divergences de vues dans son mode d'action et certaines difficultés qu'elle rencontre dans ses liaisons et son ravitaillement, malgré la relève qu'elle a combattue et qui l'a amputée de ses plus jeunes éléments enlevés par le travail en Allemagne, l'Armée secrète représente cependant un élément puissant qu'il ne faut pas sous-estimer.

Le commandant en chef de l'Armée secrète avait déconseillé, au début tout au moins, d'opérer des actes de sabotages isolés, cependant depuis le 19.02.43, il a prescrit l'exécution de certaines missions, compte tenu en particulier du degré d'avancement du plan de destruction des liaisons ferrées. C'est ainsi que depuis cette date les objectifs suivants peuvent être pris à partie :

a) trains transportant des troupes ou des permissionnaires ;

b) trains de marchandises à destination de l'Allemagne (dans ce cas il faut opérer la destruction du matériel roulant et non des rails — contrairement aux méthodes préconisées en cas d'invasion) ;

c) usines travaillant pour le compte de l'Allemagne ;

d) agents de la Gestapo et surtout agents secrets à l'égard desquels aucune réserve n'est imposée.

Afin d'augmenter sa puissance et ses possibilités d'action, l'Armée secrète a présenté les demandes suivantes :

a) droit d'employer le câble téléphonique et la valise diplomatique des représentants britanniques et américains en Suisse : l'Armée secrète en effet doit faire parvenir quotidiennement du courrier en Suisse et être à même par cette voie d'exploiter une documentation importante, les transmissions radio n'ayant qu'un débit limité ;

b) augmentation des envois mensuels de fonds, en particulier en vue de pouvoir combattre la relève, lutte pour laquelle un crédit mensuel de 5 millions semble indispensable (subventions aux familles des ouvriers réfractaires aux départs et volontaires pour le maquis). Si cette demande n'était pas satisfaite il faudrait craindre la mobilisation générale de la main-d'œuvre ce qui donnerait le coup de grâce à toute tentative de résistance en France ;

c) ouverture d'un compte dans une banque suisse afin de couvrir les dépenses des agents de liaison auprès des différents représentants diplomatiques ;

d) intensification des livraisons de matériel, en particulier par parachutage, afin de pouvoir armer les groupements déjà organisés de l'Armée secrète et de ravitailler les éléments qui se dérobent à la relève et mènent des opérations de guérilla. Il est criminel de pousser à l'insurrection et de ne pas armer les combattants. Si les Alliés trouvent que l'Armée secrète mérite un certain intérêt, ils doivent satisfaire les demandes qu'elle présente avant que le plus grand nombre de ses membres ne soient tombés sous les balles des pelotons d'exécution allemands ou ne soient déportés de force pour le travail en Allemagne.

VI. — Dispositions adoptées

Le chef de la *Sicherheitspolizei* et du SD à Paris, de même que les chefs qui lui sont subordonnés et les détachements d'intervention sont appelés à prêter la plus grande attention à la lutte contre l'Armée secrète. Des dispositions importantes ont été prises, en liaison avec la Wehrmacht en particulier, la *Luftwaffe,* pour pouvoir intervenir sans tarder en cas d'annonce d'envois d'agents ou de matériel par la voie aérienne.

J'ai également envoyé en France un Kommando spécial du Service Central de la sûreté du Reich appelé, en liaison étroite avec l'OKW *(Funkabwehr),* le service de surveillance des ondes courtes « ouest » à Paris et les services locaux de la police du SD, à assurer l'examen effectif des postes émetteurs repérés. Il a en outre à examiner les groupes de personnes qui s'y rattachent pour préciser leurs rapports avec l'Armée secrète et contrôler les messages captés par radio-détection.

Je rendrai compte en temps opportun du résultat obtenu dans l'action contre l'Armée secrète.

Signé : KALTENBRUNNER

(Traduction *in* Dossier du tribunal militaire de Paris — Dossier René Hardy.)

ANNEXE IV

Procès-verbal d'arrestation de Maurice Fouquet (Kriegel) (15 mars 1943)

MINISTÈRE DE L'INTÉRIEUR

INTENDANCE DE POLICE
DE LYON

SERVICE RÉGIONAL DE
POLICE JUDICIAIRE

N° .... P. J.

A.824

Affaire contre :
CURTIL et tous autres

Arrestation et fouille
de FOUQUET Maurice
27 ans
39 Chemin des Sablonniers
LYON

ÉTAT FRANÇAIS

50

PROCÈS-VERBAL

L'an mil neuf cent quarante trois

le quinze Mars

Nous, LAVABRE André, Commissaire de *Police Judiciaire* à la Section Politique *de Police Judiciaire, en résidence à* LYON, *Officier de Police Judiciaire, auxiliaire de Monsieur le Procureur de l'Etat Français,*

Au cours d'une surveillance établie 7 rue de l'Hôtel de Ville à LYON, au domicile de M. BIARD, où avaient lieu des réunions de dirigeants des organisations clandestines, s'est présenté le nommé :

F O U Q U E T Maurice, Henri, né le 14 Mai 1915 à Péronne (Somme) de Berthe FOUQUET. Demeurant 39 rue des Sablonniers à LYON

Vu la présence de cette personne en ce lieu et le manque d'explications satisfaisantes concernant sa visite, nous lui déclarons que nous la mettions en état d'arrestation.

Mentionnons que nous avons agi en compagnie de notre collégue BERNARD ainsi que des inspecteurs MICHEL et JACOB de la Surveillance du Territoire.

Fouillé à corps, FOUQUET Maurice a été trouvé porteur d'un carnet sur lequel sont inscrites des notes relatives aux moyens de se rendre en Savoie. et une carte de tabac au nom de KRIEGEL Maurice, demeurant 4 rue Professeur ROUX à Vénissieux. que nous saisissons et plaçons sous scellés n° 33 et 33 bis.

Le Commissaire de Police de Sûreté

A. Lavabre

ANNEXE V

Procès-verbal de perquisition chez François Vallet (16 mars 1943)

7

21

MINISTÈRE DE L'INTÉRIEUR

INTENDANCE DE POLICE
DE LYON

SERVICE RÉGIONAL DE
POLICE JUDICIAIRE

N° .... P. J.

A. 224

Affaire contre :
CURTIL et tous autres

Perquisition au domicile
de VALLET François
I6 rue Ste-Clotilde
LYON

ÉTAT FRANÇAIS

PROCÈS-VERBAL

L'an mil neuf cent quarante trois

le seize Mars

Nous, LAVABRE André, Commissaire *Police Judiciaire* à la Section Politique *de Police Judiciaire en résidence à* LYON, *Officier de Police Judiciaire, auxiliaire de Monsieur le Procureur de l'Etat Français,*

Vu le dossier joint
Vu le mandat permanent de perquisition en date du 22 Mai 1942, de M. le Préfet Régional, à LYON
assisté de MM. COMBY et CHAPELAIN, Commissaires de Service,
Agissant en exécution des instructions de M. le Commissaire de Police de Sûreté, Chargé de la Sect des Affaires Politiques,
nous transportons à LYON, I6 rue Ste Clotilde
au domicile de

VALLET François

où nous sommes reçus par l'interessé, a qui nous faisons connaitre notre qualité et exhibons le mandat dont nous sommes porteurs.

Sans désemparer, et en laprésence constante de l'interessé, nous effectuons une perquisition dans les quatres pièces et dépendances qu'il occupe.

Nous ne trouvons aucun écrit, objet ou matériel susceptible de se rapporter à des menées antinationales.

Le procès-verbal, objet de la perquisition est terminé les jours, mois et an que dessus à dix-huit heures trente.

L'intéressé le signe avec nous, ainsi que nos collègues nous assistant.

Le Commissaire de Police de Sûreté.

A. Lavabre

Mod. n° 36 bis

ANNEXE VI

Procès-verbal de perquisition chez François Vallet (17 mars 1943)

MINISTÈRE DE L'INTÉRIEUR

INTENDANCE DE POLICE DE LYON

SERVICE RÉGIONAL DE POLICE JUDICIAIRE

N° A.824 .P. J.

Affaire c/ CURTIL et tous autres

Fuite de VALLET François
I4 rue Ste-Clotilde
LYON.

ÉTAT FRANÇAIS 21/2

PROCÈS-VERBAL

L'an mil neuf cent quarante trois
le dix-sept Mars

Nous, LAVABRE André, Commissaire de Police Judiciaire à la Section Politique Police Judiciaire, en résidence à LYON, Officier de Police Judiciaire, auxiliaire de Monsieur le Procureur de l'Etat Français,

Rapportons ce qui suit :

" Le dix-sept Mars à dix-huit heures, alors qu'en compagnie de mes collégues COMBEY et CHAPELAIN, j'effectuais une perquisition au domicile de : VALLET François, né le 4 Septembre 1912 à Vendome, des feus Albert et Marie MARTIN. Ingénieur. demeurant I4 rue Sainte-Clotilde à Lyon, et que pour la légalité de l'opération nous avions emmené avec nous l'intéressé, celui-ci a tenté de s'enfui dans les circonstances suivantes :

La voiture automobile qui nous avait conduite était garée à quelques métres de la por d'entrée de l'immeuble sis au I4 de la rue Ste-Clotild à Lyon. Le chauffeur resta à coté d'elle. VALLET, mes de collégues et moi même nous rendiment à l'appartement d VALLET qui se trouve au quatrième étage. VALLET ouvrit porte qui était fermé à clefs. La perquisition commenca Mes deux collégues étaient occupés à fouiller dans les tiroirs ainsi que moi même lorsque VALLET, me bouscoulant ouvrit la porte d'entrée de son appartement, la rema vivement, et à clefs, car il avait pris la précaution de laisser celles-ci dans la serrure.

Par la fenêtre, nous avons alerté le chauffeur de notre voiture, ainsi qu'un gardiende la paix qui se trouvait à proximité. Ces deux personnes s mirent à la poursuite de VALLET et le rejoignirent dan la rue du Bon Pasteur.

COUR D'APPEL DE LYON

Les Commissaires de Police de Sûreté.

A. Chapelain   G. Combey   A. Lavabre

Mod. n° 36 bis

ANNEXE VII

Demande de mise en liberté provisoire de François Vallet (4 mai 1943)

32, RUE CENTRALE LYON, le 4 Mai 1943 50

Franklin 43-13

Monsieur le Juge d'Instruction
Palais de Justice
LYON

Monsieur le Juge,

J'ai l'honneur de solliciter de votre bienveillance la mise en liberté provisoire de François VALLET.

Depuis son incarcération, M. VALLET, qui avait été atteint d'une affection pulmonaire, a été de nouveau très sérieusement malade. Après un examen médical, il a dû être placé à l'infirmerie.

Des poussées de température se sont révélées et un réveil bacillaire est à redouter.

L'état du malade a été constaté notamment par le Docteur GIRARD, médecin de la prison, qui peut être consulté, ainsi que d'ailleurs les Drs PLAUCHU et VIALLET qui ont certainement eu également l'occasion de le visiter.

Seule, la mise en liberé de VALLET peut permettre de lui assurer les soins très attentifs et délicats que rend nécessaires son état.

Au surplus, l'instruction, en ce qui le concerne, ne semble pas rendre nécessaire une plus longue détention.

Veuillez agréer, Monsieur le Juge, l'expressinn de mon respectueux dévoûment.

COUR D'APPEL DE LYON

[signature]

FAUCONNET
vocat

ANNEXE VIII

Note du juge d'instruction Cohendy (4 mai 1943)

CABINET
DU
JUGE D'INSTRUCTION

Cabinet de Mr COHENDY

Lyon, le 4. 5 1949

Soit transmis à Monsieur le Surveillant Chef Lyon St Paul

Le Juge d'Instruction,

TRIBUNAL ... JUGE

NOTA

En le priant de vouloir bien faire examiner Vallet François par Monsieur le Medecin de la prison (serait à l'infirmerie) qui me précisera si l'état de santé de l'inculpé est compatible avec le régime de la détention.

Imp. P. Horet, 20, Bd Brotteaux-Lyon 5000 - 1.43 265

ANNEXE IX

Diagnostic du Dr Plauchu
(5 mai 1943)

[illegible] de [illegible]

[illegible] Le Docteur Planchu 48

Vallet François présente une tuberculose fibreuse des sommets qui risque de s'aggraver en prison.

Ira probablement à l'Hôpital.

5-5-3

ANNEXE X

Ordonnance de soit communiqué
(8 mai 1943)

TRIBUNAL
de
PREMIÈRE INSTANCE
DE LYON

ORDONNANCE DE SOIT COMMUNIQUÉ

Soit communiqué à Monsieur le Procureur de la République la procédure instruite contre le nommé

Vallet François

inculpé de menée anti-nationale pour requérir ce qu'il appartiendra sur la demande de mise en liberté provisoire formée par le conseil de l'inculpé.

Lyon, le 8-5 1943

Le Juge d'Instruction,

Avis favorable,
Lyon le 10 mai 1943
Le P. R.

COUR D'APPEL DE LYON

ANNEXE XI

Ordonnance de mise en liberté provisoire de François Vallet (10 mai 1943)

47

ORDONNANCE DE MISE EN LIBERTE PROVISOIRE .

Nous Juge d'Instruction au tribunal civil de Lyon
Vu la procédure instruite contre :

VALLET François (détenu)
inculpé de menées antinationales .

Vu la demande de mise en liberté provisoire faite par le conseil de l'inculpé .
Vu le réquisitoire de Monsieur le Procureur de la République .
DONNONS MAIN LEVEE du mandat de dépot par nous décerné contre ledit VALLET François , à charge par lui de se représenter à tous les actes de la procédure et pour l'exécution du jugement aussitot qu'il en sera requis .
Ainsi fait en notre cabinet au Palais de Justice à Lyon le 10 mai 1943 .

Le Juge d'Instruction .

Reçu notification
Lyon le 12 mai 1943.
Vallet

COUR D'APPEL DE LYON

ANNEXE XII

Avis de mise en liberté de François Vallet (10 mai 1943)

AVIS DE MISE EN LIBERTÉ

46

Monsieur le Gardien-Chef de la prison St Paul

a l'honneur d'informer M Cohendy, Juge d'Instruction

à Lyon, que conformément à son ordre en date de 10 mai 1943

le nommé Vallet François

n° 5866

a été mis en liberté le même jour.

Lyon, le 10 mai 1943.

Le Gardien-Chef

L'inculpé déclare se tenir à la disposition de la Justice

à Lyon rue Ste Clotilde n° 16

Lyon, le 10 Mai 1943

Vallet

COUR D'APPEL DE LYON

ANNEXE XIII

Rapport du procureur de la République sur les évasions de l'Antiquaille (26 mai 1943)

PARQUET
DU
PROCUREUR DE LA RÉPUBLIQUE
DE LYON

N°

~~service pénal~~
affaire CURTIL et autres
actes de nature à nuire
à la défense nationale.

Lyon, le 26 mai 1943

22 MAI 1943

Le Procureur de la République à Lyon
à Monsieur le Procureur Général

LYON

Pays Bas Dir. A. C.B. Vichy

J'ai l'honneur comme suite à mon rapport du 1er avril ~~30 mars~~ 1943 concernant les nommés CURTIL et autres, inculpés d'actes de nature à nuire à la défense nationale de vous rendre compte de l'évasion de DENOYER Christine, MARCHAL François FOUQUET Maurice et ASHER Serge. (+)

DENOYER Christine enceinte de 6 mois des oeuvres de MARCHAL avait été transférée de la maison d'arrêt à l'hôpital de Grange Blanche.

Le 21 mai ~~avril~~ elle reçut la visite de VISNIANSKI Janine, âgée de 14 ans, et quelques instants après d'une autre personne, non identifiée qui lui remit un sac de voyage. L'agent DULYS préposé à la garde de cette inculpée, contrairement à la consigne qui lui avait été donnée, laissa cette dernière s'entretenir avec ces deux personnes qui n'avaient pas de permis de visite.

Christine DENOYER sortit de sa chambre accompagnée de la jeune VISNIANSKS soit disant pour se rendre dans le bureau de la Soeur Mère. Le garde ne crut pas devoir l'accompagner et elle profita de ce défaut de surveillance pour prendre la fuite.

VISNIANSKS put seule être arrêtée.

Cette dernière, bien qu'âgée de 14 ans avait déjà été écrouée pour détention de tracts d'inspiration étrangère et elle fut condamnée par jugement du tribunal correctionnel de LYON le 18 mai à 6 mois d'emprisonnement avec sursis. Elle avait fait à la prison de la connaissance de Christine DENOYER. Une information pour infraction à la loi du 3 décembre 1942 concernant l'évasion des détenus a été ouverte contre l'agent DULYS et VISNIANSKS Janine. Tous deux ont été écroués.

Les nommés MARCHAL, FOUQUET et ASHER avaient été hospitalisés à l'hopital de l'Antiquaille pour les motifs suivants indiqués par le médecin de la maison d'arrêt.

ASHER, fièvre d'origine inconnue
FOUQUET, état fébrile grave et prolongé
MARCHAL état fébrile prolongé.

Le 24 mai ~~24 mars~~ quatre individus se disant de la police allemande dont l'un tenait en main une mitraillette se ......

...... se présentèrent à l'hôpital pour réclamer ces 3 inculpés
Ils leur furent remis. Le commissaire divisionnaire des service de police judiciaire s'étant mis en rapport à ce sujet avec les autorités de police allemande apprit qu'il s'agissait de faux policiers.

Ces quatre évasions jointes à celles qui ont fait l'objet de mon rapport ~~du 25 mai~~ (1 juin 27 mai) montrent qu'on est en présence d'une organisation dangereuse, elles ont fait ressortir le danger qu'il y aurait à l'avenir de transférer de la maison d'arrêt à l'hopital, des détenus pour délits politiques.

Les diagnostics ci-dessus indiqués qui ont motivé l'hospitalisation paraissent avoir été rédigés trop succintement par le médecin de la prison. Tout au moins ils n'indiquent pas une maladie d'une gravité telle qu'elle n'aurai pas pu être soignée à l'infirmerie de la prison.

Pour éviter le retour d'évasions semblables qui sont de nature à créer de graves difficultés, M. le Préfet Régional a décidé que dorénavant, en ce qui concerne les détenus inculpés de délit à caractère politique, hors le cas de maladie mettant leur vie en danger, les transferts à l'hopital ne seraient plus autorisés qu'après examen du malade par un médecin désigné par le juge d'instruction pour dire si les soins dont en a besoin le détenu nécessitent obligatoirement ce transfert.

Afin de rechercher les individus ayant facilité cette évasion, une information a été ouverte contre inconnu

Le Procureur de la République

[signature]

ANNEXE XIV

Extrait de l'« entretien » de Frenay-Charvet, le 30 juin 1943, peu après son arrivée à Londres, avec le capitaine Vaudreuil et le lieutenant Ponsard

Ce document du BCRA évoque d'emblée « l'affaire Aubrac [*sic*] » dont on semble se préoccuper à Londres après les arrestations de mars 1943.

Frenay y donne aussi l'une des versions du coup de l'Antiquaille qu'il semble tenir de Lucie Aubrac avec laquelle il était « en liaison [*sic*] » et qu'il a vue « avant et après » cette opération.

FRANCE COMBATTANTE

Etat-Major Particulier
du Général de GAULLE

N° D 3882 /BCRA-C
361 - V

13020-ON-2

P 230781

Londres, le 30 juin 1943.

Fichier System.

CONFIDENTIEL

ENTRETIEN

du

Capitaine VAUDREUIL avec CHARVET
(séance du 30 juin 1943)

Présent à l'entretien: Le Lieutenant PONSARD.

V.- La première affaire à prendre est l'affaire AUBRAC.

C.- Je crois que BERNARD en saurait plus long que moi là-dessus. La date exacte doit être le 13 ou 14 mars.

A cet époque, c'était la formation du premier maquis en SAVOIE, en HAUTE-SAVOIE et en ISÈRE. Par conséquent, toute mon attention se portait sur la lutte contre la déportation. Nous avions décidé de constituer une espèce d'organisme central qui se réunirait quotidiennement pendant la période de crise, de façon à recevoir chaque jour les nouvelles que les émissaires que nous envoyions en SAVOIE et en HAUTE-SAVOIE rapporteraient, et prendre des décisions en conséquence. Ces réunions devaient grouper deux des membres du Comité Directeur, SALARD et je crois CLAUDIUS de Franc-Tireur, en outre les trois chefs de région des mouvements, le chef régional de l'A.S. Pour les chefs de région, il y avait: pour COMBAT: BATTESTI. Pour FRANC-TIREUR: HUGUES. Pour LIBERATION: BAUDOUIN. Le chef de l'A.S. était MERCIER. VALLET, AUBRAC et PRESSENTIER revenaient pour rapporter des nouvelles.

En outre, il avait été créé une boite postale spéciale à LYON, je crois rue Bayard, pour que les envoyés secondaires, les agents de transmissions purs et simples en dehors des agents de liaison, déposent leurs renseignements.

Un des agents de transmission dont j'ai oublié le nom, qui est parti à LIBERATION, en revenant de mission a passé une nuit dans la gare de BOURG-EN-BRESSE. La gendarmerie est venue la nuit pour vérifier l'identité de ceux qui étaient dans la salle d'attente. Il s'est trouvé que ce jeune imbécile avait sur lui une carte d'identité tamponnée, signée et non remplie.

Il est arrêté, et on trouve sur lui deux adresses: l'adresse de la boite postale, et l'adresse du lieu de rendez-vous. Je ne sais pas si la police est arrivée au 7 rue de l'Hôtel de Ville avant, après ou pendant l'une des réunions. Je crois que c'est pendant. On a arrêté AUBRAC, PRESSENTIER (un des agents de liaison). La propriétaire qui était dans l'appartement, a pu s'enfermer dans les W.C. dont la fenêtre donnait sur la montée de l'escalier, et chaque fois qu'elle entendait quelqu'un, elle agitait une balayette en signe de détresse. A certains moments, les camarades sont arrivés et sont repartis. Ils ont empêché l'agent de REX, ALAIN, de rentrer, lequel a empêché un certain nombre de personnes de rentrer. Il a fait le guet devant la porte en bas. Parmi ces personnes, il y avait CLAUDIUS. A signaler que PRESSENTIER a essayer de filer. Dès qu'il est rentré, il a vu la situation, il a sorti une matraque de sa poche. Il a assommé un Inspecteur, l'autre a sorti un pistolet qu'il a braqué sur AUBRAC et PRESSENTIER, il n'y a rien eu à faire. L'un des deux a fait une autre tentative, il a filé dans l'escalier, à mi-chemin il a rencontré des inspecteurs qui montaient, il a été coincé. L'après-midi, BATTESTI, chef de région de COMBAT est arrivé, et personne ne l'a prévenu, ni ceux qui avaient fait le guet en bas et qui étaient partis, ni la propriétaire qui avait cessé d'agiter sa balayette dans l'escalier. Il s'est fait prendre à son tour.

V.- C'est dans cette maison qu'étaient les archives ?

C.- Non. Ils ont été tous emmenésau 27 quai Perrache, où se trouve un bureau de la Police. LE jour même ou le lendemain, une souricière est montée dans la boite postale rue Bayard, et la police ramasse un planton venu relever le courrier. Ce planton était un planton de l'Etat-major de l'A.S. La police se rend chez lui, et trouve CHRISTINE, Secrétaire de FORESTIER.

Il y a là un concours de malchances, car quelques jours auparavant, FORESTIER estimant que son bureau avait été repéré, avait décidé de déménager, et fauté de local,immédiatement disponible, de s'installer pendant 48 heures chez son planton, et d'y transporter ses archives. Par conséquent, la police trouve CHRISTINE entrain de taper à la machine des pièces pour l'A.S., et à côté d'elle se trouvait une valise contenant toutes les archives, qui donnent entr'autres choses, la presque totalité des pseudos de l'A.S. et un certain nombre de noms en clair d'officiers généraux.Ces noms ont été trouvés sur un rapport établi par AUBRAC sur ma demande, de façon à résumer l'état des conversations entre nous-mêmes et l'Etat-Major de l'armée. Il y avait les noms de PICANDARD, FRERE etc. Ce rapport avait été établi la veille, et le lendemain ne serait pas revenu. Deux heures après FORESTIER arrive et à son tour se fait arrêter. Sa secrétaire CHRISTINE prend tout sur elle, et FORESTIER est présenté comme un des amis de la maison, et non pas comme un des participants de l'A.S. A son tour il est emmené au 27 quai Perrache, avec CHRISTINE et le planton. La police ne savait pas qu'elle avait affaire à FORESTIER. Je crois qu'à ce moment il venait justement de changer de pseudo, il s'appelait MECHIN.

Du 27 quai Perrache, BATTESTI s'évade soit le soir même soi le lendemain dans les conditions suivantes: Le soir, panne d'électricité au Commissariat. J'ai l'impression que les policiers l'ont pratiquement laissé partir. Les deux inspecteurs qui étaient auprès de lui s'éloignent pour chercher des plombs, lui prend son chapeau et ses clefs (on avait vidé ses poches) et de porte en fenêtre et de fenêtre en porte, arrive à sortir sur le quai Perrache

Il va se réfugier à un domicile connu de lui et de moi, Les autres sont transférés au petit dépôt, au Palais de Justice, et y restent quelques jours. Nous organisons une tentative d'évasion qui est manquée par suite de l'imprudence des hommes qui en ont été chargés, qui se font repérer au moment où ils se distribuaient les armes, et se font tous coffrer après une chasse à l'homme, une poursuite sur les toits, fusillade, brigade des gaz etc. etc. Presque toute l'équipe est chopée, seulement deux ou trois ont pu s'échapper

V.- De quelle façon se sont-ils fait repérer ?

C.- C'était dans une église, qui était près du Palais de Justice ils se sont distribué les armes derrière un pilier. Un vieille bigotte a aperçu le manège, comme le Palais de Justice était tout à côté, elle a été prevenir.

Ils ont été enfermés à la prison ST.PAUL à LYON. Les archives ont été demandées par la Gestapo, sans doute photographiées et restituées à la Police Française. Dans le courant de leur détention tous ont été interrogés (tous à l'exception de FORESTIER) par la Gestapo à l'hôtel TERMINUS à LYON. Interrogatoire correct, pas de brutalités, sauf sur PRESSENTIER, sur qui on a lâché les chiens policiers parce qu'il ne répondait pas. Personne n'a rien dit. A remarquer que toutes les fausses identités on résisté à l'examen. Ils ont toujours été détenus sous leur fausse identité. on n'a pas découvert la supercherie. AUBRAC était détenu sous le nom de VALLET et FORESTIER sous le nom de MARCHAD François.

FOUQUET a été arrêté à ce même moment. (MORANDAT,) le frère de celui qui est ici, travaillait indiscutablement pour les anglais directement. (VOYANT) n'a aucun rapport avec cette affaire. Il travaillait en marge de la résistance active si on peut dire. Il a été un des chefs du groupe d'études Politiques et Economiques de la région lyonnaise. Son pseudo était VUILLOZ. Il a été arrêté dans la rue tout a fait en dehors.

Ils ont été détenus pendant six ou huit semaines, et la femme d'AUBRAC, CATHERINE, a demandé et obtenu d'être chargée de leur évasion. Aucune charge n'ayant pu être relevée contre AUBRAC, il fût mis en liberté provisoire, huit semaines environ après l'arrestation. Quant aux autres, FORESTIER, CHRISTINE, PRESSENTIER, FOUQUET, ils ont réussi à simuler des maladies, grâce à la complicité du personnel médical de la prison, et ont été hospitalisés à LYON, à l'hôpital de l'Anticaille. CATHERINE ayant réussi à se procurer une voiture, deux uniformes allemands, des papiers de la Police allemande, a organisé l'évasion de la façon suivante: Deux voitures s'arrêtent un beau jour devant l'hôpital de l'Anticaille, montées par deux allemands en uniforme et deux allemands en civil, en réalité, quatre alsaciens, qui exigent au nom de la Gestapo, la restitution des prisonniers pour interrogatoire. On les leur livre, ils s'en vont.

P.- Vous ne savez pas comment elle a obtenu ces papiers d'allemands ?

C.- Non, je l'ai vue elle-même avant et après, j'étais en liaison avec elle pour lui fournir des hommes, l'affaire a été très bien montée, çà n'a pas fait une éclaboussure.

V.- A ce moment, tous les prisonniers étaient libérés ou presque ?

C.- Oui, tous libérés sauf le planton de FORESTIER. Je ne suis pas affirmatif pour lui. Les plus importants sont sortis à cette occasion.

V.- Qu'est devenue CHRISTINE ?

C.- Elle doit être planquée à PARIS. Elle était enceinte de six ou sept mois, c'est la raison pour laquelle elle s'est fait hospitaliser: troubles de grossesse. FORESTIER avait trois planques, il est dans la troisième. PRESSENTIER après avoir été planqué a repris du service comme adjoint au chef des Groupes Francs de la région Sud. Il a changé d'identité une fois de plus. FOUQUET, je ne sais pas ce qu'il est devenu.

A signaler qu'AUBRAC, ayant été, après son arrestation, amené par la police à son propre domicile, a tenté de s'évader, profitant d'un moment d'inattention des trois inspecteurs qui l'accompagnaient, il est sorti et les a enfermés dans une pièces. Il a descendu l'escalier quatre à quatre, et a filé dans la rue, alors que les trois inspecteurs tiraient des coups de revolvers aux fenêtres en criant: arrêtez-le, arrêtez-le! Il a eu la guigne de croiser un homme qu'on a appris plus tard être un inspecteur d'une autre ville en congé, qui s'est mis à lui galoper derrière. Après l'avoir à peu près semé, il est rentré dans une maison. Il a renversé en courant une femme qui s'est mise à crier à son tour, et a attiré l'attention de l'inspecteur qui est arrivé.

V.- Malgré cela, il a été mis ensuite en liberté provisoire ?

P.- Savez-vous si c'était la Justice Militaire ou la Justice Civil

C.- La Justice Militaire ne fonctionne plus en zone Sud. Il n'y a plus de Justice Militaire. C'est le Tribunal d'Etat ou la Correctionnelle.

V.- Les fameux bureaux M.A. ?..

C.- Sont entièrement dissous.

V.- Ils n'ont pas été recreés sous une autre forme ?

C.- Je ne crois pas. Il n'y a aucun doute qu'AUBRAC est un garçon hors de tout soupçon.

V.- Il était entièrement entre les mains de la Police française ?

C.- Il a été interrogé une fois par la police allemande, mais il était entre les mains de la police française. Il avait été réintégré à ST.PAUL puis mis en liberté.

V.- Est-ce que la découverte des documents au cours des différentes perquisitions n'a pas provoqué d'autres arrestations ?

C.- Il y a peut-être eu des fils souterrains que je ne vois pas, mais il n'y a pas eu de répercussions immédiates. On n'a trouvé aucun nom en clair des hommes de la résistance et aucune adresse.

V.- Il y a eu pas mal de choses prises dans la boite aux lettres de BILLON.

C.- C'est beaucoup plus vieux. [...]

ANNEXES XV

Procès-verbaux d'interrogatoires de Raymond Aubrac

XV-1 : à Londres (19 février 1944)
XV-2 : à Alger (3 juin 1944)
XV-3 : à Paris (21 avril 1948)
XV-4 : à Paris (18 juin 1980)
XV-5 : à Lyon (8 juin 1983)
XV-6 : à Lyon (20 mai 1992)

JT. 3e ex.

COMITE D'ACTION EN FRANCE

Direction Générale des Services Spéciaux — Londres, le 19 février 1944.

DIRECTION TECHNIQUE
B.C.R.A.L.

N° D 16.415 /BCRAL-C.
392 _ G.

CONFIDENTIEL

2

INTERROGATOIRE

de

Monsieur AUBRAC

D 18848

v. nom SAMUEL

ichaaß System.

1. Je suis né à VEZOUL que j'ai habité jusqu'à l'âge de 8 ans. A ce moment-là mes parents sont venus à DIJON. J'ai fait mes études au Lycée, jusqu'à 18 ans, puis à PARIS de 1934 à 1937. Je suis ensuite allé un an aux Etats-Unis.

2. J'ai été incorporé à l'Ecole d'Application du Génie et en avril 1939 je me trouvais au 1er Régiment du Génie à STRASBOURG. Au moment de la guerre j'ai été mobilisé à la Cie. du Génie 210-1 puis 210-2, 1ère et 3ème Divisions de Forteresse. Fait prisonnier le 21 juin 1940, j'ai été emmené au Camp de SARREBOURG d'où je me suis évadé le 25 août 1940 de la façon suivante : je me suis fait admettre à l'hôpital militaire grâce à des pilules qui donnent la fièvre que m'avait apportées ma femme. Ces pilules lui avaient été données par mon frère qui dirigeait l'hôpital de prisonniers de TROYES. Ma femme m'a fait parvenir des bleus de mécaniciens et je me suis évadé le soir, vers 10h. Elle est allée voir si le chemin était libre mais il y avait une sentinelle. Elle a bavardé un peu avec elle et lui a donné rendez-vous pour le lendemain soir. Pendant ce temps j'ai réussi à passer et ma femme à dit à l'Allemand :"Faites attention, mon ami avec qui j'ai rendez-vous est là-bas, sur la route. J'ai retrouvé ma femme et nous sommes allés à l'hôtel.

3. Nous avons pris le train d'EPINAL. Au passage de la fontière il y avait contrôle. Ma femme ne risquait pas d'être inquiétée car, à ce moment-là, il recherchait les hommes. Je me suis mis sous le wagon pendant qu'on était en gare, puis je suis remonté et nous sommes arrivés à PARIS fin août 1940.

4. Je suis resté à PARIS jusqu'en octobre. Le 3 octobre j'ai passé la ligne de démarcation, près de MACON, avec ma femme et je suis allé à LYON. Là, j'ai ouvert un bureau 8 rue du Commandant Dubois, pour le compte du Cabinet d'Ingénieurs-conseil BEAU de LAMENIE et ARMENGAUD, 35 rue de Petrograd, PARIS. Ce bureau dura jusqu'en avril 1941, époque à laquelle on a été obligé de fermer par suite de l'interruption des relations internationales. A partir de cette époque j'ai travaillé à l'Entreprise Paul CHEMIN, 72 rue Etienne Richeron à PARIS où je m'occupais entièrement des travaux de construction des pistes de l'aérodrome de BRON. En juillet 1942, à la fin de ces travaux, j'ai quitté l'entreprise pour vivre dans l'illégalité.

5. J'ai commencé à faire de la Résistance dans les conditions suivantes: CAVAILLES qui connaissait depuis très longtemps ma femme (il était professeur à la Sorbonne) avait commencé à faire un travail de Résistance avec d'ASTIER et ce dernier, cherchant à organiser une diffusion de tracts, avait embrigadé ma femme que j'ai suivie deux semaines après (c'était en janvier 1941, je crois).

CAVAILHÉS

System

6. Notre activité a consisté, d'abord, à distribuer des tracts et à coller des affiches, puis à organiser la diffusion d'un journal. Au début nous avons eu de nombreuses difficultés matérielles; le manque de moyen a rendu très intermittente l'activité de tous les gens qui s'occupait de Résistance et l'année 1941 a été consacrée essentiellement à organiser à travers toute la France le réseau de diffusion du journal "LIBERATION". J'ai ensuite commencé à voyager, à aller trouver quelques amis en leur demandant de collaborer avec nous. C'est à ce moment-là que sont arrivés les premiers agents venant d'ici. Importants pour l'augmentation de l'activité de Résistance est l'arrivée de ANDRE, suivie à quelques mois d'intervalle par celle de REX.

7. En 1942, au moment de l'organisation un peu systématique de "LIBERATION", je continue à m'occuper de la diffusion d'ensemble et, d'une façon plus particulière, de la Région de LYON dont je deviens chef et membre du Comité Directeur. En juin le Comité directeur de "LIBERATION" me charge d'organiser, dans l'ensemble de la zone sud, un groupe para-militaire. En octobre le choix des organisations para-militaires est décidé et le principe du commandement du Général de LESTRAIN admis. Je m'occupe alors avec un camarade des organisations para-militaires. En novembre 1942 l'occasion nous est donnée de prendre contact avec certains éléments de l'Etat-Major de l'Armée. Je suis chargé des pourparlers par de LESTRAIN, REX et d'ASTIER. Ces pourparlers donnent des résultats fragmentaires.

Q.- Qui avait fait les avances ? Vous ou eux ?

A.- C'est nous qui avions demandé quelque chose...

Q.- A quel échelon le contact s'est-il fait ?

A.- Nous avons vu le Général qui était à la tête. C'était le Général REVERS, ancien chef d'état-major de l'Amiral DARLAN. Le Général REVERS m'a reçu une première fois quelques jours avant l'assassinat de l'Amiral DARLAN. Comme je lui soulignais la gravité de la situation dans laquelle se trouvaient certains services de l'Armée Française à la suite des ordres du Gouvernement de livrer aux autorités de gendarmerie et aux autorités de police allemande les dépôts d'armes constitués après l'armistice par l'Etat-Major de l'Armée , et comme je lui demandais de bien vouloir autoriser les membres de l'organisation à recueillir ces armes et à les cacher, le Général REVERS me répondit qu'il était naturellement entièrement acquis à notre cause, qu'il aurait été disposé à user de toute son influence pour que ce transfert d'armes eut lieu d'une façon rapide si ses anciens liens de subordination et de collaboration avec l'Amiral DARLAN ne le mettaient dans l'obligation formelle d'attendre que celui-ci, récemment arrivé en Afrique du Nord dans les conditions connues, ne fit connaître sa volonté sur la question. Trois jours après, apprenant l'exécution de l'Amiral DARLAN, je me rendis immédiatement chez le Général REVERS et je lui dis que, maintenant les conditions de la décision qu'il pouvait prendre étaient entièrement modifiées, que nous étions toujours disposé à le faire partir en Angleterre (comme il en avait exprimé le désir lors de notre premier entretien) et que nous avions toujours l'intention de prendre en charge les dépôts d'armes qui devaient être livrés aux Allemands. Le Général REVERS déclara que les derniers événements n'avaient en rien changé sa position, qu'il était naturellement tout à fait d'accord pour ne pas livrer les armes aux Allemands mais qu'il pensait qu'il était inutile de hâter les choses (car, les Allemands devaient saisir les armes dans les 4 jours, je crois) qu'il allait examiner la possibilité de réaliser ce transfert d'armes avec les services intéressés et qu'il nous ferait savoir ses décisions quant à son départ en Angleterre. Il lui paraissait impossible d'abandonner en France sa femme et sa fille.

A.- Avez-vous connu d'autres membres de l'Etat-Major de l'Armée ?

A.- J'ai vu le Général FRERE environ 10 fois. Il m'inspire du respect, c'est un type bien. Je tiens à souligner l'accusation formelle qu'il a faite contre le Général PICQUENDAR dans l'affaire de livraison d'armes et la responsabilité du Général DELMOTTE paraît très lourde aussi.

G.- Avez-vous connu ZELLER et PFISTER ?

A.- Non, mais il y avait un type qu'on essayait d'atteindre, c'est le Colonel MOLLARD.

8. Pendant que ces pourparlers étaient engagés sur le plan national, nous essayions d'obtenir directement des services compétents de chacune des divisions militaires des livraisons de matériel, matériel qu'on leur avait donné l'ordre de livrer aux Allemands. Je sais que cette livraison à notre organisation a été faite dans plusieurs divisions. A LYON, cinq jours avant le délai fixé par les autorités allemandes, le principe a été admis de nous livrer la totalité des dépôts. J'ai été chargé par notre organisation d'en organiser l'exécution qui n'a pu être que partielle en raison des circonstances suivantes: 5 jours avant l'échéance fixée et sans avoir été prévenu au préalable, j'ai été mis en contact avec chacun des responsables départementaux des stocks d'armes pour la 14ème région. Le problème à résoudre consistait à mettre en rapport dans la clandestinité chacune de ces personnes avec des responsables de notre organisation à assurer la manutention, le transport et le dépôt de près de 300 tonnes de matériel et tout celà en présence des Allemands dont l'attention était attirée car ils avaient arrêté dans plusieurs régions de France des camions chargés d'armes dans les journées précédentes. Nous avons transporté environ 140 tonnes d'armes pour l'ensemble de la région. Je tiens à signaler d'une façon très particulière l'attitude du Colonel d'Artillerie/Commandant le Parc Militaire de GRENOBLE : alors que le principe général du transport des armes avait été admis pour sa région, je suis allé rendre visite au Colonel. Il était installé au milieu du parc d'Artillerie déjà occupé par les troupes italiennes. De son bureau il voyait défiler constamment sous ses yeux des camions chargés d'armes françaises dont les Italiens prenaient possession. Il a refusé formellement, en l'absence disait-il d'ordres émanant d'une autorité compétente, de tenter quoique ce fut pour soustraire à l'ennemi une partie du matériel dont il avait été nommé dépositaire!

G.- Connaissez-vous GASTON ?

A.- Il est très bien, il a un courage formidable!

G.- Pouvez-vous définir le rôle de DIDOT dans l'affaire de CALLUIRE ?

A.- Je ne l'ai jamais vu dans cette affaire... Voilà ce que je sais : J'avais rendez-vous avec MAX à 14h. J'y suis allé et MAX m'a présenté SOPHIE. De là MAX m'a emmené au rendez-vous après un arrêt d'une demi-heure à la Croix-Picard. Nous avons pris le tram 33 et c'est alors que MAX m'a dit : nous allons chez le Dr. DUGOUJON. Je me suis trouvé chez ce dernier avec SCHWARTZENFELD et MAX dans la salle d'attente. Il y avait là 5/6 femmes, des clientes, apparemment. Un quart d'heure après 12 types de la Gestapo sont venus et se sont mis chacun à une porte, mitraillette à la main. J'ai entendu 3/4 coups de feu. J'ai quitté la maison sans être porté, une heure plus tard, et je n'ai pas vu DIDOT. La femme de ménage qui était montée en auto avec DIDOT a dit que ce dernier avait bousculé l'allemand et s'était sauvé. Arrêté par la police française et envoyé à l'Hôpital de l'Antiquaille il y a été cherché deux fois par la Police allemande. La première fois il est revenu au bout de quelques heures et la deuxième fois il a été transporté à l'hôpital allemand de la Croix Rousse. Quelques jours après il a été vu par un des nôtres, en liberté. Il a déclaré avoir été à l'hôpital de la Croix Rousse enfermé dans une pièce, seul, au rez-de-chaussée, avoir pu ouvrir une fenêtre de cette pièce qui était fermée par un cadenas qu'il a forcé avec une épingle et s'être échappé.

JEROME a dit qu'il avait trouvé, le samedi, dans sa boîte, une lettre annonçant que DIDOT avait été arrêté par les Allemands et qu'il avait pu s'échapper au prix d'une blessure au bras.

G.- Comment avez-vous quitté la maison du Dr. du GOUJON ? Vous étiez en voiture avec qui ?

A.- Il y avait deux voitures dans lesquelles sont montés: THOMAS, les deux Colonels SCHWARTZFELD et LACAZE, REX, XAVIER, LE BOULANGER, du GOUJON et LASSAGNE ainsi que moi-même.

G.- Vous vous êtes retrouvés tous à l'Ecole de Santé ?

A.- Oui. Nous avons été emmenés directement à la cave. THOMAS a été interrogé et battu tout de suite. Comme nous étions ensemble j'ai pu aider REX à se débarrasser de ses papiers et il m'a aidé à me débarrasser des miens (il avait la photo d'un type de la Gestapo et j'avais quelques adresses).

Le soir j'ai été interrogé 5 minutes. On a ouvert une porte dans laquelle on m'a fait passer la tête et j'ai pu apercevoir THOMAS assis en face d'un Allemand. Ils ont dû lui demander s'il me connaissait et il a dit non. On m'a mis dans une autre porte et on a demandé à un type de la Gestapo qui m'avait interrogé quand j'avais été entre les mains des Français s'il me connaissait, il a répondu affirmativement mais j'ai dit :"non, je n'ai rien affaire avec tout celà! J'étais chez le médecin pour une consultation" J'ai été ramené en bas et laissé 8 jours sans être interrogé.

THOMAS qui était mon voisin de cellule a été très battu. Je l'ai vu au lavabo et il m'a dit :" Je ne leur ai pas dit que tu étais AUBRAC" seulement, par ailleurs, il a dit tout ce qu'il savait sur AUBRAC. Or, j'ai été obligé de reconnaître que j'étais AUBRAC quand ils m'ont identifié comme VALET puisqu'ils savaient que VALET et AUBRAC ne faisaient qu'une seule et même personne!

Opinion de la Section C.E.

L'activité de Monsieur AUBRAC, sa valeur et son courage sont trop connus pour qu'il soit besoin d'émettre une opinion nouvelle.

Visa N° 1 du C.E. en date du 19 février 1944.

Destinataires:-
Section de Commandement
Archives C.E. (3 ex.)

DIRECTION
de la
SECURITE MILITAIRE

COPIE

D.S.M./E/2

Affaire: HARDY
alias DIDOT,
alias BARDOT.

Ex. n°3

ALGER, le 3 Juin 1944

4/A.
6 feuillets.

10

DEPOSITION de
M. AUBRAC Raymond,
Membre de la Résistance,

Devant nous, Capitaine LAMBERT, (DIRECTION TECHNIQUE DES SERVICES SPECIAUX) à Alger, se présente M. AUBRAC Raymond(pseudo âgé de 29 ans, Ingénieur, domicilié à Alger, qui nous fait les déclarations suivantes:

« Je ne tiens pas, ma famille étant arrêtée en France pa la Gestapo , à vous révéler ma véritable identité par mesure de sécurité. »

J'ai fait successivement les études suivantes: Ingénieur civil des Ponts et Chaussées, M.S. de l'Université de Harvard et licencié en Droit.

Lors de la déclaration de guerre en Septembre 1939, j'ai été affecté comme Sous-Lieutenant au Génie de Strasbourg. J'ai fait toute la guerre dans la défensive de forteresses du Bas Rhin, à la 133° Division, (Cie du Génie)- J'ai été fait prisonni le 21 Juin 1940 et me suis évadé du camp le 25 août de la même année. J'ai été démobilisé le 7 octobre 1940 .

J'ai vécu quelques semaines à Paris puis à Lyon comme ingénieur Conseil et ensuite comme Ingénieur d'une Entreprises de Travaux Publics dans cette ville.

Mon activité dans la Résistance commence en Janvier 1941 dans le mouvement "LIBERATION", Je suis entré dans ce mouvement par l'intermédiaire de M. Emmanuel d'ASTIER, Commissaire à l'Intérieur à Alger, que je connaissais par l'intermédiaire d'ami communs.

A ce moment-là, pendant les premiers mois, je me suis occupé tout d'abord de la diffusion de journaux clandestins et de tracts- et ce n'est qu'au moment dù l'organisation prit corp que je suis devenu chef de région de Lyon et ensuite Membre du Comité Directeur du Mouvement "LIBERATION".

En Juillet 1942, le Comité Directeur a décidé de créer u organisation para-militaire dont j'ai été chargé. J'ai consacré la deuxième ptie de l'année 1942 à organiser et à diriger le mouvement para-militaire de LIBERATION.

../..

Lorsque le Général VIDAL a été désigné par le Général de GAULLE pour prendre la tête de l'armée Secrète j'ai été chargé par ce mouvement de résistance de réaliser avec les autres mouvements voisins et en particulier avec "COMBAT" la fusion de "l'Armée Secrète" pour la mettre sous les ordres du Général VIDAL.

A ce titre, j'ai été en particulier chargé par le Généra VIDAL de poursuivre des pourparlers avec certains éléments de l'Etat-Major de l'Armée d'armistice pour obtenir que les armes qui avaient été mises en dépôt dans l'armée française soient livrées à des organisations, et non pas remises aux allemands ou au gouvernement de Vichy.

J'ai été arrêté le 15 mars 1943 à Lyon, 7 rue de l'hôtel de ville avec une quinzaine d'autres camarades. J'ai pu être mi en liberté provisoire par suite de démarches faites par ma femme.

Le 25 mai 1943 j'ai participé à l'évasion, de l'hôpital de l'Antiquaille à Lyon, de camarades arrêtés en même temps que moi le 15 mars 1943.

Au début de Juin, j'ai refusé de quitter la France pour aller à Londres rejoindre M. Emmanuel d'ASTIER.

A la suite de l'arrestation du Général VIDAL, REX d'acco avec le "Comité Directeur des Mouvements Unis" m'a demandé d'assurer l'intérim du chef de "l'Armée Secrète" pour la zone-nord, en attendant qu'un remplaçant fut désigné par le Général de GAULLE ou par le général VIDAL.

Avant de rejoindre Paris, et d'accord avec REX, nous avo décidé d'avoir une réunion d'état-major de la zone-sud de façon à organiser les liaisons entre les états-majors de l'"Arm Secrète" des deux zones. Cette réunion fut fixée au 21 Juin 1943 à Lyon.

Le 21 Juin à 14 heures, sans connaitre le lieu de réunio j'avais rendez-vous avec REX, que j'ai rencontré Place Carnot, avec SEROL alias SOPHIE, et REX m'a amené au lieu du rendez-vo où nous sommes arrivés vers 15 heures, avec le Colonel SCHWARTZENFELDT (Chef de l'Organisation "FRANCE D'ABORD"), èhe le Docteur DUGOUJON où devait se tenir la réunion.

Le Colonel, REX et moi sommes entrés dans la salle d'attente du docteur où se trouvaient 4 ou 5 clientes et un client et nous avons compris que deux des camarades qui étaient déjà arrivés pour participer à la réunion, étaient à ce moment là réunis dans une salle du 1er étage.

Après un certain temps d'attente, la porte et les portes fenêtres de la salle où nous nous trouvions s'ouvrirent et, à chaque ouverture, apparut un homme de la Gestapo, mitraillet à la main. Nous nous sommes immédiatement rendu compte que l'opération était menée par une dizaine d'hommes, tous armés d mitraillette, et toute tentative de fuite nous apparut d'autan plus impossible que l'on nous mit les menottes quelques minute

./.

après l'arrivée de la police allemande.

Pour en terminer avec mon histoire personnelle, j'ai été amené dans les locaux de la police allemande, maison de santé, Avenue Berthelot à Lyon. Très rapidement interrogé, j'ai été mis dans une cellule de la prison Montluc d'où j'ai été retiré au bout d'une semaine pour être mené chaque jour et pendant une semaine, Rue Berthelot, pour interrogatoire. J'ai été frappé et j'ai eu l'occasion de m'évanouir une vingtaine de fois

Après une autre semaine d'isolement en cellule, j'ai été de nouveau appelé aux interrogatoires et on a rédigé une déposition de quelques pages consacrées essentiellement à mon identité. Après quoi j'ai été remis en prison d'où j'ai été tiré le 21 Octobre 1943, par une évasion préparée et dirigée par ma femme, et réalisée par des camarades des "Groupes Francs

Je me suis alors réfugié dans le maquis, des départements du Rhône, de la Saône et Loire, du Jura - et j'ai quitté la France le 2 février 1944, avec ma femme et mon petit bébé de 2 ans1/2 pour rejoindre Londres.

.
. .

Au cours de ma 1ère comparution la police française a admis que mon identité était celle de François VALLET, pour laquelle j'avais des pièces satisfaisantes. Au moment de mon arrestation par les allemands, je portais une identité au nom de Claude ERMELIN, qui a été rapidement reconnue pour fausse. D'autre part, un officier de la police allemande qui m'avait interrogé au cours de la 1ère arrestation m'a reconnu, et les allemands ont admis pour véritable identité celle de François VALLET.

C'êst ainsi que je suis resté tout le temps sous le nom de François VALLET.

.
. .

En ce qui concerne HARDY, objet principal de ma déposition je l'ai rencontré pour la première fois à une réunion d'Etat-Major, auprès du Général VIDAL. Ceci me parait être en Novembre ou Décembre 1942. HARDY y assistait en tant que responsable d'une organisation de la S.N.C.F.

HARDY m'est apparu comme un homme intelligent, efficace, et ayant obtenu des résultats au point de vue de la résistance.

Ces réunions d'Etat-Major se tenaient chez André LASSAGNE Professeur d'Italien du Lycée du Parc, 302 Cours Lafayette à Lyon.

../..

Je n'eux aucune espèce de soupçons à l'égard de HARDY jusqu'au moment de notre arrestation, le 21 Juin 1943. Toutefois la veille ou l'avant-veille de cette réunion, j'ai appris que HARDY avait été arrêté ou avait échappé de justesse à une arrestation par la Gestapo, au cours d'un voyage entre Lyon et Paris.

Je n'ai jamais pu obtenir aucune précision, mais je sais que HARDY a eu un contact ~~xxxx~~ avec la police allemande et que ceci se passait environ une semaine avant ma propre arrestation, à la date et à l'adresse que je vous ai indiquées ci-dessus.

Les raisons pour lesquelles mes soupçons se sont portés sur HARDY sont les suivantes:

1°- La femme de ménage du docteur DUGOUJON, avec laquelle j'ai pu échanger quelques mots à la prison Montluc où elle a été détenue pendant environ 2 mois, m'a raconté que le 21 Juin 1943, au moment de l'arrestation, elle a été mise dans une voiture avec un garçon répondant au signalement de HARDY, qui n'avait pas les menottes, qui s'est échappé en bousculant un soldat allemand, n'a pas été poursuivi et a essuyé seulement quelques coups de pistolet.- Cette déclaration se trouva conforme avec le fait que, de la salle d'attente où nous nous trouvions menottes aux mains, nous avons entendu quelques coups de feu isolés. Toutefois, étant donné que les allemands ne se sont pas servis d'armes automatiques pour tirer sur lui, qu'il est monté dans la voiture sans menottes alors que nous les avions tous aux mains, qu'il n'a pas été poursuivi par les allemands lors de sa tentative d'évasion, tout ceci me parait difficilement croyable.

2°- Le Commissaire PITIAUD, - qui a procédé à l'arrestation de HARDY quelques heures après, chez une amie de HARDY dont un proche parent était arrêté pour marché noir au trafic non politique, par la police de Vichy, qui a ce moment-là misait sur quelques tableaux mais qui a rendu quelques services à la résistance,- a déclaré à ma femme, qu'à la suite de l'interrogatoire auquel il avait procédé, HARDY était apparu comme l'indicateur des arrestations du 21 Juin 1943. Je dois dire que malgré les services que nous a rendus le Commissaire PITIAUD et en raison de la façon dont il s'est conduit avec beaucoup de nos camarades, son témoignage doit être sujet à caution.

Le 28 Juin ayant pu par un hasard, échanger avec ma femme quelques paroles au moment d'être conduit à l'interrogatoire, ma femme m'a demandé si j'étais d'accord pour qu'on exécute HARDY. Malgré la certitude dans laquelle elle semblait être de sa culpabilité et en raison de l'impression générale que j'avais sur le compte de HARDY je lui ai demandé de ne pas procéder à cette exécution.

3°- HARDY ayant été arrêté par la police française, et blessé d'une balle au bras, a été conduit à l'hôpital de l'Antiquaille, au service des détenus. Il se trouva qu'à ce moment, au service des détenus, était soigné un homme qui,

../..

quelques semaines après, relaché par les Français, a été arrêté par la Gestapo, et enfermé à Montluc, dans ma cellule. Cet homme qui déclare s'appeler CORDIN et qui était contrôleur du Ravitaillement m'a fait part du comportement curieux de HARDY lors de son séjour à l'hôpital de l'Antiquaille. HARDY refusait toute nourriture en déclarant qu'il était certainement condamné à mort par la police allemande. Il était gardé par plusieurs policiers français en permanence installés au pied de son lit. Il était très méfiant à l'égard de tout colis pouvant provenir de l'extérieur. La police allemande est venue le réclamer pour un interrogatoire. Le Directeur de l'Antiquaille a tenté de s'opposer à ce qu'il soit amené. Il a été pris toutefois, mais ramené quelques heures après. Le lendemain de son interrogatoire, la police allemande est revenue le chercher, a dit au Directeur de l'hôpital qu'il serait soigné par les soins des services de santé de la police allemande, l'a amené avec elle et HARDY n'a pas réapparu à l'hôpital de l'Antiquaille.

4°- HARDY a inquiété beaucoup les gens qui l'ont vu à l'hôpital de l'Antiquaille. La thèse que HARDY a fait répandre à l'hôpital où il avait été conduit par la police allemande est difficilement croyable. En effet, HARDY prétend avoir été laissé sans gardien dans une salle située au rez-de-chaussée de l'hôpital de la Croix-Rousse, d'où il aurait pu s'évader en forçant le cadenas qui fermait la fenêtre et en sortant de l'hôpital sans être inquiété. Cette thèse, comme l'histoire de sa première évasion est incompatible avec le soin que la police allemande mettait à garder toutes les autres personnes arrêtées au cours de l'affaire du 21 juin, et même la femme de ménage du docteur DUGOUJON dont elle connaissait parfaitement l'innocence.

5°- Au cours des interrogatoires que m'a fait subir la police allemande ma suspicion a été éveillée sur le cas de HARDY, en particulier parce que les allemands m'ont cité un détail de distribution du budget de son service. Il me parait difficile de croire que les allemands aient pu obtenir ce renseignements sur quelqu'un d'autre que lui-même. En fait, en vue de me convaincre de l'inefficacité de l' Etat-Major de l'Armée Secrète d'une part, des divisions qu'il pouvait rallier au sein des dirigeants de l'Armée de la résistance d'autre part, le Capitaine BARBIR, de la Gestapo, m'a déclaré que les services de HARDY, alias DIDOT, alias BARDOT, étaient tellement efficaces que le Général VIDAL, d'une part et Henri FRENAY d'autre part, réclamaient tous dans le pourcentage de ses services, et que HARDY avait pu obtenir de l'un comme de l'autre, les 250.000 Frs (?) nécessaires mensuellement au fonctionnement de son service- A cet égard, il est important de signaler que si les allégations de la police allemande sont exactes (et dans ce cas particulier on ne voit pas pourquoi elles ne le seraient pas), HARDY réclamait son budget d'une part du Général VIDAL, et d'autre part de Henry FRENAY, qu'ils devaient l'un et l'autre lui donner avec une certaine bonne foi, pensant qu'il était le seul à le payer.

../..

6°- le responsable national Maquis, JEROME, actuellement à Londres, m'a annoncé au mois de Novembre 1945, alors que nous attendions ensemble un départ pour l'Angleterre, qu'il a reçu 48 heures avant l'arrestation du 21 Juin 1943, dans sa boîte aux lettres, une note indiquant que DIDOT, avait été arrêté par la Gestapo et qu'il avait pu s'échapper au prix d'une blessure au bras.

7°- Par des amis communs d'André LASSAGNE et de moi-même j'ai appris que le soir même de l'arrestation, le 21 Juin, au cours de laquelle LASSAGNE a été arrêté, on a trouvé dans sa boîte aux lettres une note qui enjoignant de ne pas assister à la réunion de Calluire (quartier de Lyon) dont le allemands connaissaient le projet. L'existence de cette note est restée pour moi un mystère, jusqu'au jour où j'ai été interrogé à Londres par les services français. En effet, j'ai appris à ce moment-là qu'une indicatrice du service de renseignement, qui était en liaison avec la police allemande, avait appris qu'un coup de filet se préparait, visant l'Etat-Major de l'armée secrète. Elle a pu donner un signalement d'ensemble de l'indicateur à la solde de la police allemande et ce signalement correspond à celui de HARDY.

En outre il me semble me souvenir que cette personne savait qu'il s'agissait d'un nommé DIDOT.

Désireuse d'éviter que ce coup de filet ne produise un résultat désastreux pour notre organisation, elle en avait averti un membre avec lequel elle était en rapport, n'ayant pas de rapport direct avec notre état-major, mais sachant que André LASSAGNE en faisait probablement partie, se contenta de glisser cette note dans sa boite aux lettres.

.
. .

Je crois que LASSAGNE avait communiqué le rendez-vous directement à DIDOT, (ce renseignement sous toutes réserves)

[illegible] [illegible]

[illegible]

de Justice [illegible]

PROCÈS-VERBAL D'INFORMATION. (Article 52 du Code de justice militaire.)

RÉPUBLIQUE FRANÇAISE

N° 2954 B de la Nomenclature générale. (Ancien N° 954 bis.)

FORMULE N° 14 bis. FEUILLE DOUBLE.

10

TRIBUNAL MILITAIRE PERMANENT

de PARIS

séant à Paris, 56, Boulevard Raspail

L'an mil neuf cent Quarante Huit le Vingt et Un Avril

à 9 heures

Devant nous, GONNOT, Commandant de Justice Militaire Juge d'instruction militaire près le Tribunal militaire de Paris assisté de DURIEUX, Adjudant Commis-Greffier, greffier dudit Tribunal militaire, en notre cabinet, sis à Paris, 56, Boulevard Raspail est comparu, en vertu de notre cédule du 12 Avril 1948 le témoin ci-après nommé, lequel, hors de la présence du prévenu et des autres témoins, après avoir représenté la citation à lui donnée, avoir prêté serment de dire toute la vérité, rien que la vérité, et, interrogé par nous sur ses nom, prénoms, âge, état, profession et demeure, s'il est domestique, parent ou allié des parties, à quel degré,

A répondu se nommer AUBRAC Raymond, Samuel, 33 Ans, marié, 3 enfants, inspecteur Général du Ministère de la Reconstruction et de l'Urbanisme, domicilié à Soisy-sous-Montmorency, 190, Rue de Paris, Seine-et-Oise, a déclaré n'être ni domestique, ni parent, ni alliés des parties, Serment Prêté.-

S.I.:- J'ai connu HARDY sous le pseudo de "DIDOT", dans la clandestinité. Je l'ai rencontré notamment au 302, Cours Lafayette à LYON, chez LASSAGNE, au cours de réunions de l'Etat-Major de l'A.S..

J'étais organisateur du mouvement paramilitaire de Libération Sud. J'ai fait partie ensuite de l'Etat-Major du Général "VIDAL" sans y avoir reçu en Mars 1943, au moment ou j'ai été arrêté par la police Française, de fonctions définies. A ma sortie de la Prison Saint-Paul, étant en liberté provisoire, j'avais vu le Général VIDAL dans les environs de LYON, et nous avions parlé de son voyage à LONDRES et des perspectives de l'Organisation de L'A.S..

S.I.:- Je n'ai pas le souvenir d'avoir rencontré le Général "VIDAL" ou CASTALDO, alias "GALIBIER" à LYON, fin Mai ou début Juin 1943.

S.I.:- J'ai vu FRENAY peu de temps après ma mise en liberté provisoire que je situe vers le 14 ou 15 Mai 1943.

S.I.:- Je n'étais pas au courant d'un rendez-vous "DIDOT-VIDAL" à PARIS, le 9 Juin 1943.

DEMANDE:-Veuillez indiquer qui a eu l'initiative de la réunion du 21 Juin 1943, les conditions dans lesquelles vous l'avez apprise, Quel sont les personnes qui devaient y assister-?

..../......

(a) Formation à laquelle est attaché le Tribunal militaire.

FORMULE N° 14 bis. — Feuille double.

70 038-J. 32003-41.

...../.....

REPONSE :-J'ai rencontré Jean MOULIN, que je connaissais à cette époque sous le nom de "MAX" et de "REX", le 20 Juin 1943, au parc de la tête d'Or, à LYON, rendez-vous pris par l'intermédiaire de Pascal COPEAU. Au cours de cet entretien, nous avons examiné la situation créée par l'arrestation du Général "VIDAL", et les tâches les plus urgentes à remplir à la suite de cette arrestation (l'arrestation m'avait été annoncée quelques jours auparavant par Pascal COPEAU.). Il était responsable au Directoire des M.U.R..

Au cours de cet entretien, le 20 Juin 1943;, "MAX" m'avait laissé entendre que je pourrais être appelé à m'occuper activement des affaires de l'A.S., pendant quelque temps; et m'avait demandé d'abandonner momentanément un projet de voyage à LONDRES. C'est "MAX" qui m'a convoqué pour le lendemain à 14 Heures, Place Carnot, afin de me conduire à une réunion au cours de laquelle, devaient être réglés les problèmes de liaisons entre le Commandement de l'A.S. et la Zone Sud.

Au préalable, le samedi 19 Juin 1943, LASSAGNE, AUBRY et moi-même, nous nous réunissions, 7 Rue de Turbie, au domicile de M. LONJARET. Il ne fut question à ce moment que du principe d'une réunion sans précision du lieu ou elle se déroulerait. Il estpossible que la date de la réunion ait été fixée à ce moment. Ce n'est que dans le Tram N° 33, le 21 Juin 1943, vers 15 Heures que "MAX" m'apprît que la réunion avait lieu chez le Docteur DUGOUJON, un de mes amis.

C'est à 14 Heures que j'ai rencontré "MAX", Place Carnot, le 21 Juin 1943; il était accompagné par "Sophie" (BOUCHINET-SERREULES), adjoint de "MAX" à la délégation, (qui fut d'ailleurs chargé d'assurer l'intérim de "MAX" aprés son arrestation. Je pris rendez-vous avec "SOPHIE" pour 18 Heures, ce jour, car je devais aprés cette réunion me rendre à PARIS, immédiatement et avec "SOPHIE", reprendre les liaisons du Général "VIDAL" avec les organisations paramilitaires de la Zône Nord, en assurant l'intérim du Général "VIDAL" jusqu'à la désignation de son successeur.

MAX et moi, nous prîmes le tram pour nous rendre à la Ficelle Croix-Paquet, nous primes le funiculaire. "MAX" avait convoqué le Colonel SCHWARTZFELD au funiculaire. J'ignore les raisons de cette convocation. Cet officier supérieur avait organisé un groupe de résistance et j'avais eu l'occasion de prendre conctact avec lui. Nous avons attendu le Colonel SCHWARTZFELD, pendant au moins une demie-heure, et a son arrivée nous avons pris le Tram 33, pour nous rendre au lieu de la réunion. Nous fûmes reçu par la femme de ménage qui nous fit entrer dans la salle d'attente du Docteur DUGOUJON ou se trouvaient d'autres clientes. Nous attendimes 5 à 10 Minutes environ et aprés un trés rapide brouhaha dans la maison, la porte et la porte fenêtre de la salle d'attente se sont ouvertes et sont apparus deux agents allemands en civil, mitraillette au poing prononçant :"Haut les mains, face au mûr". Toute résistance était impossible. Quelques instants aprés tous les hommes présents, c'est-à-dire SCHWARTZFELD et moi-même et "MAX" avaient les menottes derrière le dos. Un moment aprés le Docteur DUGOUJON est venu nous rejoindre. Nous nous sommes tout de suite présentés comme des malades et le Docteur DUGOUJON a confirmé nos dires. J'avais dit en apparté au Docteur DUGOUJON que mon nom était HERMELIN. Il est certain que "MAX" et SCHARWTFELD en ont fait autant, car en ce qui concerne "MAX", il a été interrogé par la suite sous le nom de MARTEL Jean.

Pendant ce séjour dans la salle d'attente, alors que nous avions les menottes aux mains et que nous étions gardés par des hommes manifestement prêts à utiliser leurs mitraillettes, nous avons entendu quelques bruits de l'interrogatoire du Docteur DUGOUJON et quelques coups de feu isolés.

C'est parce que nous avions tous les menottes au dos et c'est parce que les coups de feu étaient isolés, j'en garde le souvenir trés précis, que j'ai pensé depuis le premier jour qu'il était

....../......

---/---

impossible qu'un homme ait pu s'évader au moment de cette arrestatio sans avoir la complicité des allemands.

S.I.:- Je considère et ai toujours considéré qu'il est absolument impossible, si même on veut admettre qu'un homme ait pu s'évader au m ment des arrestations de CALLUIRE, de croire que cet homme, repris par les allemands n'a pas été plus qu'à moitié tué par eux, mais au contr re, aurait pu être placé dans des conditions telles qu'il s'évade de nouveau sans difficultés sérieuses. Une telle succession de circons tances est en contradiction complète avec la manière dont les allema traitaient leurs prisonniers en général, et ceux de CALLUIRE en particulier.

Dans l'esprit et dans l'expérience de la clandestinité, ces seuls faits suffisent à établir la culpabilité de HARDY.

S.I.:- Il ne m'est pas possible de vous indiquer les personnes avec lesquelles j'ai été transféré de CALLUIRE à l'Ecole de Santé de LYON ou nous avons été mis dans une cave. Nous avons pu échanger quelques mots entre nous.

S.I.:- Il est exact que je fus conduit ensuite au I° Etage pour un interrogatoire.

S.I.:- Rien ne me permet de penser que les allemands aient connu l'identité de "MAX" avant mon I° Interrogatoire que je situe le 28 Juin 1943, à l'Ecole de Santé à LYON, car je n'ai pas été transféré à FRESNES. Pendant la semaine du 28 Juin 1943 au 4 Juillet 1943, j'ai été interrogé tous les jours. Au cours de ces interrogatoires, xxxxxxx xxxxxxx j'ai pu constater que les allemands connaissaient en ce qu me concerne personnellement, non pas ma véritable identité mais, d'une part, l'identité d'ERMELIN et de VALLET, noms sous lesquels j'avais été arrêté et mis en liberté par la police francaise et d'autre part le fait que j'étais AUBRAC et ce qu'était en gros mon activité.

J'ai été interrogé notamment sur FRENAY et d'ASTIER. J'ai eu nettement l'impression que les allemands cherchaient à les "accrocher". C'est pendant cette dite semaine seulement que j'ai appris que les allemands connaissaient l'identité de Jean MOULIN.

Je n'ai aperçu qu'une fois MAX à son xxxxxx xxxxx départ pour un interrogatoire que je situe le 23 ou 24 Juin 1943. Il était alors, semble-t-il, dans un état physique très amoindri et soutenu par 2 Hommes.

Au cours des interrogatoires que je subis, les allemands cherchèrent à connaitre les adresses et les noms de mes collaborateurs et des échelons décentralisés de l'A.S.. Ils utilisaient largement les déclarations de AUBRY aprés qu'il fut sérieusement maltraité. Les allemands ayant découvert que j'avais été arrêté quelques mois auparavant par la police Française, je me suis retranché derrière cette non-activité officielle, pour refuser de répondre a leurs questions.

S.I.:- A mon arrivée à LONDRES en Février 1944, dans les interrogatoires que j'ai subis de la part des services anglais et francais, co cernant notamment l'arrestation de CALLUIRE, j'ai fait connaître les faits relatés ci-dessus. J'ai tenu à les porter également à la connai sance des services de la Sécurité Militaire à ALGER. Je me suis refu sé à plusieurs reprises à faire partie d'un Jury ou d'un Tribunal d'Honneur, dans les conditions que j'ai déjà indiquées.

S.I.:- Je confirme les déclarations que j'ai faites concernant les deux budgets perçus par HARDY, provenant d'une part de l'Organisation Centrale de l'A.S. et d'autre part du Mouvement "COMBAT".

Mon impression était que devant les précisions fournies par les allemands, ils ne pouvaient tenir ces informations que de HARDY lui-même.

S.I.:- J'avais formulé au cours d'un long interrogatoire devant la Sécurité Militaire, les raisons qui établissaient ma conviction de l culpabilité de HARDY; Je les maintiens.

S.I.: - Le Commissaire PITIOT aurait été déporté par la suite et ser mort en déportation. ~~xxxxxxxxxxxxxxxx x xxxxxxxxxxxxx xxxxxxxxxxxx~~

....../......

---/---

S.I.:- C'est par l'intermédiaire d'un nommé CORDIN, habitant, 38, Rue AMELIN, à PONT-l'EVEQUE (Calvados), qui fut détenu dans la même salle que HARDY à l'Antiquaille et devint mon compagnon de cellule à Montluc, que j'ai connu le comportement de HARDY lors de son séjour à l'Antiquaille.

S.I.:- Je confirme mon impression au sujet de l'évasion de HARDY de la Croix-Rousse. Cette thèse est difficilement compatible avec le soin que la police allemande mettait à garder les personnes arrêtées le 21 Juin 1943.

S.I.:- Je n'ai pu tirer au clair l'affaire du message déposé dans la boite aux lettres de "JEROME", indiquant 48 Heures avant l'arrestation du 21 Juin 1943, que "DIDOT" avait été arrêté et qu'il avait pu s'échapper au prix d'une blessure au bras.

S.I.:- Il est possible que ce soit M. LONJARET, actuellement inspecteur d'Académie du Rhône, qui ait reçu dans la boite aux lettres, la sienne de LYON, une note mettant en garde LASSAGNE de ne pas assister à la réunion de CALLUIRE, dont les allemands connaissaient le projet. Ce mystère semble s'éclairer par les mesures préventives prises par Mme DELETRAZ pour tenter d'éviter les arrestations et même la réunion de CALLUIRE.

S/I.:- Il est exact que pendant le séjour de HARDY à l'Antiquaille, le Directoire des M.U.R. à pris des décisions prévoyant d'empêcher HARDY de nuire. Mon épouse pourra vous donner tous renseignements de détail à ce sujet.

Et après lecture a persisté et a signé avec nous et notre greffier, approuvant la rature de Deux Mots Rayés Nuls.

GENDARMERIE NATIONALE

GROUPEMENT DU RHONE
LEGION DE RECHERCHES DE LYON

COMPAGNIE OU ESCADRON
DE LYON

UNITE
BRIGADE DE LYON (OUEST)

PV N° 1309 / 1980

- PROCÈS - VERBAL D'AUDITION

AFFAIRE KLAUS BARBIE

CADRE RESERVE AU DESTINATAIRE

62/Eps

PERSONNE ENTENDUE: AUBRAC Raymond.

REFERENCES

Voir P.V. de synthèse.

CE JOUR Dix huit juin mil neuf cent quatre vingt.

NOUS SOUSSIGNÉ (S). LAFFORGUE François, Chef d'Escadron, commandant la section de recherches de Lyon et BADEL Guy, MDL-Chef, de cette unité.

Officiers de police judiciaire militaire.

VU LES ARTICLES 90à96 du CJM et 16à19 et 75à78 DU CODE DE PROCÉDURE PÉNALE, RAPPORTONS LES OPÉRATIONS SUIVANTES QUE NOUS AVONS EFFECTUÉES, AGISSANT EN UNIFORME ET CONFORMÉMENT AUX ORDRES DE NOS CHEFS.

--- Vu l'enquête ouverte sur crimes contre l'humanité par K. BARBIE.

--- Nous trouvant à PARIS 8°, sur instruction de l'autorité qualifiée pour engager des poursuites, en vertu de l'article 93-3° Alinéa du code de justice militaire, étant assisté du MDL-Chef MATHION Michel de la brigade de recherches de PARIS Minimes, procédons à l'audition du témoin ci-après nommé, qui entendu séparément, nous déclare à seize heures trente:---

""" Je me nomme AUBRAC Raymond, je suis né le 31 juillet 1914 à VESOUL (70), je suis ingénieur, commissaire honoraire de la République et suis domicilié 16 - 18 rue de la Glacière à PARIS 13°. Tel 336 17 67.

""" Je faisais partie dans la résistance de l'état major de l'armée secrète du général VIDAL (DELESTRAINT) et j'ai été amené à assister le 21 juin 1943 à une réunion organisée par " MAX " (Jean MOULIN) suite à l'arrestation du général VIDAL et du colonel GASTALDO à PARIS. Cette réunion s'est tenue à CALUIRE (69) chez le docteur DUGOUJON, son but était de réorganiser l'armée secrète après l'arrestation de ses deux chefs.---

""" Un détachement de la Guestapo commandé par BARBIE lui même s'est présenté sur ces entrefaites, nous a tous arrêtés et conduits au fort de Montluc. C'est de cette façon que j'ai rencontré pour la première fois ce chef de la Guestapo appelé BARBIE, que je connaissais de nom et de réputation.---

""" Après deux ou trois jours d'incarcération, les " interrogatoires" ont commencé à l'école de santé militaire pendant une semaine. J'ai été interrogé personnellement chaque fois par BARBIE en présence d'une secrétaire avec qui il se permettait des frivolités. On me conduisait dans son bureau menottes aux mains attachées dans le dos. Dès le début il posait des questions ponctuées de coups de matraque, de pieds et de poings. Dès que je m'évanouissais il me réveillait à coup de pieds dans le ventre. J'ai remarqué qu'il enlevait la veste au début et qu'il se tenait en bras de chemise. Je me rappelle aussi l'avoir vu en uniforme. Son comportement m'a donné l'impression d'un être vicieux qui prenait plaisir à avilir et à dominer.---

Le témoin. L'assistant. Les O. P. J. M.

N° 656.1.210 (Annexe 20) | C. M. N° 32.200 MA/Gend.T - O M A du 30 juillet 1968. A.O.G. 547-75-1 000 000 | ED 2

Audition : AUBRAC, R. —— Pièce Nâ 1385/33 —— 2° Feuillet.

"""Les interrogatoires avaient lieux une ou deux fois par jour à de heures et pendant des durées variables : des fois une heure, des fo moins et des fois peut être plus puisque j'ai été rendu conscient de ou trois fois après des évanouissements. Le motif de l'interrogatoi portait sur l'organisation de la Résistance , l'identification de responsables, leur localisation et son armement. ——————

"""BARBIE m'a dit qu'il avait lui-même interrogé MAX. Le hasard de la disposition de ma cellule à MONTLUC m'a permis de le revoir pendant cette période, il était couvert de blessures et ne marchait que soutenu par deux hommes.——————

"""Je reconnais bien BARBIE sur la photo que vous me présentez, il s'agit bien du personnage qui m'a interrogé. ——————

""""C'était un homme plus petit que moi (je mesure 1,75 m), assez trappu, le visage rond ayant une trentaine d'années——————

"""Je n'ai pas eu connaissance directement des affaires pour lesquelles vous enquêtez, car, libéré le 21.10.43 par une action commando dirigée par ma femme, j'ai pris le maquis et suis parti en angleterre avec mon épouse début février 1944. ——————

Le 18.06.1980 à 18 H 00. Lecture faite par moi de la déclaration cidessus j'y persiste et n'ai rien à y changer à y ajouter ou à y retrancher.——————

Le témoin. L'assistant. Les O.P.JNM.

D/P2/III (28)

GENDARMERIE NATIONALE
Légion de Rhône-Alpes
Groupement du Rhône
SECTION DE RECHERCHES
LYON Duchère

AUDITION de :
NOM : AUBRAC
Prénom : Raymond

Pièce n° 602 / 10.
Brigade de LYON-OUEST

GENDARMERIE NATIONALE

PROCEDURE SUR COMMISSION ROGATOIRE

PROCES-VERBAL D'AUDITION DE TEMOIN

L'an mil neuf cent quatre-vingt trois, le HUIT JUIN. - - - - - - - - - - - - - -,

Nous : LAFFORGUE, François, Lieutenant-Colonel commandant la Section de Recherches de LYON, Officier de Police Judiciaire, agissant en vertu de la commission rogatoire :

Délivrée le : 25 Février 1983.
Par Monsieur Christian RISS, Juge d'Instruction près le T.G.I de LYON.
Chargé d'informer contre : BARBIE, Klaus.
Inculpé de : Crimes contre l'Humanité et complicité.
Donnant mission : -(Voir procés-verbal de synthèse)-.

---- Vu les articles 16 et 151 à 155 du Code de Procédure Pénale,--------
---- Nous trouvant à PARIS (7°) - - - - - - -, agissant en vertu de la commission rogatoire expresse à nous donnée le 25 Février 1983, vu l'article 18 alinéa 5 du C.P.P et en raison de l'urgence, par Monsieur RISS Juge d'Instruction à LYON, nous sommes assistés de LENFANT-ENGELMANN, Patrice, MDL/Chef de la Section des Recherches de PARIS, Officier de Police Judiciaire territorialement compétent. - - - - - - - - - - - - - - - - -
---- Faisons comparaître devant nous à 10 heures 30 minutes le témoin ci-après nommé et lui donnons connaissance des faits pour lesquels sa déposition est requise. ------------------------------
---- Après avoir prêté serment de dire toute la vérité, rien que la vérité le témoin entendu séparément et hors la présence de l'inculpé, dépose ainsi qu'il suit :--

----" Je me nomme AUBRAC, Raymond, je suis né le 31 Juillet 1914 à VESOUL (70), je suis ingénieur, commissaire honoraire de la République et suis domicilié 16-18 rue de la Glacière à PARIS 13°. Téléphone : 336.17.67. - - -
Je ne suis ni parent, ni allié et ni au service des parties. - - - - - - -

---- Pour commencer, je dois dire que j'ai été arrêté le 21 Juin 1943 à CALUIRE comme "civil" et traité en tant que tel. A l'époque on nous refusait le titre de combattant et comme nous étions dans la clandestinité les autorités de VICHY et la police allemande nous pourchassaient comme des "terroristes". Ce n'est qu'après la libération que notre action a été reconnue comme une action de combattant de la résistance. Le jour de mon arrestation je possédais l'identité d'ERMELIN (faux nom). A l'époque, j'appartenais à l'Etat Major de l'Armée Secrète du Général DELESTRAINT surnommé 'VIDAL'. A cette occasion, j'ai fait connaissance du Chef de la Gestapo de LYON le nommé BARBIE connu sour le nom de BARBIER à qui j'avais été présenté une première fois à l'hotel TERMINUS. - - - - - - - - - - - - - - - - - - -

Le Témoin	L'O.P.J territorialement compétent	L'O.P.J
(signature)	(signature)	(signature)

-/2-

---- En effet, j'ai été arrêté une première fois par la Police de VICHY début 1943 sousle nom de Lucien VALLET et incarcéré à la prison ST PAUL DE LYON, pour faits de résistance. Un jour, les policiers m'ont conduit à l'hotel TERMINUS siège de la Gestapo pour y rencontrer, je l'ai su après, le Chef de la Gestapo BARBIE. Je suis resté en prison environ deux mois et remis en liberté provisoire. J'ai revu BARBIE à partir du 21 Juin 1943, jour de mon arrestation dans la salle d'attente du docteur DUGOUJON à CALUIRE (69). J'ai dabord été interrogé sommairement avenue BERTHELOT le jour de l'arrestation et incarcéré à la prison de MONTLUC. Ce n'est que deux ou trois jours après que les interrogatoires 'sérieux' ont commencé à l'ancienne école de Santé Militaire pendant une huitaine de jours. J'ai été interrogé personnellement par BARBIE qui m'a reconnu comme étant Lucien VALLET. J'ai subi des interrogatoires, pratiquement quotidiens à l'Ecole de Santé où j'étais transféré de la prison MONTLUC le matin puis ramené le soir. Ils se passaient dans le bureau de BARBIE, situé dans le batiment central de l'Ecole sur l'Avenue BERTHELOT (celui qui a été bombardé le 26 MAI 1944). Au moment de monter de la cave à son bureau, on nous passait les menottes. BARBIE posait des questions répétitives, ponctuées ou accompagnées de coups de matraque, de gourdin, de poings, de pieds. J'avais la chance de m'évanouir assez vite sous les coups et il me réveillait à coups de pieds. Assistait quelquefois dans le bureau aux interrogatoires, une jeune femme en civil, avec qui il se permettait quelquefois des attitudes ambigües. Il m'interrogeait en tenue civile, le plus souvent enbras de chemise, la durée des séances était variable, le motif des interrogatoires portait sur l'identification des chefs de la résistance, l'organisation. Il disposait de quelques renseignements sur notre organisation, il prétendait d'ailleurs tout connaître et posséder un dossier sur nos agissements. - - pas -

---- S.I. : BARBIE ne m'a donné l'impression d'être intelligent. Il n'était pas doué de beaucoup d'esprit de finesse. D'ailleurs, il n'a jamais remarqué que j'étais Juif, c'est un être vicieux qui prenait plaisir à dominer et humilier. Il donnait l'impression de posséder un pouvoir absolu et manifestait la satisfaction de disposer sans contrainte du sort des personnes intérrogées par lui. On peut dire que devant lui, on était livré à son bon plaisir et qu'il n'y avait pas du tout de Justice possible dans le système qu'il représentait. Les - - - -

---- Un jour, on m'a emmené au siège de la Gestapo pour me notifier une condamnation à mort par un tribunal devant lequel je n'avais jamais comparu. A la prison MONTLUC, j'ai toujours été enfermé dans une des cellules du premier étage qui a vue sur une partie de l'escalier. Au cours de mon séjour dans cette prison du 21 Juin au 21 Octobre 1943, j'ai assisté à une réunion de prisonniers dans la cour au cours de laquelle on nous a fait défiler devant un homme qui venait d'être fusillé pour avoir, soit-disant fait passer des messages à l'extérieur. Une autre fois, on a jeté dans ma cellule un jeune homme âgé de 16 à 17 ans, blessé à la tête et se trouvant dans le coma, qui revenait d'un interrogatoire de la Gestapo à l'Ecole de Santé, et qui est mort dans la nuit sans révèler son identité. J'ai assisté, alors que je trouvais dans les caves de l'école de l'avenue BERTHELOT, au retour de prisonniers interrogés avec brutalité et sévices par des membres du SD. Ce fût le cas en particulier de AUBRY, dont BARBIE m'a dit lui-même qu'il l'avait interrogé. Mon aventure à la prison de MONTLUC a pris fin grace à mon évasion organisée par mon épouse à la tête d'un groupe franc qui a attaqué le convoi allemand qui me ramenait avec treize autres prisonniers de l'école de santé à la prison de MONTLUC, le 21 Octobre 1943. Au cours de la fusillade qui a été déclanchée j'ai été blessé à la tête. - - - - - - - - -

---- S.I. : Selon l'opinion de tous mes camarades de la résistance, BARBIE était le chef opérationnel responsable de toute la Gestapo à LYON; - - - - - - -

---- A PARIS, le 8 Juin 1983 à 13 Heures. ---Lecture faite par moi de la déclaration ci-dessus, j'y persiste et n'ai rien à y changer, à y ajouter ou à y retrancher. -

---- LE TEMOIN - - - - - - - - - L'O.P.J terr. Comp. - - - - - - - - - L'O.P.J - -

-3

---- <u>AUDITION AUBRAC</u>, Raymond , PIECE N° 602/10 - FEUILLET TROIS .

---- Le même jour à la suite de son audition, Monsieur AUBRAC désire apporter quelques précisions, à savoir : -
Entendu à nouveau dans le cadre de la présente commission rogatoire et dans les mêmes circonstances : -
---- J'ai oublié de vous déclarer que mes parents, Albert et Hélène SAMUEL ont été arrêtés pour raison raciale, par une équipe de miliciens accompagnés de membres de la Gestapo dans une rafle de Juifs à LYON, dans un appartement de la rue Garibaldi à l'angle de l'avenue DUQUESNE . Ils ont été enfermés à MONT-LUC puis envoyés à DRANCY et déportés à AUSCHWITZ où ils ont été gazés dès leur arrivée . C'est à la suite de cette arrestation et dans l'ignorance du sort de mes parents que j'ai été contraint de changer de nom et garder mon pseudonyme AUBRAC qui est devenu officiellement mon nom de famille après la libération par décret en Conseil d'Etat . -
---- A PARIS, le 8 JUIN 1983 à 13 Heures 15 minutes . - - - - - - - - - - - -
---- Lecture faite par moi de la déclaration ci-dessus, j'y persiste et n'ai rien à y changer, à y ajouter ou à y retrancher . - - - - - - - - - - - - - -
---- <u>LE TEMOIN</u> - - - - - - - - - - -<u>L'O.P.J terr. Comp.</u> - - - - - - - -<u>L'O.P.J</u> - - -

---- A 14 Heures, le 8 Juin 1983, nous informons Monsieur le Procureur de la République de PARIS, du résultat de nos investigations . - - - - - - - - - - -
---- Le MDL/Chef LENFANT - EMGELMANN, Patrice de la Section de Recherches de PARIS, Officier de Police Judiciaire territorialement compétent signe avec nous le présent procès-verbal . -
- - - - - - - - - - - - - - - - - <u>L'O.P.J terr. Comp.</u> - - - - - - - -<u>L'O.P.J</u> - - -

TRIBUNAL
DE GRANDE INSTANCE
DE LYON

CABINET
DE Mr Jacques HAMY
1er JUGE D'INSTRUCTION

N° DE PARQUET : BOPR55/87
N° D'INSTRUCTION : 86/87

TAXE :

PROCES-VERBAL DE DEPOSITION DE TEMOIN

L'an mil neuf cent quatre vingt douze et le vingt mai à quatorze heures et trente minutes,

Devant Nous, J. HAMY Premier Juge d'Instruction au Tribunal de Grande Instance DE LYON,

Assisté de V. MOUSSY, Greffier,

Etant en notre cabinet, au Palais de Justice,

Instruisant sur les faits reprochés à ALTMANNN Klaus, inculpé de Crimes contre l'humanité, dont la première comparution a eu lieu le 26 Juin 1987,

A comparu, séparément et hors de la présence des inculpés, le témoin ci-après nommé.

Nous lui avons demandé ses nom, prénoms, âge, état, profession, demeure, s'il est parent ou allié des parties et à quel degré, ou s'il est à leur service.

LE TEMOIN A REPONDU :

Je me nomme : AUBRAC Raymond

Je suis né le 31 juillet 1914 à VESOUL
Je demeure 18 rue de la Glacière 75013 PARIS.
Je ne suis ni parent ni allié des parties ni à leur service.

Après lui avoir fait prêter serment de dire toute la vérité, rien que la vérité, nous avons reçu ainsi qu'il suit sa déclaration :

S.I. : La presse a fait état de déclarations faites par Klaus BARBIE et me mettant directement en cause. Cela a commencé à la fin de l'année 1989 et au cours du mois de septembre 1991 cette même presse a fait état d'un "testament" de 63 pages dans lequel Klaus BARBIE me mettait, à nouveau, en cause et de manière très précise, dans le cadre de mes activités de résistant. Compte tenu qu'il était porté atteinte à mon honneur je vous ai fait parvenir un courrier daté du 25 octobre 1991 dans lequel je demandais à être entendu, démarche qui a été relayée par l'intervention de mon conseil Me JOUFFA qui vous a fait parvenir un courrier le 15 janvier 1992.

I. SUR LES ARRESTATIONS EFFECTUEES COURANT MARS 1943 A LYON

LE JUGE : *Dans quelles circonstances avez-vous été arrêté à LYON au cours du mois de mars 1943 ?*

LE TEMOIN : J'ai été arrêté le 15 mars 1943 au domicile des époux BIARD sis au N°7 de la rue de l'Hôtel de Ville. J'avais donné rendez-vous dans ce local à Serge RAVANEL et à Maurice KRIEGEL VALRIMONT. Nous devions ce jour là discuter de nouvelles implantations de maquis notamment dans la région de GRENOBLE et de CHAMBERY. Lorsque je suis arrivé au n°7 KRIEGEL VALRIMONT était déjà là, j'ai été accueilli par un policier ; par la suite RAVANEL est arrivé.

LE JUGE : *Avez-vous été interrogé par le SIPO SD de LYON ? Dans l'affirmative avez-vous été interrogé au vu de la documentation saisie lors des perquisitions effectuées* ?

LE TEMOIN : J'ai été effectivement interrogé par le SIPO SD de LYON, non pas immédiatement mais quelques jours après mon arrestation. Au départ j'ai été détenu à la maison d'arrêt ST PAUL. J'ai été extrait de la maison d'arrêt ST PAUL et conduit à l'Hôtel TERMINUS en compagnie de Maurice KRIEGEL VALRIMONT et de Raymond HEGO. Nous avons été interrogés tous les trois dans un même bureau par trois officiers allemands différents. Je suis incapable de vous dire si BARBIE était présent. J'affirme que je n'ai jamais été interrogé au vu de documents qui auraient été saisis ensuite des arrestations effectuées en mars 1943. J'ajoute que ni la police française ni le SIPO SD ne m'a interrogé sur des documents ayant trait à l'organisation de la résistance en zone sud. J'ajoute enfin que j'ai été arrêté sous l'identité de VALLET François identité qui a parfaitement résisté à toute investigation, par là je veux dire que ma réelle identité n'a pas été percée car je disposais de toutes les pièces d'identité correspondant à l'identité de François VALLET. Je tiens à préciser que je m'appelais en réalité à l'époque SAMUEL Raymond, que j'ai utilisé le pseudonyme d'AUBRAC alors que j'étais dans la résistance je l'ai conservé par la suite car mes parents avaient été arrêtés et c'est ainsi qu'à la fin de la guerre étant connu sous le nom d'AURAC j'ai entamé une procédure de changement de nom.

LE JUGE : ▸ *Entendu à LONDRES (B.C.R.A.) le 28 juin 1943 FASSIN Raymond (pseudo BARSAC) a notamment déclaré :*

"Lors de l'arrestation de FORESTIER, Chef d'Etat Major et de sa secrétaire, cette dernière avait été surprise en train de taper à la machine, ayant à coté d'elle une valise renfermant toutes les archives de l'état major de l'AS. Ces archives ont été saisies par la Police française. Nous pouvons signaler que parmi ces archives se trouvaient un rapport complet sur l'organisation actuelle de l'A.S. et sur le fonctionnement du S.O.A.M. (actuellement C.O.P.A. ainsi qu'un rapport envoyé par SIF (FASSIN Raymond) à NEF (FRENAY Henri) sur l'état à ce moment du C.O.P.A.. Nous avons eu une copie de ces trois rapports entre les mains, copie qui nous a été retransmis par la Police". (ANNEXE 1)

► *La saisie des archives de l'A.S. était confirmée par Henri FRENAY (pseudo CHARVET) qui a notamment déclaré à LONDRES (B.C.R.A.) le 30 juin 1943 :*

"Un agent de transmission, dont j'ai oublié le nom, en revenant de mission a passé une nuit dans la gare de BOURG EN BRESSE. La gendarmerie est venue la nuit pour vérifier l'identité de ceux qui étaient dans la salle d'attente. Il s'est trouvé que ce jeune imbécile avait sur lui une carte d'identité tamponnée, signée et non remplie. Il a été arrêté et on trouve sur lui deux adresses : l'adresse de la boite postale (rue Bayard) et l'adresse du lieu de rendez-vous (rue de l'Hotel de Ville). On a arrêté AUBRAC, PRESSENTIER. L'après-midi BATTESTI s'est fait prendre à son tour."

"Le jour même ou le lendemain la police ramasse un planton venu relever le courrier. La police se rend chez lui et trouve Christine (DENOYER Christine) secrétaire de FORESTIER (pseudo MARCHAL François). Il y a là un concours de malchances, car quelques jours auparavant, FORESTIER estimant que son bureau avait été repéré avait décidé de déménager et faute de local immédiatement disponible de s'installer pendant 48 heures chez son planton et d'y transporter ses archives. Par conséquent, la police trouve Christine en train de taper à la machine des pièces de l'A.S. et à côté d'elle se trouvait une valise contenant toutes les archives, qui donnent entre autres choses, la presque totalité des pseudos de l'A.S. et un certain nombre de noms en clair d'officiers généraux. Ces noms ont été trouvés sur un rapport établi par AUBRAC sur ma demande, de façon à résumer l'état des conversations entre nous-mêmes et l'Etat-Major de l'Armée. Il y avait les noms de PICANDARD, FRERE etc. Ce rapport avait été établi la veille et le lendemain ne serait pas revenu. Deux heures après FORESTIER arrive et à son tour se fait arrêter. Sa secrétaire Christine prend tout sur elle et FORESTIER est présenté comme un des amis de la maison et non pas comme un des participants de l'A.S.. A son tour, il est emmené au 27 quai Perrache avec Christine et le planton. La police ne savait pas qu'elle avait affaire à FORESTIER. Je crois qu'à ce moment il venait justement de changer de pseudo, il s'appelait MECHIN."
"Ils ont été détenus pendant six ou huit semaines, et la femme d'AUBRAC, Catherine, a demandé et obtenue d'être chargée de leur évasion. Aucune charge n'ayant pu être relevée contre AUBRAC, il fut mis en liberté provisoire, huit semaines environ après l'arrestation. Quant aux autres, FORESTIER, Christine, PRESSENTIER, FOUQUET, ils ont réussi à simuler des maladies grâce à la complicité du personnel médical de la prison, et ont été hospitalisés à LYON, à l'hôpital de l'Anticaille. Catherine ayant réussi à se procurer une voiture, deux uniformes allemands, des papiers de la police allemande, a organisé l'évasion de la façon suivante : deux voitures s'arrêtent un beau jour devant l'hôpital de l'Anticaille, montées par deux allemands en uniforme et deux allemands en civil, en réalité, quatre alsaciens, qui exigent au nom de la Gestapo, la restitution des prisonniers pour interrogatoire. On les leur livre, ils s'en vont". **(ANNEXE 2)**

► ***Cette saisie de documents a fait l'objet d'un rapport du Procureur de la République de LYON en date du 30 mars 1943 qui précisait notamment : (ANNEXES 3 ET 4)***

"De l'ensemble des documents saisis sur ces inculpés il a été possible de reconstituer l'organisation du groupement des "Mouvements Unis" dénommé aussi "Forces Françaises Combattantes" composé des groupes "Libération", "Combat", "Patrie", "Franc Tireur" et un cinquième groupe sans désignation officielle. Tous ces documents, sur instructions de l'intendant de police ont été communiqués aux autorités allemandes qui avaient d'abord manifesté l'intention de se saisir de cette affaire car de nombreuses pièces saisies concernaient des mouvements des troupes d'opérations dans la zone libre."

"Finalement elles y ont renoncé mais elles ont demandé à interroger individuellement chacun des inculpés. J'ai cru devoir le leur accorder sous condition que cet interrogatoire serait fait en présence d'un inspecteur de police français et qu'il aurait lieu dans les locaux de la police judiciaire française. Un membre important de la gestapo est venu de VICHY pour procéder à cet interrogatoire."

"Les chefs de ce mouvement n'ont pas été arrêtés, leur identification est difficile car les noms sous lesquels ils figurent dans les documents en notre possession sont des pseudonymes. Cette identification est d'autant plus difficile que les inculpés ne les connaissent pas sous leur véritable nom et ignorent leur adresse."

LE TEMOIN : Je ne peux que confirmer les déclarations de FASSIN Raymond dont vous venez de me donner lecture. J'ai été incarcéré à la maison d'arrêt ST PAUL ; j'étais en cellule avec FORESTIER, HEGO, RAVANEL, KRIEGEL VALRIMONT. Bien entendu FORESTIER m'a fait part de la saisie de documents et il m'a fait savoir que c'était une véritable aubaine pour la police car elle possédait la quasi totalité de l'organisation de l'Armée Secrète. Je tiens à préciser que les documents qui ont été saisis par la police française présentaient l'Armée Secrète sous un jour trop avantageux. En effet, il me semble que des rapports avaient été rédigés dans le but d'obtenir une aide des américains, c'est pourquoi ces rapports comprenaient des effectifs augmentés, une articulation certaine, des moyens matériels surestimés. Je pense que le contenu de ces documents a déclenché une action intensive de la police allemande afin d'enrayer les chefs de l'Armée Secrète.

Je confirme également les extraits de déclarations de FRENAY à l'exception de certains détails concernant l'évasion de FORESTIER, de Christine DENOYER et de FOUQUET.

LE JUGE : *Dans un rapport dactylographié de 63 pages que nous a remis Me VERGES le 4 juillet 1990 Klaus ALTMANN BARBIE :*

▸ *affirme que vous étiez l'informateur du SIPO SD de LYON dont les renseignements avaient été utilisés dans la rédaction du rapport KALTENBRUNNER daté du 27 MAI 1943.* (ANNEXE 7 PAGES 1 A 11).

▸ *soutient que dés votre arrestation en mars 1943 vous auriez collaboré avec le SIPO SD de LYON en soutenant : qu'arrêté le 13 mars vous auriez pu vous rendre à la réunion organisée par Yves FARGE le 15 mars au matin et que vous auriez convié RAVANEL à une réunion l'après-midi dans un appartement de la rue de l'hôtel de ville à LYON connu par la police française comme étant un des lieux de réunion du mouvement libération.* (ANNEXE 7 PAGES 19, 20 ET 21)

Il ressort de la procédure instruite par Mr COHENDY des chefs d'actes de nature à nuire à la défense nationale, fabrication de fausses cartes d'identité, infraction à la loi portant institution du service du travail obligatoire, que :

▸ *CURTIL Jean-Marie arrêté à BOURG EN BRESSE par les militaires de la gendarmerie et trouvé porteur de quatre adresses lyonnaises dont celle de Mr BIARD, 7 rue de l'Hôtel de Ville a été remis au SRPJ de LYON le 14 mars 1943,*

▸ *Vous avez été interpellé le 15 mars 1943 et non pas le 13 mars au N°7 de la rue de l'Hôtel de VIlle en compagnie de KRIGEL VALRIMONT alias FOUQUET Maurice et de RAVANEL alias ASHER Serge.* (ANNEXE 8)

LE TEMOIN : Je confirme que j'ai été arrêté non pas le 13 mars 1943 mais le 15 mars 1943. Klaus BARBIE affirme dans le document de juillet 1991 que j'ai été arrêté le 13 car il se sert très certainement d'une déclaration par moi faite lors des deux procès HARDY au cours desquels il est fort possible que j'ai indiqué le 13 au lieu du 15 mars 1943. Compte tenu de cette différence de date il articule sa démonstration en m'accusant de collaboration soulignant qu'étant arrêté le 13 je convoque RAVANEL et KRIEGEL VALRIMONT le 15 chez les époux BIARD au 7 rue de l'Hôtel de Ville. Je connais le contenu du rapport KALTENBRUNNER évoquant la présence à un poste important au sein de l'Armée Secrète et ayant la qualité d'ancien officier servant d'informateur. Ce rapport KALTENBRUNNER a été également établi sur la base des documents qui ont été saisis à LYON et notamment à la suite des arrestations de mars 1943.

IV

Je déclare formellement et d'une manière très solennelle que je n'ai jamais trahi les miens contrairement aux affirmations de Klaus BARBIE. Je n'ai été interrogé qu'une seule fois par le SIPO SD de LYON à l'Hôtel Terminus toujours sous l'identité de François VALLET et par voie de conséquence je n'ai jamais joué le rôle d'agent double.

LE JUGE : *Du réquisitoire a fin de renvoi en police correctionnelle daté du 30 juillet 1943 il ressort que votre réelle identité n'a pas été découverte dans le cadre de la procédure d'actes de nature à nuire à la défense nationale instruite par le Juge COHENDY ; le Procureur de la République de l'époque soulignant dans l'exposé des faits : "un état major dirige cette armée secrète ; il comprend : un chef d'état major Chef du troisième bureau ayant pour adjoints AUBRAC et LEBAILLY. Ils n'ont pas été identifiés.* (ANNEXE 9/1 PAGE 2*)*

LE TEMOIN : Je ne peux que confirmer que ma fausse identité de François VALLET a parfaitement résisté et que c'est sous cette identité que j'ai été arrêté et mis en liberté. D'ailleurs ayant pu consulter le dossier instruit par le Juge COHENDY j'ai pu constater la présence d'un casier judiciaire délivré au nom de VALLET François, fils de Albert de Marie MARTIN né le 4 septembre 1914 à VENDOME. Il s'agit bien du document figurant à l'annexe 9/2 que vous me représentez.

LE JUGE : *Comment expliquez-vous que dans l'ouvrage intitulé "ILS PARTIRONT DANS L'IVRESSE" votre épouse affirme que vous avez été libéré le 14 mai 1943* (ANNEXE 5*) alors que vous avez été mis en liberté provisoire le 10 MAI 1943 ensuite d'une demande de mise en liberté présentée le 4 mai par votre conseil de l'époque Me FAUCONNET et sur réquisitions favorables du Parquet de LYON en date du 10 mai et après avis du Dr PLANCHU* (ANNEXE 6*)*.

LE TEMOIN : Mon épouse a été amenée à rédiger un ouvrage intitulé "ILS PARTIRONT DANS L'IVRESSE". A la demande de son éditeur Mr Jean-Claude GUILLEBAUD (Edition du Seuil) mon épouse Lucie a accepté de "me mettre en liberté" non pas le 11 mais le 14 mai. Lucie a fait correspondre m'a mise en liberté avec une date anniversaire qui nous est très chère, il s'agit du 14 mai 1939 journée au cours de laquelle nous nous sommes connus pour ne plus nous quitter. Je vous remets une photocopie de l'article de Jean Claude GUILLEBAUD paru au Nouvel Observateur qui explique le pourquoi de l'altération de la date de ma mise en liberté. Je tiens à préciser que le Juge COHENDY était connu, à l'époque même, pour sa sympathie pour la résistance.

Je tiens à préciser que d'autres inculpés ont été mis en liberté en même temps que moi et notamment STEPHENS Edwin, VIDAL Paul, MORAND Louis.

Je confirme que c'est mon épouse qui a fait pression sur le Procureur de la République de LYON de l'époque pour le décider à donner un avis favorable à ma mise en liberté. Je me souviens que Me FAUCONNET a fortement blâmé cette démarche car il savait que le Juge COHENDY ferait droit à sa demande de mise en liberté car elle a été précédée d'un examen médical au cours duquel il a été diagnostiqué une cicatrice de tuberculose.

Je ne peux expliquer les différences de date figurant sur l'ordonnance de mise en liberté provisoire et l'avis de mise en liberté ; ces deux documents faisant état d'une mise en liberté en date du 10 mai et une notification en date du 12 mai et d'une déclaration d'adresse mêmement datée du 12 mai 1943, documents que vous venez de me représenter.

V

II. SUR LES ARRESTATIONS EFFECTUEES LE 21 JUIN 1943 A CALUIRE

LE JUGE : *Dans quelles circonstances avez-vous été amené à participer à la réunion du 21 JUIN 1943 ?*

LE TEMOIN : Le Général DELESTRAINT Chef de l'Armée Secrète a été arrêté à PARIS au début du mois de juin 1943 à la station de métro La Muette. La réunion de CALUIRE avait pour objet de mettre sur pied le dispositif intérimaire qui assurerait la continuation de la direction de l'Armée Secrète. Pascal COPEAU substituant à l'époque d'ASTIER de la VIGERIE Chef du mouvement "Libération" me fit savoir que Jean MOULIN voulait me rencontrer au Parc de la Tête d'Or le dimanche 20 juin 1943 dans l'après-midi. Au cours de l'entretien que j'ai eu avec Jean MOULIN il m'a demandé d'accepter la mission d'inspecteur de l'Armée Secrète pour la zone Nord étant donné que j'avais déjà été arrêté à LYON et que j'étais en liberté provisoire. Il se proposait de demander à André LASSAGNE de remplir la même mission pour la zone Sud. Il m'a demandé d'assister à une réunion le lendemain 21 juin avec un certain nombre de camarades avec qui nous mettrions au point l'ensemble du dispositif et c'est à ce moment là que j'ai connu le nom des participants à cette réunion : Jean MOULIN, André LASSAGNE, Bruno LARA, le Colonel SCHWARTZFELD, le Colonel LACAZE, Henri AUBRY. Jean MOULIN m'a invité à le rejoindre le lendemain 21 juin à 14H00 Place Carnot à LYON afin de me conduire au lieu de rendez-vous.

LE JUGE : *Quand avez-vous connu le lieu exact où devait se tenir cette réunion ?*

LE TEMOIN : En compagnie de Jean MOULIN nous avons pris le tram pour ensuite emprunter la Ficelle, à la station supérieure nous avons attendu une demi heure environ le Colonel SCHWARTZFELD qui était en retard. Ensemble, tous les trois, nous avons rejoint la villa du Dr DUGOUJON. Et c'est à ce moment là que j'ai compris que la réunion se tenait chez le Dr DUGOUJON que je connaissais déjà. Je n'ai jamais su, avant ce moment là, l'endroit où devait se tenir cette réunion.

LE JUGE : *Vous avez été interrogé à LONDRES le 19 février 1944 par le personnel de la Direction Générale des Services Spéciaux (B.C.R.A.). Vous avez notamment déclaré :*

"J'avais rendez-vous avec MAX à 14H00. J'y suis allé et MAX m'a présenté SOPHIE. De là MAX m'a emmené au rendez-vous après une arrêt d'une demi-heure à la Croix Picard. Nous avons pris le train 33 et c'est alors que MAX m'a dit : nous allons chez le Dr DUGOUJON. Je me suis trouvé chez ce dernier avec SCHWARTZFELD et MAX dans la salle d'attente. Il y avait là 5/6 femmes, des clientes apparemment. Un quart d'heure après deux types de la Gestapo sont venus et se sont mis chacun à une porte, mitraillette à la main. J'ai entendu 3/4 coups de feu. J'ai quitté la maison sans être monté, une heure plus tard, et n'ai pas vu DIDOT. La femme de ménage qui était montée en auto avec DIDOT a dit que ce dernier avait bousculé l'allemand et s'était sauvé. Arrêté par la Police Française et envoyé à l'hôpital de l'Anticaille, il y a été cherché deux fois par la police allemande.

VI

La première fois il est revenu au bout de quelques heures et la deuxième fois il a été transporté à l'hôpital allemand de la Croix Rousse. Quelques jours après il a été vu par un des nôtres, en liberté. Il a déclaré avoir été à l'hôpital de la Croix Rousse enfermé dans une pièce, seul, au rez-de-chaussée, avoir pu ouvrir une fenêtre de cette pièce qui était fermée par un cadenas qu'il a forcé avec une épingle et s'être échappé.

"JEROME a dit qu'il avait trouvé, le samedi, dans sa boite, une lettre annonçant que DIDOT avait été arrêté par les Allemands et qu'il avait pu s'échapper au prix d'une blessure au bras."

"Nous avons été emmenés directement à la cave. THOMAS a été interrogé et battu tout de suite. Comme nous étions ensemble j'ai pu aider REX à se débarrasser de ses papiers et il m'a aidé à me débarrasser des miens (il avait la photo d'un type de la Gestapo et j'avais quelques adresses)."

"Le soir j'ai été interrogé cinq minutes. On a ouvert une porte dans laquelle on m'a fait passer la tête et j'ai pu apercevoir THOMAS assis en face d'un Allemand. Ils ont du lui demander s'il me connaissait et il a dit non. On m'a mis dans une autre porte et on a demandé à un type de la Gestapo qui m'avait interrogé quand j'avais été entre les mains des Français, s'il me connaissait, il a répondu affirmativement mais j'ai dit :"non, je n'ai rien affaire avec tout cela, j'étais chez le médecin pour une consultation". J'ai été ramené en bas et laissé 8 jours sans être interrogé". (ANNEXE 10)

<u>LE TEMOIN</u> : Les déclarations que j'ai faites à LONDRES et dont vous venez de me donner lecture sont conformes à mon souvenir actuel à l'exception du délai de 8 jours, délai pendant lequel je n'ai pas été interrogé par la police allemande ; j'ai du être interrogé le 3ème ou le 4ème jour qui a suivi mon arrestation.

<u>LE JUGE</u> : ► ***Interrogé à LONDRES le 19 février 1944** vous avez déclaré :*

"THOMAS qui était mon voisin de cellule a été très battu. Je l'ai vu au lavabo et il m'a dit : "je ne leur ai pas dit que tu etais AUBRAC", seulement par ailleurs il a dit tout ce qu'il savait sur AUBRAC. Or, j'ai été obligé de reconnaître que j'étais AUBRAC quand ils m'ont identifié comme VALLET puisqu'ils savaient que VALLET et AUBRAC ne faisaient qu'une seule et même personne". (ANNEXE 10)

► ***Interrogé le 3 Juin 1944 à ALGER par le Capitaine LAMBERT de la Direction Technique des Services Spéciaux sur les arrestations de CALUIRE vous avez déclaré* (ANNEXE 11) :**

"Au cours de ma première comparution la police française a admis que mon identité était celle de François VALLET, pour laquelle j'avais des pièces satisfaisantes. Au moment de mon arrestation par les allemands je portais une identité au nom de Claude ERMELIN, qui a été rapidement reconnue pour fausse. D'autre part, un officier de la police allemande qui m'avait interrogé au cours de la première arrestation m'a reconnu, et les allemands ont admis pour véritable identité celle de François VALLET.

C'est ainsi que je suis resté tout le temps sous le nom de François VALLET."

► ***Interrogé le 21 avril 1948 par Mr GONNOT Commandant de Justice Militaire Juge d'Instruction Militaire près le Tribunal Militaire de PARIS vous avez déclaré :***

"Rien ne me permet de penser que les allemands aient connu l'identité de MAX avant mon premier interrogatoire que je situe le 28 juin 1943 à l'Ecole de Santé à LYON car je n'ai pas été transféré à FRESNES. Pendant la semaine du 28 juin 1943 au 4 juillet 1943 j'ai été interrogé tous les jours. Au cours de ces interrogatoires j'ai pu constater que les allemands

connaissaient en ce qui me concerne personnellement, non pas ma véritable identité mais d'une part l'identité d'ERMELIN et de VALLET noms sous lesquels j'avais été arrêté et mis en liberté par la police française et d'autre part le fait que j'étais AUBRAC et ce qu'était en gros mon activité."

"J'ai été interrogé notamment sur FRENAY et d'ASTIER. J'ai eu nettement l'impression que les allemands cherchaient à les accrocher. C'est pendant cette dite semaine seulement que j'ai appris que les allemands connaissaient l'identité de Jean MOULIN."

"Au cours des interrogatoires que je subis les allemands cherchèrent à connaître les adresses et les noms de mes collaborateurs et des échelons décentralisés de l'A.S. Ils utilisaient largement les déclarations de AUBRY après qu'il fut sérieusement maltraité. (ANNEXE 12)

LE TEMOIN : Je n'ai rien à changer aux extraits de déclarations dont vous venez de me donner lecture. Je confirme que Henri AUBRY alias THOMAS alias AVRICOURT a été sérieusement maltraité par le SIPO SD. AUBRY que j'ai pu rencontrer à l'intérieur de la maison d'arrêt MONTLUC m'a fait savoir qu'il avait parlé et je ne peux que confirmer le fait que les allemands savaient que j'étais AUBRAC alias VALLET alias ERMELIN. Par contre, j'affirme que les allemands n'ont jamais connu mon identité réelle à savoir SAMUEL Raymond.

J'affirme avoir été interrogé par Klaus BARBIE et uniquement par lui. Klaus BARBIE a eu l'occasion de me frapper à plusieurs reprises mais je n'ai pas été à proprement parlé torturé. Les interrogatoires se résumaient à de simples questions du genre *"où se trouve FRENAY ?" "où est Bernard (d'ASTIER DE LA VIGERIE) ?" "ou est l'argent" "où sont les armes?"* et si on ne répondait pas on prenait des coups. Au cours de ces interrogatoires Klaus BARBIE m'a fait savoir qu'AUBRY avait parlé et qu'il savait déjà tout mais il voulait savoir où se trouvaient FRENAY et d'ASTIER DE LA VIGERIE. Je me souviens que Klaus BARBIE m'a même fait savoir qu'il avait 42 ou 52 pages de déclarations faites par AUBRY.

LE JUGE : ***Entendu le 13 décembre 1989 l'inculpé Klaus ALTMANN a notamment déclaré :***

"Je tiens à préciser que Raymond AUBRAC avait été arrêté par la police française au cours du mois de mars 1943 et que les policiers français avaient trouvé de nombreux documents touchant à la Résistance. En raison des accords BOUSQUET–OBERG la police française m'a alerté et c'est ainsi que j'ai été amené à entendre Raymond AUBRAC dit VALLET. Compte tenu des documents qui avaient été saisis dont un plan de sabotage "FER", Raymond AUBRAC ayant été démasqué a accepté de collaborer avec mon service sachant qu'il risquait la peine de mort qui était en général prononcée par le Tribunal Militaire. J'ai chargé mon adjoint FLOREK de s'occuper du cas AUBRAC et je sais qu'il est intervenu auprès de la Justice française afin qu'il soit libéré, c'est d'ailleurs ce qui a été fait. Je ne puis vous dire quels sont les renseignements qu'a pu fournir AUBRAC Raymond car FLOREK était chargé de suivre cet agent double. C'est pour cela que je n'ai pas fait transférer AUBRAC à PARIS en même temps que les autres personnes arrêtées à CALUIRE. Compte tenu que AUBRAC nous avait déjà renseigné que HARDY nous avait donné la réunion de CALUIRE je ne les ai pas transférés à PARIS."

"J'ai interrogé uniquement Jean MOULIN et c'est le sonderkommando WERTH qui a interrogé les autres personnes arrêtées. Ce sonderkommando a été envoyé par BERLIN via PARIS dans le but de s'occuper de la Résistance qui était très importante dans la région lyonnaise. J'ai demandé au Commissaire WERTH de me donner les renseignements qu'il avait pu obtenir lors des interrogatoires afin de faire un plan d'action pour lutter plus efficacement contre la Résistance". (ANNEXE 13)

VIII

LE TEMOIN : Les affirmations de Klaus ALTMANN dont vous venez de me donner lecture sont entièrement fausses. J'ai été présenté à des officiers du SIPO SD qui ne m'ont interrogé que superficiellement sur la base des procès verbaux de police français (trafic de sucre) et jamais sur la base de documents saisis au moment des arrestations de mars 1943.

Je ne connais pas le dénommé FLOREK présenté par Klaus BARBIE comme étant son adjoint. Je ne sais pas pourquoi je n'ai pas été transféré à PARIS avec mes camarades qui ont été arrêtés avec moi à CALUIRE.

Je n'ai jamais été interrogé par un officier allemand WERTH mais j'affirme avoir été interrogé par Klaus BARBIE. J'ai reconnu Klaus BARBIE lors de la projection du film tourné par Ladislas de OYOS projeté en 1972 il me semble.

Je vous remets un dire daté du 16 mai 1992 dans lequel je réponds aux déclarations de Klaus ALTMANN BARBIE en date du 13 décembre 1989 complétées par son "testament" en date de juillet 1991.

Lecture faite, persiste et signe avec Nous et le Greffier.

ANNEXE XVI

Extrait du rapport du procureur de la République à Lyon, du 23 juillet 1943

Adressé au procureur général à Lyon, concernant les faits établis à partir des arrestations de mars 1943. (Parquet de Lyon, ADR, cote 3U 2010.)

PARQUET
DU
PROCUREUR DE LA RÉPUBLIQUE
DE LYON

N°

service pénal

activité subversive
affaire CURTIL et autres
-:-:-:-:-:-:-:-:-:-:-:-:-:-

Lyon, le 23 JUIL 1943 1.

Le Procureur de la République à Lyon

à Monsieur le Procureur Général

à LYON

J'ai l'honneur en comme suite à mes rapports des 30 et 31 mars 1943 concernant l'affaire CURTIL et autres, inculpés d'actes de nature à nuire à la défense nationale, d'infraction à la loi portant service du travail obligatoire et fabrication de fausse carte d'identité, de vous rendre compte ci-après du résultat de l'information :

Les documents saisis sur ces inculpés établissent que l'organisation dite des " Mouvements Unis " et " Forces françaises combattantes " est composée du groupe " Libération " - " Combat " - " Patrie " - " Franc Tireur " et d'un cinquième groupe sans désignation officielle.

L'unité des mouvements de résistance a été définitivement établie le 5 mai 1942 sur le programme suivant : libération du territoire, renversement du régime de Vichy, restauration de la République, rétablissement des anciennes libertés.

A sa tête se trouve un Comité Directeur composé de 3 membres : DARTHEZ - GILLES - LEFEBVRE - qui n'ont pas été identifiés. Ils commandent tous les chefs de région.

L'organisation centrale comprend :

1°) un service de recrutement et d'organisation de la propagande.
2°) un service de noyautage administratif et professionnel.
3°) un service social
4°) des groupes francs
5°) un service armé
6°) un service de police
7°) un service de renseignements.

La même organisation se retrouve dans la région et dans le départements.

La section dont le rôle est le plus important est celle qui s'occupe du recrutement et de l'organisation de la propagande. C'est celle qui alimente en personnel les autres branches.

Les nouvelles recrues sont généralement

..

incorporées dans cette section et suivant les dispositions qu'elles manifestent elles sont dirigées sur la branche qui convient le mieux à leurs aptitudes.

Dans cette section les membres sont groupés en équipes spécialisées et sont encadrés. Des dizaines, trentaines et groupes sont ainsi formés avec des éléments homogènes et celles qui sont jugées les plus combatives, constituent l'armée secrète.

Le rôle de cette armée secrète est de :

I°) aider par les armes un débarquement allié en France. Pour cette mission l'ex-général de Gaulle a seul qualité pour lui donner des ordres.

2°) concourir par une action insurrectionnelle au renversement du régime de Vichy et à l'installation du gouvernement de la Libération.

Elle a donc un double rôle : militaire et insurrectionnel.

Un état major dirige cette armée secrète; il comprend :

I°) un chef d'Etat Major, chef du 3è bureau ayant pour adjoints AUBRAC et LEBAILLY. Ils n'ont pas été identifiés.

2°) un chef administratif : [illegible], également non identifié, qui assure le service du courrier, la liaison entre les membres de l'armée secrète, la tenue à jour de ses effectifs et armement et qui s'occupe des demandes de matériel à parachuter.

3°) un chef de renseignements (2° bureau) qui centralise tous les renseignements et les envoie à Londres

Au point de vue insurrectionnel l'action de l'armée secrète sera de s'emparer des principaux leviers de commande du pouvoir, des dépôts d'armes et d'essence, des moyens de transmission et de transport, des administrations publiques, des services concessionnaires et des postes de police et de gendarmerie. En outre, elle devra jouer le rôle de 5° colonne en se livrant à des actes de sabotage et à des attentats de nature à gêner les troupes allemandes.

Pour l'exécution de ce plan l'armée secrète dispose de camions, voitures, motocyclettes, bicyclettes d'armement, provenant de l'armée dissoute et de parachutages.

D'après ces mêmes documents il existerait dans des dépôts clandestins pour le seul département du Rhône :

442 mitrailleuses
5.[illegible]0 mitraillettes
[illegible].650 fusils
I[illegible] pistolets et revolvers
I[illegible].5[illegible]0 grenades
I[illegible].8[illegible] cartouches.

un certain nombre d'appareils radioélectriques d'émission

Financièrement ce mouvement e t alimenté par des fonds provenant soit d'Angleterre, soit de SUISSE. Le budget pour le mois de mars s'élevait à 3 millions.

Sur les inculpés il a été saisi 500.000 frs environ en billets neufs de 5.000 frs et de 10.000 frs.

Des crédits plus importants étaient demandés pour faire face à la situation provoquée par l'afflux de nombreux adhérents au mouvement venant de réfractaires au service du travail obligatoire.

L'information n'a pas permis d'identifier les chefs de cette organisation. Les inculpés ne sont que des agents de liaison chargés de relever le courrier dans des boites aux lettres disséminées dans des immeubles de la ville de LYON et de les porter à une personne déterminée avec le ils se rencontraient en des lieux, convenus, soit dans la rue, soit dans des cafés. Cette personne remettait à son tour à ces agents le courrier qui devait être mis dans les boites aux lettres où les destinataires venaient le prendre.

Les inculpés bien qu'ils n'aient joué qu'un rôle de deuxième plan font cependant partie d'une association dont le but est de provoquer un état de rébellion contre l'ordre social légalement établi. En conséquence ils tombent au point de vue procédure sous les effets de la loi du 5 Juin 1943 dont l'application a été requise par un réquisitoire supplétif. Ceci exposé nous allons examiner les charges à retenir contre chacun des inculpés :

I°) STEELE

Arrêté au moment où il relevait le courrier de la boite " Balzac ", 59 rue de l'Hôtel de Ville, il fut trouvé à son domicile une valise contenant les documents qui ont été analysés ci-dessus et une somme de 238.000 frs.

Le 10 janvier 1943 il a été recruté pour le mouvement de résistance par un inconnu qu'il avait rencontré dans le tramway. Cet inconnu le présenta à Christine DENOYER qui le chargea de relever 2 fois par jour le courrier dans la boite " Balzac " et de le lui apporter. Il trouvait des enveloppes portant l'indication KA - KA - KA -.

MECHAIN non identifié, chef administratif à l'Etat Major de l'organisation des mouvements Unis avait, d'après les déclarations de Christine DENOYER, présenté STEEL à cette dernière en lui disant : " Vous vous arrangerez avec Christine pour les instructions à recevoir " A ce rendez-vous avait assisté BILLON, en fuite.

C'est ainsi que STEELE avait été chargé par Christine DENOYER de relever le courrier de la boite " "Balzac".

Le 14 mars, celle-ci lui remit une valise qu'il devait garder jusqu'au lendemain. Il prétend avoir ignoré le contenu de la valise mais il savait que le courrier qu'il recevait provenait des membres de l'organisation.

4

2°) CHRISTINE DENOYER

Elle était la secrétaire dactylographe de MECHAIN. Il semble que depuis un certain temps elle menait une certaine activité dans les mouvements de résistance. En effet, en juin 1942, venant de Paris, elle était arrivée à Marseille où un nommé " CARLOT ", non identifié, lui donna à taper à la machine des lettres de rendez-vous entre des membres de l'organisation. CARLOT lui présenta MECHAIN comme ancien officier. Ce dernier lui fit connaître qu'il s'occupait de centraliser les renseignements pour " Combat " et il l'engagea comme secrétaire pour rédiger son courrier. Il lui remit les clefs de la boite " BALZAC ".

Le 14 mars, MECHAIN lui donna une valise contenant des documents concernant le mouvement de résistance, et la somme de 268.000 frs. Elle devait la garder vraisemblablement dans le but de la soustraire à des recherches de la police.

Elle put se rendre compte de la nature de ces documents puisqu'elle les sortit de la valise que lui avait remise MECHAIN pour les mettre dans une autre valise. Christine remit cette dernière à STEELE en lui demandant de la conserver à son domicile jusqu'au lendemain. Elle fut arrêtée au moment où elle se présentait chez lui pour la reprendre.

Elle exécutait les travaux de dactylographie dans une chambre louée à M. BERAIN, 6 avenue de l'hôtel de Ville.

Il n'a pas été établi que ce dernier connaissait l'activité subversive de sa locataire.

Christine DENOYER recevait de MECHAIN un salaire mensuel de 3.500 frs.

3°) MARCHAL

Il fut arrêté le 15 mars au moment où il se présentait chez STEELE en compagnie de Christine DENOYER qui était sa maîtresse.

Il prétend tout ignorer de l'activité de celle-ci, bien qu'il vécut avec elle depuis fin octobre 1942.

Il reconnait cependant qu'il l'accompagnait aux rendez-vous qu'elle avait avec les membres de l'organisation. Il a refusé d'indiquer son véritable domicile à LYON, et il s'est dit professeur de mathématiques, venant de Casablanca où habitait sa famille et où il aurait été démobilisé en 1940. Il n'a pas été possible de le vérifier.

Il n'a pu justifier d'aucun travail depuis son arrivée en France en 1941 et cependant il payait un loyer de 1.200 frs par mois.

Dans une valise il fut trouvé des fausses cartes d'identité portant les noms de MERIEL et MEDIEL, la photographie de MARCHAL qui lui avaient été procurées par Christine DENOYER.

. 9/

MARCHAL fut hospitalisé à l'Hopital de l'Antiquaille d'où il s'évada. Un mandat d'arrêt a été décerné contre lui.

4°) CURTIL X

Travaillant chez LAMBERT, maison de meubles, il est désigné pour le service du travail obligatoire au début de mars dernier. Refusant de partir il va voir MORANDAT avec lequel il faisait la connaissance de deux individus portant les pseudonymes de " Pressencé " et de " Jean-Claude ". Ce dernier lui remit une fausse carte d'identité au nom de [illegible] et lui présenta un camarade " GAILLARD " avec lequel il devait se rendre à Chambéry. Le I? mars il entreprit ce voyage tandis que " Jean Claude " et " Pressensé " se rendaient à Aix les Bains.

Arrivé à Chambéry, GAILLARD le conduisit chez STEPHENS, architecte, à qui il demandait de le cacher. Sur l'indication de STEPHENS, CURTIL passa la nuit chez VIDAL.

Le lendemain GAILLARD lui remit un pli avec mission de le porter à LYON. Il partit le soir même mais il fut arrêté à Bourg. Le pli qu'il transportait fut trouvé dissimulé dans sa chaussette.

Il avait été convenu avec GAILLARD qu'il assurerait un service de liaison et qu'il reprendrait contact avec MORANDAT qui le mettrait à nouveau en relations avec PRESSENSE.

Roques X

5°) MORANDAT et PERRIN femme MORANDAT X

La femme MORANDAT exploite à LYON un commerce de parfumerie. Ce magasin était le centre où l'on donnait aux jeunes gens désignés pour partir en Allemagne les moyens de se soustraire aux ordres de départ.

Une somme de 9?.000 frs a été trouvée au domicile des époux MORANDAT sur laquelle [illegible] frs provenaient d'un frère de MORANDAT prénommé " Léon " qui assurait la liaison par radio entre Londres et LYON. Léon MORANDAT n'a pu d'ailleurs être arrêté

Cette somme de 8?.000 frs devait servir à couvrir les frais de l'activité des " Mouvements Unis ".

MORANDAT qui ne s'était pas fait remarquer au point de vue de son activité politique entra en relations avec les agents du mouvement " Libération " à la suite d'une visite que lui fit son frère " Léon " venant d'Angleterre en octobre I94? .

Lui même touché par le service obligatoire du travail sa femme entreprit de l'y soustraire. Par l'intermédiaire d'une nommée Simone, non identifiée, qui leur avait été présentée par " Léon " ils entrent en relations avec " Pressensé ". A la suite de cette entrevue il n'apparait pas que MORANDAT ait tenté de dissimuler sa présence à LYON mais il fit part à CURTIL des renseignements qui leur avaient été donnés par " Pressencé " et le conduisit à ce dernier. 435

La femme MORAND T reconnait que " Simone " lui remettait des exemplaires du journal " Libération " qu'elle donnait à son mari et que lui même faisait passer à DURHIL.

La femme MORAND T a également reconnu que PRESSENCE avait demandé à son mari de faire la liaison entre BOURG et LYON. Le 14 mars un individu vint lui remettre une enveloppe portant la seule mention " AIN " que son mari devait porter à BOURG.

MORAND T conteste avoir transporté du courrier de LYON à BOURG, mais il reconnait cependant que sa femme lui remit le 14 mars la lettre à destination de BOURG.

Enfin la femme MORAND T devant la police a déclaré qu'elle et son mari faisaient partie du mouvement " Libération ".

Pressencé a été identifié comme étant ASHER dont il sera question ci-après.

6°) STEPHENS

D'origine américaine ayant obtenu la nationalité française en 1935 il exerce la profession d'architecte à Chambéry.

Au cours d'une perquisition faite à son domicile il fut découvert un document concernant la situation des jeunes gens réfractaires réfugiés dans la montagne, et dans lequel on priait STEPHENS de se mettre en rapport avec l'adjoint de DENIS. Ce document était signé " Beaumont " et adressé à " Prosper ", pseudonyme de STEPHENS dans l'organisation des mouvements de résistance.

STEPHENS reconnait qu'il lui a bien été adressé par BEAUMONT mais il a refusé de donner les renseignements permettant d'identifier ce dernier ainsi que DENIS.

Dans le courant de février 1943 STEPHENS avait été présenté à un nommé " JALOUX " non identifié par une personne dont il ne veut pas révéler l'identité, qui lui avait demandé de l'aider à cacher des jeunes gens réfractaires au service du travail obligatoire.

Sur son acceptation " Jaloux " le présenta à un individu dont il a prétendu ignorer le nom et l'adresse qui le pria de loger quelques uns de ces jeunes gens.

C'est ainsi que DURHIL fut accompagné par " GILLARD " à son domicile à Chambéry, le I. mars au soir.

STEPHENS ne pouvant le loger pendant la nuit l'envoya chez son employé VIDAL qu'il avait embauché depuis I. jours seulement. DURHIL passa la nuit chez VIDAL.

STEPHENS a été mis en liberté provisoire par la chambre des mises en accusation le 17 juin 1943. Le juge d'instruction l'ayant régulièrement convoqué à son cabinet pour les besoins de l'information, il fut avisé que l'inculpé n'avait pas reparu à son domicile et qu'il avait pris la

En conséquence, un mandat d'arrêt a été décerné contre lui.

7°) VIDAL.

Il est entré au service de STEPHENS, architecte à Chambéry le 1er mars 1943 comme dessinateur. Le 12 mars au soir, il se trouvait chez STEPHENS lorsque " GAILLARD " et CURTIL, se présentèrent au domicile de ce dernier.

STEPHENS demanda à VIDAL s'il pouvait loger l'un d'eux pendant la nuit et sur sa réponse affirmative il emmena CURTIL.

VIDAL ne pouvait ignorer le but dans lequel on lui avait demandé ce service. Il avait en effet assisté à la conversation entre STEPHENS et GAILLARD et CURTIL au cours de laquelle il avait été question de réfractaires réfugiés en Savoie. CURTIL lui avait d'ailleurs avoué qu'il se cachait pour ne pas partir en Allemagne.

En outre, le lendemain ayant rencontré " GAILLARD " celui-ci le chargea d'aviser CURTIL qu'il devait le rejoindre à 18 heures au café de Paris. VIDAL alla trouver CURTIL au café du commerce et lui rapporta l'ordre de GAILLARD

Cette rencontre, soi-disant fortuite de GAILLARD, la connaissance qu'il avait du café où se cachait CURTIL établit qu'il servait d'agent de liaison entre eux dans un but bien déterminé.

8°) VALLET

VALLET, ingénieur conseil, demeurant à LYON 16 rue Ste Clotilde, avait loué chez BIARD, 7 rue de l'Hôtel de Ville, une pièce dans laquelle se réunissaient les membres des " Mouvements Unis ". Il s'était présenté sous le pseudonyme de "MALLET".

Le 15 mars, il arrivait au domicile de BIARD lorsqu'il fut arrêté. En même temps qui lui se présentaient ASHER et FOUQUET qui furent également arrêtés.

Une réunion était donc organisée à cette date entre les 3 individus et VALLET avait été chargé d'organiser le local où ceux-ci pourraient se rencontrer.

BIARD Il a tenté d'expliquer sa présence chez BIARD en prétendant qu'il était venu uniquement pour traiter de l'achat d'un kilog de sucre.

Toujours est-il que profitant d'un moment où les inspecteurs procédaient à une perquisition chez BIARD et avaient relaché leur surveillance, il essaya de prendre la fuite, après avoir eu soin d'enfermer les agents dans la pièce où ils opéraient.

Les faits exposés ci-après concernant ASHER et FOUQUET démontrent le but des réunions qui se tenaient chez BIARD.

9° FOUQUET

Inscrit à la Faculté de Droit de Paris, il fut mobilisé, fait prisonnier et rapatrié à LYON en février 1943. Il avait, dit-il, l'intention de suivre les cours de l'Ecole de Sciences politiques, mais il ne put justifier d'aucun emploi depuis cette date et il refusa de donner des renseignements sur son activité.

Il fut arrêté le 15 mars en même temps que VALLET et ASHER au moment où il se présentait à la réunion qui devait de tenir chez BIARD.

Il fut saisi sur lui une note contenant des renseignements permettant de se rendre en Savoie pour échapper au service du travail obligatoire. C'est un individu prénommé " Charles " qui lui aurait dit-il, donné ces renseignements.

Il avait, a-t-il prétendu fait la connaissance de VALLET à Paris et il l'aurait retrouvé à Lyon.

A la police il a déclaré qu'il était venu chez BIARD pour traiter une question de ravitaillement, puis devant le juge d'instruction il précisa que c'était pour une affaire portant sur un kilog de sucre. VALLET avait donné la même précision mais il faut tenir compte que celle-çi est intervenue seulement après que VALLET et FOUQUET écroués dans la même cellule avaient pu se concerter pour faire une déclaration identique.

Cependant il a été obligé de reconnaître qu'en outre de ce motif, il était venu chez BIARD pour prendre livraison d'une fausse carte d'identité qui devait lui permettre d'échpper au service du travail obligatoire. Il avait dit-il donné sa photographie à un inconnu pour l'établissement de cette carte.

C'était ASHER qui devait la lui remettre chez BIARD. Etant donné l'activité que celui-çi menait en faveur des mouvements unis et dont il sera question ci-après, on peut affirmer que la réunion avait un tout autre but que celui avoué par VALLET et FOUQUET.

En outre le document saisi sur FOUQUET qui concernait les groupes dissimulés dans la région savoyarde, les cadres militaires, la gendarmerie et la police, établit qu'il jouait un rôle de courrier que sa présence chez BIARD avait pour but de remettre ce document à ASHER.

FOUQUET transféré à l'hôpital de l'Antiquaille avec MARCHAL et ASHER, s'est évadé avec ces deux derniers. Un mandat d'arrêt a été décerné contre lui.

Cette évasion a pû se réaliser grâce à la complicité d'individus appartenant certainement aux mouvements de résistance qui se sont présentés au nom des autorités de police allemande au Directeur de cet hôpital et sous les menaces d'armes ont exigé la remise des 3 inculpés.

a été détenu
évadé
[illegible]

10°) ASHER X

De race juive, ancien élève de l'Ecole Polytechnique, il arriva à LYON en 1941. En 1942 il commença à prendre part à l'activité des mouvements de résistance. Arrêté le [illegible] novembre 1942 à Marseille il réussit à s'enfuir des locaux de la police.

Il fut de nouveau arrêté à LYON le 10 mars 194[illegible] au moment où il arrivait chez BIARD pour rencontrer VALLET et FOUQUET.

Il tenta d'échapper aux agents qui l'avaient appréhendé en les mordant et en frappant l'un d'eux avec une matraque métallique télescopique à ressort qu'il avait dissimulée sur lui.

Il prétendit être venu chez BIARD pour apporter une fausse carte d'identité à la personne dont la photographie figurait sur cette carte. Cette personne était FOUQUET. Sur lui il fut trouvé en possession de fausses cartes d'identité au nom de LEGRAND et [illegible], de documents concernant l'armée secrète et de 3 carnets contenant des notes.

Après son évasion de Marseille où il avait été envoyé en mission par un nommé " René " habitant à LYON, il revint dans cette dernière ville le 2 novembre où il les rencontra à nouveau.

Celui-ci lui remit une fausse carte d'identité au nom de DURAND et il lui présenta un nommé " DEMEZAK ". Ce dernier à son tour lui remit une seconde carte d'identité, une carte d'alimentation, une carte d'alimentation et une fiche de démobilisation au nom de LEGRAND et lui présenta " Henri ".

Sur ordre de " DEMEZAK " il se rendit à [illegible] fois à Chambéry pour se renseigner près de " VOISIER " qui vraisemblablement est STEPHENS, sur les réfractaires réfugiés dans la montagne. VOISIER lui donna un rapport qu'il apporta à DEMEZAK.

Dans le même but il fit le 13 mars un voyage à Annecy où il rencontra un nommé " SIMEAU " qui lui remit également un rapport destiné à " DEMEZAK ".

Non seulement ASHER était en liaison avec le groupe se réunissant chez BIARD, mais encore il allait chez [illegible] où il s'occupa de CURTIL qui fut envoyé chez STEPHENS à Chambéry. En effet le 13 mars il eut un entretien avec MORANDAT, CURTIL et un nommé " Georges " au cours duquel il fut décidé que CURTIL partirait le soir même pour CHAMBERY.

ASHER était " PRESSENCE " dont il a été question au sujet de MORANDAT et de CURTIL et il connaissait " Simone " qui avait été présentée à la femme MORANDAT par son beau-frère " Léon " lorsqu'il était venu de Londres à Lyon.

Transféré à l'hopital de l'Antiquaille il s'est évadé avec FOUQUET et MARCHAL. Un mandat d'arrêt a été décerné contre lui.

- I -

II°) BIARD

BIARD exerce la profession d'employé de commerce à LYON.

Dans le courant de septembre 1942 un individu se disant MALLET lui demanda s'il pouvait mettre une chambre à sa disposition pour donner des leçons de droit. Il loua sa salle à manger moyennant le prix de 5 frs l'heure.

Des personnes venaient irrégulièrement dans cette pièce. Il a prétendu ignorer la nature de leurs conversations. Cependant, étant donné que lui même et sa famille se tenaient dans une chambre voisine pendant que les réunions clandestines, il n'est pas possible qu'on ne se soit pas rendu compte de la nature des sujets qui faisaient l'objet de ces entretiens.

En outre BIARD avait loué sa boite aux lettres qui servait à y déposer le courrier des agents des mouvement de résistance.

Il a reconnu qu'il l'utilisait également pour sa correspondance personnelle. Par conséquent il avait pu constater que les enveloppes destinées à son locataire ne portaient aucune indication ni adresse ou portaient seulement le nom de pseudonymes.

Ce fait rapproché des réunions qui se tenaient dans la salle à manger ne pouvait le laisser se méprendre sur le caractère clandestin et suspect des actes qu'il favorisait en louant sa salle à manger et sa boite aux lettres à un individu qu'il ne connaissait pas et sur lequel malgré les anomalies qu'il avait pu relever dans sa conduite, il n'avait pas cru devoir se renseigner.

[...]

Il résulte de cet exposé que l'on se trouve en présence de personnes appartenant à un même groupement ou agissant pour le compte de ce dernier dont le but est de provoquer un état de rebellion contre l'ordre social légalement établi et de mener une activité à caractère idéologique d'inspiration gaulliste tendant à engendrer des actes de nature à nuire à la défense nationale.

Les actes ci-dessus énumérés ayant le même objet, quelle que soit leur qualification, tombent sous l'application de la loi du 5 juin 1943.

Bien que les faits soient antérieurs à la publication de cette loi, la procédure qu'elle fixe doit être appliquée.

En conclusion, je me propose de requérir une ordonnance de non lieu en faveur de Melle VIANET, de VOYANT de MAUDRAY et de GRANDCHAMP (tous en liberté provisoire) et de renvoyer les autres inculpés devant la Section spéciale de la Cour d'appel.

Je vous serais très obligé de vouloir bien me faire connaître si vous croyez devoir partager mon point de vue en ce qui concerne les inculpés devant bénéficier d'une ordonnance de non lieu.

Le Procureur de la République

[signature]

ANNEXES XVII

XVII-1 : Rapport Knochen (23 octobre 1943)
XVII-2 : Rapport Floreck (24 octobre 1943)
(AN, cote : AJ 40/545 doss. 18 [Lyon])

[illegible]
[illegible]
[illegible]
in Frankreich

II/ 3/455/o1/Dr.Ga./dr.

Paris, den 23.10.43

betr.: Angeli

28

Fernschreiben

a) An den
Reichsführer ‡‡ und Chef der Deutschen Polizei

b) Chef der Sicherheitspolizei und des SD
z.H. ‡‡-Obergruppenführer Dr. KALTENBRUNNER
Berlin

c) ‡‡-Gruppenführer OBERG
z.Zt. Marseille

Betrifft: Sühnemaßnahmen wegen Überfalls auf einen Gefangenentransp[ort]

Am 21.10., 19.30 Uhr, wurde durch Insassen zweier französischer PKW ein Überfall auf den Gefangenentransport des Sicherheitspolizei (SD) Einsatzkommandos Lyon verübt. Hierbei wurde der Fahrer des LKW, mit dem die Gefangenen von Lyon in das Fort Mont Luc transportiert werden sollten, SS-Rottenführer z.K. Gerd REDINIUS, geb. am 12.1.02 in Leezdorf/Friesland, verh., Vater eines Kindes, durch 6 Schüsse tödlich getroffen, außerdem war der als Begleitpersonal eingesetzte SS-Unterscharführer ILAUER durch einen Lungenschuß lebensgefährlich verletzt und ist tags darauf gestorben. Der dritte Angehörige des Kommandos konnte von dem führerlosen Wagen abspringen, war infolge des Aufpralls vorübergehend bewußtlos, ist aber sonst unverletzt.

Von 14 Häftlingen, die zu je zwei zusammengefesselt waren, hat sich lediglich ein einziger, der durch Nackenstreifschuß verwundet war, freiwillig gestellt.

Der Überfall erfolgte ungefähr 300 m von Montluc entfernt, an einer von Häusern nicht flankierten Stelle mit wenig Fußgängerverkehr.

Die Schüsse wurden zweifelsfrei aus einer Maschinenpistole abgegeben und zwar aus einem der beiden erwähnten Autos heraus, dessen Insassen den Feuerüberfall tätigten, als der Personenwagen sich in gleicher Höhe mit dem deutschen LKW befand. Der LKW wies 20 Einschüsse auf.

-b.w.-

Die sofort nach dem Überfall ergriffenen Maßnahmen führten bisher zur Wiederergreifung von drei der geflüchteten Häftlinge.

Durch das Einsatzkommando Lyon wurde als Sofortmaßnahmen die Verhängung einer Sperrstunde von 2o.3o bis 5 Uhr sowie Sperrung sämtlicher Kinos, Theater und Vergnügungsstätten von Lyon verfügt. Außerdem beabsichtige ich, zu folgenden weiteren Maßnahmen zu schreiten:

a) 5o Personen aus Lyon, die wegen ihrer Gesinnung die Tat billigen und hinter den Tätern stehen, zur Einbeziehung in die Aktion Meerschaum oder sonstige Einlieferung in ein KL im Reich zu verhaften,

b) Erschießung der in der Spi-Sache "Nilo" inhaftierten 1o Personen (AG-Funker sowie des Regionalchefs der IS, BOYER), zu deren Befreiung der Anschlag aller Wahrscheinlichkeit nach erfolgt ist, und der drei wiederergriffenen, auf dem Transport geflüchteten Häftlinge;

c) Veröffentlichung in der Presse über die Maßnahmen a) und b), jedoch ohne Bekanntgabe der Namen der Erschossenen.

Außerdem beabsichtige ich, in dieser Pressenotiz, nachdem im vorliegenden Falle zum erstenmal ein schwerwiegendes Attentat nicht durch Radfahrer sondern durch Autobenutzer erfolgte, eine Überprüfung sämtlicher Zulassungen in der Region Lyon durchzuführen und Zulassungen von Kraftfahrzeugen von Seiten der französischen Behörden von der Zustimmung des zuständigen Sicherheitspolizei-Kommandos abhängig zu machen.

Ich bitte um sofortiger Entscheid.

gez. DR. KNOCHEN

SS-Standartenführer

29 4 ~~20~~

1.) Abschrift.

Blitz Lyon Nr. 8891 24.10.43 1935 Uhr Fl.

An a) den B.d.S. z.Hd.v.SS-Staf.Dr.Knochen Paris

b) an Gruppe GFP 540 - Paris, Av.Foch 41
(mit der Bitte um sofortige telephonische Weitergabe)

Betr.: Erschiessung eines Uffz. der hies.z.b.V. Dienststelle und eines Obergefreiten der GFP 540 bei der Festnahme von Terroristen.

Am 24.10.1943 etwa 14,50 Uhr, wurden der Uffz. Jean K l o t t e r der hies.z.b.V. Dienststelle und der Obergefreite Fritz H o f f m a n n der zum Kommandeur der Sipo und des SD abgestellten GFP-Aussenstelle der Gruppe 540 bei der Festnahme von Terroristen erschossen.

Durch Ermittlungstätigkeit wurde festgestellt, dass der Jude Raymond W e k s e l m a n n, wohnhaft in Lyon-Villeurbanne, Cours du Sued Nr.5, einer Terroristengruppe angehört. Am heutigen Nachmittag sollte die Festnahme durch zwei Angehörige der GFP-Aussenstelle, einem Uffz. und einem Uffz.der z.b.V. Dienststelle und einem Agenten erfolgen. Dabei wurden in der Wohnung des W e k s e l m a n n die beim Überfall auf den Gefangenentransport der hies. Dienststelle befreiten Terroristen T r o n c h o n und B u i s s o n (Ziff.9 und 10 meines FS v.22.10.43) betroffen. Der Jude W e k s e l m a n n besass eine Pistole, Kaliber 7,65 mm., während die beiden anderen keine Waffen hatten. Die 3 Festgenommenen, W e k s e l m a n n, B u i s s o n und T r o n c h o n wurden im Dienstkraftwagen untergebracht und von Uffz. K l o t t e r (zBV .Dienststelle) und Obergefreiten H o f m a n n (GFP), die eine engl. Maschinenpistole und eine Pistole (7,65) hatten, bewacht. Während dessen wurde die Durchsuchung des Hauses durch Uffz. R a u h (GFP) und dem Agenten R o b e r t vorgenommen. Auf plötzliches Geschrei, dem unmittelbar drei Schüsse folgten, eilte Uffz. Rauh herunter auf die Strasse und bemerkte die am Boden liegenden Kameraden und die in verschiedener Richtung flüchtenden Tronchon und Buisson. Uffz. Rau verfolgte in dem unübersichtlichen Strassengewirr den Buisson und eröffnete auf ihn das Feuer. Buisson wurde getroffen. Während dessen wurde von dem Juden Wekselmann, der sich die Maschinenpistole des ermordeten Hoffmann angeeignet hatte, aus etwa 100 Meter Entfernung das Feuer auf Uffz. Rau eröffnet. Rauh, der nur eine Pistole 7,65 mm im Besitz hatte, musste kurz Deckungnehmen, sodass er die drei Festgenommenen aus den Augen verlor.

P.P.

Es muss angenommen werden, dass die Festnahme der drei Terroristen durch deren Freunde beobachtet wurde. Da die beiden Gefallenen durch Kopfschüsse, höchstwahrscheinlich aus einer Pistole 7,65 mm getötet wurden, müssen die Täter sich unbemerkt genähert und dann das Feuer eröffnet haben, sodass eine Gegenwehr nicht mehr möglich war. Der Obergefr. Hoffmann erhielt einen Schuss in den Mund (ohne Ausschuss), der den sofortigen Tod herbeiführte. Der Uffz. Klotter wurde durch je einen Schuss in die Stirnmitte und in das rechte Auge schwer verletzt und starb wenige Minuten nach der Einlieferung ins Hospital Granche Blanc. Durch Sofortmassnahmen im Einvernehmen mit der frz.Polizei konnte Buisson ermittelt werden. B. liegt unter schärfster Bewachung im Hospital Granche Blanc. Er ist durch je einen Bein- Arm- und Nierenbeckenschuss schwer verletzt, muss sofort operiert werden und ist z.Zt. noch nicht vernehmungsfähig.

Mit der AST ist sofort Verbindung aufgenommen worden.

Der Kdr.der Sipo und des SD Lyon I.A. gez. F l o r e c k

SS-O'Stuf.

2.) Abteilung I A
mit 1 Durchschrift zur Kenntnis

3.) Abteilung II Pol ✓
mit 1 Durchschrift zur Kenntnis

4.) GFP-Gruppe 540

Feldpolizeikommissar T h o s s
mit 1 Durchschrift zur Kenntnis

5.) IV A

Brunnenberg

ANNEXE XVIII

Lettre du 2 juillet 1948 de Jean Biche au juge d'instruction lyonnais Sérager

Ce document, indiquant que le chef régional du réseau « Nilo » a bien été, par l'intermédiaire de Lucien Doussot, impliqué dans l'attaque du boulevard des Hirondelles du 21 octobre 1943, recoupe le rapport Knochen rédigé le 23 octobre 1943.

Jean BICHE.

66, RUE DE MIROMESNIL. VIIIe
LABORDE 18-06

Directeur Général des Ets.BRONDEL
5, rue Antonin Perrin, 5
VILLEURBANNE

Le 2 Juillet 1948

Monsieur SERAGER
Juge d'Instruction près de la
Cour de Justice
PALAIS de JUSTICE
LYON

Monsieur le Juge d'Instruction,

Au sujet de l'affaire DOUSSOT pour laquelle vous m'avez convoqué récemment afin de me demander témoignage, j'ai, depuis samedi rassemblé quelques souvenirs.

J'ai donc l'honneur de vous transmettre la déposition ci-dessous à laquelle je vous prie d'accorder la même valeur qu'à celle que j'ai faite devant vous sous la Foi du Serment :

Je vous ai dit comment, arrêté par la Gestapo le 19 Octobre 1943 à midi moins 10, DOUSSOT a voulu dès 13 h. se faire reconnaître à moi comme un agent des services Secrets Français qui s'était engagé par ordre, dans la Gestapo. Je vous ai dit également que, pour moi, tout s'était passé comme si effectivement DOUSSOT avait rempli ce rôle. Voici des détails supplémentaires qui étayent cette conviction :

Le lendemain de mon arrestation, 20 Octobre, DOUSSOT m'a dit dans la cave où il était venu me voir "j'ai reçu l'ordre de vous faire évader dans les 48 heures, vous serez sorti demain soir ". Le lendemain 21 (autant que ma mémoire soit fidèle) j'ai été interrogé très durement en compagnie d'un jeune homme blond dont j'ai oublié le nom mais qui avait été arrêté au même endroit que moi trois heures après moi (chez Georges MARTIN, rue de Sèze). Nous avons été reconduits en camionnette particulière vers 4 h. à la prison de Montluc. Quelques jours après j'ai appris, car tout se sait même en prison, que la camionnette normale transportant les prisonniers depuis l'Ecole de Santé jusqu'à Montluc, avait été arrêtée par la Résistance ce soir là, Bd. des Hirondelles. Les 14 prisonniers transportés avaient été libérés, dont Monsieur AUBRAC alors chef de l'Armée Secrète, arrêté depuis Juin 43 (affaire de Caluire). Pendant 2 ou 3 jours, je ne fus plus extrait de ma cellule (N°70 si je me rappelle bien).

./..

L'interrogatoire suivant fut fait en grande pompe dans l'infirmerie de la prison de Montluc, et pendant un certain temps, je ne fus plus transporté à l'Ecole de Santé pour interrogatoire, que dans des camion--nettes légères où j'étais sous la surveillance de 4 policiers allemands armés de mitraillettes qui me tenaient constamment en joue.

Ces véhicules prenaient d'ailleurs des chemins extraordinaires, le trajet de Montluc à l'Ecole de Santé prenait de 15 à 30 minutes, et il est certain que les allemands redoutaient l'attaque du véhicule pour ~~nous~~ me libérer.

A quelque temps de là, le personnage que vous m'avez dit s'appeler DOUSSOT revint me voir à la cave et me dit " l'autre jour ça à raté, mais je vais tâcher de remonter quelque chose pour vous faire sortir". Depuis lors, dans les milieux de la résistance, on m'a dit à ma rentrée que l'attaque du Boulevard des Hirondelles avait été tentée pour ma seule Libération.

Un de mes adjoints m'a dit aussi qu'il avait été en rapport avec DOUSSOT (je veux dire celui que vous appelez ainsi) dans un bar discret et à 2 entrées, que je fréquentais pour ces raisons, et où j'avais avant mon arrestation de nombreux rendez-vous. Ce bar était "L'Horizon" rue Bellecordière, dont la patronne s'appelait Mme.MICHELINE.X.

L'adjoint en question s'appelait le Lieutenant, depuis capitaine et probablement même commandant, COLIN qui commande maintenant le Cercle du Wurtemberg, son P.C. étant à FREUDENSTADT (Wurtemberg).

Je dois mentionner qu'au bout de 4 ou 5 entrevues, alors que DOUSSOT m'avait inspiré confiance à 90 %, il m'avait dit : "avez-vous un lieu quelconque dans Lyon où je puisse faire une commission pour vous", je lui avais dit : " je vais assez souvent au bar de l'Horizon, prévenez la patronne que j'ai été arrêté par la Gestapo".

Le reste des détails m'échappe, mais il est probable que mon adjoint Colin (chef de secteur de mon réseau pour la partie centre) avait été prévenu par la patronne Mme.MICHELINE X, et que c'est ainsi qu'il a pris contact avec DOUSSOT. Il est aisé de la vérifier. Le capitaine ou commandant Colin, est un officier de St-CYR.

Toutes les raisons que j'ai exposées ci-dessus contribuent à me faire penser que DOUSSOT était effectivement aux ordres de la Résistance (par patriotisme je l'espère ou par intérêt je n'en sais rien), en tous les cas, en ce qui me concerne, tout s'est passé exactement comme si c'était le cas.

J'espère que vous voudrez bien tenir compte de ce témoignage objectif dans votre dossier,

Et vous prie d'agréer, Monsieur le Juge d'Instruction, l'assurance de ma considération distinguée.

Jean Biche

J.BICHE

ANNEXE XIX

Mémoire signé Klaus Barbie remis par Me Vergès au juge Jacques Hamy (4 juillet 1990)

Le 13 mars 1943 et les jours suivants, la police française en liaison avec la police allemande, arrêtait dans la région lyonnaise des Résistants dont trois dirigeants importants de l'Armée Secrète.

Raymond Samuel alias François Vallet, pseudo Aubrac [1], François Morin alias François Marchal, pseudo Mechin, Maurice Kriegel alias Maurice Fouquet, pseudo Gayet.

La police saisissait en même temps des documents très importants concernant en particulier le général Delestraint alias Vidal et René Hardy alias Carbon puis Didot.

Tous ces documents furent transmis pour exploitation à la police allemande, en application de l'ordonnance du 1er mars 1943, confiant au BDS les responsabilités précédemment dévolues à la commission d'armistice [2] étendue à l'ex-zone non occupée [3]. De la même manière les personnes appréhendées furent « prêtées » pour être interrogées à la section IV du Kommando de la

---

1. Il y a lieu de faire une distinction entre les pseudos et les fausses identités *(alias)*. Les pseudos sont en fait des noms de guerre et de reconnaissance entre clandestins. Ils doivent en principe garantir l'anonymat. Les fausses identités doivent faciliter la circulation, permettre d'échapper aux contrôles policiers, de séjourner dans des régions interdites et de gagner du temps en cas d'arrestation (note JV).

2. BDS : Commandement du Sipo-SD ou police SS en France.

3. Bundes Archiv Koblenz, fonds R 70, en France, Archives nationales, 393 MI.

police allemande à Lyon, chargée de la lutte contre la Résistance et que je dirigeais.

Les informations réunies par moi seront jugées à ce point capitales par mes supérieurs que le docteur Kaltenbrunner, chef de la Gestapo, estimera nécessaire d'en faire la synthèse à l'intention de Joachim Von Ribbentrop, notre ministre des Affaires étrangères le 27 mai 1943, et que celui-ci à son tour jugera nécessaire de les transmettre à Hitler lui-même le 4 juin suivant[1].

*

« Des dépositions des individus appréhendés, du matériel mis en sécurité et avant tout des 15 dossiers saisis le 13 mars, écrit Kaltenbrunner, résulte l'aperçu général que voici : ... »

Suit un exposé précis, fouillé, méticuleux et surtout exact sur l'Armée Secrète depuis sa création en 1942 par la fusion des groupes armés des mouvements Combat, Libération et Franc-Tireur.

Connu désormais, l'État-Major de l'AS avec à sa tête « le général Vidal » et les quatre bureaux classiques de l'administration militaire française.

Un schéma reproduit cette structure telle qu'elle existait en mars 1943. Méchin figure en I (premier bureau), Gayet (Kriegel) en II (deuxième bureau), Aubrac est à l'Etat-Major Général et au Comité de Coordination[2].

« Jusqu'à l'échelon des départements inclus, les organes de direction disposent de même d'un état-major local et des bureaux mentionnés. Au-dessous du canton — parfois déjà au-dessous du département — la structure de l'Armée Secrète n'est plus régionale mais tactique. »

Un croquis intitulé « articulation tactique » à nouveau illustre le propos[3].

---

1. Archives de la Wilhelmstrasse. Classement de l'Université de Stanford-Californie n°s 298.891 à 298.920.
2. US 298.902.
3. US 298.904.

*

Connue désormais l'implantation de l'AS sur le territoire français au mois de mars 1943. Un nouveau croquis intitulé « structure régionale de l'Armée Secrète mars 1943 » illustre la « répartition de l'Armée Secrète qui dispose, après le rattachement du groupe Froment de 80 000 hommes dans les territoires récemment occupés et de 25 000 hommes dans la zone anciennement occupée[1] ».

Connu désormais le système de liaison de l'AS.

« Les liaisons du commandement suprême aux régions sont encore assurées par les courriers des organisations dont est issue l'Armée Secrète. »
« Cependant un service de liaisons propre à l'AS se trouve en cours d'organisation. En outre, des inspecteurs sont affectés aux Régions et départements pour garantir le travail de normalisation et de contrôle[2]. »

Connu l'armement.

« D'après les informations recueillies jusqu'à présent l'Armée Secrète disposait au mois de février 1943 d'à peu près 6 000 demi-quintaux d'armes et de munitions, dont plusieurs centaines d'armes automatiques et plusieurs centaines de mille de coups de munitions, outre des lance-grenades, des canons de DCA et des véhicules de combat légers.
D'après ses propres indications, elle a cependant besoin d'au moins 40 000 demi-quintaux d'armes et de munitions.
Il ne fait pas de doute qu'entre-temps elle a pris possession de plus grandes quantités de matériel provenant avant tout des stocks de l'ancienne armée française.
En dénichant plusieurs dépôts clandestins des groupes Franc-Tireur et Libération dans la région de Clermont-Ferrand, nous avons pu nous emparer d'au moins 3 000 fusils, 60 mitrailleuses, 250 fusils-mitrailleurs, 10 lance-grenades, 8 canons de DCA et de grandes quantités de munitions, outre des camions, des autos, des motos et autre matériel de guerre. »

---

1. US 298.903.
2. US 298.905.

*

Les contacts de l'AS avec l'armée d'armistice ont également été « donnés » :

« Des "fonctionnaires" de l'Armée Secrète sont en pourparlers avec des officiers de l'armée d'armistice française en vue de la cession d'armes et de matériel. Ces pourparlers ont, en partie, abouti à des promesses concernant l'équipement de l'Armée Secrète. Au demeurant, on peut constater que ces milieux d'officiers s'occupent eux aussi de l'organisation de groupes militaires qui, en cas d'invasion, pourraient collaborer avec l'Armée Secrète[1]. »

Il s'agit entre autres des contacts entre Aubrac et le Général Frère.

*

De même 77 terrains de parachutage et d'atterrissage ont été livrés. Ces informations permettent aux services d'engager d'autres actions au cours desquelles « le nombre des terrains connus (sera) considérablement augmenté ».

« Entre le 26 mars et le 2 avril 1943 — en majeure partie grâce à des moyens techniques, repérage radiogonométrique par des unités de la Wehrmacht et de la police, mais aussi grâce aux enquêtes de la police de sécurité — nous avons saisi (c'est Kaltenbrunner qui parle) un total de 23 appareils émetteurs ; une partie de ces appareils saisis était auparavant totalement inconnue de nos services de surveillance[2]. »

Mais nous ne saisissons pas seulement du matériel, nous « trouvons » des notes qui révèlent que la recherche de terrains de parachutage et d'atterrissage constitue désormais une préoccupation majeure de l'AS.

---

1. US 298.905.
2. US 298.906.

« A côté du matériel saisi de l'Armée Secrète, nous avons trouvé des notes selon lesquelles, en janvier 1943, sur 31 parachutages et 4 atterrissages d'avions qui avaient été préparés, seulement 5 parachutages et 1 atterrissage avaient été réalisés avec succès, tandis que 5 autres actions n'ont pas réussi, et qu'au mois de février 1943 cette proportion a encore tellement empiré que d'un total de 38 actions préparées, seulement 1 atterrissage d'avion et 1 parachutage ont réussi, tandis que 3 autres tentatives sont restées sans résultat. Mais il faut admettre qu'à la suite des réclamations transmises en Angleterre par radio, le volume des actions entreprises a considérablement augmenté. Ceci résulte d'un grand nombre d'émissions captées par nous dans lesquelles le centre directeur excuse par le mauvais temps la suppression de certaines opérations et examine d'amples actions nouvelles. »

De cette activité accrue, le docteur Kaltenbrunner cite comme exemples un certain nombre d'émissions toutes postérieures au 13 mars.

29.4.43 : « ... Tenez-vous prêts pour l'époque de lune de mai, du 9 au 23, de 22 H 30 à 1 H 30 heure de Greenwich. Si possible, prenez dix récipients au lieu de cinq et indiquez le terrain. »
1.5.43 : « ... Très important. Pour le mois de mai et jusqu'à nouvel ordre. Par suite des nuits plus courtes, la RAF ne peut exécuter des opérations au nord de la ligne Angoulême-Limoges-Aubusson-Moulins. Communiquez d'urgence des terrains au nord de cette ligne pour l'opération Lysander (atterrissages) nom de code Victoire, du 9 au 23 mai pour le retour de Petit. Nous examinerons avec lui vos terrains en tout cas Chablis[1]... »

*

Connu désormais le fonctionnement des services radio.

« Il faut dire que ces Radios ne sont généralement que des outils mécaniques des organisations illégales. Comme ils peuvent être dépistés par des moyens techniques et par radiogo-

1. US 298.909.

nométrie et que de ce fait ils sont toujours dans une certaine mesure menacés, on ne les met généralement pas en confiance avec les autres rouages de l'organisation et ils ne sont en contact avec celle-ci que par courriers et boîtes aux lettres, si bien que les radios arrêtés sont d'eux-mêmes à peine en mesure de donner des informations sur les hommes qui sont derrière eux.
Il est extrêmement rare que les pianistes[1] soient en même temps les chiffreurs. La plupart du temps ils reçoivent les messages à transmettre chiffrés et de même ils retransmettent chiffrés à leurs commettants les télégrammes reçus du centre directeur, sans être en mesure de les déchiffrer eux-mêmes[2]. »

Connues même les querelles qui opposent à ce sujet les responsables du mouvement Combat et les services du BCRA[3] :

« Du fait que dans un rapport déjà trouvé qui semble émaner du Capitaine Fresnay, on se plaint de ce que le service radiophonique avec Londres fonctionne mal et que la 6e section de Combat (SOAM) manque de Radios, il faut conclure qu'une partie des agents radios connus n'est pas rattachée directement à l'Armée Secrète et à ses subdivisions. Mais comme ce trafic radio s'occupe lui aussi de l'organisation de parachutages et d'atterrissages et que le matériel reçu va sans aucun doute aux milieux de résistance français — en particulier à l'organisation de "Cartes"-Radio Patrie il faudra lui consacrer la même attention qu'aux relations radiophoniques de l'Armée Secrète[4]. »

Connu le plan de l'AS.

« En plus on a trouvé des plans qui s'occupent par exemple de la création d'une tête de pont dans le Midi de la France et qui proposent à cette fin la rive gauche du Rhône pour les raisons suivantes :

1. Pianistes : opérateurs radio.
2. US 298.910.
3. Bureau central de renseignement et d'action dépendant du Comité français de la Libération nationale du Général de Gaulle.
4. US 298.909.

a) cette région, grâce à l'occupation italienne, est plus facile à nettoyer ;
b) la configuration du terrain se prête à la guerre de guérilla ;
c) il est possible de débarquer du matériel de guerre par hydravions sur les lacs ;
d) il existe un réseau routier et ferroviaire favorable ;
e) les possibilités de liaison vers la Suisse pourraient être mises à profit pour amener du matériel de guerre lourd. »

Connue la stratégie de l'AS.

« Dans des consignes récupérées par nous du Commandement de l'Armée Secrète, du 5 janvier 1943, il est dit textuellement : "dans l'état actuel de la guerre, une action d'envergure de l'Armée Secrète ne peut être envisagée que si elle est liée à une action directe des forces alliées qui débarquent sur le sol français. L'Armée Secrète évitera par conséquent d'impliquer ses effectifs dans des opérations sans espoir. La mission de l'Armée Secrète, c'est d'entraver ou de paralyser l'action allemande par une action générale déclenchée au moment propice pour appuyer le débarquement des Alliés..."
Dans ce cas, ce serait le plan "A" qui serait à appliquer. Il prévoit ce qui suit[1] :
a) attaque des voies ferrées et des moyens de transmission,
b) attaque d'objectifs fixes désignés d'avance,
c) actions de guerre de guérilla,
d) action à partir de nids de résistance.
Les attaques contre des voies ferrées sont désignées comme actions "I/A". En même temps toutes les lignes sont nanties d'un numéro, de sorte que par exemple l'ordre d'exécuter "I/A 29" signifierait la destruction uniquement de la ligne n° 29, tandis que l'ordre d'exécuter "I/A" tout court déclencherait la destruction simultanée de toutes les lignes prévues. Après exécution du plan "A", les membres de l'Armée Secrète doivent, tout en exécutant des actions de guérilla, se retirer vers les "centres" prévus pour y former des nids de résistance et les défendre par tous les moyens jusqu'à l'arrivée des troupes d'invasion. En choisissant les contrées pour l'établissement de ces nids de résistance, il faut donner la préférence à certai-

1. US 298.914.

nes régions montagneuses (Alpes, Pyrénées, Massif central) qui sont faciles à défendre et qui rendent impossible l'emploi de véhicules motorisés. En outre, il faut tendre à ce que l'Armée Secrète puisse se ravitailler sur ces régions mêmes, et que de plus le parachutage d'armes et de matériel, éventuellement de personnel soit possible. »

Connues aussi les contradictions internes de la Résistance, le poids écrasant du mouvement Combat, ses ambitions hégémoniques, les sympathies giraudistes de certains de ses dirigeants, la situation ambiguë des communistes.

« L'Armée Secrète considère les communistes comme ses alliés et comme des camarades dans la lutte contre l'Armée d'occupation. Elle adopte à l'égard du Parti Communiste Français la même attitude que les alliés à l'égard de l'URSS. En même temps, l'Armée Secrète ne se fait aucune illusion : les alliés communistes ne sont en aucun cas des amis. On espère que la reconnaissance du Général de Gaulle par les communistes français rendra impossible une tentative de coup de force communiste au moment où il aurait les plus grandes chances de succès. Ce moment serait la période de transition après le refoulement des troupes de l'axe. Comme les communistes ont reconnu le Général de Gaulle comme chef du gouvernement provisoire aussi pour cette époque, on tient pour exclu qu'ils se tournent contre lui précisément à ce moment de la résistance française. »
« Au demeurant, remarque Kaltenbrunner, l'Armée Secrète ne veut pas renoncer à la collaboration avec les groupements communistes très actifs et nombreux. Rien que dans le Front National de la Région Parisienne, ils disposeraient de 90 000 hommes. »

Connues enfin les exigences de l'AS à l'égard de la France Libre et du général de Gaulle. Pour augmenter sa puissance de frappe et ses possibilités d'action, l'Armée Secrète a formulé les exigences suivantes[1] :

1. US 298.919.

« a) Droit à l'utilisation des câbles et des valises diplomatiques des ambassades anglaises et américaines en Suisse, d'où l'Armée Secrète pourrait faire passer quotidiennement du courrier. Ainsi pourrait être utilisé le vaste matériel d'informations qu'autrement la capacité réduite des liaisons radiophoniques ne permet pas de transmettre.
b) Augmentation du budget mensuel, notamment pour pouvoir combattre la relève : ce poste à lui seul demanderait cinq millions de francs par mois pour secourir les familles des ouvriers qui s'opposent à leur envoi en Allemagne et s'offrent à former de petits groupes en vue d'actions de guérilla. Si cette demande n'était pas accordée, on peut craindre que la mobilisation générale de la main-d'œuvre ne donne le coup de grâce à l'idée de résistance en France.
c) Ouverture d'un compte courant dans une banque suisse pour couvrir les frais des agents de liaison auprès des diverses représentations diplomatiques.
d) Augmentation considérable des fournitures de matériel, notamment par parachutage, pour armer ceux qui sont déjà incorporés dans l'Armée Secrète, et en outre pour pourvoir les hommes qui, à la suite de la relève, se cachent et mènent une guerre de guérilla. Il serait criminel d'appeler à la révolution et de ne pas armer les combattants. Si les Alliés étaient intéressés à l'Armée Secrète, ils devraient faire bon accueil à ces demandes avant que la majorité des éléments actifs n'ait succombé sous les balles des pelotons d'exécution, ou qu'ils ne soient incorporés de force pour le travail par les Allemands. »

Conclusion du docteur Kaltenbrunner :

« La plus grande attention sera consacrée à la lutte contre l'Armée Secrète. »

La chasse commence avec d'autant plus de chances de succès que « notre informateur, écrit Kaltenbrunner, est un dirigeant de l'Armée Secrète ».

*

Interrogé le 13 décembre 1989 par vous, j'ai dit que cet

homme de confiance de la police allemande à la tête de l'AS était Raymond Aubrac.

Certes on ne peut croire un inculpé sur parole. Mais il ne suffit pas non plus d'éluder l'accusation au prétexte que celui qui la porte est un ennemi. Encore faut-il réfuter les présomptions sur lesquelles il s'appuie. C'est une question de méthode, à laquelle M. Aubrac ne peut objecter puisque ce fut celle qu'il utilisa contre René Hardy.

> « C'est moi qui suis intervenu auprès de la police française avec qui j'étais en rapport étroit pour qu'elle demande au juge de remettre Aubrac en liberté », ai-je dit.

Aubrac en effet fut le seul inculpé de l'affaire à être mis en liberté provisoire le 10 mai 1943. Dans son livre *La Vérité aura le dernier mot* paru en mars 1985, page 227, Henri Noguères reprend la première explication de cette mesure :

> « Au cours de leur séjour en prison, les inculpés de l'affaire de la rue de l'Hôtel-de-Ville avaient été, comme il était de règle, présentés à la police allemande à l'Hôtel Terminus.
> Mais que l'on ne s'y trompe pas : il s'agissait de trop menu fretin pour que le chef de la IVe section en personne — c'est-à-dire Klaus Barbie — qui, d'ailleurs, était installé à l'école de la Santé Militaire[1], s'intéresse à eux. Voici d'ailleurs en quels termes Ravanel, dans le témoignage qu'il nous a donné pour l'*Histoire de la Résistance*, a évoqué cette formalité :
> "Les fameux Valrimont et Aubrac prétendaient s'être rencontrés pour se vendre quelques kilos de sucre : ils étaient donc inculpés de marché noir, ce qui constituait un motif pour que la police française réclame de les garder." » (Henri Noguères, *Histoire de la Résistance*.)

Le rapport Kaltenbrunner apporte un démenti catégorique à cette explication qui n'explique en outre pas pourquoi de ces trafiquants, Aubrac seul fut remis en liberté.

---

1. L'historien Noguères se trompe de date. A l'époque où Aubrac est interrogé pour la première fois, le siège de la police allemande est encore à l'Hôtel Terminus.

D'où une autre version, toujours de MM. Noguères et Ravanel :

« Entre-temps, deux événements allaient modifier nos projets. Ce fut d'abord la libération régulière de Raymond Aubrac. Sa femme, agissant avec une extrême audace, était allée voir le Procureur de la République et l'avait menacé s'il ne libérait pas son mari. A l'appui de ses affirmations, elle lui annonça qu'un message, dont elle lui donna le texte, passerait à la radio de Londres. Effectivement, le message passa et le Procureur, convaincu que Lucie Aubrac était mandatée par la Résistance, mit Raymond Aubrac en liberté provisoire, dans les premiers jours du mois de mai 1943 [...]. »

Que cette nouvelle version de la libération d'Aubrac contredise la précédente ne gêne apparemment personne.

Mais cette explication, elle non plus, n'est pas suffisante. La mise en liberté en effet d'un prisonnier ne dépend pas du seul Procureur de la République, mais d'abord du juge d'instruction. Il faut donc supposer que celui-ci aussi était d'accord. Mais en outre, comme le Procureur de la République avait estimé que l'affaire n'était pas futile mais très grave, et qu'il en avait fait un rapport au Procureur Général, dont copie me fut communiquée, il faut supposer que celui-ci à son tour était d'accord. A croire que les hiérarchies policières et judiciaires de Vichy, loin de collaborer avec nous, sympathisaient avec la Résistance...

Ces événements ont fait l'objet en effet d'un rapport préalable du Procureur de la République au Procureur Général près la Cour d'Appel de Lyon en date du 30 mars 1943. Celui-ci, vu son importance, transmit le rapport au Garde des Sceaux, ministre secrétaire d'Etat à la Justice du gouvernement de Vichy, d'accord sans doute lui aussi pour la libération de M. Aubrac inculpé non d'infractions économiques mais d'actes de nature à nuire à la Défense Nationale, d'infraction à la loi instituant le service du travail obligatoire et fabrication de fausses cartes d'identité.

Dans sa note, le Procureur précisait que grâce aux documents saisis il était désormais possible à la police d'établir l'organigramme des Mouvements Unis de la Résistance.

« Tous ces documents sur instruction de l'Intendant de police ont été communiqués aux autorités allemandes qui avaient

d'abord manifesté l'intention de se saisir de cette affaire car de nombreuses pièces saisies concernaient des mouvements de troupes d'opération dans la Zone Libre.
Finalement, elles y ont renoncé mais elles ont demandé à interroger individuellement chacun des inculpés. »

Ce que le procureur a évidemment accepté. Cette deuxième explication de sa mise en liberté n'étant pas plus convaincante que la première, Raymond Aubrac entendu comme témoin le 2 mai 1950 au cours du deuxième procès Hardy en avançait une troisième où intervient son avocat.

« Lucien Vallet, c'est l'identité que j'avais au moment où j'avais été arrêté le 13 mars par la police française, puis relâché parce que la police française n'avait rien trouvé à me reprocher (!), et parce que grâce à un concours de circonstances et l'aide de mon avocat, j'avais été relâché et mis en liberté provisoire. »

Les faits sont simples : en réalité, Aubrac n'a pas été libéré le 14 mai comme l'affirment Lucie Aubrac en 1984 *(Ils partiront dans l'ivresse,* p. 17) et Raymond Aubrac en 1950, lors du deuxième procès Hardy, mais le 10 comme en fait foi l'avis de mise en liberté signé du gardien chef de la prison Saint-Paul.
Quand Madame Aubrac menace le procureur le mercredi 12 *(Ils partiront dans l'ivresse,* p. 24), son mari a donc déjà été mis en liberté depuis deux jours sur avis favorable du même procureur.
C'est un proverbe français qui dit je crois « trop parler nuit ». Mon arrivée en France, la perspective d'un procès ont fait renoncer Madame Aubrac à son silence. Elle a eu tort.
Libéré sur notre demande le 10, Aubrac a été retenu par nous jusqu'au 14 pour des réunions de travail.
« Aubrac comme Hardy a eu peur de la mort et a accepté de travailler pour nous. C'est la raison pour laquelle nous avons insisté pour qu'il soit remis en liberté, étant donné les rapports de collaboration qui existaient entre nous et la police française. »
Par décision d'Hitler en date du 1er mars 1943[1], en effet, la compétence du Haut Commandement de la police allemande

1. Cette ordonnance cotée R 70 aux Archives Fédérales explique précisément ce qui s'est passé à cette date.

(Sipo-SD) avait été étendue à la Zone précédemment non occupée. Dans la région de Lyon, cela ne fera qu'entériner et normaliser une situation préexistante depuis le franchissement de la ligne de démarcation par la Wehrmacht après le débarquement allié en Afrique du Nord en novembre 42.

En l'occurrence, cela se traduisit par un transfert officiel des missions de surveillance de la police et de la gendarmerie françaises, jusque-là confiées à la Représentation allemande à la Commission d'armistice, au commandement du Sipo-SD.

De même les accords de collaboration policière franco-allemands conclus le 29 juillet 1942 entre le secrétaire général à la police Bousquet et le SS Gruppenführer chef de police Carl Oberg pour la zone occupée furent étendus à la zone précédemment non occupée.

Un rapport non daté mais référencé II pol I-106/I Secret (Geheim) adressé à l'ambassade d'Allemagne à Paris et retrouvé par Me Vergès donne les grandes lignes de cette collaboration [1] :

> « Au cours d'une réunion commune des chefs des einsatz-Kommandos et des préfets régionaux des territoires nouvellement occupés qui s'est tenue le 16 avril 1943, j'ai notifié les directives suivantes pour la collaboration entre les polices allemande et française dans les territoires nouvellement occupés :
> 1) Les polices allemande et française savent que leur devoir commun en territoire français nouvellement inclus dans le théâtre d'opérations de la Wehrmacht, comme jusqu'ici en territoire occupé, est de maintenir durablement l'ordre et la tranquillité, ainsi que de combattre et de se défendre au maximum vis-à-vis des attaques contre la sécurité de la Wehrmacht et les intérêts du Reich Allemand, ainsi que vis-à-vis de toute attaque dirigée contre le comportement pacifique du peuple français par les communistes, terroristes, agents de l'ennemi, saboteurs et leurs inspirateurs anglo-américains, prévenant ainsi par tous les moyens disponibles leurs agressions.
> La police française conduira en particulier sous sa propre responsabilité le combat contre ces adversaires et en cette occasion apportera son appui aux services du Commandant Suprême SS et de la police de sécurité par la transmission

1. US 418.679 à 418.671 [*sic*]. Archives Ribbentrop : INL 1254/43 g.

immédiate de tous renseignements, et ce en toutes situations particulières.
De leur côté, les services de la police allemande communiqueront aux services de la police française les renseignements et informations qui leur parviendront et qui pourront être d'importance au regard des mesures policières à prendre.
2) Le Commandant Suprême SS et chef de la police de sécurité mettra au courant auparavant et dans la mesure du possible, le secrétaire général à la police française de toutes les mesures de principe prises par la police allemande qui concerneraient le travail en commun.
3) Les mesures générales de caractère policier qui seront nécessaires pour la sécurité des troupes allemandes doivent en principe être ordonnées par les autorités françaises compétentes sous leur propre responsabilité. Du côté allemand, le commandant suprême SS et chef de la police de sécurité communiquera chaque fois ses désirs correspondants au secrétaire général à la police française.
4) Les services de la police de sécurité et du service de sécurité (SD) et les services du maintien de l'ordre travailleront couramment et étroitement avec les préfets régionaux et les services de police française désignés pour l'exécution de toutes mesures policières. Le commandant suprême SS et chef de la police de sécurité et le secrétaire général français à la police donneront chacun pour leur part les instructions nécessaires pour cela.
5) Les personnes de nationalité française qui ont été appréhendées par la police française pour un crime de droit commun ou un délit politique sont traduites devant les tribunaux français et jugées selon les lois françaises.
Une exception à cette règle vaut pour toute personne, peu importe sa nationalité, qui s'est rendue coupable d'attentat contre des membres de la Wehrmacht ou d'acte de sabotage contre des installations militaires, de la préparation ou d'une tentative à cet égard. Dans ces cas, les personnes arrêtées seront remises par la police française à la police allemande. Dans des cas d'espèce d'un caractère particulier, un accord interviendra entre le commandant suprême SS et chef de la police de sécurité et le secrétaire général à la police française. Les personnes appréhendées restent entre les mains de la police française en présence d'un fonctionnaire français. Dans de tels cas, la demande correspondante sera posée ou par le

commandant suprême SS et chef de la police de sécurité au secrétaire général à la police française, ou par le Kommandeur Sipo-SD compétent à l'intendant de police régional.
En outre, et chaque fois que cela sera nécessaire, on conviendra d'un traitement spécial des cas particuliers avec le Secrétaire Général à la police française. »

Voilà qui est clair. Prétendre que je me contentais de rire des bévues de la police française, comme le fait Aubrac pour les besoins de sa cause ne correspond pas à la vérité[1]. C'est d'ailleurs 48 heures après cette réunion que nous nous faisions remettre le casernement de l'Ecole de Santé Militaire pour y abriter les services de l'Einsatzkommando-Lyon du Sipo-SD, les locaux dont nous disposions jusqu'alors à l'Hôtel Terminus s'avérant trop exigus pour y loger simultanément les effectifs de l'EK-Lyon et ceux du Sonderkommando AS du RSHA[2] dirigé par Werth, venant spécialement de Berlin pour lutter contre l'Armée Secrète suivant les directives données par Kaltenbrunner en conclusion de son rapport du 27 mai 1943 pour l'exploitation des données fournies par l'interrogatoire des dirigeants de l'Armée Secrète arrêtés le 13 mars et les documents saisis par la police française à cette occasion.

*

C'est dès son arrestation par la police française qu'Aubrac acceptait de collaborer. Le commissaire Barthelet, abattu par la suite par la Résistance, m'en informait aussitôt.

Les conditions de l'arrestation de Ravanel le confirment jusqu'à nouvel ordre et dénégation convaincante d'Aubrac. L'arrestation d'Aubrac, Kriegel et Morin le 13 mars 1943 est un fait établi : c'est la date qu'Aubrac lui-même donne sous la foi du serment au deuxième procès Hardy, et que confirme le général Desmazes dans une note adressée au ministre de la Guerre le 3 juillet 1945, retrouvée par Me Vergès.

Or, dans la chronique d'Henri Noguères intitulée *Histoire de la Résistance* (tome III, p. 253) Ravanel raconte ainsi son arrestation, 48 heures plus tard... le 15 :

---

1. Déposition Aubrac au deuxième procès Hardy 2 mai 1950.
2. RSHA : Office Suprême de Sécurité du Reich.

« Finalement je revins à Lyon le 14 dans la soirée, porteur de cartes Michelin sur lesquelles un certain nombre de terrains de parachutages avaient été marqués. Le 15 au matin, je participai à une première réunion où je fis la connaissance d'Yves Farge (...).
Yves Farge venait d'être chargé d'un service d'aide aux déportés du STO et la discussion avait pour but de connaître la situation créée par la constitution des premiers maquis. Il fut décidé de ne pas examiner immédiatement les plans que j'avais rapportés de mon voyage, mais Aubrac m'invita à me rendre à une réunion, dans l'après-midi, pour faire le point avec Valrimont.
Au début de l'après-midi, je me rendis dans un appartement au 5e étage du 7 rue de l'Hôtel-de-Ville. Je n'en connaissais pas les locataires et je ne fus donc pas étonné de voir un inconnu m'ouvrir la porte. Par la porte d'entrée, je pouvais voir dans la salle à manger, à droite, Raymond Aubrac, et Kriegel-Valrimont tranquillement assis à une table. J'allais les rejoindre, suivi de l'inconnu, lorsque celui-ci me dit brutalement : « Police ! Sortez ce que vous avez dans les poches ! »
Je portais sur moi un imperméable et dans la poche gauche, j'avais une petite matraque télescopique provenant d'un parachutage. Fermée, elle n'avait qu'une dizaine de centimètres de long, mais elle se déployait lorsqu'on s'en servait. Munie d'un gros grelot à son extrémité, elle pouvait faire très mal. Je me servis donc de cette matraque et tapai sur l'inspecteur de police. Celui-ci réussit cependant à parer les coups et à sortir son revolver qu'il me mit sur le ventre en m'invitant à lever les mains. Sans l'écouter, je me précipitai vers la sortie. Il ne tira pas.
Je me rappelle encore cet énorme revolver que j'avais vu tout contre moi et qui n'avait pas réussi à me faire peur. Je pus donc m'enfuir par l'escalier, poursuivi par l'un des deux inspecteurs qui étaient dans l'appartement. Je n'eus aucune peine à le distancer. Malheureusement, deux autres inspecteurs qui avaient été précédemment appelés par téléphone pour prendre livraison de mes camarades arrêtés se trouvaient dans l'escalier en train de monter. Nous nous rencontrâmes tous entre le deuxième et le troisième étage dans une mêlée homérique.
Roulant les uns sur les autres, la bataille se termina sur le

palier du premier étage où les trois policiers réussirent à me maîtriser.
Pendant ce temps, Raymond Aubrac et Kriegel-Valrimont étaient restés sagement assis derrière leur table. »

Si le récit de Ravanel est exact, on est obligé de constater qu'Aubrac, arrêté depuis 48 heures par la police française, avait pu se rendre à la réunion organisée par Yves Farge le 15 mars au matin, et qu'il a convié Ravanel à une réunion l'après-midi dans un appartement de la rue de l'Hôtel-de-Ville à Lyon, connu par la police française comme étant « un des lieux de réunion du mouvement Libération » *(La Vérité aura le dernier mot,* p. 227) et transformé en souricière. Ravanel souligne en cette occasion la passivité d'Aubrac et de Kriegel-Valrimont.

Après sa remise en liberté, Aubrac déclarait être resté « plusieurs semaines un peu en dehors des activités précises *(sic)* de l'Armée Secrète [1] ».

C'est trop de modestie.

Quatorze jours après sa remise en liberté en effet avait lieu avec son aide « l'évasion » de Kriegel-Valrimont et de Ravanel. Dans la chronique de M. Noguères, Ravanel la décrit ainsi :

« Le 22 mai la secrétaire de Morin se trouva pendant quelques instants sans surveillance. Elle prit la porte et s'enfuit. Aussitôt la surveillance qui s'exerçait sur nous fut renforcée. Je fus transféré dans la seconde salle gardée de l'hôpital de l'Antiquaille. Puis le 23 dans la journée, je reçus un message m'annonçant que l'évasion aurait lieu le lendemain, un de nos groupes francs devait venir nous chercher comme s'il appartenait à la Gestapo.
Le 24 mai dans l'après-midi, on entendit un remue-ménage. Un gendarme affolé vint m'apprendre qu'on venait me chercher. Je pris immédiatement un air grave et fus entouré par mes camarades de salle qui m'exprimèrent toute leur sympathie. Pressé par les gendarmes, je n'eus que le temps de distribuer mes affaires aux autres détenus, notamment mon tabac. Puis, tout en boitant, car je ne devais pas oublier mes rhumatismes articulaires, je me rendis à la porte où je fus saisi par deux personnages avec un feutre sur la tête ; l'un d'eux tenait une

1. Déclaration au deuxième procès Hardy le 2 mai 1950.

mitraillette, prononçait à haute voix des mots tels que "Vorwsgrt *(sic)*, Schnell..." qui lui donnaient réellement un air allemand. Il avait une mitraillette qu'il essayait de ne pas trop montrer car c'était une mitraillette anglaise Sten. Heureusement, nos gendarmes n'en avaient jamais vu. Finalement nous nous retrouvâmes dans la cour où mes deux compagnons étaient déjà arrivés, empoignés par deux autres agents soi-disant de la Gestapo. Le gardien à l'entrée était solidement encadré par plusieurs de nos hommes, avec une mitraillette dans les côtes. J'appris plus tard qu'il avait fallu le menacer d'arrestation pour qu'il consentît à nous laisser emmener.
On nous embarqua aussitôt dans des tractions qui démarrèrent à grande vitesse. Je dois dire qu'à peine sortis de l'hôpital, ce fut une course de vitesse. Nous éclations de rire. Lucie Aubrac était là. Nos trois voitures partirent dans des directions différentes. »

MM. Kriegel et Ravanel n'étant pas mêlés directement à l'affaire de Caluire, je n'ai pas à m'étendre plus que nécessaire sur leur cas. Je me contenterai pour l'instant de quatre remarques :

1. Le récit que Ravanel fait à Madame Aubrac *(Ils partiront dans l'ivresse*, p. 35) est tout à fait différent. Il est surpris par l'arrivée des faux policiers allemands, il ne distribue pas son tabac. Il n'y a plus de gendarmes. Il ne boite plus et il y a Raymond Aubrac :

> « Ils sont arrivés brutalement dans la chambre, suivis du directeur et d'un infirmier. "Police allemande, habillez-vous vite, interrogatoire." J'ai paniqué un instant, je ne connaissais pas ces trois hommes et celui-là dans son uniforme était trop naturel pour être faux. Alors j'ai dit : "Montrez-moi vos papiers." Ça les a bien fait rigoler. Le directeur protestait : "Messieurs, ce sont des malades, ils m'ont été remis par les services sanitaires de la prison Saint-Paul. Ils sont sous ma responsabilité, je ne peux ni ne veux les lâcher. D'ailleurs les deux agents de police qui sont de garde vous le confirmeront." Il se retourne, il n'y avait plus d'agent. Devant cette irruption, ils avaient prudemment pris le large, peu soucieux de s'interposer ou de couvrir l'événement.
> « Alors, dit Serge, pour faire vrai, André, dans l'escalier, m'a botté les fesses et j'ai descendu plus vite que je n'aurais voulu. »

2. Dans *La Vérité aura le dernier mot* (p. 229), M. Noguères donne une troisième version de l'évasion où n'interviennent plus les faux policiers allemands mais :

« André Lassagne se présentant au directeur de l'hôpital comme étant un commissaire de police venant prendre livraison des prisonniers pour les remettre à la Gestapo. »

3. Lorsque leurs camarades arrêtés en même temps qu'eux, moins responsables et paradoxalement donc moins chanceux qu'eux, comparaîtront le 12 octobre 1943 devant la Justice française et seront lourdement condamnés, le cas de MM. Kriegel et Ravanel sera disjoint. Il en sera de même pour M. Aubrac maintenu à Lyon pourtant pour y comparaître selon M. Noguères et qui ne comparut point, bien qu'il ne fût pas encore « évadé » *(La Vérité aura le dernier mot,* p. 230).

4. Dans la synthèse des hauts faits de la Résistance à Lyon, établie au lendemain des hostilités par les services de police, on chercherait en vain une mention de cette prétendue évasion de l'hôpital de l'Antiquaille[1].

Nous avons exploité immédiatement les documents saisis, nous intéressant spécialement au projet de création d'une tête de pont dans le Midi. C'est l'origine de l'action Flora engagée dès le 14 avril 1943 dans la région 18, dite Memphis (Bouches-du-Rhône, Var, Alpes-Maritimes, Vaucluse, Basses-Alpes, Hautes-Alpes, Gard).

Dans le cadre de cette opération, mes collègues de Marseille arrêtaient le 28 avril Multon dit Lunel.

Entré dans la Résistance dans la région de Poitiers, Multon avait fui Civray où il était agent d'assurances, après l'arrestation de l'huissier Pestureau[2] et gagné Toulouse. Emmené par Aubry à Marseille, il était devenu pratiquement le secrétaire de Chevance-Bertin, organisateur de la région R2 et bras droit d'Henri Frenay.

Multon avait rendez-vous dans l'après-midi du 28 avril à la taverne « Charley », boulevard Garibaldi à Marseille, avec Benjamin Crémieux alias Lamy, responsable du NAP (Noyautage des

1. Archives nationales 72 AJ, dossier Rhône.
2. Condamné à mort par le tribunal du peuple de Cologne, Pestureau sera exécuté le 3 octobre 1943 à Wolfenbuttel.

Administrations Publiques) et du SR des MUR et Salducci alias Jean lorsqu'ils furent arrêtés par des auxiliaires français et conduits à l'EK Marseille, rue de Paradis, non sans que Crémieux qui avait manifesté des velléités de fuite ait été blessé d'un coup de revolver.

Dès son arrivée au Sipo-SD, Multon était interrogé et dans la soirée sans qu'il ait subi la moindre violence, acceptait de travailler pour l'EK Marseille. Entendu plus tard dans le cadre d'une procédure pénale retrouvée par Me Vergès, il a déclaré avoir été vivement impressionné par le nombre et la précision des renseignements que mon homologue Dunker possédait sur l'organisation de la Résistance. Il aurait compris que toute feinte était inutile. Son but aurait été de venir en aide à la Résistance en recherchant la source des renseignements recueillis par Dunker et en s'efforçant d'atténuer les suites. C'est la thèse défendue par Hardy pour justifier son comportement en juin 1943 lorsqu'il comparut en 1950 devant le tribunal militaire.

Quoi qu'il en soit, Multon fut immédiatement mis à l'épreuve et comme premier gage de sa soumission donna à Dunker l'adresse du général Chevance-Bertin, chef des MUR. Il indiqua surtout la manière de sonner à la porte pour ne pas éveiller les soupçons, et signala un meuble contenant des documents précieux. En outre, il établit un plan sommaire de l'immeuble. Des dépositions de Madame Fraize-Millaud et de Multon au cours de l'enquête précédant le procès de celui-ci et retrouvées par Me Vergès, il résulte qu'ils étaient les seuls à connaître le signal d'entrée dans l'appartement et l'emplacement du meuble contenant les documents. Par la suite, Chevance-Bertin confirmera ces détails. Dunker, accompagné d'un de ses agents français Tortora, se présentait au domicile du général et sonnait suivant les indications données par Multon. Sans méfiance, Chevance-Bertin, qui attendait Mme Fraize-Millaud, ouvrit la porte et fut immédiatement arrêté ; mais pendant que les gens du SD perquisitionnaient, il réussit à s'évader.

Ayant utilisé les services de Multon Dunker le mit le 24 mai comme agent double à la disposition de l'EK-Lyon [1].

---

1. A la page 32 du rapport Flora, l'Unterscharführer Dunker écrit : « Multon, arrêté ici le 28 avril 1943, et utilisé par le service local depuis le 30 avril 1943 en qualité de contre-agent a été, après un engagement fructueux dans l'intérêt de la cause allemande, mis le 24 mai 1943 comme agent double, à la disposition de l'EK-Lyon. »

Dès son arrivée, Multon me remettait les informations de Brown, chef régional de Groupe-Franc, concernant les chefs nationaux et la possibilité de leur arrestation à Lyon et recevait mission de surveiller la nouvelle boîte aux lettres des Mouvements Unis, section Sabotage des Trains, à Lyon et la nouvelle boîte aux lettres de Frenay à l'Hôtel de Bourgogne à Mâcon.

Arrestation de Madame Albrecht : au début d'avril 1943, Multon avait participé à une conférence à Marseille à laquelle assistaient le général Chevance-Bertin, Mme Bidault, Madame Fraize-Millaud et Madame Albrecht, dirigeante du mouvement Combat. Au cours de cette réunion, Multon devait expliquer à Madame Albrecht le fonctionnement d'un service de renseignements.

De son côté, Madame Albrecht avait fait connaître à Multon la manière dont il pouvait la joindre à Mâcon : il devait se présenter dans un hôtel et demander « la femme aux cheveux blancs » qui n'était autre que Madame Albrecht elle-même.

Je conçus alors un stratagème pour attirer Bertie Albrecht dans un piège : une lettre rédigée par Multon disant qu'une personne venant de Marseille désirait rencontrer Mme Albrecht pour lui donner des nouvelles de Maurice (le général Chevance-Bertin) serait déposée comme un appât à son intention à l'hôtel de Bourgogne à Mâcon.

Sur mes réussites, je préfère faire parler les autres. Dans le rapport Flora, Dunker dit :

> « Utilisant une boîte à lettres de Frenay, Multon a réussi, le 28 mai 1943, à fixer un rendez-vous à Mâcon, où elle fut arrêtée, à la femme : ALBRECHT Berthe, alias France, alias Victoria, secrétaire de Frenay.
> La femme Albrecht conduisit ensuite au secrétariat particulier de Frenay à Cluny. »

Le rapport Gegauf[1] que Me Vergès a retrouvé, du nom de son auteur, en date du 10 septembre 1943, complète ce récit :

« K 30[2] apprit par l'Obersturmführer Barbie qu'André (Mul-

---

1. Gegauf alias Kramer est un responsable de l'Abwehr (service de renseignement de l'Armée) antenne de Dijon.
2. K 30 est le nom de code d'un agent de l'Abwehr : Moog.

ton) avait trouvé la trace de Madame Albrecht. K 30 mit Madame Deville (Madame Delettraz) qui travaillait pour lui sur la piste. Après des recherches infructueuses à Mâcon, cette informatrice de K 30 trouva la trace de la femme Albrecht : la propriétaire de l'hôtel à Mâcon, dans lequel la femme Albrecht habitait autrefois, transmit à celle-ci une adresse à Lyon, où Madame Deville (Delettraz) désirait lui parler. La femme Albrecht tomba dans le piège, elle y répondit par télégramme et convoqua Madame Deville à l'hôtel de Bourgogne à Mâcon. Celle-ci s'y rendit par le train en compagnie de K 30. L'Obersturmführer Barbie suivit en voiture avec quelques agents. Après que les deux femmes se soient entretenues, Madame Albrecht fut arrêtée. On trouva dans son sac à main l'adresse de Frenay à Cluny. L'Obersturmführer Barbie, Eilers et K 30 s'y rendirent immédiatement et y trouvèrent les documents permettant de poursuivre l'affaire. »

Entendue comme simple témoin au deuxième procès Hardy en 1950, Madame Delettraz donne évidemment des faits une version un peu différente et quelques détails supplémentaires. Ainsi ne parle-t-elle pas d'un premier voyage à Mâcon pour « loger » Bertie Albrecht. Installée par moi dans une souricière tendue dans l'appartement d'un policier nommé Meffrey que nous recherchions, afin d'inviter les éventuels visiteurs à entrer en confiance dans l'appartement, elle reçoit un jour un télégramme de Bertie Albrecht.

« Ce télégramme était au nom d'une dame Deville, chez M. ou chez Mme Meffrey. J'ai très bien lu ce télégramme, mais je ne me souviens plus de son contenu. J'ai lu l'adresse, un Allemand me dit alors : "Dans cet appartement, rien n'a pu être fait, car les voisins ont dû causer, ils ont dû entendre le bruit que nous avons fait la nuit de l'arrestation de Madame Meffrey ; ils ont dû causer, si bien que personne ne viendra plus." Alors, ils m'ont envoyée à Mâcon, me disant : "Une dame vous attend, vous la rassurerez sur la santé d'Henri, vous lui direz qu'Henri va bien, simplement." Ils me donnent l'adresse et ils me mettent dans le train, j'arrive à Mâcon et demande l'hôtel que l'on m'indique. Là, je vois une dame aux cheveux blancs, au regard bleu, qui me dit : "Il y a encore trop de monde ici." Elle m'emmène alors dans un autre parc, je crois, et nous nous

asseyons sur un banc. Elle me dit : "Qui êtes-vous ? " Je répondis : "Je suis française et arrêtée par les Allemands, dans un appartement appartenant à un inspecteur de police dont on a arrêté la femme, mais je ne crois pas qu'on l'ait eu." Je croyais qu'il y avait une corrélation entre elle et cet inspecteur de police, mais elle a paru ne pas comprendre. Elle me dit : "Que veulent-ils ?" Je répondis : "Ils m'ont envoyée sur un télégramme reçu." Elle me dit : "Mais c'est moi qui l'ai envoyé, ce télégramme, que veulent-ils ? " "Ils m'ont simplement dit de vous dire qu'Henri allait bien, de vous rassurer sur la santé d'Henri." Alors, elle me dit : "J'y suis allée ; j'ai vu quelqu'un de Marseille, l'avant-veille ou quelque chose comme cela ; je suis tout à fait rassurée. Dites-leur que vous m'avez fait la commission."
Alors, elle m'a parlé de ce Lunel-Multon, mais je ne le connaissais pas, je ne le connaissais que sous le nom d'un Monsieur André, et je n'ai pas pu lui donner beaucoup d'explications. Lorsque je repartis de ce jardin et que j'arrivais à la gare, un homme, en bleu de travail, me saisit par le bras et me dit : "Madame, inutile de prendre le train, vous allez rentrer à Lyon en voiture", et dans cette voiture se trouvaient des Allemands. »

Mes hommes confirmèrent à Madame Delettraz qu'ils venaient d'arrêter Bertie Albrecht transférée à Paris le jour même, elle serait morte le 31 mai à la prison militaire de Fresnes dans des circonstances non éclaircies. A son regard où j'ai lu à la fois le désespoir et la résolution, je pense comme H. Frenay qu'elle s'est suicidée (Noguères, *Histoire de la Résistance,* t. III, p. 373).

Fouillant dans le sac de Bertie Albrecht, je découvris une enveloppe avec une adresse à Cluny. Je m'y rendis aussitôt et saisis les archives d'Henri Frenay qui permirent de compléter nos informations sur l'AS, sa puissance et ses faiblesses.

La famille chez qui la perquisition eut lieu ne fut pas autrement inquiétée par moi, présenté par ailleurs comme un fou sanguinaire. Cette famille est la belle-famille de l'actuel chef de l'Etat.

Ainsi se terminait la première mission de Multon. Il lui en restait une deuxième, l'arrestation de René Hardy, responsable du Sabotage-Fer bien connu de moi depuis le 13 mars.

Lorsqu'elle vint témoigner devant le Tribunal Militaire qui jugea Hardy en 1950, Christine Denoyer, ex-Monique Hirsch, devenue Colette Aubernier, dont Me Vergès a retrouvé le témoignage, dit :

« Je suis surprise que personne ne se rappelle que j'ai été arrêtée le 15 mars 1943, et que j'avais une note de Didot sur moi que les Allemands ont eue en mains à la Gestapo le 23 mars 1943. J'étais à l'Armée Secrète de Combat, et j'ai connu Hardy à ce moment-là parce que nous avions des relations avec la Résistance-Fer et que, plus d'une fois, il a manqué de secrétaire — il n'y avait pas de bureau — et qu'il est venu très souvent à notre bureau de Villeurbanne me dicter, à moi spécialement, des notes et des plans concernant ce travail à lui.

Notamment au début de mars, j'ai eu pour lui différentes notes concernant les chemins de fer et les sabotages possibles avec des lignes verticales allant de Dunkerque à Montpellier, d'autres horizontales, c'était une ébauche du Plan.

C'était une note dactylographique qui faisait à peu près quatre pages, mais assez précise et surtout qui indiquait dans son titre que Didot était chef de Résistance-Fer. C'est, je suppose, ainsi que les Allemands ont su que Didot était le chef de la Résistance-Fer.

J'ai été arrêtée le 15 mars 1943 lors des premières arrestations qui ont fait pas mal de bruit à Lyon. Il y avait là Aubrac, Morin-Forestier et beaucoup d'autres personnes.

J'ai été convoquée à la Gestapo le 23 mars 1943 parce que j'avais toutes les archives avec moi lorsque j'ai été arrêtée. J'ai été interrogée très longtemps.

Le Président : Vous avez été convoquée ?

Mme A : Nous avons été arrêtés par la police française. *Le soir de notre arrestation, la police allemande est venue pour nous prendre.* Les Français ont obtenu que nous restions mais, en échange, nous avons été amenés individuellement à la Gestapo pour interrogatoire. J'ai été amenée le 23 mars 1943.

Le Président : Quels documents les Allemands ont-ils saisis ?

Mme A : Toutes les archives que j'avais avec moi qui concernaient dans l'ensemble plus particulièrement l'Armée Secrète, mais d'autres pièces comme des rapports du général Delestraint qui s'appelait M. Vidal, et notamment ce double d'une note que Hardy m'avait écrite. Ces pièces ont été trouvées sur moi et la Gestapo m'a longuement interrogée, et ils avaient les archives

devant eux quand ils m'interrogeaient. Les Allemands savaient que le chef-Fer était Didot, qu'il y avait un plan de sabotage qui était préparé, et l'ont eu en mains.
C'est certainement la partie de mon dossier qui a le plus intéressé l'Allemand avec les papiers concernant Monsieur Vidal. Il m'a demandé : "Connaissez-vous Didot ? Comment est-il ? " »

Lorsqu'en mars 1943, son chef d'état-major, ses inspecteurs de régions, sa secrétaire sont arrêtés, ses archives saisies, le général Delestraint alias général Vidal, chef de l'AS, était à Londres depuis un mois avec Jean Moulin. Il y recevait les instructions du général de Gaulle concernant la poursuite de l'action clandestine et de la guerre secrète, et avait des conversations au plus haut niveau avec le général Sir Allan Brook, chef d'état-major impérial au sujet du futur débarquement, nous l'apprîmes plus tard.

Avec Jean Moulin et Christian Pineau, le général Delestraint revint en France dans la nuit du 19 au 20 mars 1943.

Le 27 mai, il décide de rencontrer Hardy au cours du mois de juin à Paris. Le rendez-vous fut fixé finalement au mercredi 9 juin à 9 heures à la station de métro Muette. Aubry, son nouveau chef d'état-major, venu du mouvement Combat, fut chargé d'avertir Hardy. Aubry rédigea un message avec le lieu de rendez-vous en clair et le fit déposer par sa secrétaire Madame Raisin dans la boîte à lettres de René Hardy, 14 rue Bouteille chez Madame Demoulin qu'il savait pourtant connue de nos services.

La question se pose donc de savoir pourquoi dans ces conditions Aubry n'a pas décommandé le rendez-vous, surtout que Delestraint et Hardy se trouvaient à Lyon ? Comme il n'était pas encore à notre service, il faut bien admettre une raison purement interne à la Résistance. Ils comptaient nous utiliser pour éliminer le Général Delestraint, homme du Général de Gaulle, contesté par les dirigeants du mouvement Combat, et cela fût-ce en sacrifiant Hardy.

Mais Hardy sachant que sa boîte à lettres était brûlée n'alla pas retirer le message.

Qu'importe ! Aubry chargea Madame Raisin de l'informer verbalement du rendez-vous, lui précisant notamment de se munir du journal *Le Pilori* en signe de reconnaissance pour le général Delestraint qui ne le connaissait pas.

Depuis le mois de mars, je m'intéressais spécialement à Delestraint et Hardy, Vidal et Didot. Il ne restait plus à Moog et Multon dépêchés par moi qu'à lui emboîter le pas le 8 juin au soir à la gare de Perrache au départ du train pour Paris.

Dans le train, Moog alerta un officier qui se trouvait dans le compartiment réservé aux Allemands, et celui-ci fit le nécessaire à Chalon pour faire occuper les deux accès du wagon-lit par des douaniers. Moog pénétra alors dans la cabine où se trouvait Didot-Hardy avec un autre homme et les invita à s'habiller. Les douaniers les appréhendèrent ensuite, et m'en informèrent. Je vins le 10 dans l'après-midi interroger moi-même Hardy et Cressol (l'autre voyageur, compagnon accidentel de Hardy) à la prison militaire allemande.

Roger Cressol fut libéré après son interrogatoire. J'emmenais Hardy dans ma 402 Peugeot. Convaincu au départ qu'il y avait eu trahison au sein de l'Armée Secrète pour que les Allemands s'emparent si facilement du Général Delestraint et de lui-même, Hardy a dit avoir feint de coopérer avec moi afin de déterminer la source de mes informations, ignorant tout de ce qui s'était passé au mois de mars et comment je pouvais connaître l'essentiel de son activité. C'est plus que probable, car en l'interrogeant à l'Ecole de Santé à Lyon dans la nuit du 10 au 11 juin 1943, j'avais par-devers moi les documents confiés par Hardy à Christine Denoyer, et saisis en mars lors de l'arrestation de celle-ci. C'est ce qui ressort d'ailleurs des témoignages de Hartwig, membre du Sonderkommando AS-Werth détaché auprès de l'EK-Lyon, que je chargeais d'interroger Hardy.

Hardy, arrêté puis libéré, a-t-il informé les responsables de son organisation de sa mésaventure ? A son premier procès, il nie tout simplement la réalité matérielle de son arrestation. A son second procès, confondu par le contrôleur des wagons-lits, Hardy admet l'évidence et m'attribue son élargissement. Il nie cependant avoir informé ses chefs ou ses compagnons incapables, lui semble-t-il, de croire qu'il ait pu me berner. Son chef direct, M. Benouville, corroborait sa thèse :

> « Il m'explique qu'avant le départ du train où il avait pris place en même temps que Rachet, il avait en effet reconnu le sinistre Duval (Multon). Il avait décidé quand même de tenter le voyage. Mais, aux environs de Mâcon, angoissé par des allées et venues suspectes autour de lui, il avait sauté dans la nuit, abandonnant ses bagages. Depuis, pour échapper et pour

brouiller les pistes, il avait sans arrêt voyagé au hasard des horaires. »

En vérité, Hardy, avec qui j'avais gardé le contact, m'avait confié qu'il avait informé ses responsables.

Dans ses Mémoires intitulés *Derniers Mots*, Hardy pour la première fois déclare avoir parlé à Benouville en effet de son arrestation, mais n'en avoir rien dit jusque-là pour couvrir son honneur, puisque Benouville n'avait jamais avoué avoir reçu cette confidence.

Cette version n'est pas admise au prétexte que je suis Allemand et qu'Hardy ayant déjà menti peut fort bien recommencer. Que des gens concernés par l'affaire s'en satisfassent n'étonne personne. Les historiens, eux, auraient pu essayer d'y voir plus clair. L'exercice ne réclamait pas des efforts surhumains. Il suffisait de consulter les Archives[1]. Comme mon avocat l'a fait !

Il y a trouvé des choses bien instructives. Par exemple ce message, adressé le 17 juin 1943, quatre jours avant Caluire, par Benouville à Jacques Monod représentant les MUR en Suisse :

« Mes chers amis,
Xaintrailles (H. Frenay) est parti et je suppose qu'il est maintenant arrivé. Avant son départ, nous avons eu les coups les plus durs. Didot (Hardy) qui, comme vous le savez, était condamné à mort à Paris, y a été arrêté... Le second malheur qui nous a frappés a été la nouvelle de l'arrestation à Paris par la Gestapo de Galibier (Gastaldo), chef du 2e bureau de l'Armée Secrète. Le général Frère, ses acolytes (on notera l'expression pour désigner d'autres Résistants coupables seulement de ne pas appartenir au même mouvement) les colonels, ont été arrêtés par la Gestapo. »

Le général Delestraint fut appréhendé le mercredi 9 juin 1943 à 9 heures 2 minutes à la station de métro Muette, et immédiatement emmené rue des Saussaies. Quelques dizaines de minutes plus tard, le capitaine Gastaldo et son compagnon J.-L. Théobald alias Terrier étaient également arrêtés avant d'arriver au métro Pompe où ils avaient rendez-vous avec le général.

1. Archives nationales. Dossier Combat 72 AS.

Ce fut la phase finale de l'opération entreprise par moi depuis le 13 mars pour décapiter l'AS.

Il me reste maintenant à décapiter le CNR, sa direction politique.

Cette opération prendra 12 jours exactement.

A Lyon, le Général Delestraint avait pour agent de liaison l'étudiant en médecine François Guillin, dont Me Vergès a retrouvé le récit. François Guillin raconte :

« Le matin du samedi 12, je fus réveillé par ma mère qui m'apprit l'arrestation du général. Le vendredi 11 dans l'après-midi, elle était allée voir son amie, Madame Delestraint, chez elle 41 boulevard Voltaire à Bourg. Comme elle voulait laisser sa bicyclette dans la cour de l'immeuble, elle prit un passage latéral qui y conduisait ; elle ne remarqua pas que l'entrée principale était gardée par deux hommes. Entrant par la petite porte sur la cour, elle monta sans avoir été vue. Elle trouva Madame Delestraint et sa fille Bybiane encore sous le coup de la visite qu'elles venaient de recevoir. La Gestapo (sans doute Barbie) avait perquisitionné dans l'appartement, annonçant que le général avait été arrêté le mercredi matin. Après cette intrusion, ils quittèrent l'appartement mais ils laissèrent deux sbires à l'entrée principale. Ma mère, avec beaucoup de précautions cette fois, prit le même chemin, récupéra sa bicyclette et put sortir de la cour sans être aperçue. Bien entendu, elle chercha à me prévenir le plus vite possible, mais le dernier train pour Lyon était déjà parti. Elle prit le premier train du samedi. Je me rendis tout de suite place des Capucins et j'appris à Max l'arrestation du général. Il en fut atterré ; et comme je lui demandais ce que je pouvais faire pour le général, il me promit qu'un de ses agents de liaison me contacterait l'après-midi même, et m'apporterait sa réponse... En effet, celui-ci, de la part de Max, m'annonça que j'allais certainement être arrêté, qu'il fallait disparaître et surtout rompre le contact. »

M. Guillin ne se trompait pas, c'était bien moi.

F. Guillin, aujourd'hui médecin à Lyon, eut le lendemain dimanche (jour de la Pentecôte) un entretien dans un petit café avec André Lassagne qu'il mit au courant et qui lui aurait conseillé d'aller à Paris pour se renseigner. Aubry, lui, quitte

Lyon le samedi, prenant un train vers midi, midi quinze, à Lyon Perrache en direction de Marseille où il arrive le soir.

Aubry ne reviendra à Lyon que le samedi 19 au matin pour apprendre de Benouville l'arrestation de Delestraint et aussi que Moulin le cherche depuis cinq jours pour convoquer une réunion afin de prendre les mesures d'urgence qui s'imposent.

Le même jour à 11 H 15, Aubry rencontre Hardy par hasard rue de l'Hôtel-de-Ville et lui fixe rendez-vous le lendemain dimanche à 11 H 30 au Pont-Morand, à la fois pour lui remettre de l'argent et fixer l'heure et le lieu pour la fameuse réunion le lendemain.

A 16 heures, Aubry rencontre à nouveau Benouville et Baumel aux environs des bâtiments de la foire de Lyon.

En déposant le 3 mai 1950 au deuxième procès Hardy, André Lassagne dira [1] :

> « La réunion de Caluire a été décidée le 19 juin 1943 entre trois personnes, à la demande de Jean Moulin (Max), dont je précise que nous ne savions ni les uns ni les autres le nom véritable ; nous le connaissions sous des pseudonymes comme Max ou Rex. »

Ce qui est inexact. Aubry et Aubrac, comme bon nombre de résistants ayant des postes de dirigeants, connaissaient la véritable identité de Max, et ce en raison même de la manière dont il avait procédé pour les approcher avant ou au retour de son premier voyage à Londres où il fut chargé de mission par le général de Gaulle.

> « La réunion, affirme donc Lassagne, a été décidée entre trois personnes qui étaient : Aubrac, Aubry et moi-même entre 17 et 19 heures, le 19 juin, au domicile de Monsieur Lonjarret, quai de Serbie à Lyon. J'étais Lyonnais : on me chargea de trouver un domicile vierge. J'hésitais entre deux endroits, et je n'en fis part à aucun de mes amis ce soir-là, car je n'avais pas encore l'accord des intéressés qui étaient l'un le docteur David à Saint Rambert l'Ile Barbe, et l'autre le docteur Dugoujon à Caluire.

1. Archives du Cabinet Bluet, AN 334.AP.24 (procès Hardy 1947) et 334.AP.50 (procès Hardy 1950).

Je donnais donc à M. Aubry un rendez-vous intermédiaire et hypothétique, duquel il aurait été possible de se rendre dans l'un ou l'autre lieu retenu : c'était à la Ficelle (en argot Lyonnais, le funiculaire) de la Croix Paquet aux environs de 14 heures. »

A ce point de la déposition du professeur Lassagne, il est nécessaire de s'arrêter car il y a divergence entre son récit et la chronologie exacte des contacts qu'il aura après avoir recueilli l'accord du docteur Dugoujon.

André Lassagne dit en effet :

« J'ai téléphoné à Dugoujon, sans faire aucune allusion à une rencontre chez lui, mais simplement pour m'inviter à déjeuner le lendemain. Je déjeunais donc chez lui et il me donna son accord bien entendu. »

Puis, il déclare :

« Jean Moulin était lui-même d'une précaution extrême : il avait donné ses rendez-vous au colonel Schwartzfeld et à Aubrac ; il avait été mis au courant de la réunion de Caluire par Xavier Larat, à qui je l'avais dit au début de l'après-midi du dimanche, peut-être à 14 heures, 14 heures 30. »

Au contraire, c'est au cours de leur conversation téléphonique que Lassagne et le docteur Dugoujon sont convenus que la réunion se tiendrait chez le docteur, le déjeuner du lendemain étant nécessaire pour en fixer les modalités : la pièce où elle aurait lieu, l'accueil, etc... La preuve en est fournie par le général Lacaze, dans sa déposition au premier procès Hardy le 21 janvier 1947, retrouvée par Me Vergès, et qu'il réitéra en 1950 :

« Le dimanche 20 juin 1943, dans la matinée, Xavier (Bruno Larat) étant venu me voir, m'a invité à une réunion qui devait avoir lieu le lendemain lundi à Caluire. A cette réunion devait venir en particulier Jean Moulin. Je venais d'accepter les fonctions de chef du 4e Bureau à l'état-major de l'Armée Secrète des MUR. C'était le premier contact que je prenais avec Jean Moulin et bien d'autres membres de l'Armée Secrète. J'avais appris le jeudi précédent, le 17, l'arrestation du général Delestraint. Il était évident que cette réunion ne devait pas avoir lieu, je l'ai dit à Xavier : c'est une folie de réunir 8 à 9 personnes ayant un rôle important dans un seul local. Il était aussi évident que la police allemande était aux trousses de l'état-major de l'Armée Secrète et *qu'un ou plusieurs traîtres* la guidaient sur le chemin. Nous avons convenu la teneur de ce message. Le lundi matin, n'ayant rien reçu, j'ai dit — je vais à la réunion. »

En fait, le colonel Lacaze à qui Xavier avait donné le nom et l'adresse du docteur Dugoujon pour qu'il puisse s'y rendre par ses propres moyens, avait fait déposer par sa fille, le lundi matin au domicile de celui-ci, une lettre où il se décommandait. Il se ravisait finalement et allait se faire arrêter au premier étage de la villa de Caluire où il était d'ailleurs arrivé le premier.

C'est d'ailleurs la version donnée par Lassagne le 21 janvier 1946 au cours de l'instruction du premier procès Hardy, déposition retrouvée par Me Vergès :

« Le 19 juin, je rencontrai en tant que chef du 2e bureau de l'Armée Secrète Raymond Aubrac et Aubry pour préciser le lieu et la date du rendez-vous. Nous décidâmes de rencontrer Max le lundi 21 juin 1943 et je me réservais d'indiquer un peu plus tard le lieu du rendez-vous de la réunion, car je n'étais pas assuré de disposer d'un local sûr. Après accord téléphonique, *je pus donner rendez-vous à Aubrac, chez le docteur Dugoujon à Caluire, il devait amener Max.* Aubry n'avait pas été mis au courant de ce local et je lui donnais un rendez-vous préliminaire à la Ficelle de la Croix Paquet à 14 heures. »

Aubrac était donc le premier à connaître le lieu et l'heure du rendez-vous, et cela depuis le samedi soir.

Madame Aubrac me téléphonait le dimanche pour m'en informer.

Dans une lettre adressée au colonel Wilheim le 3 avril 1947, toujours au cours de l'instruction du deuxième procès Hardy, Lassagne confirme :

« En ce qui concerne la réunion du 21 juin, elle fut décidée à la demande de Jean Moulin le 19 juin vers 18 heures, entre Aubry, Aubrac et moi-même, récemment désignés par Jean

Moulin comme inspecteurs généraux de l'Armée Secrète pour la zone Nord et la zone Sud...
Pour des raisons d'éloignement et de discrétion, et parce que cette maison n'avait jamais servi à une réunion de ce genre, c'est finalement sur Caluire que se porta mon choix. Le docteur Dugoujon me donna son accord directement le samedi soir vers 21 heures. »

Dans une autre déposition, Lassagne précise même :

« Le dimanche 20 au matin, entre 10 heures et 11 heures, j'ai précisé le lieu de la réunion à Xavier, chef du COPA, qui devait aviser Jean Moulin. »

Ceci corrobore pleinement les dires du colonel Lacaze.

*

Qui a envoyé Hardy à la réunion de Caluire ? Benouville a toujours nié sa responsabilité dans ce choix en attribuant la responsabilité à Aubry. Noguères adopte la thèse de Benouville.

« Il faut bien relever la nouvelle faute lourde commise par Henri Aubry, écrit Noguères, du double point de vue de la loyauté à l'égard de Moulin et du respect des règles de sécurité. Aubry, qui a décidé de son propre chef d'amener Hardy à la réunion n'a pas jugé bon d'en faire part à Jean Moulin. »

A cette version des faits, Aubry opposera toujours la sienne :

« Benouville m'avait dit le samedi que pour la réunion de Jean Moulin *(sic)* il fallait y aller, mais pour que je ne sois pas seul de ma tendance, je devais emmener Hardy avec moi. »

Ce témoignage d'Aubry ne fut pas retenu par les historiographes de la Résistance. Il dérangeait. Le fait par ailleurs, qu'après son arrestation Aubry ait beaucoup parlé autorisait à le traiter avec désinvolture. Pourtant, quarante ans plus tard, Benouville met Aubry hors de cause et retrouve son propre rôle :

« Je vais répondre avec la plus grande franchise : c'est possible. Je ne m'en souviens plus... Il y a plus de quarante ans de cela. En tout cas, cela ne pouvait pas être Aubry. Il n'est donc pas impensable que Hardy avait demandé l'autorisation de se rendre à cette réunion » *(Le Quotidien de Paris,* 14 novembre 1983).

Si ce n'était Aubry, c'était Benouville, c'est clair, et c'est ce que m'a dit Hardy qui, je dois le dire, m'a à cette époque très peu menti.

*

Lorsqu'ils étaient rentrés de Londres dans la nuit du 19 au 20 mars 1943, Jean Moulin et le général Delestraint avaient trouvé une situation passablement dégradée par rapport à ce qu'elle était avant leur départ dans la nuit du 13 au 14 février : la répartition des postes dans l'organisation paramilitaire de l'Armée Secrète selon les exigences politiques des uns et des autres nuisait au cloisonnement qu'implique la clandestinité. Les discussions nécessaires pour aboutir à des accords réunissaient de trop nombreux participants aux conceptions et intérêts complètement opposés.

De cette situation, Jean Moulin se rendait parfaitement compte. La lettre prémonitoire qu'il adresse le 7 mai 1943 au général de Gaulle par l'intermédiaire de Louis-François Closon, et dont Me Vergès m'a communiqué la copie, confirme sa lucidité et son pessimisme.

« Une absence d'un mois a fait perdre en partie le bénéfice du travail réalisé par mon équipe et moi-même depuis dix-huit mois.
D'autre part, je suis maintenant recherché tout à la fois par Vichy et la *Gestapo, qui, en partie grâce aux méthodes de certains éléments des mouvements, n'ignore rien de mon identité ni de mes activités.* Ma tâche devient donc de plus en plus délicate alors que les difficultés ne cessent d'augmenter. Je suis bien décidé à tenir le plus longtemps possible, mais si je venais à disparaître, je n'aurais pas eu le temps matériel de mettre au courant mes successeurs. »

Le lundi 21 juin dans la matinée, je convoquais Hardy et Madame Delettraz. Je demandais à Madame Delettraz de suivre Hardy jusqu'au rendez-vous pour être sûr que la réunion avait bien lieu à l'adresse indiquée par Madame Aubrac. Avec ces collaborateurs forcés, je me devais d'être prudent. Elle revint me dire vers 14 heures que tout était en ordre. J'attendis cependant près d'une demi-heure avant de partir, le temps que tout le monde soit là. Contrairement à ce qu'imagine M. Noguères *(La Vérité aura le dernier mot,* p. 67) ce n'était pas là du temps perdu mais une question de méthode.

Le même jour vers 13 heures 20, le docteur Dugoujon prévient sa domestique, Marguerite Brossier, que des personnes vont venir, qu'elle ne connaît pas. Ils se présenteront de la part de Monsieur Lassagne. Elle devra les faire monter dans la chambre du docteur au premier étage.

Au cours du déjeuner qu'il avait partagé la veille avec Lassagne, ils étaient convenus que le docteur continuerait ses consultations dans son cabinet de manière à ne pas donner l'éveil à qui que ce soit, et que l'arrivée des conjurés dans sa villa ne paraisse pas suspecte.

Vers 13 heures 30, le colonel Lacaze entre, se présente et est conduit au premier étage. Puis André Lassagne arrive à bicyclette et dit au docteur : ne t'occupe de rien, je vais chercher les autres au tram.

C'est Madame Brossier qui les reçoit :

« Puis trois autres messieurs sont arrivés, dit-elle, parmi lesquels se trouvaient Monsieur Thomas (Aubry), Monsieur Lassagne, un habitué de la maison qui est actuellement en forteresse en Allemagne. Parmi ces derniers se trouvait aussi le monsieur qui s'est évadé et a été blessé par la suite (René Hardy). Ensuite, est arrivé un monsieur seul. »

Ce témoignage retrouvé par Me Vergès est exact.

C'est Bruno Larat en effet qui pénètre dans le salon d'attente au moment où le docteur s'apprête à introduire un nouveau malade. Il lui dit : « Je viens pour la consultation spéciale au premier. » Le docteur lui indique l'escalier et il monte seul. L'arrivée de Bruno Larat se situe vers quatorze heures. Ensuite arrivent deux personnes (Jean Moulin et Raymond Aubrac), puis un autre homme (le colonel Schwartzfeld) que Madame Brossier introduit au salon où se trouvaient quatre femmes, puis elle remonte dans la cuisine au premier étage.

Madame Brossier :

« Je m'y trouvais depuis une douzaine de minutes quand la porte de la salle à manger a été ouverte par un individu que je n'avais pas entendu monter. Cet homme s'est présenté revolver au poing, m'a ordonné de le suivre, m'a fait descendre dans le cabinet du docteur où je me suis trouvée avec deux clientes et le docteur. »

C'est effectivement dans les dix minutes qui suivirent l'arrivée du colonel Schwartzfeld qu'avec la police allemande je fis irruption dans le salon d'attente et en appréhendai les occupants. Il n'y eut pas à proprement parler d'interrogatoire pour le docteur Dugoujon, Aubrac, Jean Moulin et le colonel Schwartzfeld. Selon le témoignage du docteur Dugoujon, retrouvé par Me Vergès, ils étaient ainsi que lui-même menottés dans le dos (dans ces conditions, on peut se demander comment Aubrac aurait pu échanger avec Max les documents qu'ils avaient sur eux... et les avaler). Ce qui est exact.

Quelques jours plus tard le colonel Schwartzfeld put échanger quelques mots avec le docteur dans la cour de Montluc avant son départ pour Fresnes. *Schwartzfeld lui dit : « Barbie me suivait depuis longtemps, peut-être depuis plusieurs semaines. Il s'est vanté de m'avoir vu le samedi à midi, il n'avait pas voulu m'arrêter parce qu'il faisait beau et que j'avais l'air gai, il se serait dit laissons-le là jusqu'à lundi. » Lassagne dit également au docteur qu'il avait l'impression d'être filé depuis longtemps, Barbie lui avait déclaré : votre armée n'est secrète pour personne, en particulier pas pour nous. J'ai lu toutes vos lettres et billets après les avoir décachetés à la vapeur et remis en place.*

Dès le samedi matin en effet, tout le petit monde de la Résistance savait qu'une réunion avec Max était imminente, probablement le lundi. Madame Aubrac me l'avait téléphoné dès qu'elle avait appris le retour d'Aubry.

Ces propos que me prêtent le docteur Dugoujon, le colonel Schwartzfeld et M. le professeur Lassagne sont exacts.

A noter que l'adjudant Misselwitz dira à Paris au capitaine Gastaldo quelque chose du même ordre : votre armée n'est secrète pour personne, nous avons un homme à nous dans votre état-major. Ce qui confirme le rapport Kaltenbrunner.

D'autre part, au cours de l'interrogatoire sur place des prisonniers qui se trouvaient au premier étage de la villa, *je dis à Aubry la même chose qu'au colonel Schwartzfeld à propos de sa rencontre avec Hardy près du Pont-Morand.* (Gaston Defferre avait d'ailleurs fait part à Henri Michel dès 1963 de sa certitude de m'avoir vu en veste de cuir et lisant un journal sur un banc à côté de Hardy.)

Madame Brossier fut seule témoin de l'évasion de Hardy. Le récit qu'elle en fait et que me communique Me Vergès est exact.

> « L'individu qui m'avait arrêtée au premier étage m'a conduite seule dans la première voiture en stationnement devant la porte d'entrée : je me suis rendu compte qu'il y avait trois voitures devant la villa du docteur, et au moins une quinzaine d'individus qui opéraient : ils étaient tous en civil. Peu après, ils emmenèrent les autres clients du docteur dans la voiture automobile dans laquelle je me trouvais. Comme ces femmes protestaient, j'ai dit aux Allemands que ce n'étaient que des clientes, ils les ont alors fait installer dans une autre voiture.
>
> Peu de temps après, j'ai vu redescendre l'un des trois hommes que j'avais introduits, celui qui s'est évadé, il était encadré de quatre hommes de la Gestapo, ils ne le brutalisaient pas à ce moment-là, et je n'ai pas remarqué qu'il avait les menottes, de toute façon ils ne les avait pas dans le dos car lorsqu'il s'est enfui, je ne les ai pas vues. Presque au même instant, j'ai entendu claquer la portière d'une voiture, les Allemands se sont mis à crier puis à tirer des coups de feu. J'ai vu l'homme précité s'enfuir à toutes jambes et les quatre membres de la Gestapo lui ont tiré dessus un certain nombre de coups de revolver.
>
> Par la suite en réfléchissant, j'ai été étonnée qu'ils ne l'aient pas tué car ils tiraient dessus de très près. L'Allemand en station sur la porte d'entrée armé d'une mitraillette ne lui a pas tiré dessus bien qu'il eût pu le faire. De toute façon, l'homme qui se sauvait a tourné brusquement à droite et a disparu derrière une haie sans que les Allemands qui le poursuivaient aient cherché à l'atteindre ou à voir où il s'était enfui. »

Madame Brossier fut libérée cinq jours plus tard, soit le samedi, alors que le docteur Dugoujon avait été envoyé à Fresnes le vendredi soir.

Mais je continue le récit des événements qui ont suivi notre irruption. Au premier, dès notre entrée dans la chambre, nous avions menotté le colonel Lacaze, Lassagne, Aubry et Bruno Larat.

Puis les quatre du salon d'attente étaient emmenés en voiture. Aubrac encadré par un policier et le docteur Dugoujon. Derrière, Schwartzfeld et Moulin. Ceux du premier étage seront après conduits comme eux d'abord à l'Ecole de Santé, et le soir seulement à la prison militaire de Montluc.

Dans la cave de l'Ecole de Santé, un garde me rapporte que le docteur Dugoujon s'était trouvé à côté de Bruno Larat. Il se risqua à lui demander : « que faut-il dire ? » et Larat répondit : « cela n'a pas grande importance, ils savent déjà presque tout. »

Plus tard, au cours d'une rencontre à l'infirmerie de Fresnes, Aubry apprit au docteur qu'il avait désigné Max au cours d'un interrogatoire qui s'était déroulé le mercredi matin.

En fait, nous avions choisi Aubry (qui était chef d'état-major de l'Armée Secrète, et savait beaucoup de choses que par ailleurs nous savions déjà) pour être témoin à charge dans la procédure engagée contre le général Delestraint et Moulin qui aurait dû les conduire tous les deux devant le Volksgerichtshof (Tribunal du Peuple) de Breslau pour Feindbegunstigung (aide à l'ennemi). C'est d'ailleurs la déposition d'Aubry qui résumait en plus de 52 pages les activités de l'Armée Secrète qui servit de base à l'ensemble des accusations portées contre les membres de l'état-major de l'Armée Secrète arrêtés à Paris et à Caluire.

Déposant le 11 avril 1947, Misselwitz déclarait : « Du fait qu'il (Aubry) travaillait pour notre service, nous avons dissocié son affaire de celle du préfet Moulin et du général Delestraint. »

Arrêté après la guerre et traduit devant la justice française qui le condamna à mort, Dunker (Delage) qui remplissait à Marseille les mêmes fonctions que moi à Lyon fut amené à témoigner. Au cours de l'instruction dont Me Vergès a retrouvé les procès-verbaux, il rapporta les propos tenus par Multon sur Aubry :

> « Ils (les membres du Kommando de Lyon) m'ont dit : Tiens, en voilà encore un, Avricourt (Avricourt, c'est Aubry), qui se sauvera parce qu'il a parlé. Effectivement, à l'appui de leurs dires, ils me remirent un dossier de plus de 50 pages rédigé en allemand, portant en tête : Je me nomme Aubry alias Avri-

court. C'était en somme l'interrogatoire d'Avricourt à la suite de son arrestation à Caluire, et le dossier qu'on m'avait montré quelques instants était tout simplement sa déposition. Je n'ai pas eu le temps nécessaire de le lire en entier, d'une part il était écrit en allemand et je ne connais pas cette langue (c'est Multon qui parle) ; dans ce dossier, il y avait d'abord l'identité d'Avricourt ; ensuite l'organisation générale dans la zone Sud de la France ; enfin l'organisation des différentes régions avec un paragraphe spécial pour chaque ville : Lyon, Marseille, Toulouse, Montpellier, Clermont, Limoges. Dans chacun de ces paragraphes, il y avait le nom de mes camarades responsables dans chaque région, ainsi que ceux des agents qu'Avricourt connaissait. A côté des pseudos comme Pariaud, Lunel, Gervais et d'autres qui ne pouvaient être pour ainsi dire d'aucune utilité aux Allemands, il y avait aussi les noms d'agents sous leur véritable identité. Quelque temps plus tard, j'ai revu un extrait de ce dossier à la Gestapo de Marseille [1]. »

On a demandé à Dunker ce qu'il en avait fait. Voilà ce qu'il a déclaré :

« Je me rappelle avoir reçu de Lyon un extrait d'une déclaration faite par le nommé Avricourt. Dans cette déclaration qui concernait surtout Marseille et la région, tous les renseignements relatifs à la Résistance étaient contenus : noms, pseudos, boîtes à lettres, avec des précisions telles qu'elles nous ont permis d'opérer l'arrestation de certains grands chefs. Il m'est toutefois impossible de citer les noms car je ne m'en souviens plus. »

Entendu une autre fois, Dunker confirmait :

« Je répète qu'en ce qui concerne les interrogatoires d'Aubry, j'en ai reçu un extrait de Lyon, j'ai constaté qu'Aubry était très bien renseigné sur l'activité des Résistants dans notre région de Marseille ; pour certains il avait donné les noms et adresses, j'ai pu, grâce à ces renseignements, opérer leur arres-

1. Ces propos ont été rapportés au premier procès Hardy par Me Maurice Garçon. Au deuxième procès, Madame Aubrac les prête à des policiers français parlant de... Hardy.

tation. Les indications fournies par Aubry étaient tellement exactes que j'ai eu l'impression qu'il déposait volontairement ou qu'il collaborait. L'extrait des interrogatoires d'Aubry a été envoyé bien après la rédaction du rapport Flora. »

Ce qui confirme les propos de Dunker.

Le rapport Flora, qui résume les activités de l'EK de Marseille (sur renseignements fournis au départ par l'EK Lyon) entre le 14 avril et le 19 juillet 1943 mentionne qu'Aubrac (pseudonyme) et Méchin (pseudonyme) y ont été arrêtés il y a environ quatre mois par l'Einsatzkommando de Lyon, c'est-à-dire vers la mi-mars.

Mais revenons à l'Ecole de Santé à Lyon. Disons tout d'abord que l'on ne peut faire avouer quelque chose à quelqu'un en lui tapant sur la tête : ou on l'assomme, ou on le tue ; on savait cela sûrement dès le Moyen Age lorsque les questions ordinaires et extraordinaires étaient de mise pour obtenir des aveux.

Le 14 mai 1948 à Francfort-sur-le-Main, le commissaire Louis Bibes m'interrogeait à ce sujet :

Question : qu'est devenu Jean Moulin après ses interrogatoires par vos soins ?
Réponse : Jean Moulin n'a été interrogé que par moi-même à Lyon. Il a ensuite été transféré sur Paris, avenue Foch, en très mauvais état de santé, à la suite de ses tentatives de suicide. Bien qu'il n'ait jamais rien avoué, Moulin n'a jamais été maltraité par nos services à Lyon. Après son transfert, j'ai perdu sa trace et n'ai plus entendu parler de lui.

Quand je lui ai mis mes documents sous les yeux, Moulin a pu mesurer l'étendue du désastre, et constater l'anéantissement de ses efforts et l'échec de sa mission.

Malheureusement dérangé par une urgence, j'ai dû interrompre son interrogatoire et l'ai confié à la garde de deux soldats. A mon retour, je devais apprendre que profitant d'un moment d'inattention, il avait tenté de se suicider en se frappant la tête contre le mur de toutes ses forces. L'EK ne disposant pas d'infirmerie, je lui fis faire un pansement provisoire et conduire à la prison Montluc pour y recevoir des soins.

C'était, si mes souvenirs sont exacts, le surlendemain de son arrestation. Jusque-là, il s'était refusé à parler.

Ramené le jeudi matin, il persista dans son mutisme. Je le fis reconduire à la prison le soir en demandant aux soldats de veiller sur lui et de lui réserver toutes leurs attentions. Je le revis le vendredi.

L'accusation de l'avoir torturé à mort ne résiste pas à un examen objectif de la situation. Ou je savais dès le départ que Max serait présent et je pouvais l'identifier à partir du moment où l'identité des autres m'était connue. Ou c'est Aubry, version officieuse de l'historiographie de la Résistance, qui me l'apprend le surlendemain de Caluire, le jour même où je l'aurais blessé. Mon comportement alors défie toute logique.

J'aurais été correct avec Jean Moulin jusqu'à ce que j'apprenne son identité, et me serais acharné sur lui au point de le plonger dans le coma à partir de ce moment où je savais que j'avais à le remettre à mes supérieurs à Paris.

Ceux qui m'accusent en fait d'avoir torturé Max ont pour but de masquer le fait que je l'avais identifié dès le départ, puisqu'eux-mêmes me l'avaient dénoncé.

Dans la soirée du vendredi, le docteur Dugoujon ainsi que le colonel Lacaze, André Lassagne, Henri Aubry, le colonel Schwartzfeld et Madame Raisin, secrétaire d'Aubry arrêtée le 22 juin, étaient conduits à la gare de Perrache et embarqués à destination de Paris.

Au cours de ce voyage, seul Aubry à qui j'avais fait rendre son tabac, ses cigarettes et même sa pipe, fut autorisé à fumer. Je tenais en effet à ce que les autres en le voyant sachent qu'il avait parlé, et lui attribuent tous les renseignements dont nous disposions déjà. J'attendais aussi qu'ils se disent : « inutile de nous taire, les Allemands maintenant savent tout. »

J'avais fait informer également les soldats de la Wehrmacht qui assuraient la garde à Montluc afin que la rumeur se répande. C'est le sens du mot « Hosentrager » qui figurait au-dessus de son nom sur le registre d'écrou de Montluc. « Hosentrager » signifie « bretelle » en allemand, mais aussi en termes de prison celui qui soutient l'accusation, en un mot : témoin à charge, ou mouton.

Seules des personnes arrêtées à Caluire, restaient à Lyon :

— René Hardy, repris dans la soirée porteur de la carte d'identité au nom de Husson que je lui avais donnée avant de le remettre en liberté après son arrestation à Chalon-sur-Saône, de 60 000 francs et d'un pistolet Herstal que je lui avais également remis.

— Bruno Larat, parce que nous avions besoin de l'interroger pour l'exploitation des documents et du matériel saisi au bureau COPA, Centres Opérationnels des Parachutages et Atterrissages. Interrogé la dernière fois le 18 juillet à Lyon, il fut ensuite transféré à Fresnes.

— Le dernier arrêté dans l'affaire de l'Armée Secrète fut le général Desmazes alias Richard, adjoint et successeur précédemment désigné du général Delestraint, arrêté le 24 juillet 1943 vers 7 heures 45 à Bourg-en-Bresse, et qui subit le même jour un premier interrogatoire à l'Ecole de Santé.

Il était le dernier membre de l'état-major de l'Armée Secrète qui subit un interrogatoire sur le fond à Lyon le 24 août. Transféré à Paris le 13 septembre, il fut incarcéré à Fresnes le 14.

Hardy et Aubrac, contrairement aux autres, n'étaient pas transférés à Paris.

A Caluire, mes hommes avaient passé des menottes à tous les prisonniers sauf à René Hardy simplement tenu par un cabriolet passé à un seul de ses poignets. Ayant bousculé son gardien, Hardy réussit à s'enfuir. Aubrac ne le croit pas. Dans une interview retrouvée par Me Vergès, il déclare à Guy Sitbon :

> « Ce fut le comble, déclarait-il. Il bouscule les SS comme des quilles et il s'enfuit. Il n'y eut que deux ou trois coups de feu tirés contre lui alors que la maison était investie par une armada (cette armada se réduisait à 15 hommes). Pas une seule rafale de mitraillette alors que nous avions affaire à un commando spécialisé. Vous trouvez cela normal, vous ? »

Certes non, Monsieur Aubrac.

Arrêté sur dénonciation par la police de Vichy, remis par celle-ci à nos services, Hardy s'évadait à nouveau le 28 juin de l'hôpital allemand de la Croix Rousse dans des conditions « tellement rocambolesques, écrit Laure Moulin, qu'on a peine à suivre l'intéressé dans sa version des faits ».

Madame Moulin n'a pas tort non plus.

Dans ces cent jours où les directions militaires et politiques de la Résistance furent décapitées, il n'y eut jamais autant d'incurie apparente de notre part et autant d'évasions miraculeuses.

Je sais que, nous faussant compagnie par la suite, Hardy se rendra à Paris où il accomplira à la demande de Benouville un certain nombre de missions, puis passera en Afrique du Nord où

Frenay — qui lui a conservé toute sa confiance et sera entretemps devenu ministre — le prendra à son cabinet.

Il faut bien comprendre que dans la manipulation des traîtres, nous prenions toujours le risque calculé de les voir un jour reprendre leur activité. Même Multon finira par rejoindre Alger et le Corps Expéditionnaire Français en Italie. Le bilan de ces opérations demeurait positif.

Tout comme Hardy, je gardais Aubrac en attendant l'occasion de le faire « évader ». Par négligence, explique Henri Noguères, je m'étais désintéressé de ce « menu fretin » au mois de mars. Mais il faut que cette négligence se soit changée en aveuglement pour qu'après Caluire, je maintienne Aubrac en détention à Lyon — c'est encore H. Noguères qui le dit — au prétexte que celui-ci, toujours sous le coup d'une inculpation de marché noir, devait comparaître devant une section spéciale.

Madame Aubrac, dans un livre paru en septembre 1984 intitulé *Ils partiront dans l'ivresse,* consacre 108 pages en forme d'éphémérides à l'évasion de son mari. Dans un texte impressionnant de précision, 40 ans après, elle décrit jour pour jour ses occupations, ses rencontres, ses menus, les cours qu'elle donne au lycée alors qu'elle m'a donné deux fausses identités, Mlle de Barbentane et Lucie Montet (confrontation Lutgen Lucie Aubrac, référence procès Hardy 1950), et avoué ses liens avec Aubrac. Qui peut croire que j'ai gobé la fable de Mlle de Barbentane, fille-mère des œuvres de mon ami Aubrac ? Dans le livre que me consacre M. de Hoyos dont la famille autrichienne servit le führer avec vaillance, Madame Aubrac détaille avec la même précision les démarches qu'elle a entreprises auprès du Kommando. Le mardi 22 juin, elle entre au siège du Sipo-SD (!), parcourt librement (!) les couloirs, découvre mon bureau (!), me raconte qu'elle est enceinte d'Aubrac, qu'elle voudrait se marier avec lui et repart libre sans que je la fasse suivre.

Le lendemain, elle revient me voir dans les mêmes conditions. Je refuse.

Le 29, elle revient à la charge auprès d'un lieutenant dont elle ne se rappelle plus le nom, mais dont l'allure est classique, grand, sec, strict, un rien guindé et qui, moyennant quelques cadeaux, accepte de la recevoir à mon insu, de lui ménager des rendez-vous avec Aubrac dans son bureau. Ces balades de Madame Aubrac dans les locaux du Sipo-SD de Lyon démontrent simplement qu'elle y était connue dès le mois de mai quand, son mari libéré, elle avait accepté de servir d'agent de liaison entre lui et nous pour ne pas le brûler, et que mon adjoint Floreck était son officier traitant.

A la fin, toujours selon les confidences de Madame Aubrac à M. de Hoyos, mon adjoint accepte d'organiser pour elle et lui une cérémonie de mariage au siège du kommando au défi du bon sens et des lois françaises et allemandes.

Le 21 septembre a lieu l'échange de consentement entre les deux époux mais une panne malencontreuse empêche les Groupes Francs d'attaquer le convoi.

Une autre entrevue négociée avec le SD a lieu le 21 octobre 43 sous prétexte de faire légaliser l'acte de mariage entre les époux affublés tous les deux d'une fausse identité sans état civil.

M. Chauvy résume bien l'impression que donne toute cette grotesque comédie. « La Gestapo, écrit-il, *avec une crédulité surprenante*, accède à la démarche de Lucie Aubrac. »

C'est à l'issue de cette cérémonie discrète qu'aura lieu l'attaque du fourgon cellulaire et la libération d'Aubrac.

Ravanel, un ami de la famille, arrêté lui aussi en mars et lui aussi évadé, la décrit ainsi dans le livre de Noguères :

> « Finalement au début d'octobre, la Gestapo accepta que Lucie et Raymond Aubrac se marient. C'était le 21 octobre que le mariage devait avoir lieu en présence d'un prêtre, au siège de la Gestapo. Nous fûmes aussitôt alertés et il fut entendu que plusieurs voitures du groupement stationneraient aux environs de Montluc pour intercepter la fourgonnette de la Gestapo qui devait transporter Raymond Aubrac. Un guetteur avait été mis en place sur la route venant de Montluc afin de pouvoir alerter nos camarades qui se trouvaient dans une camionnette fermée, tandis que les tractions avant étaient arrêtées le long du trottoir. Malheureusement, la voiture de tête refusa obstinément de démarrer. L'attaque ne put avoir lieu.
>
> Inutile de dire la colère de tous nos camarades et aussi la fureur de Lucie Aubrac qui commença à vitupérer nos camarades. Il était d'autant plus navrant que l'opération n'ait pu avoir lieu que la camionnette transportait également des camarades arrêtés avec moi (en mars, six mois après leur arrestation. A part cela, leur affaire était "futile") pour leur faire subir leur interrogatoire au siège de la Gestapo.

L'opération ayant échoué à l'aller, Lucie Aubrac se rendit à la Gestapo où elle fut effectivement unie à Raymond Aubrac, et une nouvelle tentative fut faite au retour de la camionnette sur le boulevard des Hirondelles. Nos G.F. tuèrent le chauffeur, l'aide-chauffeur, ainsi que les deux gardiens qui étaient à l'intérieur de la camionnette. Une vingtaine de prisonniers furent ainsi libérés. Quelques détenus de droit commun (où il apparaît que toutes mes "victimes" n'étaient pas forcément des résistants) préférèrent retourner à la Gestapo plutôt que de profiter de leur liberté.
En ce qui concerne Raymond Aubrac, un incident faillit faire tourner l'opération en tragédie : il portait sur lui un imperméable gris et l'un de nos camarades, José de Abreu[1], le prit pour un policier. Il commença à lui tirer dessus avec sa mitraillette. Heureusement, la mitraillette était au coup par coup et une seule balle atteignit Aubrac qui eut le cou traversé mais sans gravité. »

Ce qui fait la force de ce récit, c'est qu'effectivement le 21 octobre, une fourgonnette allemande a été attaquée par des résistants et que des prisonniers ont été libérés. Les détails donnés par Ravanel sur la préparation de cette évasion, notamment l'éventualité de la présence d'un prêtre à l'EK-Lyon pour célébrer le mariage religieux d'un détenu juif, et quel détenu ! avec la femme qu'il aurait séduite suscitent naturellement des questions. Madame Aubrac d'ailleurs en convient. Elle juge notre comportement incompréhensible.

Les historiens ont abandonné cette version pour une autre où il n'est plus question que de la signature d'un contrat de mariage.

A l'appui de ce récit, Lucie Aubrac publie le témoignage d'un nommé Lucien Bredillot qui aurait participé à l'attaque du 21 octobre 1943 et celui de Serge Ravanel qui est tout à fait différent de celui publié dans le Noguères en 1976.

De cet événement, les sources allemandes de l'époque donnent une version différente.

Le document clé que Me Vergès a retrouvé est aux Archives Nationales au fonds 40 AJ, dans le dossier concernant la

1. Dont on n'a pas non plus conservé le témoignage.

demande de révocation du Préfet Régional de Lyon, Alexandre Angeli, par le Militarbefehlshaber der Sicherheitspolizei un des Sicherheitsdienstes [1] à Paris, le docteur Knochen. Cette demande de révocation fait suite aux divers attentats commis par la Résistance à Lyon. Il s'agit d'un télégramme du 23 octobre 1943 signé du docteur Knochen et adressé simultanément à Himmler, au docteur Kaltenbrunner, chef du Sipo-SD à Berlin, ainsi qu'au SS Gruppenführer Oberg alors en inspection à Marseille à propos de l'attaque du fourgon le 21 octobre 1943.

« Le 21 octobre 1943 à 19 h 30, les occupants de deux voitures françaises ont attaqué un transport de prisonniers de la Sicherheitspolizei (SD), Einsatzkommando de Lyon.
De ce fait, le conducteur du camion dans lequel des prisonniers devaient être transportés de Lyon à Fort-Montluc, le St-Rottenführer a.k. Gerd Redinius, né le 12.1.02 à Leesdorf/Friesland, marié, père d'un enfant, a été atteint mortellement de six balles, en outre le St-Unterscharführer Ilauer, qui l'escortait, a été blessé grièvement d'une balle au poumon et est décédé le lendemain.
Le troisième membre du Kommando pouvait sauter du camion fou, restait passagèrement sans connaissance à la suite du choc, mais autrement sans blessure.
Des quatorze détenus qui étaient enchaînés deux par deux, uniquement un seul, qui était atteint à la nuque d'une balle en séton, s'est livré spontanément.
L'attaque s'est produite à 300 mètres environ de Montluc, à un endroit qui n'est pas flanqué de maisons, et où il y a peu de circulation de piétons. Les balles ont été tirées sans aucun doute d'une mitraillette et cela d'une des deux autos mentionnées dont les occupants ouvrirent le feu alors que la voiture se trouvait à même hauteur que le camion allemand. Le camion porte 20 impacts de balles. Les mesures prises immédiatement après l'attaque ont permis de rattraper trois des détenus fugitifs. L'Einsatzkommando Lyon a pris comme dispositions immédiates l'interdiction de circuler de 20 H 30 à 5 heures ainsi que la fermeture de l'ensemble des cinémas, théâtres et lieux de plaisirs de Lyon.
En outre, je me propose d'appliquer les mesures suivantes :

1. Commandement SS en France.

a) arrêter pour inclusion dans l'action Meerschaum ou autre envoi dans un KL (camp de concentration) dans le Reich, 50 personnes de Lyon qui, en raison de leurs opinions, approuvent ce crime ou se trouvent derrière ceux qui l'ont commis.
b) fusiller les dix personnes emprisonnées dans l'affaire d'espionnage « Nilo », les radios ainsi que le chef régional, l'IS Boyer (pour la délivrance desquels selon toute vraisemblance, l'attaque a été exécutée), ainsi que les trois évadés du transport qui ont été rattrapés. »

Cette version quant aux conditions dans lesquelles s'est réalisée l'opération et aux pertes que nous avons subies est-elle exacte ?

En tout cas,

1. Elle est conforme au journal de marche du LXVIe Reservekorps de la W.H. qui occupait Lyon à cette époque (microfilm au S.H. de l'Armée de Terre à Vincennes), retrouvé par Me Vergès.
2. Elle est conforme aux informations réunies par la police française tant en ce qui concerne les pertes allemandes que la récupération des prisonniers enchaînés repris après l'attaque (dossier du Rhône en 72 AJ), également retrouvées par Me Vergès.

Me Vergès m'a appris que le chef régional désigné comme étant l'IS Boyer dans le télégramme de Knochen était le capitaine de l'Armée de l'Air, Jean Biche, arrêté le 19 octobre 1943 à Lyon sous l'identité de Boyer Julien. Finalement, le capitaine Biche n'a pas été exécuté, il a été déporté mais est revenu. Il est décédé dans la région parisienne en 1975.

L'organisation Nilo, les opérations menées contre elle partout en France, les arrestations et saisies de matériel radio à Lyon sont mentionnées dans le rapport sur la lutte contre la Résistance en France adressé par Himmler à Hitler le 16 décembre 1943 retrouvé par Me Vergès (microfilms US 262-418/262-419).

Le 24 octobre 1943, des policiers allemands, en voulant procéder à l'arrestation d'un nommé Raymond Wekselmann à Villeurbanne, surprirent à son domicile deux des évadés du 21 octobre qu'ils appréhendèrent également, mais qui furent délivrés par des complices qui ouvrirent le feu et tuèrent deux sous-officiers de la GFP 540[1].

Mon adjoint Floreck rendant compte de cette opération, fait référence à son télex précédent relatant l'attaque du 21 octobre 1943 donnant la liste nominative des évadés, des trois détenus repris et de celui blessé d'une balle en séton à la nuque, qui s'est rendu spontanément. Ce télex qui a servi d'élément de base à la rédaction du rapport Knochen a, m'indique Me Vergès, mystérieusement disparu des Archives Nationales (Fonds AJ 40/545, dossier du Rhône et du préfet régional Angeli).

Le commandant Clair, évadé au cours de l'opération, dont Me Vergès a découvert le témoignage, donne un récit de l'affaire qui concorde avec le récit des autorités allemandes. Contrairement au récit de Madame Aubrac, il n'y avait pas foule sur les lieux de l'opération et les « copains » n'ont pas transféré dans une camionnette les prisonniers, pas plus qu'ils n'ont coupé leurs menottes avec une pince spéciale.

Dans sa relation de l'événement, dans le tome IV de Noguères, Ravanel dit que Raymond Aubrac a eu le cou traversé par une balle, mais sans gravité. Reste le problème de l'arme avec laquelle elle a été tirée. Clair est formel : tir en rafale avec une mitraillette silencieuse. Madame Aubrac dit être allée en Suisse acheter des silencieux pour Sten. Le seul malheur est qu'il n'y a pas de silencieux adaptable à la Sten normale, s'il existe des mitraillettes Sten silencieuses où le canon et le silencieux sont monobloc.

Les faits sont plus clairs que les explications des époux Aubrac et de leurs rares témoins. A l'occasion de l'attaque du fourgon où se trouvait Aubrac par un groupe de résistants liés à l'Intelligence Service, nous avons profité de l'occasion pour remettre en liberté notre agent.

Mon adjoint Floreck, dont l'imprudence, selon Madame Aubrac, aurait permis cette attaque, ne fut pas l'objet d'une sanction, mais d'une promotion. Il fut nommé chef du Kommando nouvellement créé à Grenoble.

A Paris, l'enquête préliminaire terminée, les prisonniers furent présentés devant un juge d'instruction selon la procédure de l'ordonnance Nacht und Nebel (Nuit et Brouillard) du commandement de la Wehrmacht du 12 décembre 1941.

---

1. GFP : gendarmerie de campagne.

On connaît mal en général les dispositions de cette ordonnance. On pense qu'il s'agit d'une directive pour l'élimination des Résistants déportés.

Alors qu'il s'agit en fait de la procédure à suivre pour la poursuite des attentats ou tentatives ou préparation d'attentats contre l'armée d'occupation.

Aucune nouvelle des accusés ne devant être donnée à leurs familles qui doivent rester « dans le brouillard », l'expression française étant proche de l'expression allemande.

> « I. Dans les territoires occupés, la peine de mort est, par principe, de circonstance pour tous les actes délictueux commis par des civils non allemands, dirigés contre le Reich ou contre la puissance occupante et qui constituent une menace pour leur sécurité ou leurs forces combattantes.
>
> II. Les délits de l'alinéa I ne sont en principe à condamner dans les territoires occupés que s'il est probable que des condamnations à mort seront prononcées contre les auteurs, ou du moins les auteurs principaux, et que si les poursuites et l'exécution des condamnations à mort peuvent être menées avec le maximum de diligence. Dans les autres cas, les auteurs, du moins les auteurs principaux, seront transférés en Allemagne.
>
> III. Les auteurs transférés en Allemagne n'y seront soumis aux procédures de guerre que si des considérations d'intérêt militaire l'exigent.
>
> Il y aura lieu de répondre aux demandes de renseignements, émanant de services allemands ou étrangers et concernant de tels auteurs, s'ils ont été appréhendés, sauf si l'état de la procédure ne permet pas de donner de plus amples informations.
>
> IV. Les commandants des territoires occupés et les magistrats sont personnellement responsables, dans le cadre de leur compétence respective, de l'exécution de cette ordonnance. »

Ce sont ces dispositions qui imposaient à la police allemande de déférer les accusés devant un juge militaire contrairement à tout ce qui fut prétendu à mon premier procès.

C'est le docteur Roskothen, juge au tribunal militaire, rue Boissy-d'Anglas, qui fut chargé de mener l'instruction et déterminer la responsabilité de chacun. Sur ses conclusions, les inculpés seront ensuite soit libérés, soit envoyés en Allemagne comme N.N.

Entendu le 22 août 1949 par l'officier de police judiciaire Tautil Georges dans le cadre de l'instruction menée contre le général Oberg, le docteur Roskothen déclarait à propos des personnes qui lui étaient déférées (et c'était le cas de MM. Larat, Lassagne, Dugoujon, Aubry ainsi que des colonels Lacaze et Schwartzfeld) qu'aucune ne s'est plainte de mauvais traitements.

A ma surprise, le colonel Schwartzfeld qui ne figurait pas dans l'organigramme du 13 mars fut déporté, sans doute sur le témoignage d'Aubry, alors que le colonel Lacaze était libéré en même temps que le docteur Dugoujon et Aubry.

Les pérégrinations en Allemagne des déportés montrent bien qu'à partir de Paris, leur destination ne dépendait pas de l'EK-Lyon, comme cela fut prétendu au cours de mon premier procès.

Bruno Larat fut l'objet d'une mesure d'internement en camp jusqu'à la fin de la guerre. Il mourut en déportation.

André Lassagne et le colonel Schwartzfeld furent renvoyés devant le Volksgerichtshof (tribunal du peuple) de Breslau, ainsi que le général Delestraint et les officiers supérieurs et généraux de l'ORA.

Ils furent transférés le 9 mars 1944 de Fresnes au camp de concentration de Natzweiler-Struthof où moururent le général Frère, le 14 juin 1944, et le colonel Schwartzfeld, le 9 juillet 1944.

Le 19 juillet 1944, les survivants de Natzweiler-Struthof furent transférés et provisoirement incarcérés dans la prison de Brieg, puis dans celle de Liegnitz. Seuls demeurèrent à Natzweiler le général Delestraint et le lieutenant-colonel Bonetaux qui furent transférés à Dachau en septembre 1944.

Le 18 novembre 1944, le procureur général du peuple donna de Berlin l'ordre aux prisons de Lauban et de Liegnitz, ainsi qu'au camp de Dachau, de mettre tous les inculpés à la disposition du tribunal du peuple de Breslau. En fonction des ordres reçus, le directeur de la prison de Liegnitz dirigea, le 8 décembre 1944, André Lassagne et les généraux Gransart, Gilliot et Olleris vers le camp de Gross-Rossen. A leur arrivée, ils furent dispensés de travail et mis dans le block des « Prominente ». Le commandant du camp leur annonça alors qu'ils seraient transférés prochainement dans un Offlag, c'est-à-dire un camp pour officiers prisonniers de guerre. Cette situation provisoire dura jusqu'à la fin de la guerre.

Jean Moulin, sur décision du commandement SS, fut transféré par train, accompagné d'un infirmier du 84 avenue Foch nommé Millitz. J'ai appris qu'il mourut avant d'arriver à Metz, où son acte de décès fut établi le 8 juillet 1943.

Au début de l'année 1952, Monsieur de Morembert, archiviste de la ville de Metz, publia un article où il émettait toutes sortes de supputations sur la mort de Moulin à la suite de la découverte de l'acte constatant le décès de celui-ci dans cette ville. Cela choqua André Lassagne qui adressa une lettre au *Figaro,* publiée dans le numéro des 12-13 janvier 1952. Il y dit notamment :

« La présence d'un infirmier dans son transfert en Allemagne est explicable par le fait que la Gestapo ne tenait pas à ce qu'il meure tout de suite, avant d'avoir pu être confronté de nouveau par exemple. *De plus, les Allemands connaissaient Jean Moulin comme un récidiviste des tentatives de suicide. Il fallait donc un homme de l'art pour y parer éventuellement.* »

André Lassagne avait raison.

Dans une confidence rapportée par M. de Hoyos, le Dr Dugoujon évoque lui aussi cette hantise du suicide, s'agissant de Jean Moulin.

« Ils (les gardiens) l'ont couché sur la paillasse laissant la porte ouverte, et l'ont veillé pendant toute la nuit *de peur qu'il se suicide.* »

La vérité officielle m'attribue la mort de Jean Moulin. L'opinion le croit tout simplement parce que l'événement n'a jamais fait l'objet d'une enquête sérieuse, impartiale, depuis quarante-six ans. Il n'a même pas donné lieu à une procédure. La foi se passe de preuves. Un mensonge se transmet en religion officielle admise de bonne foi par des millions de braves gens aussi longtemps qu'il ne se trouve personne pour en établir la fausseté avec des preuves irrécusables. Il existe une légende sur la mort de Jean Moulin.

L'Histoire n'a pas de compte à rendre, mais des dossiers à ouvrir, dût-on confondre quelques imposteurs.

Au cours de son arrestation, Jean Moulin peut constater,

comme il en exprimait déjà la crainte dans son rapport adressé à Londres, que le cercle s'est refermé autour de lui. N'avait-il pas écrit au général de Gaulle, qu'il se sentait traqué à la fois par la police de Vichy et la Gestapo « qui n'ignorait rien de son identité et de ses activités ». Il accusait certains éléments des mouvements d'être responsables de cette situation. Il ne se trompait pas. Il se sentait seul. Il avait bien raison.

Connus, Lacaze et Schwartzfeld venus là avec leurs papiers véritables ; connu le docteur Dugoujon, propriétaire des lieux ; connus les trois dirigeants présents de la Résistance, Hardy déjà arrêté par moi, Aubrac, déjà interrogé par moi, Aubry que j'interpelle de son nom de guerre, Thomas.

Moulin sait son identité percée.

Je lui avais seulement entravé les mains. Il tentera de se suicider en se jetant contre un mur. Comme il l'a déjà tenté trois ans plus tôt, presque jour pour jour, par d'autres moyens.

Comme son ami Médéric et son successeur Bingen réussiront, eux, avec succès, lors de leurs interrogatoires.

C'est la vérité.

Le colonel Paillole le croit. Un autre vieil ami de Jean Moulin, Kirchmayer, résistant déporté, aussi. Elle se fonde sur une analyse. Elle se démontre par des arguments.

Un seul témoin, je dis bien, je répète, un seul, le Suisse Fuchs, collaborateur appointé de nos services, prétendra m'avoir vu achever à coups de pieds Jean Moulin moribond.

Mais d'autres personnes affirment avoir vu Jean Moulin vivant chez le colonel Boemelburg à Neuilly. Entre des récits aussi contradictoires, il conviendrait de choisir. La police allemande envoyait en effet à Neuilly, chez Boemelburg, les responsables nationaux de la Résistance arrêtés en province par des subalternes comme moi.

Nous ne connaissions pas suffisamment les problèmes politiques, pensait-on, pour interroger utilement ces prisonniers. Nous disposions moins encore du droit de les éliminer. En dehors de toute considération humanitaire, le crime aurait trop nui à l'efficacité du service.

Tous ceux qui ont vu Jean Moulin blessé à la tête aussi bien à Lyon qu'à Paris ont d'ailleurs pu constater la déférence certaine avec laquelle il était traité : « Monsieur Max, veuillez me suivre. »

En 1952 et 1954, quand on me reproche, alors que je suis absent, tous les meurtres, toutes les exécutions sommaires et toutes les déportations commises dans la région lyonnaise, l'accusation n'ose pas soulever le cas de Jean Moulin.

La véritable énigme de l'affaire de Jean Moulin débute avec la confusion entretenue autour d'elle depuis quarante ans. Elle s'épaissit dans le refus de débattre contradictoirement et publiquement des responsabilités des participants à la réunion de Caluire. Ils n'étaient pourtant pas si nombreux.

Mais il se fait tard... Les témoins disparaissent année après année, puis avec eux les coupables possibles, perdus dans cet abîme sans fond où se perdent tant de misérables secrets. Quelques-uns respirent peut-être... mieux.

Mais juger exige le sacrifice des préjugés, des convenances et des intérêts[1].

Klaus Altmann-Barbie

---

1. Document de 63 pages remis par Me Vergès au juge d'instruction Hamy ; cf. procès-verbal du 4 juillet 1990.

ANNEXE XX

Extrait de l'interrogatoire du capitaine Barsac, *alias* Sif, de son vrai nom Raymond Fassin, l'un des officiers d'opérations au service de Jean Moulin, entendu le 28 juin 1943, peu après son arrivée à Londres, par le BCRA.

Fassin s'étend assez longuement sur les opérations qui, durant le premier semestre de 1943, atteignent l'organisation de la Résistance : la saisie des archives de Frenay, de celles de l'Armée secrète en mars 1943, les arrestations également réalisées à cette époque, celle de Berty Albrecht, la préparation de la réunion de Caluire...

Fassin déclare également (première page) :

« Nous ne pouvons être très affirmatifs sur les dates exactes, mais nous tenons à ajouter que la police (police française ou Gestapo) s'est rendue dans une propriété que Rex [Jean Moulin] avait habité sous son vrai nom, à St. Andiol. »

FRANCE COMBATTANTE
État-Major Particulier
du Général de Gaulle

Nº D 9879 /BCRA-C.
319 - P.

No. 3040 - A - 15.

Londres, le 28 Juin 1943.

TRES SECRET

CONFIDENTIEL
P 227203

INTERROGATOIRE

du

Capitaine BARSAC, alias SIF

M. V. Fassin Raymond

Fichage System

P.- Je vous serais obligé de m'indiquer quelles sont, à votre avis, certaines imprudences commises par des membres de l'organisation .

B.- Je dois porter à votre connaissance les trois faits suivants:

1º) Lors de l'arrestation de FORESTIER, chef d'état-major de l'A.S. et de sa secrétaire, cette dernière avait été surprise en train de taper à la machine, ayant à côté d'elle une valise renfermant toutes les archives de l'etat-major de l'A.S. Ces archives ont été saisies par la Police française mais nous ne sommes pas en mesure de dire si la Gestapo en a eu connaissance. Nous pouvons signaler que parmi ces archives se trouvaient un rapport complet sur l'organisation actuelle de l'A.S. et sur le fonctionnement du S.O.A.N. (actuellement C.O.P.A.) ainsi qu'un rapport envoyé par SIF à REX sur l'atat à ce moment du C.O.P.A. Nous avons eu une copie de ces trois rapports entre les mains, copie qui nous a été retransmises par la Police.

2º) A une date variant entre le 15 et le 30 mai, la Gestapo a effectué une descente dans la chambre occupée par NEF (H. FRENAY). Ce dernier s'attendant à cette époque à un départ imminent pour LONDRES avait avec lui une valise bourrée de papiers vraisemblablement documents qu'il se destinait à porter à LONDRES. La Gestapo a fait main basse sur toutes les affaires personnelles de NEF se trouvant dans la chambre, y compris la lingerie, et évidemment sur la valise.

3º) Peu de temps avant cet incident, NEF avait envoyé aux 6 chefs de région des M.U.R. une circulaire relatant dans le détail toute l'activité de REX depuis le 1er janvier 1942 ainsi que l'activité de VIDAL. Les termes de cette circulaire étaient tels qu'il n'y avait aucun doute possible à faire sur la personnalité de REX et de VIDAL. Au moins un exemplaire de cette circulaire a été saisis lors des arrestations opérées à MARSEILLE dans le courant de mai. Nous ne pouvons être très affirmatifs sur les dates exactes, mais nous tenons à ajouter que la Police (police française ou Gestapo) s'est rendue dans une propriété que REX avait habité sous son vrai nom, à ST. ANDIO

P.- Prenons le paragraphe II : quelle est, à votre avis, la filière qu'a suivi la Gestapo pour arriver au domicile de NEF où se trouvaient les documents en question ?

B.- La perquisition affectuée par la Gestapo au domicile secret de NEF semble avoir suivi de très près l'arrestation de la secrétaire particulière de NEF, Mme ALBRECHT connue sous le pseudonyme VICTOIRE. Celle-ci a été arrêtée dans les conditions suivantes. NEF recevait ses visiteurs à ce moment-là dans la Région de MACON. Les visiteurs se rendaient à l'Hôtel de BOURGOGNE où les attendait VICTOIRE qui leur donnait ensuite les moyens de contacter NEF directement. La Gestapo avait remarqué ce manège, elle a laissé VICTOIRE sortir de l'hôtel de BOURGOGNE dont les propriétaires ont été par la

Fiche 30 System.

suite arrêtés et a ensuite arrêté VICTOIRE dans la rue.

Selon THOMAS, chef d'état-major de l'A.S. qui l'a raconté à SIF, le lien entre Mme ALBRECHT et NEF aurait été établi de la façon suivante : Mme ALBRECHT aurait logé au même endroit que NEF elle aurait donné cette adresse avec son faux nom à sa fille qui lui aurait écrit à cette adresse. Lors de l'arrestation de Mme ALBRECHT, la Gestapo aurait trouvé dans son sac à main une lettre de sa fille reçue quelques heures auparavant et dont elle avait encore conservé l'enveloppe

P.- Combien de temps après l'arrestation de Mme ALBRECHT la perquisition eut-elle lieu au domicile de NEF ?

B.- Je ne sais pas, mais il semble qu'il se soit écoulé peu de temps.

P.- Savez-vous si NEF a été au courant presque immédiatement de l'arrestation de Mme ALBRECHT ?

B.- Il me semble qu'il n'ait pas été au courant, il a connu l'arrestation de Mme ALBRECHT après la perquisition chez lui.

P.- Savez-vous comment il en a été averti ?

B.- Il n'a pas été averti, c'était par hasard qu'il ne se trouvait pas là.

P.- Reprenons maintenant le paragraphe III : avez-vous personnellement lu ces circulaires ?

B.- Non.

P.- Vous a-t-on raconté approximativement la teneur de ces circulaires ?

B.- Oui par MAURICE, secrétaire en Z.N.O. de REX, en présence de VIDAL et de LUC.

P.- Est-ce que, à la suite de cette information, vous n'avez pas pris des précautions ?

B.- Je n'ai pas pris particulièrement de précaut ons en ce qui concerne mon service puisqu'il n'était pas question de nous dans cette affaire. Les personnes en cause ont pris des précautions : REX évitait de paraître à LYON, il passait ses nuits dans la banlieu de LYON et il n'est pas retourné du tout dans la région concernée. Quant à VIDAL il ne restait plus chez lui, tout au moins à ce qu'il m'a dit, il avait un pied-à-terre à LYON.

P.- Pourriez-vous m'indiquer les contacts qu'avaient le Général VIDAL (MARS) en Z.N.O. ?

B.- Le Général VIDAL voyait constamment THOMAS, son chef d'état-major, il le voyait n'iMporte où, dehors.

P.- De quelle façon le contactait-il ?

B.- Au moyen de boites aux lettres.

P.- Pourriez-vous m'indiquer les boites aux lettres de ces deux personnes ?

B.- Pour THOMAS la boite aux lettres se trouvait à ST. FONS et la boîte aux lettre de VIDAL se trouvait Route de Genas à LYON.

P.- Est-ce que les deux titulaires de boites aux lettres étaient absolument sûrs ?

+ vers le 10.6.43

B.- Oui, absolument.... Il faut ajouter que, en ce qui concerne la boite aux lettres de THOMAS, elle a été brûlée par suite de l'arrestation d'un planton des M.U.R.+ par la Gestapo, lequel planton semble, d'après les dires de certains membres des M.U.R., s'est immédiatement mis à la disposition de la Gestapo. Il s'agissait exactement du planton des Affaires Militaires des Mouvements Unis que dirigeait NEF. Je ne connais pas le nom de ce planton.

Les autres relations de VIDAL étaient : MAURICE, secrétaire de REX Z.N.O., tous les officiers composant son état-major, LUC et SIF et, évidemment, REX. Il était en relation avec un certain nombre d'autres personnes mais je ne [illegible] suis pas au courant de ces autres relations.

P.- Est-ce que VIDAL avait un moyen pour contacter très rapidement REX, LUC et Compagnie.. ?

B.- Oui, VIDAL pouvait contacter rapidement tous ces gens-là parce qu'il connaissait leurs boîtes aux lettres, son secrétaire les connaissait aussi.

P.- A votre avis, son secrétaire serait une personne absolument sûre ?

B.- Je ne le connais pas du tout, c'est un jeune étudiant qu'il trouvait très bien.

P.- Son secrétaire a-t-il été arrêté ?

B.- Je ne sais pas du tout.

P.- Vers quelle date eut lieu l'arrestation de VIDAL ?

B.- Quelques jours avant le 15 juin.... entre le 8 et le 15. MEDERIC pourra vous donner, peut-être, de plus grandes précisiotn; c'est le chef d'un mouvement de résistance de la Z.O.

P.- Quel est le rôle joué par GALIBIER ?

B.- C'est un ancien officier de 2ème Bureau qui résidait à BOURG et qui a passé beaucoup de renseignements au mouvement "COMBAT" Il a été intégré à l'état-major de l'A.S. et mis à la disposition de VIDAL par NEF lorsque VIDAL a commencé à constituer son état-major et il était entièrement dévoué à VIDAL. Il est tout à fait bien.

P.- Connaissez-vous la manière dont procédait REX et tous autres pour fixer les réunions de l'A.S. en Z.N.O. ?

Fichage System

B.- La date de réunion était prévue quelques jours à l'avance et le local était d'ordinaire fourni par les M.U.R. Il peut se faire, toutefois que dans le cas particulier, le local ait été fourni par l'officier adjoint de GALIBIER et désigné sous le nom de Capitaine LASSAGNE dans un cable [illegible] à LONDRES vers le 22 juin.

P.- Vous savez donc que la réunion au cours de laquelle tous les membres ont été arrêtés, devait avoir lieu ?

B.- Oui, elle était en gestion depuis plusieurs semaines.

P.- De quelle façon vous fixiez-vous rendez-vous dans le local ?

B.- Le rendez-vous était généralement fixé de la façon suivante: on se fixait rendez-vous par l'intermédiaire des boîtes aux lettres à un endroit et à une heure donnés et de cet endroit on était dirigé sur le lieu de la réunion. Comme il n'existait pas pour correspondre entre tous les correspondants, un code, cette adresse a donc pu être donnée dans une boîte aux lettres en clair.

P.- Quelle était la personne chargée d'indiquer aux différents membres qui devaient assister à la réunion, le lieu où elle se ferait ?

B.- Généralement la personne qui avait trouvé le local ou qui le connaissait.

P.- Est-ce que cette personne était quelqu'un d'assez marquant dans l'organisation ?

B.- Oui, n'importe qui, pourvu qu'il ait trouvé le local.

P.- Lorsque vous avez eu connaissance de la réunion projetée, ne saviez-vous pas déjà le lieu ?

B.- Non.

P.- Aviez-vous prévu l'endroit où devait avoir lieu la réunion, ou en aviez-vous discuté ?

B.- Oui, car je dois dire que j'avais suggéré à LUC l'idée de cette réunion qui devait dans mon esprit se faire entre le Général et tous ses chefs de Bureaux dont nous étions et tous les éléments destinés à constituer l'ossature de son état-major. Nous en avions discuté avec LASSAGNE qui avait dit pouvoir nous fournir un local à CALLUIRE. Il avait été envisagé une première fois de faire la réunion le mercredi 9 juin mais celà a été décommandé au dernier moment par le Général en raison des opérations de police qui sévissaient à ce moment-là dans la région de LYON.

P.- Est-ce qu'une date avait été fixée ?

B.- J'avais suggéré d'abord cette date du 9 juin parce que le Général s'en allait à PARIS et que j'aurais voulu que la réunion se fasse avant le départ du Général et avant mon départ pour LONDRES que le Général ignorait ainsi que LASSAGNE. Cette réunion avait donc été retardée et elle avait été prévue pour le courant de la semaine suivante. C'était LASSAGNE qui avait proposé de l'organiser. Je crois que le nombre des participants à cette réunion a dû être augmenté.

P.- A votre connaissance, lorsqu'une réunion avait lieu est-ce que les membres participant en informaient leurs collaborateurs ?

B.- Oui, sans leur en donner l'endroit.

P.- Est-ce que le Général VIDAL et GALIBIER connaissaient approximativement les lieux de réunion ?

B.- C'est très difficile à dire, parce que nous ignorions mutuellement ce que nous connaissions surtout lorsqu'il s'agissait de détails aussi précis. En ce qui concerne, toutefois, les lieux de réunion habituels du comité directeur des Mouvements Unis, beaucoup de gens les connaissaient puisque depuis deux ans celà se faisait presque toujours aux mêmes endroits.

P.- Est-ce que la réunion à laquelle eurent lieu les arrestations se faisait dans les mêmes lieux que celles du Comité directeur des M.U.R. ?

B.- Je ne sais pas du tout, seulement comme la date était un lundi, celà laisserait croire qu'à la réunion du Comité directeur seraient venus s'ajouter les membres de l'A.S. Il est donc possible que cette réunion se soit faite dans un lieu choisi par les M.U.R., mais c'est une simple supposition de ma part. Dans ce cas il y aurait deux endroits : un à ST. CLAIR que [illegible] pourra préciser, l'autre à COLONGES qu'il pourra également préciser. La présence d'AUBRAC à cette réunion fait penser qu'il y aurait aussi eu des membres des Mouvements Unis.

P.- AUBRAC a-t-il un pseudonyme quelconque ?

B.- AUBRAC est un de ses pseudos. Il s'est appelé aussi VINCENT et ESQUIROL.x

P.- Que savez-vous sur les personnes arrêtées ?

B.- Le Colonel, chef de "FRANCE D'ABORD" est un Colonel vraisemblablement du cadre de réserve. Quant aux trois chefs de bureau de l'état-major de l'A.S. puisque GALIBIER, chef du 2ème Bureau avait été déjà arrêté et que, d'autre part, il est fort peu probable que le chef du 1er Bureau ait été présent à cette réunion, car le Général MARS ne semblait pas vouloir le mêler à ces réunions, étant donné son rôle effacé, il peut s'agir de l'adjoint de GALIBIER, le Capitaine LASSAGNE, du chef du 3ème Bureau sur lequel nous ne savons rien, du chef du 4ème Bureau, le Colonel LACAZE que SIF et SIF Bis connaissaient et du chef du 5ème Bureau, lieutenant de réserve que SIF avait vu une fois avant son départ en présence de LUC et du Capitaine LASSAGNE.

P.- AUBRAC avait-il déjà été arrêté ?

B.- Oui, le même jour que FORESTIER mais à un endroit différent à LYON.

P.- Connaissez-vous les circonstances de l'arrestation de AUBRAC ?

B.- Oui : une réunion dont je ne connais pas le but mais qui devait avoir trait à l'A.S. devait avoir lieu à LYON, 7 rue de l'Hôtel de Ville. Cette adresse était très connue car elle avait servi de logement, de boîte aux lettres, de bureau, de chambre de passage, etc.. pour EEO et toute son équipe. On l'avait laissé en repos pendant un certain temps et on l'avait reprise; c'était chez M. BIARD.x Voilà ce qui m'a été dit par des gens du Mouvement : un courrier avait été envoyé par un certain RATIER,x chef de la sous-région A.S., Haute-Savoie, Savoie, Isère; RATIER avait à ce moment-là des communications assez grandes entre cette région et la région de BOURG parce qu'on venait chercher des jeunes gens qu'on mettait dans le maquis en Haute-Savoie. Ce planton s'étant endormi dans la gare de BOURG a été éveillé par des gendarmes qui lui ont demandé son identité, il avait sur lui pour toute pièce d'identité une carte tamponnée mais non remplie. On a trouvé sur lui plusieurs lettres et dans ces lettres des adresses en clair et parmi elles, l'adresse de la réunion, 7 rue de l'Hôtel de Ville. Les policiers ont tendu une souricière et il y a eu pendant ces deux jours dans toute la ville de LYON 15 souricières de tendues et dans la journée où FORESTIER, sa secrétaire et AUBRAC ont été arrêtés, 16 personnes en tout ont été prises! Les policiers ont donc tendu une souricière au N° 7 de la rue de l'Hôtel de Ville et ont pris AUBRAC, le nommé PRESSENTIER qui appartenait également à "LIBERATION" et qui s'était rendu quelques jours avant en Haute-Savoie pour voir comment on allait organiser la question de maquis de Savoie. PRESSENTIER et AUBRAC n'ont pas été arrêtés sous ces pseudonymes. Une autre personne a également été prise, c'était l'actuel chef régional général de la 1ère Région pour le mouvement "COMBAT" qui portait le surnom de BATESTI et dont le vrai nom est PECK. Il y avait peut-être une 4ème personne. Les dégâts auraient été plus grands si la propriétaire, Mme BIARD n'avait pas réussi à se glisser dans les waters pendant que les deux inspecteurs surveillaient les personnes qu'ils venaient d'arrêter et faisant signe avec le balai de ne pas entrer. C'est ainsi que se présenta ALAIN (RIP W.) à ce moment-là secrétaire de BOSS N.H.O., avec une forte somme et qui put s'esquiver. PRESSENTIER s'est fortement débattu et a blessé le commissaire de police ainsi que l'inspecteur MICHEL du C.S.T. Le surlendemain BATESTI réussit à s'évader du commissariat où les 16 personnes étaient réunies et interrogées par la Police française.

VN = CORDIER

Fichage System

P.- Que s'est-il passé pour AUBRAC ?

B.- Il a fait plusieurs tentatives d'évasion dont une a réussi. C'est lui qui, en compagnie de LASSAGNE, a monté l'avasion de l'ANTIQUAILLE au cours de laquelle FORESTIER, [illegible] et un autre se sont échappés.

P.- Etaient-ils entre les mains de la Police française ou allemande ?

B.- Je ne sais pas, tout ce que je sais sur l'affaire de l'ANTIQUAILLE c'est que quelques heures après l'évasion, la Gestapo est venue chercher les trois personnes qu'on venait de faire évader.

P.- . . . . [...]

ANNEXE XXI

Extraits de l'interrogatoire de De Graaf à Londres le 18 octobre 1943.

des Services Communs
Renseignement & D'Action.

Renseignement et d'Action
Londres.

I N T E R R O G A T O I R E

DE GRAAFF, ANTOINE, DANIEL dit TONY

(Alias Maurice GRAAFOFT, alias MARC, alias Maurice DUPUIS, alias LUDOVIC, alias RODOLPHE, alias Maurice LEGRAS.)

Né le 14 Août 1916 à PARIS 17e.

Profession: Employé de banque. Nationalité française.

Fils de : Louis, Henri, 53 ans, banquier coulissier, nationalité française, et de
Suzanne WELLHOFF, 50 ans, nationalité française.
Tous deux domiciliés 95, rue de Prony à PARIS.

Marié à Melle Paulette ROUQUET, 19 ans, nationalité française, domiciliée à ST. CYR L'ECOLE (Seine & Oise)

Enfant, Michèle, 8 mois.

Soeur : Hélène, mariée à Me KLOTZ actuellement dans les F.A.C.

Religion: israélite.

1.- J'ai été élevé à PARIS. Je suis entré au Lycée Carnot à l'âge de 6 ans, j'y suis resté jusqu'en première c'est-à-dire jusqu'à l'âge de 17 ans. J'ai alors changé de lycée pour aller à l'école Chauveau. J'ai passé mon bac A'(latin sciences) et je me suis arrêté là. Je suis venu en Angleterre en 1933 passer un mois à FOLKESTONE et à mon retour en France je suis entré dans les affaires avec mon père. Il est coulissier et la raison sociale est : WELLHOFF & Cie. Son bureau était alors 12 rue de la Victoire. J'y suis resté cinq mois puis je suis revenu en Angleterre et j'ai travaillé pendant sept mois dans une banque, la British Shareholder Trust Ltd., 3 Lombard Street, London E.C.2. Après ce stage je suis revenu en France et j'ai recommencé à travailler avec mon père à la bourse.

2.- En Avril 1936 j'ai devancé l'appel et je suis entré au Bataillon de l'Air 116, base aérienne de St. CYR, avec le grade de 2ème classe. J'ai été successivement nommé caporal, caporal chef, sergent, sergent chef. A la déclaration de la guerre j'étais toujours au bataillon de l'Air 116 et j'ai été chargé de la mobilisation de la base où j'étais adjoint avec Henri MANHES dont j'étais le secrétaire particulier. J'ai fait la guerre avec lui et je suis resté tout le temps à ST.CYR. Au moment de la débâcle je suis parti avec tout le bataillon dans la direction de PAU. J'ai eu la Croix de Guerre, j'ignore pourquoi. Nous avons subi l'armistice à OLORON STE.MARIE où nous avons vécu quelques mois; je suis remonté avec MANHES à LYON où j'ai été démobilisé le 12 Août 1940 à la base aérienne de BRON.

3.- Après la démobilisation j'ai cherché une situation j'ai passé une grande partie de mon temps entre LYON et VICHY et pour finir on m'a proposé une situation aux Compagnons de France où je suis entré le 5 Septembre 1940. J'ai été affecté à LONS LE SAUNIER. J'ai été chef de compagnie, puis comptable, puis comptable de province, puis administrateur de province. Ensuite j'ai été muté de LONS LE SAUNIER à CLERMONT FERRAND où je suis arrivé le 2/3 Février 1941 comme chef comptable de la province,

[...]

courrier immédiatement et l'ai amené à mon bureau 3 rue des Marronniers bureau qui était jusqu'alors resté en réserve. Il n'avait jamais été utilisé et je pouvais par conséquent emmener MAX sans risquer pour sa sécurité. Ce courrier y a été emmené le mardi après déjeuner. Autant qu'il m'en souvienne il se composait de huit valises sur lesquelles il y en avait cinq contenant 40 millions de francs en billets de 1.000 francs et environ $ 200.000. J'ai fait transporter cet argent sous bonne garde à travers les rues de LYON dans l'après midi et il a été déposé dans les coffres de Joseph/MAILLET, agent de change, 4 rue de la République. Il s'est occupé de changer les dollars. J'ai rencontré MAX le mardi soir vers 6h.½ environ chez Mr. MAILLET; je lui ai annoncé la bonne réussite de mon transfert d'argent et pour célébrer cette réus: nous avons fait ensemble un bon diner. Nous sommes rentrés chez moi e: avons travaillé aux affaires courantes assez tard dans la nuit. Le mercredi matin nous sommes allés dànsla première heure au bureau où j'ai commencé à décoder le courrier et à lui passer tout ce qui l'intéressait. Le courrier se composait ce mois-là entr'autres d'une note très importante d'instructions de PHILIP à REX qui était presque en clair - ce qui lui a permis d'en prendre connaissance presque aussitôt - et d'autre part d'un certain nombre de documents, d'instructions et de plans pour l'A.S. Ces papiers étant volumineux et important MAX m'a demandé de faire l'impossible pour m'en séparer rapidement par sécurité et je me suis mis aussitôt à décoder le tout. J'y ai passé intégralement la nuit du mercredi et le jeudi matin j'ai pu convoquer la secrétaire de THOMAS, chef d'Etat-Major de l'A.S. zone sud pour lui remettre son courrier. Autant qu'il m'en souvienne il se composait :

1º De boîtes de dragées pour mettre dans les axes des sous-marins afin de les rendre inutilisables et le mode d'emploi s'y rapportant.
2º Un certain nombre de plans de lignes de chemins de fer (plans verts)
3º Un certain nombre de documents en triple exemplaires à remplir par les chefs départementaux de l'A.S. portant le nom des villes et demandant qu'en face soient remplis les effectifs, l'encadrement sur lequel on pouvait compter

D'autre part , j'ai fait partir le jeudi soir , en même temps que je rentrais à PARIS, tout le courrier de la zone nord déjà décodé et tous les plans de l'A.S. et instructions s'y rapportant à cette zone. Il ne restait donc à mon bureau lorsque je suis reparti pour PARIS le jeudi soir que les instructions aux partis politiques et le courrier strictement secrétariat zone sud.

Je suis parti à PARIS le jeudi soir où je devais régler avec les Services Centraux de la zone nord un certain nombre de questions techniques pour MAX. Je suis resté à PARIS trois jours et ai repris le train pour LYON le dimanche soir. Je suis arrivé à LYON le lundi matin. Mon secrétaire GILBERT m'attendait à la gare de PERRACHE et il me fixa un rendez-vous avec REGIS à 10 heures sur les bords de la Saône, rive droite, près du pont de la Guillottière. J'ai rencontré MAX qui est arrivé à l'heure, vêtu d'un costume gris, d'un chapeau marron, portant des lunettes noires, sans manteau. Nous sommes restés ensemble environ une dizaine de minutes et il m'a donné cinq points de chute pour la journée pour le retrouver parmi lesquels un rendez-vous à 1h½ place Antoine Volon. J'ai déjeuné ce jour-là avec ma femme et étais au rendez-vous de 1h½. MAX n'est pas venu mais il a envoyé à sa place SOPHIE qui m'a appris les faits suivants :

1º Il venait de déjeuner avec MAX qu'il avait rencontré par hasard.
2º Contrairement au rendez-vous qui avait été prévu entre MAX et AUBRAC à 2h.moins 1/4 à l'arrêt du 7 à Perrache, MAX n'irait pas à ce rendez-vous et chargeait SOPHIE d'aller rencontrer AUBRAC et de l'amener à 2h½ en haut de la Ficelle CROIX PAQUET où il devait rencontrer MAX.
3º MAX me chargeait de prendre immédiatement le contact avec le Colonel BLUMSTEIN, chef de "FRANCE D'ABORD" qui avait déjà été contacté par le Général VIDAL pour faire partie de l'A.S. Il me chargeait de demander au Colonel

./..

BLUMSTEIN s'il serait d'accord pour prendre à titre intérimaire et ce jusqu'à l'arrivée d'un chef de l'A.S. la direction générale de l'A.S. pour la zone sud. Au cas où le Colonel accepterait cette proposition j'étais chargé de l'amener au même rendez-vous à savoir à 2h½ en haut de LA FICELLE CROIX PAQUET.

J'ai rencontré le Colonel BLUMSTEIN entre 2h/2h10 à l'angle de la place des Cordeliers et de la rue de la République. Le colonel est arrivé avec quelques minutes de retard, il était vêtu d'un loden gris foncé, d'un chapeau mou gris et portait une serviette marron. Je lui ai fait, de la part de MAX, la proposition dont il m'avait chargé. Après certaines mises au point techniques sur des questions de détail qu'il m'a proposées et auxquelles je lui ai répondu, il a en principe accepté que je l'emmène à la réunion prévue. Je précise qu'à ce moment-là je ne connaissais encore ni les membres qui devaient assister à la réunion en dehors de MAX, AUBRAC et du Colonel, ni l'heure ni le lieu de la réunion. Je ne l'ai appris qu'un peu plus tard comme la suite du récit vous l'indiquera. Je suis donc parti avec le colonel BLUMSTEIN à pied de la place des Cordeliers et sommes allés prendre le funiculaire CROIX PAQUET; nous sommes montés au rendez-vous où nous sommes arrivés avec environ 10 minutes de retard. MAX était assis sur un banc avec AUBRAC. Ce dernier était vêtu d'un imperméable beige et d'un chapeau dont je ne me souviens pas la couleur, peut-être même n'en avait-il pas. MAX était habillé exactement comme le matin, n'avait rien dans les mains et portait toujours ses lunettes noires. A ce moment-là MAX a insisté de façon pressante auprès de moi pour que je l'accompagne à la réunion. Comme je revenais de PARIS après trois jours d'absence et que j'avais un certain nombre de rendez-vous qu'il eut été regrettable que je manquasse, j'ai insisté auprès de lui de telle façon qu'il a accepté que je ne le suive pas à son rendez-vous. Je lui ai simplement demandé de quel ordre était la réunion qui devait avoir lieu quelques minutes plus tard et s'il connaissait les précautions qui avaient été prises car ils devaient se réunir entre 8 et 10 membres. Il m'a répondu que la réunion avait été préparée d'accord entre LASSAGNE et XAVIER et que par conséquent des précautions avaient été prises. Je l'ai accompagné quelques mètres et il a pris le tram 33 avec AUBRAC et le Colonel. Il m'a fixé rendez-vous pour le soir à 7h½ à mon bureau 3 rue des Marronniers. Je suis alors parti travailler à mon bureau et suis allé aux divers rendez-vous prévus pour l'après midi. J'ai attendu MAX à mon bureau: à 7h½ je ne l'ai pas ~~xxxx~~ vu venir, je l'ai attendu jusqu'à 8 heures et me suis dit que deux choses étaient possibles : ou bien la réunion avait duré plus longtemps qu'il ne l'avait prévu - quoi qu'il m'ait certifié qu'il serait à l'heure car nous avions beaucoup de travail à faire ensemble (il devait repartir le surlendemain pour PARIS) ou bien qu'ayant quitté la réunion plus tard qu'il ne l'avait pensé il aurait été diner directement au restaurant où normalement nous nous rencontrions à l'heure des repas si nous nous étions manqué à un rendez-vous pendant la journée. Je suis donc allé diner à 8h½ environ au restaurant qui se trouve Cours de VERDUN où DE MENTON, alias JOYEUSE avait l'habitude de prendre ses repas. Je n'ai pas vu MAX venir au restaurant. Comme depuis plus d'un mois MAX habitait chez moi à LYON il devait y rentrer dormir. Aussitôt diné je suis remonté chez moi 22 rue du Commandant Charcot à ST.JUST. Je ne me suis pas couché tout de suite car je pensais qu'il arriverait et que nous aurions du travail à faire. Je l'ai attendu quelque temps, un peu inquiet quand même, mais je me suis dit qu'il était sans doute allé coucher chez un de ses amis ne pouvant être en temps chez moi pour le couvre-feu qui était à l'époque à 10 heures. Le lendemain matin mardi je n'avais rien de particulier à faire sauf le rendez-vous à midi moins le quart avec SOPHIE à qui MAX m'avait chargé de donner des contacts pour l'emploi qu'il lui réservait dans l'A.S.. J'avais pensé que MAX viendrait dès le matin pour terminer avec moi la lecture du courrier de LONDRES qui était arrivé quelques jours auparavant - le 14 Juin - et terminer la distribution dans les différents services. Je ne l'ai pas vu venir et j'ai commencé à m'inquiéter sérieusement. Je savais ne pouvoir toucher personne avant 11h.½ aussi je suis resté au bureau sans bouger à faire du courrier et à terminer la distribution. A 11h½ je suis descendu de

./..

de mon bureau et je suis allé au rendez-vous que j'avais fixé à la secrétaire de THOMAS d'une part et à SOPHIE d'autre part. Je suis allé d'abord au rendez-vous de SOPHIE et l'ai prié de m'excuser mais que je n'avais pas vu MAX depuis 24 heures, que je m'inquiétais sur son sort et que j'avais pris des rendez-vous pour essayer de le retrouver. Il est resté sur le trottoir de gauche venant du pont de la Guillottière dans la rue de la Barre et moi je suis allé place Bellecourt où j'avais rendez-vous avec le secrétaire de THOMAS. Cette dernière était là très excitée avec ma propre secrétaire. Elle m'a immédiatement dit : je suis très inquiète THOMAS n'est pas rentré chez lui hier soir, il n'est pas venu à son bureau ce matin et la concierge vient de me dire, sans que j'aie pu le vérifier que son appartement avait été visité par la gestapo ce matin. J'ai oublié de préciser que la secrétaire de THOMAS à qui j'avais demandé l'emploi du temps de THOMAS la veille m'a répondu qu'il avait une réunion à l'A.S. à laquelle XAVIER et LASSAGNE devaient probablement assister. Suite aux doutes que j'avais déjà, j'ai été amené à conclure qu'un accident était arrivé la veille lors de la réunion et j'ai donné l'ordre , afin de ne pas compromettre une situation déjà bien difficile, à la secrétaire de THOMAS, quoi qu'il arrive et quoi qu'elle puisse penser de l'ordre ridicule que j'allais lui donner, de ne pas retourner à son bureau car, de deux choses l'une : ou bien la gestapo connaissait déjà l'adresse de son bureau et irait le visiter - et par conséquent elle risquait de se faire prendre - ou bien la gestapo ne la connaissait pas et alors avec une garde organisée nous pourrions aller le lendemain , avec le minimum de risques,- sortir ce qui s'y trouvait. Je lui ai donné l'ordre de se trouver à 14 heures précises place des Cordeliers devant l'Eglise. J'ai aussitôt été informer SOPHIE qui était de l'autre côté du trottoir, la triste réalité et je lui ai demandé de rester avec moi pour qu'ensemble nous puissions prendre les décisions importantes qui allaient immédiatement s'imposer. Il s'est mis à ma disposition avec toute sa bonne volonté mais malheureusement ne pouvait m'être que d'une aide plutôt morale que matérielle étant donné qu'il était arrivé de LONDRES trois jours plus tôt et ne connaissait rien ni personne dans la résistance française. Nous sommes allés déjeuner ensemble chez LEON, rue Pleynet où nous avons rencontré Daniel MEYER alias VILLIER, secrétaire général du parti socialiste ainsi que sa femme et avec SOPHIE qu'il connaissait de LONDRES nous avons bavardé quelques minutes ensemble. Ensuite nous avons déjeuné SOPHIE et moi et après déjeuner je suis allé à mon rendez-vous de 14 heures.

1º La secrétaire de THOMAS n'était pas au rendez-vous.
2º Jean MARIE, second adjoint de SIF et de XAVIER y était et m'attendait. Il était dans un état d'excitation assez poussé et m'informa que :

a) XAVIER n'était pas rentré chez lui.
b) que XAVIER n'était pas venu à son bureau le matin
c) que l'appartement de XAVIER avait été visité par la gestapo.

Sans donner les raisons de cette disparition subite, j'ai donné l'ordre à JEAN MARIE, comme je l'avais fait à la secrétaire de THOMAS, que puisqu'ils étaient les seuls qui restaient avec les contacts complets de leurs services respectifs et que grâce à eux il serait possible de rétablir rapidement les services :

1º de ne pas retourner quoi qu'il arrive et quoi qu'il pense de cet ordre à son bureau qui était 47 rue de la République,
2º de partir immédiatement à la campagne , de couper tous les contacts, d'arrêter les courriers et de revenir à la même heure au même endroit le vendredi suivant, après avoir pris l'air 48 heures en dehors de LYON.

A la suite de ce rendez-vous je suis retourné voir SOPHIE qui m'attendait au café des Négociants. Il s'est trouvé, qu'alors que j'étais entrain de prendre le café avec lui, que j'ai aperçu deux tables plus loin BIDEAU alias ROUSSEAU, chef du Bulletin d'Information Politique. Je précise que ROUSSEAU était l'ami intime, le confident et

./..

le conseiller de REGIS, qu'aucun acte important ou aucune décision importante n'était prise dans la résistance sans que REGIS n'en ait au préalable parlé et discuté avec ROUSSEAU. Par conséquent de prime abord il paraissait être le seul capable de prendre immédiatement la suite de REGIS. Je l'ai donc mis au courant du drame qui venait de se passer et lui ai demandé de vouloir bien m'assister et me soutenir dans les décisions que j'allais être amené à prendre. Il m'a promis ce soutien et nous sommes sortis ensemble du café avec SOPHIE, et sommes allés à pied direction de la place des Terreaux où j'avais rendez-vous vers les 3 heures avec Simon/BRANDY. Ce dernier m'attendait et je l'ai simplement informé que j'avais des occupations imprévues mais importantes, que je m'excuseis mais qu'il m'était impossible pour ce jour là de régler avec lui les questions d'ordre secondaire que nous avions prévues (il devait y avoir le samedi suivant un départ pour l'Espagne et je devais lui présenter quatre garçons qui étaient du voyage). Je lui ai donc demandé de remettre ce rendez-vous et nous avons décidé de déjeuner ensemble le jeudi à 1 heure au bar Américain rue de la République. J'ai continué ma promenade avec ROUSSEAU qui avait un cours cet après midi là et je l'ai déposé au 7 Place de la Comédie. Je lui ai proposé de diner avec lui le soir, que je lui amènerais SOPHIE et que nous déciderions de ce qu'il y aurait lieu de faire. Je suis retourné chercher SOPHIE qui m'attendait et nous sommes partis tous les deux à mon bureau rue des Augustins. Je l'ai mis au courant des décisions que ROUSSEAU et moi pensions devoir prendre à savoir : envoyer immédiatement un câble à LONDRES les informant de l'arrestation de REGIS, proposant immédiatement une succession, enfin les informant que les services des secrétaires et les services centraux n'étaient pas touchés par les mesures et que tous les services continuaient comme par le passé. En outre nous proposions immédiatement un remplaçant à XAVIER pour que les opérations ne soient pas interrompues pendant la lune de Juillet et enfin que malgré les coups durs que nous venions de subir nous conservions courage et continuiions notre tâche. Le télégramme a été fait l'après midi avec SOPHIE et sous son nom; il a été immédiatement chiffré par mes soins et envoyé le soir même. Je dois signaler à ce sujet que nous n'avons jamais reçu de réponse ni d'accusé de réception à ce câble. Le soir j'ai rencontré ROUSSEAU à l'heure du diner et par hasard j'ai croisé dans la rue un certain PAUL/- qui devait être le Président du Comité de Direction zone sud lorsque REGIS se trouverait en zone nord. C'est un garçon de 35 ans environ qui jusqu'à présent était dans l'administration française du Gouvernement PETAIN, où il avait un gros travail. Il y avait eu dans l'après midi une réunion du Comité de Direction et on était assez inquiet de ne pas voir MAX étant donné que c'était le dernier Comité qu'il devait présider avant de rentrer à PARIS et les membres du Comité de Direction cherchaient à le joindre pour savoir ce qui se passait. J'ai pu alors donner l'explication à PAUL qui m'a demandé à être présenté à ROUSSEAU et à SOPHIE. Je dois préciser que PAUL venait d'être engagé par REGIS et en dehors des trois membres du Comité Directeur qui à l'époque étaient : LORRAIN second de "COMBAT", /SALARD, second de "LIBERATION" et CLAUDIUS second de "FRANC TIREUR" il ne connaissait personne et ignorait totalement l'organisation de la résistance française. Il est venu avec moi au café où j'avais rendez-vous avec ROUSSEAU et SOPHIE, ce dernier m'attendant à une table assis avec un certain GUSTAVE /alias LUCAS pour LONDRES /PAULUX. NARD. Il m'a proposé de mettre NARD comme chef du C.O.P.A. NARD venait d'arriver de LONDRES et était au courant des questions opérations. De plus, d'après ce qu'il m'a dit, c'est un ancien pilote d'AIR FRANCE qui par conséquent s'y connaissait dans les questions aériennes. J'ai demandé à ROUSSEAU s'il désirait rencontrer PAUL. Il m'a demandé qui il était. Je le lui ai expliqué et il a jugé que nous avions déjà suffisamment de difficultés comme cela sans commencer une nouvelle affaire et à mettre au courant des questions de la résistance une personne qui ne pourrait, tout au moins pour le moment, nous être d'une aide quelconque. Je me suis donc excusé auprès de PAUL, ai pris rendez-vous avec lui pour le lendemain matin et je suis parti diner avec SOPHIE et ROUSSEAU. Nous avons diné au restaurant de la Place des Terreaux. SOPHIE et moi avons demandé à ROUSSEAU qu'il accepte le poste que nous avions demandé à LONDRES pour lui et que dès à présent il prenne en mains la direction des affaires de France étant donné que c'était la seule personnalité, à ma connaissance, qui rallierait les suffrages de tous les mouvements de résistance. Il ne faut pas

./..

oublier en effet que ROUSSEAU, membre du parti démocrate chrétien, fait partie du Comité National de la Résistance en tant que représentant de ce parti; que c'est lui qui a proposé le vote du texte qui a été approuvé par le Comité National de la Résistance lors de son unique délibération et qu'il a par conséquent acquis auprès de tous les représentants des résistants de France une autorité incontestable. ROUSSEAU a accepté en principe si LONDRES lui proposait le poste en question et il a été décidé que jusqu'à ce que le télégramme le nommant définitivement soit arrivé en France, il serait avec SOPHIE responsable des affaires courantes mais que ce serait en principe lui qui donnerait et organiserait le tonus politique.

Je suis rentré ce soir là avec SOPHIE et j'ai commencé à lui expliquer quels étaient les membres des organisations de résistance et des partis politiques de zone sud avec qui il aurait des contacts à prendre. Le lendemain j'ai demandé à ROUSSEAU son accord pour désigner immédiatement le chef du 5ème Bureau de l'A.S., à savoir ETIENNE, pour s'occuper exclusivement d'une tentative d'évasion pour les membres arrêtés. L'accord m'a été donné, j'ai vu ETIENNE, l'ai mis au courant de l'arrestation et l'ai officiellement chargé de commencer l'enquête. Je dois préciser qu'ETIENNE connaissait à la fois REGIS, XAVIER et LASSAGNE et qu'en dehors de moi il n'y avait personne en zone sud, et je crois même en zone nord, qui connaissait les sept membres arrêtés à la fois. Par des recoupements successifs, nous sommes arrivés à établir la liste à peu près définitive des personnalités arrêtées. Par l'intermédiaire de "COMBAT" j'ai appris que BARDEAU alias DIDOT avait assisté à la réunion. J'ai appris par l'intermédiaire de GALLIA que d'une façon certaine THOMAS et LASSAGNE en faisaient également partie. J'ai donc pu établir la première liste probable des arrêtés qui s'établissait de la façon suivante :

Fichage System

N V - René HARDY

MAX,
BLUMSTEIN Colonel , de "FRANCE D'ABORD"
XAVIER,
THOMAS,
LASSAGNE,
DIDOT, ? ? ?
AUBRAC.

Par l'intermédiaire de CLAUDIUS que j'ai rencontré le lendemain, il a pu être établi (j'ignore les moyens que CLAUDIUS a employés pour arriver à ce résultat) de façon certaine que la réunion avait eu lieu chez un certain docteur DUGOUJON habitant CALUIRE, exactement en face de la mairie. D'après les premiers éléments qu'il avait pu recueillir les membres ci-dessus nommés avaient tous été arrêtés plus le docteur DUGOUJON et son fils, ce dernier étant un membre actif de la résistance. Avait réussi à s'évader un certain DIDOT qui était blessé et en traitement à l'hôpital de l'Anticaille. Tels sont les éléments d'enquête sur lesquels ETIENNE a pu commencer son enquête. Dès que j'ai eu la certitude dès arrestations, j'ai envoyé un mot en zone nord pour les en informer. J'ai demandé que l'on garde cette nouvelle aussi secrète que possible jusqu'à ce qu'un remplaçant ait été désigné. Je comptais alors, étant donné que le télégramme était parti le jour même, que dans les 5/6 jours qui suivraient nous connaitrions la décision de LONDRES et que nous pourrions, en même temps qu'annoncer officiellement l'arrestation de REGIS, faire part immédiatement de la nomination de son successeur, ce qui n'aurait amené aucun trouble dans la continuation de la résistance. J'avais demandé à ALAIN de n'en parler qu'à MARMAIS alias MORLAIX et CHAMPION alias CARTIER, les deux adjoints de REGIS en zone nord et aux chefs des services centraux de la zone nord. Le surlendemain ALAIN m'envoie une lettre m'accusant réception de mon mot et m'informant de l'arrivée à LYON d'un certain HENRY avec qui il me demande de prendre contact. Je vois HENRY le matin même vers les 10 heures sur les bords du Rhône et il commence par ne pas vouloir me dire qui il est mais qu'il vient pour enquêter sur l'affaire de MAX. Je me suis évidemment méfié au début et je n'avais pas du tout l'intention de laisser entre les mains d'un Monsieur que je ne connaissais pas et qui ne voulait pas me donner son identité, une affaire d'une telle importance. J'ai fini par découvrir, au milieu des

./..

explications vaseuses qu'il m'a données qu'il était commissaire de police. Je lui ai demandé alors si par hasard il n'était pas de CHARTRES et il a paru tout étonné que je connaisse son existence. Il a fini par m'avouer qu'effectivement il était bien le Commissaire de Police de CHARTRES et qu'il était un ami intime de MAX. Je connaissais exactement ses relations avec MAX car en de nombreuses occasions MAX m'avait parlé de son ami de CHARTRES. Il est évident qu'HENRY était la personne toute dédignée pour mener une enquête de cette sorte étant donné qu'il était du métier; j'ai donc immédiatement mis HENRY en contact avec ETIENNE et j'ai demandé à ce dernier d'accepter toute subordination à HENRY dans cette affaire et, de remettre entre ses mains tous les éléments matériels dont il pourrait avoir besoin pour mener à bien son affaire.

A partir de ce moment là je ne me suis occupé que de très loin de l'organisation de l'évasion de REGIS d'abord pour des raisons d'incompétence et ensuite parce que la poursuite de la résistance en France exigeait que je m'occupasse des questions actuelles et courantes Je ne peux donc plus donner d'appréciations personnelles mais je suis obligé de me contenter de rapporter aussi fidèlement que possible l'effort qui a été déployé par HENRY et ETIENNE pour essayer de mener à bien l'évasion de MAX et des autres détenus. HENRY a commencé par prendre un certain nombre de contacts avec des groupes francs car son intention première était de tenter un coup sur une voiture allemande qui chaque soir devait transporter les détenus de la prison MONTLUC à l'Ecole de Santé où ils étaient interrogés par la gestapo et où se trouvait une chambre de tortures; elle est située 14 Avenue Berthelot. Le fort MONTLUC se trouve exactement face à la Manufacture des Tabacs. La distance qui sépare MONTLUC de l'Ecole de Santé est en voiture, et par le chemin le plus court, d'environ 4 kilomètres et demi. Il s'agissait d'organiser quelques groupes, de réunir les moyens - véhicules et armes nécessaires pour tenter ce coup de mains. La seule chose que j'aie demandée à HENRY, lui laissant d'autre part les mains absolument libres pour mener son enquête,- était qu'il ne tentât aucun coup de force sans avoir eu d'abord l'accord des chefs qualifiés. HENRY a eu un certain mal à se procurer les armes nécessaires : 1º parce qu'à LYON il n'y a pas de dépôts d'armes, 2º parce qu'il n'y avait pas à l'époque de groupes francs sur place, Enfin et surtout par ses méthodes de travail HENRY avait réussi en trois jours à se mettre à dos toutes les personnes à qui on l'avait présenté. En effet, il donnait des rendez-vous auxquels il ne venait pas, s'il venait il arrivait avec une demi heure de retard et engueulait les gens par dessus le marché. D'autre part il avait des méthodes clandestines qui peut-être répondent à celles que doit employer un chef de groupes francs, mais certainement pas à celles qui sont nécessaires pour passer inaperçu dans une ville aussi petite que LYON. A plusieurs reprises je l'ai entendu crier à tue-tête : moi aussi j'ai la gestapo au c.. depuis 2 ans et demi, ils me connaissent tous mais je les e......, du reste je suis armé et le premier qui me touchera aura affaire à moi" ceci devant les braves femmes ou passants qui écoutaient ses discours tout abasourdis. Dans ces conditions il est évident que les rapports d'HENRY avec les membres de la résistance ont été extrêmement difficiles et qu'ils ne mettaient peut-être pas, à juste titre, toute la bonne volonté requise pour rencontrer HENRY. D'autre part les chefs de la résistance ont présenté à HENRY un certain nombre d'éléments qui leur paraissaient qualifiés pour former les groupes francs mais pour HENRY un type qui n'avait pas dans sa vie descendu à bout portant dans la rue 5/6 bonshommes n'était pas pour lui valable. On lui a présenté entr'autres un champion de tir militaire, ce n'était pas suffisant. Il est regrettable que la Résistance ne dispose pas en France d'une cinquantaine d'assassins ou de repris de droits communs qui auraient certainement mieux fait l'affaire d'HENRY. Nous avons perdu un temps assez considérable à réunir le matériel et les hommes. Lorsque tout a été prêt il manquait les véhicules : il n'y avait pas d'autre solution que de les acheter : HENRY a donc acheté deux voitures légères : une traction avant et une 202 qu'il a fait mettre en état et pour lesquelles il a fait confectionner de faux permis de circuler. Parallèlement à l'organisation et à la mise sur pied de ces éléments mobiles, il a mené son enquête.

./..

La première information qui nous avait été donnée par CLAUDIUS à savoir que DIDOT se trouvait à l'hôpital de l'Anticaille a été vérifiée et confirmée. Effectivement il s'y trouvait, blessé au bras droit et il s'agissait de savoir comment et pourquoi il était blessé et si cet homme était bien l'un de ceux qui avaient participé à la réunion. Une information venant de GALLIA nous a ouvert une piste fort intéressante. Une femme de la gestapo qui était secrétaire ou téléphoniste, a entendu une conversation dans le bureau où elle travaillait. Un Monsieur dont elle n'a pu donner le signalement est arrivé extrêmement excité et a dit : je m'appelle HARDY, dit DIDOT, je viens vous informer que cet après-midi aura lieu ~~une réunion chez~~ le docteur DUGOUJON à laquelle participeront tous les chefs de l'A.S. et le représentant du Général DE GAULLE en France. La dessus cet homme est parti. Cette secrétaire ayant des sentiments extrêmement sympathiques pour nous s'est précipitée chez une de ses amies, s'excusant de ne pouvoir donner de plus amples explications car elle était partie en fraude de la gestapo et donnant l'information telle qu'elle l'avait recueillie. Cette amie a cherché une autre amie pour arriver à nous toucher mais malheureusement a un peu déformé l'affaire à savoir qu'elle n'a plus parlé de réunion de l'A.S. mais du Comité de Direction. Recevant l'information la troisième amie a fait la remarque que cette information paraissait inexacte car elle savait qu'il y avait un Comité de Direction mais que la réunion de ce Comité était prévue pour le lundi et non pour le mardi et que par conséquent c'était faux. Par acquit de conscience cette personne a quand même mis une lettre dans la boîte aux lettres de LASSAGNE, lettre qui a été retrouvée quelques jours plus tard, par laquelle on l'informait qu'une réunion d'un Conseil de Direction devait avoir lieu et que le lieu était connu de la gestapo. Nous avons fait tous les efforts possibles pour retrouver la personne qui était venue de la gestapo pour prévenir de la dénonciation, malheureusement, malgré tous les efforts déployés à la fois par HENRY et par GALLIA ainsi que par les personnes qui étaient au courant et qui auraient pu avoir des entrées à la gestapo, il a été impossible de remettre la main sur elle. Nous n'avons pas pu savoir et nous ne savons pas encore de façon certaine si HARDY, qui est venu à la GESTAPO est le même que celui que nous retrouverons plus tard à l'hôpital de l'Anticaille. Dès le surlendemain de l'arrestation, CLAUDIUS a pu, par l'intermédiaire d'un commissaire de police qu'il connaissait, nous donner l'information suivante : il y a eu une arrestation massive faite par la gestapo lundi à CALUIRE. La gestapo était prévenue dès le matin; elle a pris ses quartiers à 11 heures dans la mairie qui était un excellent endroit parce que la maison du docteur se trouvait juste en face; elle a envoyé des voitures rôder toute la matinée dans les rues de CALUIRE, elle a procédé à l'arrestation de huit membres parmi lesquels l'un d'eux a réussi à s'échapper. C'est un grand garçon très blond qui prétend s'appeler HARDY. Il s'est échappé au moment de la sortie et est parti en direction de la ville de CALUIRE; la gestapo a tiré sur lui mais semble l'avoir manqué. Il a été trouvé quelques heures plus tard chez une française qui a appelé la police, il a été trouvé chez cette dame blessé au bras droit. Il a été emmené à l'Anticaille où je l'ai interrogé et il m'en a dit beaucoup plus que je ne lui en demandais; il m'a donné 10.000 explications que je lui ai recommandé de ne pas répéter parce qu'elles compliqueraient sa situation et celle de ses camarades arrêtés. Par conséquent, d'après ce commissaire de police qui est, si je ne me trompe commissaire de police à la Croix Rousse et qui a depuis eu quelques ennuis avec la gestapo car un peu trop résistant, HARDY serait le dénonciateur de l'affaire parce qu'il a, sans qu'on l'interroge, donné des explications qu'il eut pu garder pour lui. Nous avons alors envoyé un médecin de nos amis à l'hôpital de l'Anticaille pour voir si HARDY était bien celui des services "FER" aux Mouvements Unis et ~~sitt~~ s'il était bien le même que DIDOT, et pour avoir des précisions sur sa blessure. Le médecin est revenu en déclarant qu'HARDY était un grand garçon svelte, ayant des cheveux particulièrement blonds et des yeux bleus, ce qui correspond exactement au signalement de l'évadé d'une part et d'HARDY chef du service "FER" d'autre part. Il n'y a pas de doute, c'est HARDY des Mouvements de Résistance qui se trouve à l'Anticaille. D'après le même médecin, la blessure aurait été faite à bout portant car les vêtements du blessé portent des marques de brûlures. D'après les déclarations du médecin, l'humérus aurait été traversé, la blessure serait assez sérieuse et exigerait un traitement d'environ trois

./..

semaines; d'après lui le malade ne pouvait pas être transporté avant trois semaines de l'Anticaille, il était gardé par quatre agents français. Avant de poursuivre l'enquête il y aurait lieu de placer HARDY dans sa situation exacte. HARDY qui fait partie de "COMBAT" depuis les premiers jours de la résistance s'est successivement appelé : BARDOT, puis DIDOT. Il est depuis un certain temps le chef du service des chemins de fer. Il a été condamné à mort par contumace en 1940 par la gestapo. Au mois de Juin 1943 il a failli être arrêté par la gestapo dans le train entre LYON et PARIS. D'après lui il n'a dû son salut qu'au fait qu'il s'est rendu compte qu'il était suivi. Il était assis dans un wagon de 1ère classe quand il s'est aperçu qu'il était surveillé; il s'est levé, est allé prévenir un de ses amis de l'I.S. qui voyageait avec lui dans le même train que s'il était arrêté cela provenait d'une dénonciation qui avait été faite sur son voyage à PARIS mais qu'il allait tenter de se sauver. A la station suivante HARDY estsorti à contre-voie et a réussi à lâcher la gestapo. Sa place étant vide dans le compartiment, un brave type est venu s'y asseoir et s'est fait prendre quelques minutes plus tard par la gestapo mais comme vraiment il n'était pour rien dans l'affaire il a été relâché quelques jours plus tard. Cette dernière déclaration m'a été faite par LAHIRE qui est un ami de longue date de HARDY et qui personnellement n'admet pas les soupçons qui pèsent sur son camarade. HARDY se trouvait donc, lors de son arrestation à CALUIRE être condamné à mort par les Allemands et s'être évadé une fois à la suite d'une arrestation manquée. A CALUIRE c'est donc la seconde évasion à laquelle nous assistons. L'enquête menée par HENRY nous a conduits tout d'abord à aller arrêter la brave femme chez qui HARDY s'était réfugié. Nous avons dû la prendre de force à la sortie de son travail dans une voiture qui ne marchait pas, et sans protection. Elle s'est défendue comme une diablesse et nous avons été obligés d'user de force contre elle pour l'empêcher de crier exagérément. La voiture était conduite par ETIENNE et dans la voiture se trouvait HENRY et un adjoint qu'il avait pris pour la défense éventuelle. L'interrogatoire qu'a subi cette femme n'a pas donné tous les résultats que l'on pouvait en espérer. Elle a certainement menti au début en disant qu'elle ne connaissait pas HARDY, puis elle a fini par avouer qu'elle le connaissait de longue date, qu'HARDY logeait très souvent chez elle. Elle a pu donner l'adresse de la fiancée d'HARDY qui habitait à l'époque PARIS mais a déclaré de la façon la plus formelle ne pas être au courant de l'affaire de CALUIRE. HENRY s'est fait passer à un certain moment pour un agent de la gestapo pour essayer de l'intimider, cela n'a pas rendu et il est parti avec l'impression qu'effectivement elle ne savait rien. D'après les déclarations d'ETIENNE l'interrogatoire d'HENRY a été fort mal mené et elle aurait pu donner des informations plus précises sur la vie de HARDY si HENRY avait su s'y prendre. De toute façon, cette femme est maintenant sur ses gardes et il y a peu de chance d'en tirer d'autres renseignements.

L'interrogatoire qui parait avoir donné de meilleurs résultats est celui de la femme de ménage du docteur DUGOUJON qui était présente le jour des arrestations. Cette femme a déclaré que l'arrestation s'était produite de la façon suivante : Est arrivé à 2h½ un premier groupe composé de 4 personnes, d'après l'identité qu'elle a pu donner de chacune de ces personnes, il semble ressortir qu'il s'agissait de XAVIER LASSAGNE, THOMAS et DIDOT. Puis une demi heure après serait arrivé un autre groupe de trois personnes qui semblent correspondre à l'identité de REX, AUBRAC, BLUMSTEIN. Ces déclarations concorderaient par conséqu avec ce que je sais sur les rendez-vous. Elle a fait allusion de plus à un certain personnage de grande taille et aux cheveux roux. Il a été impossible d'avoir une identité plus précise de ce personnage et je ne vois personnellement pas qui dans la résistance répond à ce signalement. La gestapo est arrivée aussitôt après l'entréedu groupe de trois dans l maison. Ils n'étaient pas encore montés au 1er étage où devait avoir lieu la réunion et se trouvaient tous les trois dans la salle d'attente du docteur DUGOUJON avec deux dames qui attendaient d'être auscultées par le docteur. La gestapo qui se composait de six types armés chacun d'une mitraillette avait à sa disposition deux voitures qui s'arrêtèrent devant la porte de la maison. Il semblerait que les agents de la gestap ignoraient en partie l'importance de la mission qu'ils allaient remplir car ils se sont trouvés en état numérique d'infériorité et si des précautions avaient été prises extérieurement pour garder la réunion,

./..

il parait vraisemblable que la gestapo n'aurait pas pu procéder aux arrestations prévues. La gestapo est montée directement au 1er étage mais n'apercevant que quatre personnes et en ayant vu entrer sept, ils sont descendus suffisamment vite pour empêcher ceux du rez-de-chaussée de sortir et ils ont arrêté le docteur, les deux clientes et les trois résistants au rez-de-chaussée. Toujours d'après les déclarations de cette femme de ménage, les trois personnages du rez-de-chaussée auraient dès le début fait les étonnés disant qu'ils ne comprenaient rien à cette arrestation et prétendant qu'ils allaient simplement chez le docteur pour auscultation. On a fait monter tout le monde dans le salon du 1er étage les bras en l'air face au mur tout autour de la pièce . Un premier interrogatoire d'identité a été fait dans l'immeuble du docteur DUGOUJON interrogatoire qui a duré de 3 à 5 heures. A cette heure-là les détenus ont été emmenés en deux fois car il n'y avait pas suffisamment de place dans les véhicules. La femme de ménage n'a pas pu nous donner de renseignements sur l'ordre des sorties mais a simplement déclaré qu'elle était de la sortie où l'un des résistants s'est évadé. Dès que celui-ci a tenté son évasion la gestapo a tiré , d'après elle, en l'air et une voiture est partie à sa recherche avec les deux femmes qui se trouvaient chez le docteur. Les recherches ayant été vaines, la voiture est repart avec ces deux femmes. En ce qui concerne la femme de ménage, elle a été gardée à la disposition de la police allemande pendant quatre jours. Les deux autres femmes ont été relâchées dès le lendemain matin. Tous les autres membres ont été gardés par la gestapo.

Quatre jours après l'arrestation CLAUDIUS est parti à PARIS où avait lieu la réunion du Comité Directeur. Alors qu'il revenait de PARIS sur LYON, c'est-à-dire six jours après l'arrestation, il a rencontré par hasard dans la gare de LYON le colonel BLUMSTEIN et LASSAGNE qui arrivaient à PARIS par le train gardés par un agent en civil. Sa première impression a été qu'ils étaient en liberté et il a failli se précipiter sur eux pour demander ce qui se passait. A la dernière seconde il s'est rendu compte qu'ils avaient les menottes, leur a fait un sourire et est passé sans leur adresser la parole. Ce sont les seuls de tous les détenus dont nous avons la certitude absolue qu'ils soient à PARIS. Ils étaient à ce moment-là en excellente santé et ne paraissaient pas du tout avoir été maltraités. Il ne connaissait pas le colonel BLUMSTEIN mais d'après la description qu'il m'a faite de la personne qui était avec LASSAGNE - qu'il connaissait - il ne peut y avoir de doutes sur son identité car il m'a déclaré que cette personne avait environ 55 ans et portait un manteau loden.

Sur la situation des autres détenus, nous ne savions pas grand'chose. Nous avons actuellement HARDY à l'ANTICAILLE, LASSAGNE et BLUMSTEIN à FRESNES. Nous avons tenté à ce moment-là d'avoi des nouvelles de MAX que nous avions tout lieu de penser à MONTLUC. Je connaissais les papiers d'identité avec lesquels il avait l'habitude de se promener, ils étaient faits au nom de Mr. MARTEL et portaient comme adresse 22 rue de France à NICE. Cette carte était une véritable carte enregistrée au Commissariat de NICE; comme profession il était artiste peintre. J'ai donc tenté de faire passer un petit mot et un paquet à un nommé MARTEL. Nous avions reçu l'accord, moyennant quelques paquets de cigarettes, d'un inspecteur de faire passer un mot s'il pouvait trouver Mr. MARTEL. Le mot est revenu ainsi que le paquet qui se composait de linge, et il nous a été dit qu'il n'y avait pas de MARTEL à la prison. J'ignorais si MAX pouvait avoir une autre identité mais je savais qu'il avait eu pendant un moment l'identité de Jean [illegible]. Cependant nous n'avons pas voulu immédiatement lui faire passer un paque à ce nom-là car d'après ce que je croyais savoir il ne pouvait pas avoir cette carte d'identité sur lui, il m'avait déclaré l'avoir laissée à PARIS. Nous n'avions donc aucune certitude quant à sa présence à MONTLUC. Je dois dire immédiatement que nous n'avons jamais eu la certitude qu'il y soit passé véritablement. En ce qui concerne les autres arrêtés, nous ne connaissions pas le nom de leur carte d'identité et évidemment n'avons pas vlulu les rechercher sous leur véritable identité si elle n'était pas connue. La seule façon qui nous restait de savoir si oui ou non MAX était à MONTLUC était d'organiser un service

./..

de veille. Le premier essai que nous avons fait a consisté à utiliser une caisse qui était placée à environ 75 mètres de l'entrée de MONTLUC et dans laquelle il devait y avoir normalement du sable. Cette caisse se trouvait par hasard vide. HENRY a eu l'idée de faire couper dans cette caisse un petit carré par où, de l'intérieur de la caisse, on pourra voir vers l'extérieur et la porte de la prison. En effet, lorsqu'un détenu est emmené de la prison à un interrogatoire quelconque on va le chercher en voiture et celle-ci stationne à environ 1m50 de la sortie de MONTLUC. Il y avait donc possiblité, avec une bonne paire de jumelles, d'apercevoir les gens qui allaient et venaient à MONTLUC. Malheureusement quand il a fallu creuserce trou dans la caisse , le bruit de scie a immédiatement attiré l'attention des gardiens de la prison qui ont non seulement déplacé la caisse mais ont interdit aux civils d'approcher de la prison. A ce moment-là nous n'avions plus que peu d'espoir de savoir qui de nos amis étaient à MONTLUC. Une seconde tentative a été faite par un moyen détourné qui pendant quelque temps nous a donné un espoir assez grand.

1º Tentative Madame AUBRAC - Madame AUBRAC, femme de l'un des détenus qui avait déjà ~~organisé une~~ première évasion de son mari dans des conditions sensationnelles de la prison St. JEAN (prison française) a pris contact avec ETIENNE et HENRY. Elle a réussi très rapidement à obten les bonnes grâces du gardien de la prison ([redacted]) et a même réussi, non seulement à faire passer des paquets à son mari et des lettres mais à le voir. Il n'a pas pu échanger avec elle une conversation bien suivie mais d'après ses déclarations il aurait eu le temps de lui dire :

a) que MAX et lui avaient la même défense à savoir qu'ils étaient clients du docteur DUGOUJON.

b) que c'était HARDY qui les avait vendus.

Nous ne savons toujours pas si dans l'esprit d'AUBRAC, HARDY c'est DIDOT. ou non. Madame AUBRAC est alléeensuite à la gestapo où elle a plaidé, connaissant la défense de son mari, disant qu'elle ne comprenait rien : qu'on le gardât , s'il était pris dans une affaire où il y avait des menées gaullistes, pendant 48 heures pour reconnaître son innocence, c'était admissible , mais au delà de cette durée ce ne l'était plus. Il est évident qu'à la suite de sa première évasion la situation d'AUBRAC éta déjà très mauvaise et la gestapo lui a répondu qu'elle n'avait plus à se faire de soucis pour son mari, qu'il était condamné à mort et allait être incessamment fusillé. Cela n'a pas démonté Madame AUBRAC qui continue à se défendre energiquement pour essayer de sortir son mari. Malheureusemen pour l'instant toutes ses tentatives sont restées vaines.

2º Tentative Mme AUBIN (?) - Cette dernière est la femme d'un détenu de MONTLUC, agent ~~de "COMBAT"~~ arrêté il y a environ six semaines. AUBIN a comme situation privilégiée dans la maison d'être aide-cuisinier et à ce titre peut correspondre directement avec tousles détenus car il leur porte la nourriture, et avec l'extérieur car il reçoit les fournisseurs. Par l'intermédiaire de cette Madame AUBIN qui a été présentée à ETIENNE par un cousin de Mme AUBRAC, il a été possible d'entrer en relations avec son mari. Il était entrain d'organiser sa propre évasion par l'intermédiaire du gardien chef de la prison (BLECKMAN, autrichien) dont le frèr s'est battu dans l'armée rouge en Espagne ~~et qui~~,moyennant 30.000 ~~francs~~, acceptait de faire sortir, à l'occasion de transfert de prisonniers, un prisonnier supplémentaire et de le faire monter dans la camionnette. Nou avons donc demandé à ce gardien chef s'il ne connaissait pas un certain nombre de personnes - c'est ETIENNE qui personnellement s'est occupé de l'affaire.- il a fourni une liste de 15 types, tous noms inventés, au milieu desquels il a fait figurer le nom de Jean MARCHAND. Le gardien de la prison lui a répondu qu'il ignorait tout le monde sauf Jean MARCHAND qui était effectivement au Fort MONTLUC. Nous avons eu alors l'espoir de retrouver MAX. ETIENNE n'a pas donné au gardien de prison le rang de ce nommé Jean MARCHAND; il l'a fait passer pour un camarade qui travaillait dans un mouvement de résistance avec une situation de second plan. Le principe de sa sortie était donc admis . Il ne restait plus à savoir que si JEAN MARCHAND correspondait à MAX car il eut été regrettable de dépenser 30.000 francs pour un type que nous ne connaissions pas et qui aurait pu ne pas être intéressant du tout. HENRY est revenu de voyage de

[...]

INDEX DES NOMS PROPRES

Les noms d'état civil sont en capitales, suivis le cas échéant des autres orthographes selon lesquelles ils sont désignés dans les documents cités.

Les pseudonymes, alias, fausses identités, noms de guerre, etc., sont en italique.

TABLE

DU MÊME AUTEUR

Edouard Herriot
Lugd, 1996

Lyon : le Lyonnais et sa ville
La Taillanderie, 1995

La Malle sanglante
Fleuve noir, 1994

Les Quartiers de Lyon au fil des rues
Privat, 1993

Lyon 40-44
Plon, 1985 ; Payot, 1993

Histoire secrète de l'Occupation
Payot, 1991

Lyon autrefois
Horvath, 1993, rééd. 1996

Lyon des années bleues :
libération, épuration
Plon, 1987

La composition de cet ouvrage
a été réalisée par Nord Compo,
l'impression et le brochage ont été effectués
sur presse Cameron dans les ateliers de
Bussière Camedan Imprimeries
à Saint-Amand-Montrond (Cher),
pour le compte des Éditions Albin Michel.

Achevé d'imprimer en avril 1997.
N° d'édition : 16679. N° d'impression : 4/403.
Dépôt légal : avril 1997.